U0735206

劳动与社会保障系列教材

公共管理学

严新明　主编

程自功　夏　洁　副主编

科学出版社

北　京

内 容 简 介

　　本书首先介绍了公共管理学的"范式"转变过程。公共管理学的理论基础可视为公共物品理论、公共选择理论和新制度经济学理论。从公共管理职能作用的领域看，可分为政治职能、经济职能、文化职能、社会职能；从公共管理的运行程序来看，公共管理的职能就是公共管理的程序和步骤，包括计划、组织、协调和控制四大职能。公共管理的运行机制包括市场运行机制、政府运行机制和社会运行机制。公共政策是公共组织管理国家和社会公共事务的重要内容，是公共管理的灵魂。公共管理创新策略包括政府绩效管理、目标与标杆管理、全面质量管理、电子政务。公共管理伦理是新公共管理的一个重要组成部分，它体现了新公共管理的基本伦理维度、伦理规范和公共伦理精神。在国外公共管理理论新发展中着重介绍了当代新公共服务理论、治理与善治理论，最后举例探讨了中国公共管理的治道变革。

　　本书适合高等院校公共管理专业本科生学习、使用，也可供相关专业研究生、公共管理工作者以及对公共管理有兴趣的人士参考。

图书在版编目(CIP)数据

公共管理学/严新明主编. —北京：科学出版社，2007
　（劳动与社会保障系列教材）
　ISBN 978-7-03-018468-9

Ⅰ.公…　Ⅱ.严…　Ⅲ.公共管理-高等学校-教材　Ⅳ.D035

中国版本图书馆 CIP 数据核字（2007）第 008996 号

责任编辑：林　建　卜　新/责任校对：刘亚琦
责任印制：徐晓晨/封面设计：耕者设计工作室

科 学 出 版 社 出版
北京东黄城根北街 16 号
邮政编码：100717
http://www.sciencep.com

北京京华虎彩印刷有限公司 印刷
科学出版社发行　各地新华书店经销

＊

2007 年 2 月第 一 版　　开本：B5(720×1000)
2016 年 6 月第八次印刷　　印张：18 1/4
字数：342 000

定价：**29.00** 元
（如有印装质量问题，我社负责调换）

总　序

　　社会保障制度是人类社会发展和进步的结果，从英国 1834 年颁布并实施的新《济贫法》算起，已有 170 多年的历史。即使从 1883 年德国推出最早的现代社会保险制度算起，至今也有 120 多年的历史。社会保障制度已经成为现代社会文明的重要标志，成为当今世界上绝大多数国家都在运用的社会政策。尽管各国在保障的对象上或普遍或特殊，在保障的范围上或宽泛或狭窄，在保障的水平上或很高或较低，但社会保障制度的实行极大地改善了各国的民生状况，促进各国民众共享经济繁荣和社会进步的成果，并在经济社会运行方面发挥着重要的"稳定器"和"安全网"的作用。

　　新中国成立以后，我们曾经构建了同当时实行的高度中央集权的计划经济体制相适应的劳动与社会保障制度，正是由于这套制度的有效运行，许多被称为"社会主义优越性"的正向功能才得以彰显，诸如"广就业、低工资、多福利"和"生老病死有依靠"等。当然，当时所能保障的水平还很低下。中共十一届三中全会以来，伴随着计划经济体制向市场经济体制的改革过渡，劳动与社会保障制度自 20 世纪 90 年代起也开始了改革之旅，原有的建立在计划经济体制基础之上、与计划经济体制相适应的劳动与社会保障制度难以适应新的形势。皮之不存，毛将焉附？建立健全同社会主义市场经济体制相适应的新的社会保障制度，确保劳动者的基本权益，成了当务之急。

　　环顾四周，有关矿难的报道不断，我国煤炭产量占全世界总产量的 1/3 左右，矿难所导致的死亡人数却占全世界矿难死亡总人数的 80%。有些地方的"黑矿主"与弱势的矿工签订所谓"生死合同"，花几万元就能买一条命，"私了"。终年劳苦的农民工不仅难以与其他职工"同工同酬",而且常常面临工资被"拖欠"的窘境,甚至需要国家总理亲自出面为农民工"讨工资"。面对许多城市特别是大中城市飙升的房价,无数的无房者感叹何时才能实现"居者有其屋",很多依靠贷款购得住房的居民则成了名副其实的"房奴",还贷几乎花去了他们的全部收入。医疗市场化的结果,导致"看病难,看病贵",人们"无病时怕生病,有了病怕进医院,进了医院怕出不去"。教育产业化引发学杂费上涨甚至"乱收费",高校"扩招"成了"扩大内需"(又被称为"撬开老百姓的钱袋子")的"妙招",读书受教育对于很多收入不高的城乡家庭来说就意味着"致贫"。女大学生就业常常难于同等条件的男大学生,性别歧视依然存在。农民、残疾人等在就学、就业、就医以及各项社会权利的行使方面,更是遭到或明或暗的歧视。所有这些都表明,我们的社会保障制度还不健全,现有的社会保障领域的改革思路与政策设计还有缺陷,劳动者的基本权利和合法权益还未得到有效的维护!

毋庸讳言,当今世界正处在工业经济社会向知识经济社会的过渡之中,现代服务业在整个国民经济中的比重已经超过工业经济时期的支柱产业——制造业,灵活就业即非正规就业逐渐替代大规模集体就业而成为新的用工趋势,这就打散了"产业工人大军",大大降低了劳动者与雇主进行讨价还价的能力。劳资关系呈现出"强资本,弱劳动"的博弈格局,资本到处都在指挥劳动、欺负劳动、压榨劳动,并运用软硬兼施的手段诱使权力为其服务。经济全球化的浪潮日益高涨,资本在世界范围内的流动,无论是在规模、频率上还是在后果、影响上,都大大超越劳动在世界范围内的流动。这固化了"强资本,弱劳动"的格局。随着经济全球化的发展,一国政权和法律的权威性和强制力同过去相比也打了不小的折扣,这就使得权力和法律在对资本施加必要的限制以保护劳动的利益时往往也会事倍功半。这种大趋势对于各国和地区推进社会保障制度建设,保护劳动者和弱势群体成员的基本权利和合法权益,都是十分不利的。

然而,所有这些不利因素,不仅不能成为各国和地区政府放弃社会保障制度的借口,而且要求各国和地区政府顺应信息社会、知识经济和全球化的发展趋势,针对"产业工人大军"被打散和非正规就业日益普遍的新特点,通过社会保障的制度创新、政策创新、组织创新、服务创新,在"强资本,弱劳动"的格局下更加有效地保护劳动者的基本权利和合法权益。以此要求反观我国,不仅社会保障制度的改革与重建、覆盖农民工的劳动保护法规的落实、包含农村居民在内的最低生活保障制度的完善以及住房、医疗、教育改革的调整与完善等都不可或缺,迫在眉睫,而且行政体制改革、财税体制调整、政府职能转换、政绩考核创新等也都成了时不我待的大事。可喜的是,进入21世纪,党中央提出了实现全面小康、构建和谐社会的奋斗目标,认真贯彻落实"以人为本"的科学发展观,大力推进社会建设和新农村建设事业。我们相信,随着中央这一系列决策落到实处，随着经济发展和社会进步的深入，劳动者的基本权利和合法权益将会得到更有效的保护，包括弱势群体成员在内的社会公众一定能够共享繁荣发展的成果。

在本质上，社会保障是一国宏观的制度安排和政策设计，即国家或社会通过立法和行政手段对国民收入进行再分配，以社会消费基金的形式，为因年老、疾病、伤残、死亡、失业及其他不幸遭遇而使生存出现困难的社会成员提供一定的物质上的帮助，以保证其基本生活权利。但宏观制度和社会政策要落实到基层并真正发挥作用，既离不开一系列由制度和政策所决定的措施和活动，也离不开各机关、企业、事业、社会单位的劳动人事或人力资源部门的运作与管理，因而具有很强的实务性和操作性。

在一定意义上，社会保障就是资金的保障。俗话说："钱不是万能的，没有钱却是万万不能的。"资金保障的重要性当然不言而喻，特别是对于我国这样一个还处于社会主义初级阶段的发展中国家来说，更是如此。但是，社会弱势群体乃至一般社会公众的某些需求却是金钱无法买到的，如老年人所需要的亲情慰藉与邻里照顾、孤寡无助者所需要的特殊服务与心理疏导等。许多服务与帮助都具有个性化特征，这就要借助于志愿者服务和社会工作的介入。因此，从事社会保障专业工作，需要较高的职业道德水准以及较为强烈的奉献精神和社会同情心。

社会保障既是一种制度安排和政策体系，也是一个特殊的专业领域。它运用经济、法律和行政手段，解决社会问题，实现政治目标。从事该专业领域的工作，除了必须具备职业道德、奉献精神、同情心以及实务性、操作性很强的技能、技巧以外，还需要相应的知识积累和专业训练。根据我国现行的学科专业分类，社会保障在本科教育阶段属于经济学门类的劳动经济学领域，到了研究生教育阶段则属于管理学门类的公共管理领域。社会保障所依托的学科涉及经济学、管理学以及政治学、社会学、法学，并且同劳动人事（人力资源）管理、社会工作等专业有着密切的联系，在一定程度上甚至存在交叉关系。

劳动与社会保障实践的发展，迫切要求劳动与社会保障的学科理论繁荣和专业人才辈出。仅就江苏省而言，目前已有 13 所普通高校设有劳动与社会保障本科专业以及社会保障研究生专业，它们是南京大学、东南大学、南京农业大学、河海大学、南京航空航天大学、南京师范大学、苏州大学、扬州大学、南京财经大学、南京工程学院、苏州科技学院、金陵科技学院、三江学院，这些院校在读的本科生上千，研究生过百。为了促进学科建设发展、提高人才培养质量，在江苏省劳动保障学会的主持下，由南京大学公共管理学院牵头，于 2005 年 12 月召开了"江苏省劳动保障理论教学与科研研讨会"，决定采取联合协作的方式，集中大家的智慧和力量，共同编写《劳动与社会保障系列教材》，主要用于本科生教学。大家推举我主持本系列教材的编写工作。众意难违，于是我欣然应允，承担了牵头、组织与协调的工作。通过两次集体讨论，确定了首批 12 本教材的编写大纲、撰稿人员、体例风格，由上述 13 所高校长期从事劳动与社会保障主干课程教学的教师分头编写，各负其责，最后由我和我的助手林闽钢、严新明、张海波通阅、修改并定稿。我的学生董华也做了大量的文字技术性工作。

本系列教材首批共包括以下 12 本：《公共管理学》；《公共经济学》；《社会保障学》；《社会保险学》；《劳动经济学》；《社会保障国际比较》；《劳动法与社会保障法》；《薪酬管理》；《劳动关系》；《人力资源管理》；《社会保障资金管理》；《社会救助与社会福利》。

由于编者在理论功底、学术水平、实践经验和观察视野等方面都有一定的局限性，本系列教材难免有疏漏甚至错误之处，敬请读者批评指正。

对于本系列教材的出版，科学出版社给予了大力支持，并将其列入重点教材出版计划，责任编辑林建先生更是倾注了大量的精力，全过程关心，全方位提供方便。我们表示由衷的感谢！

特作此序。

童　星

2006 年 8 月于南京大学

目 录

第一章

绪　　论

■ 第一节　公共管理"范式"的兴起

公共管理学正成为一门日益受到人们关注的学科，由发端于 20 世纪 70 年代与 80 年代之交的新公共管理运动引发和推动。公共管理新概念开始对传统公共行政学进行"扬弃"。在全球化的进程中，公共管理学理论受到了全世界政治家、政府官员、学者和公众的广泛关注。为了理解公共管理的概念、理论，我们还是应该首先将目光投向从传统公共行政学到公共管理学的发展历程。

一、公共管理学的阶段划分

公共行政学作为政府管理领域的一门应用性学科，诞生于 20 世纪初的发达资本主义国家，迄今已有上百年的历史，并发展形成了蔚为壮观的学科理论体系。

有学者认为，在公共行政学科的发展进程中，先后形成了宪政主义、管理主义、政策主义等不同的研究取向和理论范式①。宪政主义取向以推进民主为己任，热衷于设计可操作的民主程序、公民参与和分权原则，它要求公共行政更多地关注正义、自由和责任等价值目标。管理主义理论认为，以民主方式做出政治决定后，

---

① 赵景来. 西方公共管理与公共行政研究述要——兼及对中国公共行政体制改革的影响. 国家行政学院学报，2004，（5）

行政执行有赖于与私人企业管理相同的技术和方法，这种研究取向主要关注于如何增进行政组织的管理效率。在这种理念的指导下，公共行政研究主要关注于组织结构、科学管理和组织效率等问题。政策科学是一门运用多学科知识和方法研究政策系统及政策过程，探讨政策现象和寻求政策解决方案的综合性学科。政策分析是一种应用性的社会科学学科，它以描述性、价值性和规范性的多种学科为基础，使用各种研究和论证方法，提供并转变相关信息，以便政治组织解决政策问题。由于管理主义和政策主义的公共行政理论都存在着自身的局限性，20 世纪 80 年代中后期以来，在西方政府改革和管理实践的推动下，公共行政学界出现了"新公共管理"理论。该理论试图摆脱管理主义和政策主义公共行政对官僚机构的倚重，转而更多地通过经济学途径来研究和解决公共行政问题。

另有学者指出，公共管理学学科研究的兴起最早始于美国。自 1926 年怀特标志性的教科书出版以来，公共管理学研究在美国的发展经历了四个主要阶段。① 1926～1946 年，POSDCORB"正统"学说居统治地位阶段的公共管理学研究，曾被认为可以发展成一门精致的技术科学，只要研究者足够努力并摒弃政治热情与个人价值的偏见，普适的类似自然法则的公共管理理论便会被总结出来。在政治与管理"二分法"及完全理性原则的指导下，学者们将主要精力投入对公共管理过程技术中立性的认可及对经济和效率目标的追求，并架构了一种机械方法去匹配正在浮现的私域科学管理的模型。② 1947～1967 年，为社会科学的"异端"阶段。学者们不仅试图扩展该学科关于人类行为的假定，从广阔的历史、经济、社会而非单一的技术或"理性人"角度来理解管理效果，而且试图用"有限理性"模型解释人类的管理行为。与前一阶段重视稳定、固定的原则以追求管理的经济和效率不同，对有效性或包括有效性在内的"3E"概念及动态过程的重视构成了此阶段公共管理学发展的价值趋向。③ 1968～1988 年，为"民主"理想主义的回潮阶段。它一反前两个阶段对于理性、技术、绩效等因素的暧昧态度，公共管理学者提出并倡导一个称之为"民主的公共管理范式"或"公共选择"、"个人选择"的反中央集权的模式。公共管理学研究不再以提升经济、效率、效果作为公共管理基本的价值观，而把限制、控制官僚制度的任意决定权和广泛的民主参与作为瞄准的主要对象；伦理的、法律的和经济的因素一起被视为公共管理中控制政府行为基本的约束变量。④ 1989 年至今，公共管理学进入"重建"运动阶段。这一时期重新强调将研究的目光投向对公共管理学科基本问题的关注和审视。显然，公共管理学研究的历史变迁，留给人们的印象更多的不是知识的积累、融合与扬弃，而是不断的变化、中断或革命。多元的、经验的观念变革或差异冲突压倒了理论自身演进的逻辑①。

---

① 张正军. 公共管理学研究何以缺乏统一的哲学基础. 河北学刊，2004，（2）

依照库恩的范式理论，科学的进步就是范式变迁的过程①。在公共行政这一领域，至少可确认有 4 大范式，从而体现为 4 个阶段：古典公共行政、公共管理、公共政策和新公共管理②。

古典公共行政范式。它是公共行政学科早期的主导范式，它侧重于构建政府运作的法规系统。它认为只要遵守这些规章制度，政府的效能便能得以发挥，而效率也能得以实现。它认为对政府项目的管理就像操作机器一样，只需要遵守操作规程就可以了。依照莱恩的观点，古典公共行政有以下核心思想：① 人与职位是分离的；② 政府部门的管理应当是规章制度导向的；③ 从上至下的组织结构是有益于政府部门实现效率的；④ 手段和目的分离、事实与价值分离、技术与政治分离；⑤ 政府部门的动机激励机制是迥然不同于私有工商部门的。

公共管理范式。古典范式在 20 世纪 40 年代受到猛烈抨击，这导致了它的衰亡，上述核心思想遭到摒弃。伯纳德的名著《经理的职能》代表着对公共部门进行新探索的最早尝试。西蒙的《行政行为》则代表着这一尝试的最终完成。西蒙认为，这一新的公共管理范式具有以下核心思想：① 公共部门所有行为都是对目标的完成；② 公共治理的实质就是裁量实现这些目标的手段；③ 公共决策制定是有限理性的；④ 决策制定不是一个最大化的过程，而是一个满意化的过程。因此，公共管理范式尽管抛弃了古典范式，但却保留了其二分法的核心思想，即价值与事实的分离、手段与目标的分离等。公共管理范式将目标而不是规章作为公共管理最重要的起点。为了实现目标，它要求确定与之相配套的手段，因此它不再强调层级制而是自主的裁量权，以使公共部门自主地决定采取相应的手段。指导这一裁量权的是理性，这种理性体现在西蒙的决策模型中，即在决策制定过程中。理性就是对投入与产出之比率的计算。但是，由于信息的不完全，所有的理性都是有限的，这决定了决策仅能是一个满意化的过程而不是一个最大化的过程。

公共政策范式。古典范式被摒弃时，对新范式的探索并没有仅局限于公共管理这一范式。公共政策范式便代表了另一种尝试，它的基本特征如下：① 公共管理事实上就是不断循环的政策周期，其包括政策制定和政策执行；② 政策制定和政策执行是不可分的；③ 分权化的政策执行要比从上至下的执行模式更有效能；④ 政策周期不仅关注效率，更与政治息息相关；⑤ 在政策执行中，网络比层级制更有效率。公共政策范式主张政策周期是公共管理中不可或缺的一部分，因此它强烈反对将政策制定和执行两分的方法。

新公共管理范式。新公共管理作为近二三十年来涌现的最新范式，不仅挑战

① ［美］托马斯·库恩. 科学革命的结构. 北京：北京大学出版社，2003.85
② 张志斌. 新公共管理与公共行政. 武汉大学学报（哲学社会科学版），2004，（1）

古典范式，也同样不同于公共管理范式和公共政策范式。它注重对契约的运用，以至于在它的极端范例——新西兰的实践中，整个国家都因此而改变，完全置于契约与合同之下。

1887年，美国学者W. 威尔逊（Woodrow Wilson）发表了著名的《行政之研究》一文，这成了公共行政学诞生的象征性标志。在百余年的发展、演变的历程中，作为政府管理研究领域的行政学经历了三次研究"范式"，即从传统的公共行政学（public administration）到新公共行政学（new public administration），再到新公共管理学（new public management）。下面我们将按照公共管理学"范式"的变化来进行描述，并将公共管理学"范式"分为传统的公共行政学、新公共行政学和新公共管理学三个阶段。

二、传统的公共行政学

在公共行政思想史上，美国学者伍德罗·威尔逊和德国学者马克斯·韦伯是公认的重量级经典作家。伍德罗·威尔逊于1887年发表的《行政之研究》一文往往被看作是美国公共行政研究的起点，而韦伯的地位则在于其对官僚制理论的研究。威尔逊和韦伯的理论，实际上构成了美国甚至世界公共行政思想主流的基础。

根据奥斯特罗姆教授的概括，威尔逊的理论假设任何政府体制内部都有一个权力中心，权力越分散就越不负责任。他认为政治与行政泾渭分明，各个政府奠定的政治原则可以各不相同，但良好行政的原则在任何政府体制中都是非常相同的。良好行政的体制是等级秩序化的，人员分等级，接受政府核心部门首脑的政治领导。各级行政人员均为技术上训练有素的公务员。行政组织的完善是由等级秩序化的、经过职业培训的公务员实现的。

威尔逊理论所包含的基本定理有八条：① 在任何政府中总是存在一个占支配地位的权力中心，一个社会的政府为单一的权力中心所控制。② 权力越分散，它就越不负责任；或者换言之，权力越一元化，它就会受到来自更为负责的单一权力中心的指导。③ 宪法结构界定和决定权力中心构成，并确立与立法和行政控制有关的政治结构。每个民主政府的体制都把人民的代表提高到绝对主权的位置。④ 政治领域设定行政的任务，但行政的领域在政治的适当范围之外。⑤ 就行政的功能来说，所有现代政府具有极相似的结构。⑥ 经职业化训练的公务员等级序列的完善为"良好"行政提供了结构条件。⑦ 等级制组织的完善会使效率最大化，在此效率尺度下，可以花费最少的钱，做最少的努力。⑧ 上文界定的"良好"行政是人类文明的现代化和人类福利的提高之必要的条件。

韦伯的官僚制理论与威尔逊的行政理论非常一致。在韦伯看来，官僚制是现代文明所内含的维持法律、经济、速度、知识、连续性、灵活、统一、严格服从、摩擦少、成本低，是严格的官僚制行政的特性。官僚机构内的人员行事不涉及爱憎、不针对个人。现代文明的进步和官僚制的完善，是携手并进的。

美国公共行政学者在威尔逊理论的基础上，阐发了许多著名的行政学原则，如命令统一、控制幅度、命令链条、职能部门化、单一权威首脑指导下属行政单位等，都是被假定为具有普遍效力的行政安排。这些学者认为，强化政府就是提高行政首长的权威和权力。权威无限的机构优于权威有限的机构，管得多优于管得少。集权的解决方案优于权威分散于多种决策结构的方案。

欧文·E. 休斯指出，传统的行政模式有以下几个主要特点：① 官僚制。政府应当根据等级、官僚原则进行组织。德国社会学家马克斯·韦伯对官僚制度有一个经典的、清晰的分析。虽然这种官僚制思想在商业组织和其他组织中采用过，但它在公共部门得到了更好和更长久的执行。② 最好的工作方式和程序都在详尽全面的手册中加以规定，以供行政人员遵循，严格地遵守这些原则将会为组织运行提供最好的方式。③ 官僚服务。一旦政府涉足政策领域，它将成为通过官僚体制提供公共产品和服务的提供者。④ 在政治、行政二者的关系中，行政管理者一般认为政治与行政事务是可以分开的。行政就是贯彻执行指令，而任何事关政策或战略事务的决定都应当由政治领导者做出，这可以确保民主责任制。⑤ 公共利益被假定为公务员个人的惟一动机，为公众服务是无私的付出。⑥ 职业化官僚制。公共行政被看作一种特殊活动，因而要求公务员保持中立、默默无闻、终身雇用以及平等地服务于任何一个政治领导人。⑦ 行政任务的书面含义是执行他人的指令而不承担由此而致的个人责任①。

这些公共行政的传统理论本身并不是没有遭遇挑战。实际上，马克斯·韦伯只是把官僚制当作一种理想状态。在他看来，官僚制组织的完善，必然使人们进入"铁的牢笼"。"哪里彻底实现了行政的官僚化，哪里所确立的权力关系的类型实际上是不可摧毁的。"要对付发达的官僚机构，一般的个人、官僚机构中的官员以及掌握最高权力的统治者实际上都是无能为力的。奥斯特罗姆教授认为，韦伯从来没有解决官僚制充分发展之后所引起的问题。他只是指出，官僚制的支配地位依靠的是垄断信息、掩饰真相、阻碍雄心勃勃的官员之间的竞争，以及垄断社会中存在的职业专家的权能。显然，这一切并非是现代人所向往的。

在公共行政思想史上，古立克的组织理论有着不可忽视的地位。他认为，高度专业化和劳动分工协作需要组织。他提出了同质性的原则，认为把两种或者更多种异质的职能联在一起，会混合生产要素，阻碍、损害净社会生产，从而牺牲行政的技术效率。比如一个教育项目如果与法律执行项目混合，就会受到损害。

---

① 欧文·E. 休斯. 新公共管理的现状. 中国人民大学学报，2002，(6)

同样，公共福利行政也应该与警察行政相分离。"政治"与"行政"是异质的职能，不能混合在行政结构内，否则就会产生非效率。文森特认为，古立克的同质性原则对威尔逊行政理论构成了挑战，因为这意味着"通过完善等级组织并不必然得到以最低成本完成工作计算的行政效率。在某些情况下，等级制组织会违反同质性原则，并损害行政效率。"根据同质性原则建立的政府机构数量往往多于行政首长所能够协调的机构数量。给行政首长配备分管副职或助手，可以局部解决问题。在等级制之外，发展其他类型的组织结构，如丛林结构（Jungle Gym），使政府组织像控股公司那样，也是解决同质性原则与控制幅度原则之矛盾的选择。但是，这种做法实际上否定了威尔逊行政理论的核心原则[①]。

三、对传统的批评与新公共行政学的出现

20 世纪 40~60 年代，可以说是对公共行政学传统的批评与该学科的转变时期。这种批评与转变的结果则是新公共行政学与政策科学（政策分析）的出现。

20 世纪二三十年代形成的公共行政学传统由于其内在的缺陷而在 30 年代末开始（尤其是第二次世界大战后）受到了严厉的批评（当然，古利克和厄威克的《行政科学论文集》，也已经收集了一些不同于传统研究范围的论文，如研究行政心理方面的论文）。这种批判的一个重要背景是社会科学特别是政治学中的行为主义研究方式的盛行，这种行为主义研究方式成了行政学在 20 世纪 40 年代末开始突破或转变的契机。第二次世界大战后对行政学传统的批评来自各方面，其中最有影响的是以下两篇论著：一是罗伯特·达尔（Robert A. Dahl）的《公共行政学的三个问题》（载于美国《公共行政学评论》，1947 年第 6 期）；二是赫伯特·西蒙（Herbert A. Simon）的《行政行为对行政组织决策过程的研究》一书（中文版译为《管理行为》）。这两部论著对公共行政学传统进行了深刻的批判，尽管两者批评的角度有所不同。

达尔在《公共行政学的三个问题》一文中指出了公共行政学传统所遇到的以下三大难题：① 公共行政学与规范价值的关系问题。② 公共行政学与人类行为的关系问题。③ 公共行政学与社会环境的关系问题[②]。达尔得出的结论是："没有任何一种公共行政科学是可能的，除非：① 规范价值的地位弄清了；② 人在公共行政领域中的属性被更好地了解以及其行为被更多地预测；③ 有各种可以

① 毛寿龙：公共行政的范式选择. 行政论坛. 1999，（2）

② 罗伯特·达尔（Robert A. Dahl）. 公共行政学的三个问题. 公共行政学评论，1947，（6）. 转引自陈振明. 从公共行政学、新公共行政学到公共管理学——西方政府管理研究领域的"范式"变化. 政治学研究，1999，（1）

比较的主体，以便从中能找到各种超越国家边界和历史经验的原则和概括。"达尔对传统公共行政学的批判，可以说击中要害，指出了它的三个最主要的缺陷，成了新公共行政学研究的先导。

西蒙在《行政谚语》一文以及收入此文的《行政行为》一书中对传统的公共行政学的批判主要集中在两个方面：一是对传统行政学特别是古利克和厄威克等人所提出的行政（管理）原则的批判。他指出，流行的行政原则有一个致命的弱点，即像谚语那样，总是成对出现，无论对哪一原则来说，我们差不多都能找出一个看来同样有道理、同样可以接受的原则。西蒙对行政科学学者们所提出的四条行政原则（专业化原则、命令统一原则、管理幅度原则和集团化原则）逐一加以批判，并指出它们之间的相互矛盾。二是对传统行政学中关于政治与行政二分法观点的批判。西蒙从自己的行为主义立场尤其是事实与价值的划分出发来进行这一批判。他认为，政治与行政不能绝然分开，因为行政行为中也必须从事某些决策活动，从事实与价值分野的角度看，政策（政治）问题与行政问题都包含着价值与事实两种因素，但在政策问题中价值因素占主导地位，衡量政策正确与否的标准，主要看立法者的主观价值；在行政问题中，则是事实问题占主导地位，这里涉及的价值主要是社会公认的价值，所以，衡量决策的正确性的标准主要看客观事实。在这两方面批判的基础之上，西蒙试图确立一种以决策过程作为核心的新行政学理论。

"新公共行政学"以及政策科学的兴起标志着公共行政学的传统的主导地位的终结以及政府管理领域研究的新范式的形成。1968年，由《公共行政学评论》的主编沃尔多所发起，一群青年行政学学者在锡拉丘兹大学（Syracuse University）的明诺布鲁克（Minnowbrook）会场举行研讨会，会议的目标是弄清公共行政学的相关问题以及这个学科如何改变以迎接70年代的挑战。会议论文于1971年以《走向一种新公共行政学：明诺布鲁克观点》为书名结集出版，本书可以说是《新公共行政学》的宣言，其中弗里德里克森（H. George Frederickson）的《走向一种新的公共行政学》一文，在某种程度上可以看作是这次会议的总结，集中地表述了《新公共行政学》的基本观点。该文有三个目的：一是综合明诺布鲁克会议上关于新公共行政学观点；二是探讨新公共行政学与更广泛的行政思想与实践世界的关系；三是解释新公共行政学与组织理论之间的相互影响。

新公共行政的观点源于20世纪60年代末70年代初公众关于社会公平与人权的价值观。它认识到20世纪后半叶社会价值观念的转变以及政府积极地响应这些新的价值观的重要性。第一次密鲁布诺克会议在锡拉丘兹大学密鲁布诺克会议中心召开，时间是1968年9月3～7日。新公共行政所认识到最为显著的价值观有社会公平、代表性、响应、参与和社会责任感。

1988 年 9 月举行了第二次密鲁布诺克会议。密鲁布诺克会议的主题可分为两部分。前五个主题提供了历史上与密鲁布诺克会议对照的观点，后六个主题集中于当时（1988 年）和未来公共行政的见解：① 1968 年所出现的不满足于现状的见解不再是临时性的。对社会公平的见解相似，并且接受这样的看法，即社会公平与现实接近。② 强烈关注民主价值及其在公共行政的核心地位。③ 持续进行价值观与行为观的争论。④ 社会多元化并体现于就业构成的观点成为本次会议的基本价值取向。性别多元化清晰地成为 1988 年的主题。⑤ 本次密鲁布诺克会议的声音是乐观的，对比于 20 世纪 60 年代感觉无希望的处境，参会者感觉到了在 90 年代"有限的希望"。⑥ 对近期的看法和革新的预期更符合现实。⑦ 公共行政在处理其多学科根基的问题上遇到了障碍，并辩论了公共行政职业中民族中立的问题。⑧ 尽管接受了私有化的观点，资本主义（商业和企业）却受到藐视。⑨ 对公共人事系统限制的不耐烦情绪比较明显。⑩ 不愿意涉及技术及进步，认为技术进步是一种错误而不是改善公共服务的一种工具。⑪尽管是公共行政在政策制定中的作用，参会者不愿意进一步探讨政府该做什么。政治与行政的二分法仍然有其市场。

依据霍哲的观点，密鲁布诺克会议追求了两个主要观点：第一，公民呼吁参与社区，强调个人价值而不是个人所得。第二，公务员被看作是解决社会问题的重要纽带①。

按照弗里德里克森的解释，行政学的经典或传统总是有效的、经济的和协调的公共服务管理，它的焦点总是为高层管理和基本的辅助职员服务；公共行政学的理论基础总是更好的管理。新公共行政学在公共行政学的经典目标和理论基础中增加了公平一项。传统的公共行政学试图回答以下的两个问题：① 我们如何在可供利用资源的条件下提供更多、更好的服务（效率）？②我们如何少花钱而保持特定的服务水平（经济）？新公共行政学增加了这样一个问题，即这种服务是否增进了社会公平。

新公共行政学以公平为核心，因而拒绝了传统行政学的一系列基本观点。首先是抛弃了政治—行政二分法的观点。弗里德里克森指出，这种政治—行政二分法观点缺乏经验证据，因为管理者既从事行政执行，也从事政策制定，政策（政治）—行政的联通是一种经验上更准确的观点。新公共行政学试图以这样的方式来解决问题：行政管理者并不是价值中立的，他们应该对好的管理与社会公平作出承诺，以此作为价值、奋斗目标或理论基础。

此外，在研究领域及分支的界定上，按照新公共行政学的观点，在公共组织

---

① ［美］康特妮，马克·霍哲. 新公共行政：寻求社会公平与民主价值. 张梦中译. 中国行政管理，2001，(2)

中存在着四种基本的作用过程，即分配过程、整合过程、边界交换过程和社会动机过程，这四种过程适应于理解和改善公共行政学。

应该特别指出的是，几乎在新公共行政学出现的同时，西方（美国）的行政学研究领域出现了另一个影响更深远、更广泛的趋势，即 20 世纪 60 年代末 70 年代初兴起的政策科学或政策分析研究（其先导是 40 年代末 50 年代初拉斯韦尔和林德布洛姆的政策科学或政策分析思想）。政策科学的倡导者针对传统行政学过分强调官僚体制的研究、政治—行政的二分法等弊端，强调对政策制定系统及过程的研究，形成了政策科学的研究"范式"，一些政策科学家主张用政策科学或政策分析研究来取代传统的公共行政学研究。

四 、新公共管理学的兴起

从 20 世纪 70 年代开始，西方各国的公共管理（政府管理）遇到了前所未有的严峻挑战。第二次世界大战后，西方各国政府普遍采用了凯恩斯主义的主张，对社会经济生活实行了全面的干预，导致了以高失业、高通胀和低增长为特征的"滞胀"现象的出现。政府管理也危机四伏：政府扩张，机构臃肿，效益低下，政策失效乃至政府失灵。这在客观上引发了七八十年代西方政府改革的浪潮。无论是传统的公共行政学理论还是新公共行政学理论都无法解释政府管理所面临的这些新问题，更无法为当代政府管理实践尤其是政府改革提供有效的理论指导。另一方面，70 年代以后，西方社会科学在经历了长期的分化、初步的融合之后，开始大踏步向整体化迈进，跨学科、交叉综合研究成为社会科学研究的主要趋向。各种与政策管理密切相关的学科取得了长足的发展，出现大量的新流派、新理论和新方法，并开始围绕政府管理问题的解决而交叉、融合，为政府管理研究的突破奠定了坚实的基础。

20 世纪八九十年代，在公共部门出现了一种针对传统行政模式的缺陷的新管理方法。这种方法可以缓解传统模式的某些问题，同时也意味着公共部门运转方面发生了引人注目的变化。这种新的管理方法有很多名称："管理主义"、"新公共管理"、"以市场为基础的公共行政"、"后官僚制典范"或"企业型政府"。到 90 年代后期，人们越来越倾向于使用"新公共管理"的概念。

尽管新公共管理的名称众多，但对于公共部门管理发生的实际变化而言，人们还是有一种共识。第一，无论这种模式叫什么，它都代表着一种与传统公共行政不同的重大变化，它更为关注结果的实现和管理者的个人责任。第二，它明确表示要摆脱古典官僚制，从而使组织、人事、任期和条件更加灵活。第三，它明确规定了组织和人事目标，这就可以根据绩效指标测量工作任务的完成情况。同样，还可以对计划方案进行更为系统的评估，也可以比以前更为严格地确定政府计划是否实现了其预定目标。第四，高级行政管理人员更有可能带有政治色彩地致力于政府工作，而不是无党派或中立的。第五，政府更有可能受到市场的检验，将公共服务的购买者与提供者区分开，即将"掌舵者"与"划桨者"区分开，政府介入并不一定总是指政府通过官僚手段行事。第六，出现了通过民营化和市场检验、签订合同等方式减少政府职能的趋势。在某种情况下，这是根本性的。一旦发生了从过程向结果转化的重要变革，所有与此相连的连续性步骤就都是必要的。

霍姆斯（Holmes）和尚德（Shand）对这次改革的特点作了一个特别有用的概括。他们把新公共管理视作范式，这种好的管理方法具有以下特点：① 这是一种更加富有战略性或结构导向型的决策方法（强调效率、结果和服务质量）。② 分权式管理环境取代了高度集中的等级组织结构。这使资源分配和服务派送更加接近供应本身，由此可以得到更多相关的信息和来自客户及其他利益团体的反馈。③ 可以更为灵活地探索代替直接供应公共产品的方法，从而提供成本节约的政策结果。④ 关注权威与责任的对应，以此作为提高绩效的关键环节，这包括强调明确的绩效合同的机制。⑤ 在公共部门之间和内部创造一个竞争性的环境。⑥ 加强中央战略决策能力，使其能够迅速、灵活和低成本地驾驭政府对外部变化和多元利益做出反应。⑦ 通过要求提供有关结果和全面成本的报告来提高责任度和透明度。⑧ 宽泛的服务预算和管理制度支持和鼓励着这些变化的发生[①]。

公共管理学新范式的出现是对以往公共行政学的一次严峻的挑战，它几乎改变了传统行政学的研究范围及主题、研究方法、学科结构和行政管理方式，成了当代西方公共管理尤其是政府管理研究领域的主流。《布莱克维尔政治学百科全书》"公共行政学"词条这样写道："以经济学为基础的研究方法对公共行政学的传统主流理论构成了严峻的挑战，因为它拥有一种通用的分析语言，广泛地采用了以消费者为导向的方法来研究公共服务。如果说公共行政学的传统主流研究方法对20世纪早期美国行政学发展做出了贡献，并占据了相当重要的学术地位的话，那么，现在或许可以说这一位置已被以经济学为基础的研究方法所取代"。奥斯特洛姆也说："当代政治经济学家的著作，以经济理论为基本模式，对传统行政管理理论的众多基本理论提出了挑战。"

公共管理学作为当代政府管理或公共部门管理研究新潮有其新颖、合理之处，它反映了80年代以后西方在这一领域的新成就以及当代西方公共管理实践发展的新趋势，特别是成为当代西方政府改革的一种指导性理论。80年代以后西方各国的政府改革的自由化、市场化和社会化取向，在相当程度上体现了公共

① 欧文·E. 休斯. 新公共管理的现状. 中国人民大学学报，2002，(6)

管理学理论的基本精神。公共管理学者所提倡的公共管理尤其是政府管理以实际问题为核心，拓展了行政学的研究范围和主题，融合经济学、管理学、政策分析、政治学领域的知识、形成更广泛综合的知识框架，并形成新的公共管理方式，对我国的行政学研究以及政府管理实践是有借鉴、启发意义的。

然而公共管理学是一种尚在发展之中的新理论，它本身遇到了诸多的难题。迄今为止，它并未形成统一的成熟的理论框架及范式；它忽视了公共部门管理与私人部门管理、政治过程与市场过程的差别，过分依赖于经济学途径（尤其是经济人假设和交换范式）；片面强调对产出和绩效进行精确的计算；此外，它所主张的顾客至上、绩效管理、高级文官的政治任命也产生了理论及实践上的问题。因此，公共管理学运动受到了来自各个方面的批评：说它主张公共部门私有化，实际上放弃了政府的公共服务职能，逃避社会福利责任；说它滥用经济学方法或途径，是经济学帝国主义；说它片面依靠企业管理学，所推崇的绩效管理、目标管理是一种"新泰勒主义"等。看来公共管理学理论及范式的成熟仍有相当长的路要走①。

第二节 公共管理学的逻辑起点与价值根源

无论何种理论的体系的建立都必须首先确定一个最基本的范畴作为理论演绎的出发点。这个出发点就是所谓的逻辑起点。那么，什么是逻辑起点呢？逻辑起点是一种理论或一门学科的出发点，它是理论或学科体系中最基本、最抽象、最简单的范畴，由它能推演和引申出整个理论体系的逻辑主线、逻辑结构和逻辑终点。

公共管理学科逻辑起点问题是学科建设的基础和重点。公共管理研究在这方面虽然已取得了可喜的成果，但不能说已经完全解决问题了。陈振明在《公共管理学》中紧接着"公共管理"的概念后就探讨了"公共物品"的概念，并指出："我们可以把政府的基本职能概括为提供公共物品。这几乎已成了当代西方经济学家的共识。"②鲍宗豪主编的《公共管理导论》和张良编著的《公共管理学》在界定公共管理含义之前先探讨了"公共物品"和"公共事务"，由对公共事务的管理引出了"公共管理"。这种叙述方式在张良编著的《公共管理学》中更加明显。他们在行文中没有探讨公共管理学的逻辑前提或逻辑起点问题，但他们的

---

① 陈振明. 从公共行政学、新公共行政学到公共管理学——西方政府管理研究领域的"范式"变化. 政治学研究，1999，（1）

② 陈振明. 公共管理学——一种不同于传统行政学的研究途径. 北京：中国人民大学出版社，2003.6

这种叙述方式却为人们思考该问题提供了有益的启迪。

明确把逻辑起点与公共管理联系起来的是齐明山和张庆东。齐明山认为行政学的逻辑起点是"行政效率"。他指出：行政学的宗旨是行政效率，是其研究的出发点和落脚点。我们对行政管理的主体、客体、过程和方法的研究，都是围绕着提高行政效率进行的，是以效率为目的的，目前出版的 100 多种行政学教科书都是从效率作为逻辑起点的。张庆东则认为，公共管理研究的逻辑起点是"公共问题"。他指出，公共问题是社会成员在公共生活中共同受其广泛影响，具有不可分性，与公共利益密切相关的那些公共性社会问题，主要是由于公众预期和制度绩效之间的巨大差异而产生的。曾峻指出，不能把行政效率和公共问题作为行政学的逻辑起点，而认为公共管理的逻辑起点应是公共物品[①]。王乐夫指出，公共管理的逻辑起点：公共问题；公共管理的基本范围：公共物品、公共服务[②]。我们也可以这样说，公共管理的逻辑起点是着眼于解决公共问题，而其手段是提供公共物品和公共服务。下面我们首先分析公共管理学的逻辑起点，然后再分析公共管理学的价值根源。

一、公共问题——公共管理逻辑起点

为了探讨公共管理学的逻辑起点问题，我们首先看看公共权力及其管理行为产生的过程。以洛克（Locke）为代表的近代社会契约论者和以罗尔斯（John Rawls）、洛齐克（Robert Norzic）为代表的当代社会契约论者以及当代新制度经济学、产权经济学、公共选择学派都从各自的角度进行过纯思辨式的阐发。但思想推演只是一个方面，逻辑性还有一个与历史性统一的问题。正如马克思所说：

历史从哪里开始，思想进程也应当从哪里开始，而思想进程的进一步发展不过是历史进程在抽象的、理论上前后一贯的形式上的反映；这种反映是经过修正的，然而是按照现实的历史进程本身的规律修正的，这时，每一个要素可以在它完全成熟而具有典范形式的发展点上加以考察[③]。

由于缺乏必要的历史学、考古学和人类学资料支撑，以往思想家没有贯彻逻辑性与历史性统一的原则，因而他们思想的说服力受到了制约。马克思、恩格斯利用新发现的史前史资料对公共权力的产生进行了全新的分析，特别是恩格斯的

---

① 曾峻. 公共管理的逻辑起点论析——公共管理学基本问题研究之一. 上海师范大学学报（哲学社会科学版），2003，(5)

② 王乐夫. 论公共管理的社会性内涵及其他. 政治学研究. 2001，(3)

③ 马克思恩格斯全集. 第 13 卷，北京：人民出版社，1956.532

《家庭、所有制和国家的起源》一书标志着国家起源学说摆脱了想象与杜撰，逻辑分析从此拥有了坚实的历史基础。20 世纪 50 年代后兴起的酋邦（chiefdom）制理论又对建立在原始军事民主制上的国家起源学说进行了丰富和发展。因篇幅所限，这里仅借助有关资料对公共问题起源作简要分析，旨在说明前文的"思想进程"和"历史进程"是一致的。

漫长的原始社会可以说是一种"无政府状态"，它的存续是以这样一些条件作为严格的前提的：① 资源处于极端匮乏状态，社会没有剩余资源；② 个体间的利益（效用）高度相关、高度一致，每个人和共同体的其他人都有相同的需要，必须共同劳动、共享劳动成果，否则就难以生存；③ 共同体的规模适当，涉及的地域范围不是很大，成员不是很多，便于了解、相互监督，纯朴的道德感得以维持，投机行为很少，特别是氏族、部落首领不大可能谋求私利。原始社会的无政府状态是一种美妙的制度，恩格斯赞美道："这种十分单纯质朴的氏族制度是一种多么美好的制度啊。没有军队、宪兵和警察，没有贵族、国王、总督、地方官和法官，没有监狱，没有诉讼，而一切都是有条理的……一切问题，都由当事人自己解决，在大多数情况下，历来的习俗就把问题调节好了……大家都是平等、自由的。在这样一个社会中，一切都是公共的，因而也就没有公私之分，没有私人物品和公共物品之分、私人事务和公共事务之分。以强制力为后盾、具有明显暴力色彩的政府管理行为便不可能存在。

但在原始社会后期，随着生产工具和劳动经验的进步，生产力发展，社会剩余产品出现，公社内部的公有制被公社成员间的家庭、私人占有制所取代。个人私有制的出现预示着成员间的利益分化和利益对抗，"卑劣和贪欲"代替了纯朴的风气和道德风尚，财富成为"唯一的、具有决定意义的目的"。贫富分化加剧，又引起社会分化、社会对抗和社会风气恶化，"财产所有权这时已成为压倒一切的兴趣所在"。私人产权和私人意识越来越突出，意味着公共物品和公共事务越来越受到蚕食，越来越被忽视。私人利益之间的冲突，公共规则的破坏，公共意识的衰退，公共事务的凋零，公共问题凸现，都直接威胁到共同体的生存和发展。尤其在东方社会，水利灌溉等大型公共工程更需要有一种统一的力量来行使。正是在这种背景下，公共权力——国家或者说政府应运而生①。对于这段历史，恩格斯总结道：

国家是社会在一定发展阶段上的产物；国家是表示：这个社会陷入了不可解决的自我矛盾，分裂为不可调和的对立面而又无力摆脱这些对立面。而为了使这些对立面，这些经济利益互相冲突的阶级，不致在无谓的斗争中把自己和社会消

---

① 国家（state）、政府（government）是有区分的。商红日. 政府基础论. 第三章 国家与政府. 经济日报出版社，2002. 但这里不作严格区别

灭，就需要有一种表面上凌驾于社会之上的力量，这种力量应当缓和冲突，把冲突保持在"秩序"的范围以内；这种从社会中产生但又自居于社会之上并且日益同社会脱离的力量就是国家①。

有了国家，也就有了政府。在人类文明史的早期历史阶段中，国家与政府并没有得到分化，而是合为一体的，以至于直到今天，人们还会在国家的意义上使用政府的概念或在政府的意义上使用国家的概念，或者，人们为了把国家和政府区别开来而把国家称作为广义的政府，而把实现了与国家分化的政府称作为狭义的政府。其实，国家与政府未分化状态下的政府是近代社会出现以前普遍存在的政府形式。

根据马克思阶级分析的理论，国家、政府及其行政是在社会分化为不同阶级而且阶级斗争日益激烈的历史条件下出现的。社会分化为不同的阶级，意味着阶级利益的出现，而不同阶级的利益之间的冲突和矛盾，则是阶级斗争的总根源。为了把阶级斗争控制在一定的范围内，就出现了国家、政府及其行政。表面看来，国家、政府及其行政出于维护一个社会的秩序目的而控制阶级斗争，拥有了解决公共问题的内容。实质上，这种类型的国家、政府及其行政是出于统治阶级利益实现的目的。事实上，在世界各国的历史中，我们都可以看到，统治阶级在其利益能够得到实现的时候，会表现出维护社会秩序的主动性，而一旦其利益得不到有效的实现时，总会首先破坏秩序。对于这一类型的国家和政府来说，它的行政目标完全从属于统治阶级利益的实现。行政就是阶级的行政，是阶级统治和阶级压迫的工具，根本不具有"公共"性质，也不存在所谓"公共问题"，所以，我们把这种行政称作为"统治行政"，对于这种行政是决不可以使用"公共行政"这一概念来加以指称的。

马克思认为："在亚洲，从很古的时候起，一般说来只有三个政府部门：财政部门，或对内进行掠夺的部门；军事部门，或对外进行掠夺的部门；最后是公共工程部门——亚洲的一切政府都不能不执行一种经济职能，即举办公共工程的职能②。"如果说古代的政府有什么公共性的表现的话，那么也只存在于马克思所说的第三个部门中。而对于整个行政体系来说，却不具有什么公共问题。即使是存在于这第三个部门中的公共性，也是从属于阶级统治的目的的。所以，它只是以手段的形式存在而不能看作为这种行政的性质。所以，我们不在古代国家与政府一体化条件下思考公共问题，也不认为古代政府的行政具有实质性的表现公共性的方式。

运用国家这个公共权力来进行社会调控、弥补社会自我调节的不足，具有某

---

① 中央编译局. 马克思恩格斯全集. 第 4 卷. 北京：人民出版社，1956.166
② 中央编译局. 马克思恩格斯选集. 第 2 卷. 北京：人民出版社，1975.64

些独特的优势：① 对暴力使用进行垄断具有规模优势，可以提高制裁和仲裁的效力，减少潜在的冲突，节省大量的社会资源；② 在公共物品供给方面具有效率优势，公共物品由政府出面供给，公共事务由国家、运用国家强制手段向每个受益者统一收费，可以较好地避免供给不足问题；③ 由政府制定统一的法律规范、度量衡制度、语言文字规范，可以降低交易成本，大大提高生产生活的方便程度。

近代社会，随着资产阶级革命和资产阶级国家的出现，国家与政府开始分化。政府对公共问题关注的程度也在逐步地得以提高。但是，在西方刚刚进入近代社会的时候，资产阶级的首要目的是巩固新生的政权，资产阶级政府需要在两个战场上强化暴力职能：一方面，它需要防止旧势力的复辟；另一方面，它需要应对新生的无产阶级的挑战。所以，其重点就放在阶级镇压和政治统治上，对社会事务的管理就相应地显得薄弱和有限。毕竟，资产阶级的政府是在启蒙思想家们的设计原则下来进行建构的，特别是国家的权力制衡原则决定了这种政府包含着统治职能弱化和管理职能强化的可能性。到了近代社会发展的中期，随着资产阶级政权的稳固性加强，随着经济和科学技术的进步，政府逐渐开始了用社会管理职能取代政治统治职能的进程，虽然这个时候的政府行政还不能被看作为公共行政，但已经在一定程度上拥有了公共性。当然，由于"政党分肥"等政治操作上的原因，阻碍了行政公共化的进程，但行政管理化的历史趋势必将要求结束"政党分肥制"。因而，在 19 世纪 80 年代前后，英美等国开始了政治与行政分化的历程，最终出现了不同于"统治行政"的"管理行政"模式[①]。

着眼于解决公共问题的管理行政就是公共行政，但是，还只是工具性意义上的公共行政。这种行政具有公共性的特征，却是形式上的公共性，而实质上的公共性，则是比较薄弱的。所以，公共行政进一步发展的前景，就必然是形式上的公共性与实质上的公共性相统一的公共行政。20 世纪 70 年代以来的行政改革，在其深层动力上，可以看作是公共性的躁动。也就是说，人类历史到了这样一个时刻，公共行政形式上的公共性已经不能适应社会治理的需求。人们也不再满足了公共行政只在形式上拥有公共性。从全球范围来看，行政改革在每一个国家都有着独特的路径选择。彼得斯在《政府的未来治理模式》一书中就概括出了四种行政改革模式。但是，在如何根据走向实质公共性的要求来建构公共行政方面，都远远没有达到 60 年代的"新公共行政运动"在公共性问题上完成的理论自觉。所以，我们可以断言，各国行政改革下一步的目标必然会朝向更加逼近实质公共性的获得，自觉地去围绕着如何增强公共行政的公共性问题而进行制度设计和制度安排。如果一个国家不能走向这个目标的话，那么它的行政改革就必然是走了

① 张康之. 论"公共性"及其在公共行政中的实现. 东南学术，2005，(1)

弯路甚至歧路①。

公共权力作为"第三种力量"出现决定了它必须以中立者的身份向全体社会成员提供秩序、法制、规则、安全、公共设施等一系列服务，要履行公共管理的各项职能。①国家"照例是最强大的、经济上占统治地位的阶级的国家"；国家"在一切典型的时期毫无例外地都是统治阶级的国家，并且在一切场合在本质上都是镇压被压迫被剥削阶级的机器"；② 直接掌握国家机器的运转、政策法律制定的官僚阶层和政治家们又是一群具有独立意志、特殊利益的群体，存在着特殊利益；③ 政府处于绝对垄断的地位，缺乏潜在的竞争对手。所以，在民主、法制、宪政制度缺位的情况下，政府很容易变成维护阶级、集团利益的工具，公务人员也很容易从"公仆"蜕变为"主人"，同时，政府也缺乏降低运行成本、提高效能、改善公共服务质量的积极性，所有这些都与政府存在的本义背道而驰，这又成了新的"公共问题"。正因为如此，现代公共管理特别重视通过制度、法律来约束政府行为，通过方式方法创新来提高公共服务质量，没有这些，公共管理的"公共性"就得不到保证。而把公共权力重新收回到社会、掌握在社会成员手里，建立起"社会共和国"也正是马克思、恩格斯的政治理想，因为只有到这时公共管理机构对人的统治才能真正转变为对物的管理。

总之，原始社会末期，私人财产和私人意识出现。随着社会的发展，到资本主义社会，公共问题出现，使提供公共物品、公共服务的价值空前地凸现出来，公共权力机构的产生又使公共管理作为一种区别于私人事务管理的行为成为了可能。因此，公共问题是公共管理的逻辑起点。前述逻辑分析和这种历史进程也是一致的。

二、价值根源

在公共管理中，公共政策的制定者常常会比其他人更强烈地感到某些价值冲突带来的困惑，如他们为国家或组织的利益要承担直接或间接的伦理义务，为此要考虑到公共管理中复杂的、相互排斥的价值观念；而作为履行公民义务的个人，其个人利益则要服从公共利益等等。尽管如此，作为公共管理者，他们更关注在公共政策制定中哪些价值取向是最基本的。人们普遍认为公共管理中存在着大量的角色定位或价值取向，这些角色定位或价值取向是公共管理者做出决策的基本依据。西方学者把公共管理者的价值取向划分为许多方面，目的是找出影响公共决策的主要价值根源。例如，达雷尔·皮尤（Darrel Pugh）与阿普雷·哈耶卡-伊金斯（April Hejka-Ekins）将价值根源划分为官僚的与民主的。有的研

---

① 张康之. 论"公共性"及其在公共行政中的实现. 东南学术，2005，(1)

究者确定了三个基本的价值取向。例如，帕特里克·多贝尔（Patrick Dobel）把社会义务、个人责任与谨慎执行公务作为伦理决策的依据。凯瑟林·邓哈特（Kethryn Denhardt）则认为荣誉、慈善、正义是决策的道德根源。特里·库珀（Terry Cooper）划分出的四个价值根源是：公共利益、选民利益、官僚机构利益和个人利益。美国公共管理学会（American Society of Public Administration, ASPA）提出了公共管理者必须遵循的伦理准则，对我们探讨公共管理的价值根源问题具有重要的参考价值。

由于决策的背景不同，价值根源的界定（或角色界定）也是多样化的。罗尔（Rohr）认为在公共管理中存在着角色伦理，角色伦理有限性（或特殊性）的特征对普遍流行的道德观念构成了直接的挑战。也就是说，所有的角色甚至一些遵纪守法的人在一些特殊事件中都会表现出有悖于他们道德观念的行为。某些问题的特殊性决定了现实中不可能有完满的决策。

价值根源或角色定位的另一个方面是关于角色的价值观念转变。密尔顿·罗卡奇（Milton Rokeach）曾写道："如果价值观是固定不变的，那么社会就不可能变化；但如果价值观变化过快，那么，个人和社会的持续性发展也是不可能的。如果对价值的定义是完满的，那么任何一个定义都必须能够说明价值的可持续性特征，同时也能够说明它们的可变性特征。"公共管理在美国经历了联邦制、公共服务的变革、公民权利以及20世纪60年代以"重塑政府"为主旨的新公共管理运动，这些变化对传统的公共管理提出了巨大挑战，因为重塑政府具有新观念、新价值、新角色的深刻含义。

那么，应该如何定位公共管理的价值优先性？黄健荣指出，基于全球治理理念和时代的价值要求，保障现代公共管理正确发展的价值取向的优先性应依据如下顺序予以考量：① 公共性。"公共性"是现代公共管理的首要规范性取向。从当代政治的角度看，这种公共性首先以民主价值为基础，因为民主政治培养了"对公共行政的'理智型理解'"；② 合法性。由于公共管理受公共过程和公共价值的制约，公共管理的目标还必须与社会的认同、价值观及同一性和法律原则保持一致，即具有合法性；③ 效率。"效率"一词的最基本内涵是指运用有限资源有效地实现目标。由于公共性是公共管理的首要价值，因此公共管理就不能像私人管理那样把效率和效能当作最根本的价值。但公共组织的功能和任务是为了向公众提供公共物品与公共服务（包括制度），所以从公共管理的技术性要求看也必须重视效率问题①。

当多种合理的价值相互冲突时，对于公共决策的制定者来说，就具有了挑战性。"管理者的最大困境就是要在相互冲突的问题间进行平衡。"研究表明，有五

① 黄健荣等. 公共管理新论. 北京：社会科学文献出版社，2005.58～60

种主要的价值根源影响着公共政策的制定，它们包括：个人价值、职业价值、组织价值、合法价值和公共利益价值①。

1. 个人价值

亚历山大·汉密尔顿（Alexander Hamilton）认为，好的政府需要最诚实的人，这些诚实的人能激励人们保持诚实。特里·库珀和一些学者在有关道德问题的讨论中，把道德看作是公共管理者从事公务活动的动机因素，认为如果在政府机构中没有具有正义感的个人，政府行为就会出现各种问题，而问题的关键是当存在着相互冲突的价值取向时，正义应如何运用？个人价值会在什么程度上对决策起作用？

具有正义感的人在其生活和行为中会表现出信仰和行动的一致，他们不会为了眼前的利益而放弃或改变他们的信仰和与信仰一致的行为。公务员所具有的正义感肯定可以带来非常强烈的社会责任心。人们对公务员的认可，暗含着公众对公共管理规则的积极接受。人们接受具有正义感的公共管理者，意味着公众对现行法律的正确评价和对政治法律系统的认可。从公共管理者的角度说，也要有对公共决策体制的认可和对其合法性的正确评价，否则，公务员就会无视法律的存在。当无人监督时，公务员就会出现违法行为。可见，在公共管理的正义中包含着一些普遍有效的文化价值：诚实、坚持原则、协调一致、互惠互利。当这四种价值处于适当位置时，高度信任的文化就建立了，从而表现出高效的团队和组织的特征。这是一个严格的伦理检验。在公共决策中，伦理意识被心理学家和伦理学家视为最高层次，如果决策能够基于这些原则，管理者就可以运用最有力的控制模式，因为在这种情况下，管理者的控制不是来自外部而是来自内部。公务员决不是公众的奴隶，在民主国家里他们拥有全体公民拥有的同样权利，他们也拥有为足够稳定的工作和良好的工作业绩而奋斗的权利。人们不应要求公务员放弃他们的个人利益需要。当然，他们如何实现自己权利的方式是问题的关键。

公共管理者面临的另一个难题是个人信念。我们要允许政府工作人员的言论与行为在一定程度上建立在个人信念上，除非我们的政府要求所有人都必须唯命是从。我们应该允许政府工作人员为了表达个人的信念而大胆地讲权利。个人信念和组织命令之间的冲突大都可以通过改善、达成一致或妥协的方式得以化解，当这些都不可能实现时，个人可能会选择其他的应对方式。个人价值的最后一个问题是政府工作人员个人形象的重要性。要使政府工作提高效率，不仅个人的良好品行是重要的，这些良好品行的表现也是重要的。

2. 职业价值

职业价值在管理决策中是一个敏感而又重要的价值根源。在公共领域内由于

---

① ［美］蒙哥马利·范瓦特. 公共管理的价值根源. 周菲译. 经济社会体制比较，2002，（4）

有大量的职业，而各职业间对利益约束的差异是很大的，所以其职业标准是较难制定的。公共管理作为一种成熟的职业，其职业化程度使得这一领域对就职者的受教育程度有较高要求并成为进入这一职业的初步标准，这对于他们在工作中掌握公共领域的理论、知识、技能是很重要的。在公共领域内，由于对受教育程度的较高要求使继续教育在人们的心理上几乎是带有强制性的。当然，这也导致了这一领域内职业总体水平的提高，而且熟练的技术与能力会导致员工的独立决策。可以说，职业化是形成合乎时代要求的较高伦理标准的有效手段。

公共领域内关于职业的第一个问题是现实的标准。职业的要求提供了进入这一领域的较高的教育和实践标准。然而，这些标准也使人们对一些公共组织的现实状况感到困惑。例如，医学领域因为其昂贵的教育费用，使得一些收入不高的人不能进入这一职业，并且公共领域的医疗预算一直在不适当地膨胀，导致医学的培训与教育受到影响。

公共领域内关于职业的第二个问题是专业人员的自利行为。就像任何利益群体一样，公共管理者有可观的工资收入，其权益受到支持或尊重，他们可以利用自己的政治影响，阻止不利于他们利益的观点，甚至可以阻止不利于他们利益的政策的出台。在这种情况下，就必须在市场导向和多元化的社会中进行职业资源的竞争。

3. 组织价值

在组织价值与其他价值间保持一种良好的平衡是很重要的。"机构综合征"的特征就是极权，组织只是追求管理系统的目标，而不是为人民服务。当组织成员只是考虑自己的利益而不是公众的利益时，机构综合征就会出现。一位优秀的研究者杰拉尔德·凯登（Gerald Caiden）指出，当机构综合征控制了系统时，所引起的问题"不是组织成员的个人失败，而是组织中个别人的不法行为会导致整个组织出现缺陷"。S. P. 亨廷顿在《变化社会中的政治秩序》中也曾一针见血地指出：制度利益和制度中的个人利益是有区别的。政府的确立其实是建立了形式上的公正，实质的公正还有赖于政府工作人员的运作。柯武刚和史漫飞（2000）指出，公民（委托人）如何才能确保他们的代理人一旦被任命，真能言必信，行必果？正如我们很快将看到的那样，当政治系统全都由追求其目标的政党组织、有组织的利益集团和谋求私利的官僚所占据时，这样的问题将层出不穷。托克维尔在《论美国的民主》中指出，在民主政府，国家工作人员都是穷人，他们希望发迹高升，因而有很多贪污现象。

组织利益是公共管理文化框架中的一个主要方面，是影响实际决策的最有说服力的因素。组织价值包括从组织状况到组织设计等一系列的要素。相对于个人价值、公共利益价值等其他价值来说，组织价值是一种强有力的价值因素。当然，政府的过度限制必然会导致公共管理的变革，因为这些限制会导致产生机械型的组织而不是有机型的组织，从而出现更严重的官僚主义和教条主义。

4. 合法价值

合法价值主要集中在遵守宪法、地方法律、与法律有关的制度与规则、法律解释、为人们的基本权利而设定的合理程序等方面。遵守法律无论在学术界还是在现实中都是同样重要的。法律象征着政治协商的价值，这对于那些在公共领域里制定法律、遵守法律和执行法律的人有特别意义。对法律和合法程序的高度重视，使汤姆·彼得斯（Tom Peters）这样的具有企业家精神、一贯倡导缩减成本的人提出了警告，不要使法律程序成为一种流水线，管理者在执行公共事务时必须要谨慎地维护公众信任。

一般的经验证明，当管理决策出现道德两难时，人们都是运用法律及合法程序来处理问题的，法律通常是人们解决两难问题的主要方法。然而在一些问题中，法律只起很小的作用，有时甚至不起作用，在一些管理决策中，法律往往处于次要地位。现实中，要求避免完全的个人独断专行，使事实上不存在管理者的个人决策也是不可能的。当然，决策者在面对伦理难题和价值对立的问题时，尽管法律不是第一位的，但他们也要考虑行为的合法性及合法程序。

5. 公共利益价值

公共利益价值对于在公共机构工作的人员来说是更具吸引力的价值根源。对于大多数公共管理者来说，普遍利益就是他们的专门职责。经验的研究也表明，公共领域的管理者对"公平、正义和平等"比工商领域的管理者更加关注。遗憾的是，尽管很多人认为对于公共管理者来说，公共利益的价值是特别重要的，但是他们对于什么是公共利益却有着很大的分歧。

一些学者把公共利益理解为人们对长期的社会价值的追求。在这一广阔的价值领域中包括人们对民主、幸福、资本主义、教会与国家的分离等看法。在这些价值前提下，公共管理就成了社会价值的维护者。如果从这个角度对公共利益价值进行解释的话，公共管理者应对社会价值保持敏感和谨慎。如果对社会价值不加限制地追求，公共管理就会表现为完全的国家主义。对公共利益的第二种解释集中在个人的公民权，它来源于美国权利法案所培养起来的长期的西方个人主义传统，这一价值追求集中于尊重建立在个体基础上的个人权利，保护个人利益以及个人全部的社会活动等方面。如果从这一角度来理解公共利益，公共管理者应成为那些已经受到不公平待遇的或正在受到不公平待遇的个体权利的保护者。对公共利益的第三种解释就是把保护公众权利当作政府管理工作的一部分，这不仅通过选举过程也通过管理过程反映出来，它要求公共管理者通过保护公众与政府沟通的权利和参与政府管理的权利而成为公共政府的服务员。

大多数人都知道，极少的管理者会故意违背法律，侵犯公共利益，破坏他们的组织，违背职业规则或恶意获取个人私利。对更多的公共管理者构成挑战的是，他们必须修改不合理的法律；平衡相互竞争的公共利益群体；从组织自身的多种利益中选出适当的组织利益；提出一种更高的、但成本低的职业标准以及不过分追求也不完全放弃个人利益等。在大多数情况下，一个好的管理决策要考虑有两个或更多的合理的价值根源，管理决策要包括处理好非程序性与程序性的矛盾、被动与主动的矛盾、个人利益与公共利益的矛盾等问题。没有固定的规则将这些相互矛盾的价值排好顺序，当各种价值出现矛盾时，管理者靠自己的行为不能判断决策是否是正确的和符合伦理的，只能靠管理者对各种合理价值进行认真思考后才能得出正确结论。

第三节　公共管理学的研究方法与研究对象

一、公共管理学的研究方法

公共管理学的兴起，在方法上的突出特征是强调用跨学科研究途径来研究公共管理问题，提供以问题为中心的知识产生方法。它既保留了公共行政学的一些行之有效的研究方法，又注意随时吸收当代科学方法的新成果。公共管理学的基本研究方法有：

（1）系统分析。就其本质而言，系统分析是一种根据客观事物所具有的系统特征，从事物的整体出发，着眼于整体与部分、整体与层次、整体与结构、结构与功能、整体与环境等的相互联系和相互作用，求得优化的整体目标的现代科学方法。公共管理学中使用系统分析方法的目的，是要帮助人们理解公共管理系统及其与社会环境的关系；鼓励对公共管理系统的各个组成部分、公共管理过程的各个环节进行同时的研究；引导人们注重这一系统中的结构、层次与功能；促使人们从不同的角度提出问题，开拓新的知识领域。系统分析方法的内容包括整体分析、环境分析、结构分析、层次分析、相关分析等。

（2）比较分析。比较分析的要点是通过对不同事物或同一事物在不同阶段的情况等进行比较，从中找出共同点、本质的或规律性的东西。公共管理学中的比较分析要求研究者对不同国家或地区的公共管理系统及过程加以比较，要求对同一个国家或地区在不同历史时期的公共管理系统及过程加以比较，从中既找到公共行政学一般的或普遍的理论，又发现各国或地区在不同时期的公共管理特色，丰富整个公共管理学的理论及方法论体系。

（3）实验分析。这种方法的本质是通过设计模拟实验，将事物的各个因素、事物的发展过程再现出来，以找到这种事物在真实世界中的各种数据及面貌。这种方法最初来自自然科学。自然科学中的实验分析可以做到精确，社会科学中的实验做不到这一点，因为它涉及人的行为，而人的行为在许多情况下是难以真正准确地加以预测的。公共管理学中的实验分析大多是准实验分析，通过选择某些对象或领域，甚至人为地提供某些条件，推行管理实验或政策试验，以取得经验，全面推广或铺开。

（4）案例分析。案例分析的要点是对已经发生的公共管理事件，分析者尽可能从客观公正的观察者立场加以描写或叙述，以脚本等形式说明一个事件有关的情况，力图再现与事件相关的当事人的观点、所处的环境，供读者评判。这种方法的重点是强调人际关系、政治等因素对管理过程的影响，而不是抽象推理或细节的刻画，因而它特别适应公共管理学及工商管理学研究的需要。案例分析既是当代管理科学的一种重要研究方法，又是当代管理科学的一种重要教学形式。

二、公共管理学的研究途径

公共管理作为一个相对独立的研究领域兴起于 20 世纪 70～80 年代。在其发展过程中，因学者研究取向上的差异而显现不同的风貌与内涵。依据公共管理学家波兹曼（Bozerman）的观点，尽管研究途径及理念有差异，但就概念的演进而言，大致可分为两种研究途径，即公共政策途径（public policy approach，简称 P 途径）以及企业途径（business approach，简称 B 途径）[①]。

1. P 途径下的公共管理

P 途径下的公共管理研究认为，公共管理必须与公共政策的形成与制定密切相关。学者列恩（Lynn）界定公共管理为政策管理，认为必须从管理观点探讨公共政策，才能落实政策目标与理想。根据他的说法，政策管理是指具有行政责任的公共官员在某种限制下，对于政府行动进行政治上有利的诠释。

P 途径下的公共管理源于 20 世纪 70 年代。70 年代，由于对传统公共行政学发展不满，许多公共政策学院或课程产生。公共政策学院，特别是政策分析课程（policy analysis program）强调计量分析与经济学的应用，然而公共部门对此取向与分析的需求却不高，而对管理问题较有兴趣。因此，这些学院考虑到市场需求又不愿落入传统公共行政的窠臼，便提出公共管理。

P 途径研究的公共管理一般将公共管理者界定为高层次的政策管理职位，而非日常行政事务的管理者，同时他们特别强调具有政策制定权的高级行政主管的管理策略。依此，自然相当重视公共管理的政治面向。以研究取向而言，P 途径十分重视非理论性的、非量化的，以实务为基础的规范取向；在研究方法上，大多是采用个案研究法，因此，P 途径代表公共事务管理的"柔性面"，政策分析

---

① 张成福等. 公共管理学. 北京：中国人民大学出版社，2001.9

则代表公共事务管理的"硬性面"。

公共管理学者波兹曼曾总结认为，公共政策取向的公共管理有三个基本共识：

（1）公共管理与政策分析互补，成为这些学院教学课程的两大方向；

（2）在教学研究上十分重视个案研究，以从事实务工作者的经验为素材；

（3）以高层管理者，特别是政治性任命官员为教学研究对象，致力于促进此类人员与学界之间的沟通对话。

在美国，此途径的主要机构包括哈佛大学肯尼迪学院、密歇根大学公共政策研究所、柏克莱公共政策学院，代表组织为公共政策分析与管理学会（Association For Policy Analysis and Management），著名的期刊如政策分析与管理期刊（Journal of Policy Analysis and Management）。

2. B 途径下的公共管理

在 20 世纪 70 年代，企业行政管理学院（School of Business Administration）受管理思潮的影响，开始重视工商政策与管理战略，不再着重于内部行政管理的机制与过程，于是纷纷改名为管理学院（School of Management），受此影响，一些公共管理学者发展起 B 途径下的公共管理。

B 途径下的公共管理与 P 途径下的公共管理相比，有以下不同之处：

（1）前者之课程设计依循商业学院的传统，后者则依循公共政策学院的传统；

（2）前者企图与公共行政合流，后者则企图摆脱公共行政，而形成一个独立的管理领域；

（3）前者重视策略与组织间的管理，是过程取向的，因而非常强调组织设计、人事与预算等问题；但后者则强调政策与政治问题。

（4）前者主张采用量化分析（如集群资料分析、实验设计），后者则采用个案研究法。

学者波兹曼对二者提出更深入的看法：

（1）不同于公共政策途径的公共管理学者，一心一意想划清与传统公共行政的关系，企业途径的公共管理学者与行政学者，特别是认同"公共行政即管理学"的学者，有较密切的关系与相似理念。

（2）不同于公共政策途径的公共管理学者认为公私部门管理有别，企业途径的公共管理不认为公私部门的管理有什么质的差异，而主要以较严谨的态度发展实证理论来描述与解释公私部门的异同。在此前提下，他们偏好、认同并接受企业管理的概念与工具，并将之引入运用于公共部门的管理上。

（3）不同于公共政策途径的公共管理学者几乎完全依赖案例研究为获取知识的工具，企业管理途径的公共管理学者兼采案例研究与量化研究作为教学研究的方法。

（4）不同于公共政策途径的公共管理学者长于个案的处理与分析，企业管理途径的公共管理学者比较重视学术的研究与理论的建构，长于从不同的学术领域中吸取有用的理论、技术与方法。

（5）不同于公共政策途径的公共管理学者以高层管理者——特别是政治性任命人员——为主要教学研究对象，企业管理途径的公共管理学者以具备文官资格的公共管理者为主要教学研究对象。

三、公共管理学的研究对象

任何一门学科都是以客观世界的某一类事物、现象或过程作为自己的研究对象的，科学研究就是要探讨这类事物或现象及过程的本质联系或规律性，从而形成学科的概念、范畴、定理、原理和方法的理论体系。公共管理是一种客观的社会活动及过程，它构成公共管理学的研究对象。公共管理学所要研究的是作为公共事务管理主体的公共组织，特别是政府组织的结构、功能及其与环境的关系，研究公共管理活动的过程及其环节（如组织、决策、沟通、协调、监控、评估等）。它要求我们在抛弃了政治与行政二分原则的基础上，从更广泛的意义上去看待政府、公共部门以及公共政策，研究政府与公众或社会之间的互动关系。

公共管理学的研究对象，包括公共管理的过程、公共组织的结构、公共管理者的行为、公共管理的战略与决策、公共管理的目标及控制以及公共管理的绩效等方面。如果进一步做出抽象概括，公共管理学的研究对象体现在四个层次上[1]：

第一，公共管理是一种社会实践活动或过程。管理活动是一种动态的功能，它通过各种类型的活动，执行各项功能来确立社会的公共权威，达到既定的目标。说公共管理是一种社会实践活动是指它与整个社会水乳交融、关联互动，通过与众多社会活动的密切结合、依靠社会组织系统的配合与回应来实现其总体功能。公共管理活动在纵向和横向上要分成众多的种类，没有这样一个相互联系的网络系统的运动，公共管理活动就不能形成一个有机的整体，用以确保国家公共管理宗旨付诸实施，保证公共部门有效地履行宪法和法律赋予的公共管理职能。公共管理是指公共组织对社会公共事务的管理。由于纷繁复杂的公共事务可以归纳为国家公共事务、政府公共事务和社会公共事务三大类，因此，我们也应该把种种公共管理归结为国家公共管理、政府公共管理和社会公共管理。正是这"三足鼎立"共同构成了一个有机统一的庞大的公共管理体系。我们既要从个性去分

[1]　张康之等. 公共管理导论. 北京：经济科学出版社，2003.28

清它们的差异，又要从共性去归纳它们的统一，用共性与个性相联结的辩证法去把握公共管理活动的真谛①。

第二，公共管理活动依赖一定的社会组织形式。管理活动执行自身的动态功能必然依赖一定的组织形式，产生一定的活动形式。组织形式与活动形式是相互对应的，有总体形式，也有局部形式。要研究公共组织的设计、组织结构与组织功能的关系、组织层级与管理幅度、组织变革与组织文化以及公共组织中人力资源的管理等等。公共组织的组织形式是多层次、多侧面的，提升公共政策与公共管理的绩效，必须强化公共组织的创新能力。

第三，公共管理活动本质上是一种关系。如同政治经济学的本质是一种经济关系，公共管理活动实质上是一种社会关系。这种关系发生在不同的管理活动和管理形式之间，使它们形成一个相互结合、相互作用的整体。公共权威只有在对内、外部的各种关系进行有效协调和管理过程中，才能达到自己的目标，内、外部的各类关系包括组织关系、行政关系、人际关系、沟通关系、政府组织与非营利组织间的关系以及不同社会活动之间的关系等。公共管理所涉及的社会关系构成公共管理学的重要研究对象。

第四，公共管理是在行政管理中生成的一种新型的社会治理模式，它正在成长的过程中，并必将取代人类现有的社会治理模式。尽管在当前公共管理活动还基本上是在行政管理的框架下展开的，是由行政管理为它提供支持的。但是，公共管理活动中的实现方式、价值取向以及对公共管理者提出的新要求，都意味着它将会不断地走出行政管理的框架，建立起属于自己的新型治理结构。公共管理学在对公共管理的研究中，除了需要认识和总结公共管理现行的运行机制、活动规律、主体特征之外，还需要从公共管理活动中发现那些与现有的管理理念、方式方法、行为特征等等之中所包含着的走向新型社会治理模式的历史性趋势，对公共管理活动中的一切制度性的、运行机制上的和行为模式上的创新加以总结，如新公共管理模式：效率模式、紧缩与分权模式、私有化与竞争模式、公共服务导向模式、公私伙伴关系模式等②，洞察其内在的运行机制，把握它走向新型社会治理模式的历史可能性。

四、公共管理学的内容与范围

公共管理学的研究范围取决于它的研究对象，研究范围是研究对象在各个环节上的展开。关于公共行政或公共管理的研究范围，怀特（Leonard D. White）

① 王乐夫. 论公共管理的社会性内涵及其他. 政治学研究，2001，（3）
② 张志斌. 新公共管理与公共行政. 武汉大学学报（哲学社会科学版），2004，（1）

概括为四大部分：组织原理、人事管理、财务管理和管理法规。他的观点见于美国第一本大学教科书《行政学导论》，并因此对以后的研究产生了一定影响。古立克（Luther H. Gulick）提出了著名的"七环节论"。这七个环节是：计划（planning）、组织（organizing）、人事（staffing）、指挥（directing）、协调（coordinating）、报告（reporting）、预算（budgeting）。其中，计划理论逐步发展为设计理论，为新的决策科学的建立提供了有益的准备。

我国台湾学者张金鉴试图用更细致的分类法表述公共行政或公共管理的研究范畴，提出了 15M 理论：目标（aim），指公共管理活动应具有明确的目标，公共部门总是围绕着达到这些目标而展开活动；计划（program），目标确定后，公共部门需制定切实可行的计划以保证目标的实现；人员（men），指选定公共管理人员，按照计划有步骤、有系统地推进工作；经费（money），指公共管理活动需要足够的运作经费；物资（material），要备齐公共管理计划所需的各种设备、工具、物品和材料，并进行妥善的管理；组织（machinery），指为实现公共管理的计划和目标，要对人、财、物进行有效的组织；方法（method），需要运用系统的程序和有效的方法开展公共管理活动；指挥（command），强调公共管理活动中正确英明的领导非常重要；激励（motivation），即要用一定的手段激发公共管理人员的积极性和创造力；沟通（communication），在公共管理活动中沟通人们的认识、感情、心理和意见等，促进团队精神的形成；士气（morale），保持公共管理人员旺盛的斗志、饱满的精神状态；和谐（harmony），保持公共管理组织系统内部以及管理人员之间的和谐一致；及时（time），指在达成目标和完成公共管理计划时把握时机；空间（room），公共管理活动要适应社会文化、历史背景乃至地理环境；改进（improvement），指要根据日益变化的客观条件不断改进公共管理的政策、原则即方法，加强公共管理的适应性，以保证目标的实现。

综上所述，我们认为，公共管理的研究范围主要包括以下领域：

（1）公共管理的概念及其发展历程、公共管理学的逻辑起点及价值根源，公共管理学的研究对象、研究方法与途径等；

（2）公共管理的理论基础；

（3）公共管理的职能；

（4）公共管理的市场运行机制；

（5）公共管理的政府运行机制；

（6）公共管理的社会运行机制；

（7）公共政策；

（8）公共管理的创新策略；

（9）公共管理中的责任与伦理；

（10）公共管理的新发展与中国的实践。

除了上述这些方面之外，公共管理学的研究范围还应涉及管理文化、心理以及财务管理、先进管理技术和工具的采用等。总之，由于公共管理学是多学科的交叉和综合，在它追求人类社会的一种新型的社会治理模式的过程中，需要总结概括和广泛汲取现有一切科学发展的成就，因而它的研究范围也就会有着广泛的开放性和兼容性，它会随时把那些对公共管理活动有着重大影响以及对公共管理体系和模式构建有着积极参考价值的因素纳入到自己的研究范围之中来。

➤本章小结

公共行政学诞生以来，在百余年的发展、演变的历程中，作为政府管理研究领域的行政学经历了研究"范式"的转换，即从传统的公共行政学到新公共行政学，再到新公共管理学的重大突破。

原始社会末期，私人财产和私人意识出现。随着社会的发展，到资本主义社会，公共问题出现，使提供公共物品、公共服务的价值空前地凸现出来，公共权力机构的产生又使公共管理作为一种区别于私人事务管理的行为成为了可能。因此，公共问题是公共管理的逻辑起点。

在公共管理中，当多种合理的价值相互冲突时，对于公共决策的制定者来说，就具有了挑战性。研究表明，有五种主要的价值根源影响着公共政策的制定，它们包括：个人价值、职业价值、组织价值、合法价值和公共利益价值。

公共管理学的研究方法包括：系统分析方法、比较分析方法、实验分析方法、案例分析方法；公共管理学的研究途径包括：P途径和B途径。

公共管理学的研究对象包括：第一，公共管理是一种社会实践活动或过程；第二，公共管理活动依赖一定的社会组织形式；第三，公共管理活动本质上是一种关系；第四，公共管理是在行政管理中生成的一种新型的社会治理模式，它正在成长的过程中，并必将取代人类现有的社会治理模式。

➤关键术语

公共管理 公共行政 公共问题 逻辑起点 价值根源 P途径 B途径

➢案例　市场经济亟待"升级"，商会升级空间很大 *

2005 年，在无锡举行的"改善民间商会治理及法律环境暨无锡商会成立一百周年研讨会"上，著名经济学家、国务院发展研究中心研究员吴敬琏大声疾呼：我国市场经济亟待"升级"，商会升级空间很大。

吴敬琏说，中国的市场经济正面临从工业化早期经济增长模式向现代经济增长模式转变为核心的"升级爬坡"新阶段。工业化早期经济增长模式的最大特征是依靠资本和资源的不断投入来拉动经济增长；这种粗放型经济发展模式进入瓶颈阶段后，会带来资源短缺、能源制约、环境恶化和社会矛盾加剧。而现代经济增长模式则主要靠技术进步和效率提高来完成，可持续性极强。我国政府高层早就发现工业化早期经济增长模式的局限性，从 1996 年就提出转变经济增长模式，但现在看来这方面的任务至今还很重。

吴敬琏认为，我国的市场经济制度至今还保留着浓重的早期市场经济制度的痕迹。这体现在法律不健全上，更体现在政府在市场配置中侵犯市场权利上，政府权力过大，导致市场不能发挥配置资源的基础性作用。要打破经济过热—政府调控—增速放缓—刺激经济—经济回升—经济过热的怪圈，我国的市场经济制度必须从早期市场经济制度向现代市场经济制度转型，而制度的转型首先需要政府的转型。

吴敬琏强调，市场经济社会的一大特点是利益多元化，政府平衡多元化利益要求的最佳办法是让各种社群公开表达利益诉求，这就需要发展各种代表不同社群的第三方机构，它们会对我国市场经济"升级"起到加速作用。商会作为代表工商界利益的第三方机构，其建设要在明确、良好的法律框架基础上进行，以防商会被个别大企业把持，从第三方公权蜕变为个别企业的私权。

【讨论题】

1. 当前政府在对社会经济实施管理时主要运用什么手段？
2. 请从治理的视角谈谈商会的作用？
3. 如何促进"第三方机构"良性发展？

复习思考题

1. 什么是公共管理？
2. 公共管理学的发展可分为几个阶段？

---

* 张志勇. 中华工商时报，2005-09-06

3. 公共管理学的逻辑起点是什么？

4. 公共管理学的价值根源有哪些表现形式？

5. 公共管理学的研究方法是什么？

6. 公共管理学的研究途径是什么？

7. 公共管理学的研究对象是什么？

第二章

公共管理学的理论基础

　　1887 年，美国学者 W. 威尔逊发表了著名的《行政之研究》，这成了公共行政学诞生的标志。在这一百多年的历程中，公共行政理论不断发展，研究方式、途径、视角也在不断变化。理论界一般把这个变化历程分为三个阶段：传统的公共行政学、新公共行政学、（新）公共管理学。传统公共行政学的理论基础主要是官僚制及政治—行政二分。但是从 20 世纪 40 年代开始，传统公共行政越来越受到批判，其理论基础也受到人们的质疑。从 20 世纪 70 年代起，西方国家出现了一股公共部门改革浪潮，并逐渐影响到全世界，人们称这次运动为"（新）公共管理运动"，又称为"管理主义"、"以市场为基础的公共行政"、"后官僚制典范"或"企业型政府"，而关于这场运动的各种理论则统称为"（新）公共管理理论"。欧文·E. 休斯认为，新公共管理的理论基础也有两个方面，它们分别是经济学理论和私营部门管理[①]。我们认为，公共管理学的理论基础主要包括公共物品理论、公共选择理论和新制度经济学理论。

■ 第一节　公共物品理论

一、公共物品的定义与特征

　　公共物品，又称公共产品、公共品或共用品。这个概念在公共管理学、公共

---

　　①　［澳］欧文·E. 休斯. 公共管理导论. 彭和平，周明德译. 北京：中国人民大学出版社，2001.77

经济学中得到广泛运用。但是对公共物品下一个精确的定义却很困难，其原因主要有两个方面：① 经济学家们对公共产品有不同的理解，众说纷纭；② 公共产品所包括的范围很广，不同的公共物品在供给和需求特征上有很大的区别①。按照萨缪尔森的观点，所谓公共产品就是所有成员集体享用的集体消费品，社会成员可以同时享用该产品；而每个人对该产品的消费都不会减少其他社会成员对该产品的消费。或者说："公共产品是这样一些产品，无论每个人是否愿意购买它们，它们带来的好处不可分割地散布到整个社区里。"② 公共物品所包括的范围很广，如何认识公共物品？如何区分公共物品与私人物品？这主要从公共物品所具有的三大特征来界定，即效用的不可分割性、消费的非排他性与受益的非竞争性。

（1）效用的不可分割性。即公共产品是向整个社会提供的，整个社会的成员共同享有公共产品的效用，而不能将其分割为若干产品，分别归属于某些厂商或个人享用。或不能按照谁付费谁受益的原则，限定为之付费的个人使用。

（2）消费的非排他性。非排他性指在技术上不可能将拒绝为它支付费用的个人或厂商排除在公共物品的受益范围之外，或者在技术上虽然可以排他，但排他的成本十分昂贵，以致经济上不可行。公共物品的非排他性包含了三层含义：① 任何人都不可能不让别人消费它，即使有些人有心独占它的消费，但或者在技术上不可行，或者在技术上可行但成本过高，因而是不值得的；② 任何人自己都不得不消费它，即使有些人可能不情愿，但却无法对它加以拒绝；③ 任何人都可以恰好消费相同的数量③。

（3）受益的非竞争性。非竞争性是指某人在对公共物品享有的同时，并不能排斥和妨碍他人对该公共物品的享用，不会因为增加一个人的消费而减少他人的受益，也不会因为增加消费者而增加社会成本，即每增加一个消费者的边际成本都等于零。

公共物品的特性可以从国防产品上明显体现出来：一个国家提供的国防服务，每一个生活在该国领域中的人都能享受国防所带来的安全，即使是那些不想得到这种安全的人也还是处在国防安全的保障之下，同时，也不能把国防分割成若干部分，去保护不同的个人，这体现了国防这种公共物品的非排他性和效用的不可分割性；另一方面，国防不会因为增加一个人的消费而减少其他人的受益，同时也不会因此而增加社会成本，不需要为增加的那个人而追加额外的国防资源，这体现了国防的非竞争性。

---

① 梁小民，睢国余，杨云龙. 经济学大词典. 北京：团结出版社，1994. 77
② 黄恒学主编. 公共经济学. 北京：北京大学出版社，2002. 57
③ 黄恒学主编. 公共经济学. 北京：北京大学出版社，2002. 58

二、公共物品的类型

以上分析的这 3 个特征是纯公共物品的特性，也是我们从理论上判断一种物品是不是公共物品的依据。出于简便的需要，我们按以下步骤来进行：

第一步，这种物品的效用是否具有不可分割性。如果具有不可分割性，则进入第二步。

第二步，这种物品的消费在技术上是否具有非排他性。如果具有非排他性，则进入第三步。

第三步，这种物品的受益是否具有非竞争性。如果具有非竞争性，这种物品为纯公共物品。

相反，如果某种物品既不具有效用的不可分割性，也不具有非竞争性和非排他性，则这种物品可以看作纯粹的私人物品。

一般来讲，我们在各种物品中区分公共物品和私人物品，主要依据该物品是否具有排他性和竞争性（忽略其效用是否可以被分割的特征）。这种分类方法从理论上是可行的，但是在实际生活中却难以把很多物品简单地归为公共物品或私人物品，有的物品可能只具有排他性而不具有竞争性，我们称这类物品为俱乐部物品；有的物品只具有竞争性而不具有排他性，我们称之为共有资源。物品的分类如表 2-1 所示。

表 2-1 物品的分类

项 目		排他性	
		有	无
竞争性	有	(1) 私人物品	(2) 共有资源
	无	(3) 俱乐部物品	(4) 纯公共物品

我们前文所述的公共物品即表 2-1 中的第四类——纯公共物品。这种物品在社会生活中较少，如国防、货币稳定、公平的收入分配、有效率的政府或制度、环境保护、基础科学等。介于纯公共物品与私人物品两个极端之间的俱乐部物品和共有资源为不纯粹的公共物品，或者称为准公共物品或混合物品。

俱乐部物品的特点是在消费上具有非竞争性，但是却可以较轻易地做到排他，如公共桥梁、公共游泳池以及公共电影院等。该类物品的使用数目总是有限的，且需要付费。我们可以从两个方面说明俱乐部物品的消费者数目总是有限的：其一，由于俱乐部成员的数目超过一定标准后会发生拥挤的问题，从而破坏非竞争性特征，所以俱乐部物品对成员数目必须限定；其二，由于这种物品具有排他性，便能够采取措施限制消费数目①。

共有资源与俱乐部物品刚好相反，即在消费上具有竞争性，但是却无法有效地排他，即不付费者不能轻易被排除在消费之外，如公共渔场、公共牧场等。之所以将共有资源视为不纯粹的公共物品，理由有二：一是与纯公共物品具有相似性，也就是总量既定且不归任何个人专有，具有向任何人开放的非排他特点。这些特点决定了在其消费中也会出现不合作问题，即每个参与者都按自己的理性行事，但结果却是集体的非理性。二是共有资源的竞争性导致某人消费的增加给他人带来负外部效应（存在导致他人消费的减少的可能性）。也就是说，共有资源一般具有"拥挤性"的特点，所以当消费者的数目增加到某一值后，就会出现边际成本为正的情况，而不像纯粹的公共物品，增加一个人的消费的边际成本为零。共有资源到达某一个"拥挤点"后，每增加一人，将减少原有消费者的效用。

三、公共物品的供给方式

关于公共物品的供给方式，争论颇多。以萨缪尔森为代表的福利经济学家认为，由于公共物品非排他性和非竞争性的特征，通过市场供给公共物品，实现排他是不可能或者成本高昂，会出现"搭便车"现象，最终导致市场供给公共物品的失败，并且市场供给在规模经济上是缺乏效率的。因此，福利经济学家认为政府提供公共物品比市场提供公共物品更有效率。但是从20世纪60年代开始，西方福利国家危机逐渐凸现，经济发展出现"滞胀"现象，人们开始反思公共物品传统供给方式的合理性。一些学者开始关注公共物品的供给过程，提出了把公共物品的"提供"与公共物品的"生产"相分离的思想，从而使公共物品的供给主体多元化。他们的主要思想是：公共物品的"提供"和具体"生产"是一个过程的不同环节，可以分开并由不同的主体来进行。所谓"提供"，或者称"供应"、"安排"，强调供给怎样的公共物品，并决定由谁来生产公共物品，其主要标准是公共物品所需资金由谁支付；所谓"生产"，则强调怎样进行具体的产出活动。

其实早在19世纪，亚当·斯密和密尔就曾思考过公共物品供给的多元化，他们思考了公共物品的私人生产问题，斯密提出了公共物品有偿使用和私人经营问题，密尔也提出了政府通过公共支出供应而由私人承包经营公共物品的问题。

1961年，奥斯特罗姆等人也明确区分了地方公共服务的"提供"和"生产"问题。他们认为："提供是指征税和支出决策，决定适当类型的服务及其供给水平，并安排生产和监督生产。生产是指把投入转换成产出。作为提供一项公共服

①　刘宇飞. 当代西方财政学. 北京：北京大学出版社，2000.99

务之政治单位的组织不必一定生产该项服务。一个地方性的提供单位能够组织其自己的生产单位，比如建立一个地方政府的机构，但它也能够从额外的生产者那里购买服务，或者加入其它提供单位所组织的共同服务的安排中去①。"

民营化大师萨瓦斯认为，公共服务的生产者直接组织生产，或者间接向消费者提供服务。它可能是政府单位、特别行政区、市民支援组、私人企业、非营利机构，有时甚至是消费者本身。服务安排者或者称服务提供者，指派生产者给消费者，指派消费者给生产者，或选择服务的生产者。他认为，当安排者和生产者合一时，官僚制的成本产生了，即维持和管理层级系统的成本。当安排者和生产者不同时，又产生了交易成本，即聘用和管理独立生产者的成本，两种成本的相对值决定了安排和生产功能分开是否值得②。

公共物品的供给过程中的"提供"与"生产"相分离具有很大的意义，它是公共物品供给机构多元化的一个理论基础，为公共物品供应引入了市场竞争，从而提高公共物品质量，降低公共物品成本，同时有助于缩减财政支出、减少财政赤字、精简政府机构。

由此可见，根据公共物品提供主体与生产主体的不同，公共物品的供给方式多样。为了归纳的方便，我们从公共物品提供主体的角度来看公共物品的供给方式。

1. 私人提供

当今时代，公共物品通过私人来提供已经在世界许多国家得以实践，这种提供方式虽然存在一些问题，遭到了一些人的反对，但是总体上看，私人提供公共物品已逐渐被人们所认可。在美国，航空、能源、银行、电信、教育等公共物品的供给已全部向私人开放，在我国，公共物品可由私人提供的领域也在不断扩大，除道路、桥梁、水务市场等公用事业外，电力等能源行业也在逐步开放，吸收非国有资本的进入。

市场提供公共物品若要成功需要何种条件？其可能性如何？一些经济学家对此提出了他们的看法。以戈尔丁、科斯为代表的经济学家们对市场提供公共物品必然失败的观点表示反对。戈尔丁认为，在公共产品的消费上存在"平等进入"和"选择性进入"，福利经济学家忽视了公共产品供给方式上的"选择性进入"，即消费者只有满足一定的约束条件如付费后才可以进行消费，如在音乐厅举办的音乐会等。登姆塞茨则指出，在排除不付费的情况下，私人企业能够有效地提供

---

① ［美］迈克尔·麦金尼斯. 多中心体制与地方公共经济. 毛寿龙译. 上海：上海三联书店，2000.423

② ［美］萨瓦斯 ES. 民营化与公私部门的伙伴关系. 周志忍等译. 北京：中国人民大学出版社，2002.69

公共产品，由于不同的消费者对同一公共产品有不同的偏好，因此可以通过价格歧视的方法对不同的消费者收费。科斯则从实践与经验的角度论证了市场提供公共物品的可能性。很多学者都以灯塔为例，来论证公共物品需由政府来提供的可能性与必要性，但是科斯在《经济学中的灯塔》一文中指出，从 17 世纪开始，在英国，灯塔一直由私人提供，并且不存在不充分供给的情况，政府的作用仅限于灯塔产权的确定和行使方面。1820 年，在英格兰和威尔士的 46 座灯塔中，只有 11 座是由领港公会建造的，而 34 座由私人建造①。

私人主要通过以下两种具体方式实现公共物品的提供：

（1）私人自愿提供。所谓私人自愿提供，也就是私人免费提供公共物品。为了非营利目的而提供公共物品的现象在各国也相当的普遍，尽管这种方式不可能成为公共物品供给的主要方式。私人自愿提供公共物品包括两种方式：一是个人主动为其他社会成员或社会公共事业捐赠财物，也就是通常所说的慈善事业；二是仅指私人自愿在不为任何物质报酬的情况下，为其他社会成员或社会公共事业提供劳务，贡献个人的时间、精力、智识，也就是通常所说的做义工。对于私人自愿提供公共物品的动力或原因有不同的解释。乔·B. 史蒂文斯在《集体选择经济学》一书中对此种公共物品的供给行为用曼库·奥尔森的理性选择方法和霍克曼·罗杰斯等人的利他主义动机进行解释，认为人们提供公共物品有的是为了获得某种私人物品或选择性激励，有的则是当自己收入自愿地再分配给穷人时，他们会由此获得效用。在社会中，人们最大化的自身效用的方式各不相同，从而使得不同方式决定下的表现形式也有很大差异。效用最大化下的表现形式有物质的，也有精神的，可以是有形的，也可以是无形的。他们将对偏好不同的行为主体产生不同程度的影响，构成对不同行为主体的不同激励。其中凸现在外的选择性激励、含有隐形意味的意识形态和文化等道德因素，对行为主体所产生的影响尤为深刻，将驱使理性的个人采取有利于他人或其他集团的行为，以捐赠这种非盈利性方式提供公共物品的民间公益，就是这种激励的结果②。

（2）特许经营的方式。所谓特许经营，是指政府通过市场竞争机制选择愿意提供公共物品的投资者或经营者③，以合同协议或其他方式授予其在一定期限和范围内对提供公共物品。适合特许经营的公共物品的一个典型特征就是经营者可以向消费者直接收费，主要包括电力、天然气、自来水、桥梁、高速公路等基础设施建设。细分特许经营，它又有多种表现形式，主要包括：service contract,

---

① ［美］丹尼尔·史普博. 经济学的著名寓言. 上海：上海人民出版社，2004.53
② 刘溶沧，赵志耘. 中国财政理论前沿Ⅲ. 北京：社会科学文献出版社，1999.51
③ 在严格意义上讲，参加特许经营与合同承包投标的主体不仅仅限于私人部门，公共部门同样可以参加

即服务协议；O&M（operate maintenance contract），即经营和维护协议；LBO（lease-build-operate），即租赁—建设—经营；BTO（build-transfer-operate），即建设—转让—经营；BOOT（build-operate-own-transfer），即建设—经营—拥有—转让；BOT（build-operate-transfer），即建设—经营—转让；wraparound addition，即环绕式处理扩建；BBO（buy-build-operate），即购买—建设—经营；BOO（build-own-operate），即建设—拥有—经营。这些形式的主要区别主要在于所有权变化的不同，私人参与程度的不同以及对基础设施类型要求的不同。

通过特许经营的方式提供公共物品，有利于减轻政府的财政负担；也有利于发挥民间企业管理与技术优势，为公众提供更加优良的公共物品；促进私人部门在公共事务中发挥积极作用，多样化地满足公众的需求。但是这并不意味着政府就可以完全与这部分公共物品脱离关系，不承担任何责任。政府要监督以特许经营提供公共物品的私人部门，这包括价格变动及产品质量等方面的监督，同时，政府需要给私人以产权保护。只有界定私人对某一公共物品的产权，并且有一系列制度安排来保护产权的行使，私人才有动力进一步提供公共物品。

2. 政府提供

在西方经济学中，关于分析公共物品的供求关系的研究有一种理论名为"林达尔均衡"。它得出这样一个结论：如果每一个社会成员按照其所获得的公共物品的边际效益的大小来捐献自己应当分担的公共物品的资金费用，则公共物品的供给是可能达到具有效率的水平。但是这一理论以下面两个假设为前提：一是每个社会成员都愿意准确披露自己可以从公共物品的消费中获得的边际效益，而不存在隐瞒或低估其边际效益从而逃避自己应当分担的成本费用的动机；二是每一个社会成员都清楚地了解其他社会成员的嗜好以及收入状况，甚至清楚地掌握任何一种公共物品可以给彼此带来真实的边际效益，从而不存在隐瞒个人的边际效益的可能。

但是，在一个大的社会里，要实现这两个假设是极为困难的，没有人能做到对其他成员的偏好、收入状况及从公共物品中获得的边际效益了如指掌，即使是消费者本身，恐怕也难以明确自己从公共物品的消费中所获得的边际效益真正有多大。由于公共物品的特性，人们认为不会因自己出资份额的减少而丧失从公共物品中所获得的效益，而完全有可能在不付出任何成本的情况下享受通过他人的付费而提供的公共物品，这就是所谓的"搭便车"现象。奥尔森用这样的话表达了他的观点："除非一个集团中人数相当少，或者除非存在强制或者其他某种特别手段以使个人按照他们的共同利益行事，有理性的、寻求自身利益的个人不会为采取行动以实现他们共同的或集团的利益。"[1] 这就使著名的"集体行动的

---

① ［美］曼瑟尔·奥尔森. 集体行动的逻辑. 陈郁等译. 上海：上海三联书店，2003.2

逻辑"。

由于搭便车问题的存在，又由于公共物品的不可或缺，政府不得不承担起公共物品的提供责任，即政府通过征税手段取得资金并将征税取得的资金用于公共物品的供给。传统政府供给公共物品的方式是政府提供、政府生产。政府为所需要的公共物品付费，由政府部门或政府的企业来生产这种公共物品。但是，由于公共机构尤其是政府部门的生产缺乏竞争机制，政府机构及工作人员缺乏追求利润的动机，以及监督机制的不健全或监督形式的软弱等原因，政府生产容易造成生产过剩和成本增加的现象，如不适当地扩大机构、增加雇员、提高雇员薪金和办公费用等，造成大量浪费。人们不得不对此进行反思，并实践更加有效的公共物品的政府提供方式，即政府提供、私人生产。

（1）政府提供，政府生产。政府生产主要可以通过二种途径实现：一是政府机构及其工作人员的公共物品，如立法、国防、警察服务、司法服务、外交关系等纯公共物品。一般而言，这样的公共物品属于无偿供应，允许消费者免费使用。但是也有例外，如政府出售服务，它允许人们从政府机构购买公共物品，萨瓦斯以纽约警察局曾以每小时 27 美元的价格将其警员"出租"，为私人在大型公共场所举办的活动提供治安服务为例说明这种情况[①]。二是政府的企业及其雇员生产公共物品。政府创办企业，很多情况下是生产准公共物品领域中的自然垄断性物品。一般体现为政府兴办的公立学校、公立科研机构、公立博物馆、公立医院、公交公司等。这些机构生产的公共物品，消费者要么免费享受服务，要么低价享受服务。

（2）政府提供，私人生产。政府提供，意味着公共物品的费用由政府承担，但是并不意味着这些公共物品一定要求由政府来生产。政府可以把公共物品的生产委托给私人，由私人生产出政府所需提供的公共物品。具体方式有：

第一，私人生产、政府采购。这种方式从根本上说还是政府在安排公共物品，只是政府把公共物品的生产委托给私人进行生产。这也是对传统公共物品供给方式的变革。即在生产环节引入市场竞争，提高公共物品生产的效率。可以说，这种方式所供给的公共物品不仅仅限于混合物品，也适合纯粹的公共物品，如国防。美国等西方国家与企业合作，通过竞标方式与得标者签订政府采购合同，购买军方所需的武器。例如，2001 年，美国洛克希德·马丁公司战胜竞争对手波音公司，赢得美国国防部价值 2000 亿美元的订货合同。

第二，合同承包。合同承包是指政府通过与私人签订合同来实现某一公共物品的供给。这种公共物品的一个特征是经营者不能直接向公众收费，而要求政府

---

① ［美］萨瓦斯 E S. 民营化与公私部门的伙伴关系. 周志忍等译. 北京：中国人民大学出版社，2002.71

向签订合同的私人付款，私人再向消费者提供服务。像这样的公共物品包括垃圾收集、路面维修、街道清洁、积雪清理、树木维护、污水处理等。美国、加拿大、英国、日本、瑞士等国运用公共官员调查、对比研究、跨部门计量经济模型等方法，对合同承包进行了大量研究。这些研究表明，在服务水平和服务质量不变的前提下，将管理与监督合同实施的成本计算在内，合同承包平均节省约25％的费用①。

第三，私人生产、政府补助。政府为了鼓励私人生产公共物品，而对其所进行的经济补助，其形式多种多样，主要包括补助津贴、优惠贷款、减免税收等。而政府补助的领域也相当广泛，包括对科学技术发展的资助，住宅补贴，教育、卫生、保健、图书馆等方面的补助等。例如，英国政府每年都要拨出一笔资金作为农业投资，主要用于建设与农业有关的公共工程设施和公用设施，其财政补贴包括农场资本补贴、农场结构补贴、园艺补贴、农业合作补贴、农场和园艺发展计划、农业环境变化补贴、农村公用事业补贴等②。值得注意的是，政府补助的方式也在多样化，其目的是为了加强竞争，最典型的是"凭单"制度。凭单制度改变了以往政府补助的方式，即把政府资助的对象由生产者改为消费者。在"凭单制安排下，消费者有很强的动力去理智消费，并讨价还价，因为同样的资金可能购买更多的东西"③，也就是所谓的"用脚投票"。如教育券，拥有政府补贴给贫困学生的教育券，家长可以根据不同学校的教学质量及孩子的需要为子女选择合适学校。这种方式刺激了学校为争取生源而改善管理，也有效达到使贫困学生获得良好学习机会的目的。

3. 非营利组织生产

非营利组织，又称为自愿组织、第三部门等。关于非营利组织的外延的界定存在许多争论。美国约翰·霍普金斯大学非营利组织比较研究中心将非营利组织的特征概括为五点：非营利性、组织性、民间性、自治性、志愿性④。

非营利组织为什么会提供公共物品？乔·B. 史蒂文斯认为有两种解释⑤：一是居民对现存公共部门的产出太少或甚至没有提供这种产出不满。这种观点认为非营利组织的出现，是由于市场失灵和公共产品提供不足。只有在政治上的多

---

① ［美］萨瓦斯 ES. 民营化与公私部门的伙伴关系. 周志忍等译. 北京：中国人民大学出版社，2002.152

② 唐娟. 政府治理论. 北京：中国社会科学出版社，2006.234~237

③ ［美］萨瓦斯 ES. 民营化与公私部门的伙伴关系. 周志忍等译. 北京：中国人民大学出版社，2002.84

④ 李亚平，于海. 第三域的兴起：西方志愿工作及志愿组织理论文选. 上海：复旦大学出版社，1998

⑤ 杨志勇，张馨著. 公共经济学. 北京：清华大学出版社，2005.59

数派认为提供公共产品是公共部门的职责时，非营利组织才会停止作为主要提供者。二是合约失灵。据此，潜在的捐赠人担心营利性企业不能确保未来他们所合意的产品质量和数量。在捐赠人眼里，捐赠基金的使用和生产率是极不确定的。为此，非营利组织必须把净利润用于再投资，才能使捐赠人放心，而不是将其分配给经营者、工作人员或股东。

非营利组织提供公共物品并不是新近才出现的事物。例如，托克维尔于1840 年指出："美国人……不断组成各种社团，他们不仅有所有的商业和制造业公司都参加的协会，还有其他上千种团体，宗教的、道德的、重要的、琐碎的、一般的或者有限制的、大的或小的。美国人让社团提供娱乐，建立神学院，修建旅馆、教堂，送传教士去传教。用这种方式，他们建立了医院、监狱、学校。如果建议用一个伟大榜样的鼓舞来灌输一些真理，或者强化一些同情心，那就是这些社团所组成的社会。"① 他经常引用的另一个公共物品：预防犯罪——这个我们认为理所当然应当由政府提供的公共物，却也由民间组织提供。在当代，非营利组织提供公共物品的作用日益凸现，已成为政府与市场失灵时的重要弥补力量，它们在国内外事务中发挥重要的作用，涉及的范围十分广泛，如儿童与老龄问题、生态与环境问题、艾滋病与毒品犯罪问题等。

■第二节　公共选择理论

公共选择理论有不同的名称，如"公共选择"（public choice）、"集体选择"（collective choice）、"公共选择经济学"（economics of public choice）、"新政治经济学"（new political economy）、"政治经济学"（economics of politics）或"政治经济理论"（economic theory of politics）等。公共选择理论是西方经济学中以经济学分析方法研究政治问题的一种重要理论，它产生于 20 世纪 40 年代末，迄今有半个多世纪的历史。"大体上从 1948 年以来，公共选择作为一个独立的研究领域而发展起来了"②，而它作为一个学派或思潮的兴起则是 20 世纪 60年代末 70 年代初的事。20 世纪八九十年代，公共选择理论仍不断发展，影响不断扩大，并受到了广泛的重视。在实践上，公共选择理论成为 20 世纪 70 年代以来"新公共管理"运动的一个理论基础。

---

① ［美］丹尼尔·F. 史普博. 经济学的著名寓言：市场失灵的神话. 余晖等译. 上海：上海人民出版社，2004.75

② ［美］丹尼斯·C. 缪勒. 公共选择理论. 杨春学等译. 北京：中国社会科学出版社，1999.4

一、多数决策

公共选择理论的切入点是将决策环境分为市场环境和非市场环境，由此证明经济学工具在政治现象上的适用性。大多数的经济活动是通过市场进行的，市场是一种有效的资源配置方式，经济活动借助于这一方式来实现供给与需求的平衡。在市场环境中进行决策至少要明确两个前提假设：一是价格能够完全反映出消费者的偏好；二是市场环境中的企业能够提供所有消费者所需的产品[①]。非市场决策难以满足这个假设条件，政府提供、生产公共物品，它们的决策为非市场决策。在如何做出决策的问题上，公共选择理论研究了决策机制。因为在非市场环境中，人们主要通过投票表达他们对公共物品的供给水平的意愿，而不同于在市场环境中，企业可以根据产品在市场中的价格波动来调整生产、销售。政府所提供的公共物品具有一定的强制性，民众即使不满意，政府的反应也是迟钝的。有效的手段是在大选之时通过投票选择新的政府或通过投票促使政府调整政策。

公共选择理论研究的民主社会中，人们通过投票来表达他们对公共物品供给水平的意愿，而投票的规则包括两种：一致同意规则和多数同意规则。所谓一致同意规则，是指一项集体行动方案，只要所有参与者都同意，或者至少没有一个人反对的前提下，才能通过的一种表决方式。此时，每一个参与者都对将要达成的集体决策享有否决权，只有在一致同意的前提下，集体行动才能进行。一致同意规则有以下特点：① 可以实现帕累托最优。对所有参与者而言，对方案的选择或改动，在不会损害任何一方的利益的前提下，能使某些参与者获益。② 参与者平等。每一个参与者都有否决权，任何人都难以将个人愿望强加给个人。也正因为如此，每个个体都有很强的动力去表达个人真正的意愿。③ 避免"搭便车"行为问题的出现。每个参与者都会清楚地意识到，自己的行为不仅会影响与此相关的其他成员的行为，而且还直接关系到集体方案能否进行的问题。④ 交易成本高。为了争取所有人的同意，投票中的行政管理成本以及投票结果与分配的效率成本都比较大。正因为一致同意规则成本的特点，其适用的范围也比较小。因此，作为一致同意规则的发展，多数同意的决策规则也就成了人们更为现实的选择。

多数同意规则，是指一项集体行动方案至少有超过半数的人支持或认可才能实施。多数同意规则又可以分为简单多数和绝对多数。就一种方案而言，简单多数是指支持这一方案的人超过 1/2，绝对多数则可能是支持的人数须超过 2/3、3/4，甚至更多。在对多个方案选择一个的投票中，简单多数指支持最多的方案，

---

① 樊勇明，杜莉. 公共经济学. 上海：复旦大学出版社，2001.72

它甚至不一定得到超过半数选票。多数同意规则主要有以下特点：① 部分人利益受损。投票结果的执行可能是多数人增加了利益，但这可能是建立在少数人利益受损的基础上，甚至可能少数人受损利益大于多数人所获得的利益，也就是非帕累托最优①。② 少数人不热心参与。在多数同意规则下，即使每个参与者权利相同，但是人数越多，他在集体中的影响就越小，这导致部分人不重视或放弃自己的投票权，当每个人都这样做时，便会出现一种危险倾向：选举结果被利益集团操纵。③ 相对容易做出决策。与一致同意规则相比，多数同意规则的决策成本要低得多。④ 可能的多种选择结果，也就是可能产生"投票悖论"。

二、投票悖论

投票行为是一种选择行为，既是选择，就意味着个人将面临多个备选项。对备选项排列出个人的偏好顺序是将个人偏好汇总为社会偏好的前提。对此，肯尼斯·阿罗在其名著《社会选择和个人价值》一书中，研究了社会选择规则被接受所需要的5个条件：① 理性假设。对任何一组既定的社会偏好而言，社会选择规则都必须能够产生一种完整的和可传递的社会秩序。完整性指的是，在每两个可选择的社会状态中，总有一个比另一个更理想或两者没有什么差别。可传递性指的是，如果 X 的社会状态比 Y 更理想，Y 又比 Z 更理想，则 X 比 Z 更理想。② 不相关选择的独立性。针对一组不同的社会状态做出选择，是只取决于人们对这些选项的排序而不是其他因素。因此，如果选择是在 X 和 Y 之间进行，并且 X 和 W 之间的关系发生变化，那么这一变化对 X 和 Y 的排序没有影响。同样地，如果选项 W 和 Z 的关系改变，这一变化并不影响 X 和 Y 的排序。不相关选项是指那些不列入议事日程的项目。正因为如此，阿罗坚持认为，社会排序应当源于个人的排序，也就是说，如果供选择的可行的社会状态不变，而社会从同一组选项中做出的选择却改变了，那么这一变化必定是由于某人的偏好改变引起的。③ 帕累托效率状态。如果社会中的个人认为 X 绝对比 Y 更理想，则社会选择顺序必须表明 X 优于 Y；如果社会至少有一个人认为 X 比 Y 更理想，其他人都认为 X 和 Y 的先后顺序对他们来说没有差别，那么社会选择顺序仍然应当是 X 优于 Y。④ 无限制区域。社会顺序的产生，应当包括所有逻辑上可行的个人顺序。也就是说，不应当通过限制个人顺序的区域，来产生社会顺序。⑤ 非独裁性。即对于所有选项 X 和 Y 而言，是不存在这么一个特殊的个人，只要他坚持认为 X 优于 Y，则不管其他人的偏好如何，那么他的选择就必然是社会选择，

---

① 帕累托最优是指资源分配的一种状态，即在不使任何人境况变坏的情况下，不可能再使某些人的处境变好的状态。

即 X 优于 Y^①。

那么，多数同意规则能否满足前述阿罗的各项条件？也就是说，多数选择规则是优还是劣？我们可以从下面这个例子来分析。假如有三个选民甲、乙、丙，他们必须在政府关于某项决策的三个备选方案 A、B、C 中做出一个选择。假定采用多数同意规则，我们就可以来考察把个人偏好转化为集体决定时将会发生什么情况。投票者的偏好如表 2-2 所示。

表 2-2　导致循环的投票者偏好

选　择	投　票　者		
	甲	乙	丙
第一选择	A	C	B
第二选择	B	A	C
第三选择	C	B	A

第一次，对方案 A 与方案 B 进行比较选择，由于甲、乙都认为 A 比 B 更理想，只有丙反对，方案 A 以 2∶1 的票数比获胜，A＞B。

第二次，对方案 B 与方案 C 进行比较选择，由于甲、丙都认为 B 比 C 更理想，只有乙反对，方案 B 以 2∶1 的票数比胜出，B＞C。

第三次，对方案 A 与方案 C 进行比较选择，同理，C 又会以 2∶1 胜 A，即 C＞A。

这样，在投票选择过程中便陷入了令人困窘的循环结局，A＞B，B＞C，而 C＞A。这种投票结果是不可选的，也就是说，多数同意原则不能满足阿罗的条件。当这种情形出现时，多数同意规则无法得出最终结果，无法实现公共政策所要达到的目的。这种矛盾现象便是所谓的投票悖论，又称为阿罗不可能定理。阿罗对这一问题的表述为："如果我们排除个人效用比较的可能性，那么要求在大范围的个人顺序内把个人偏好转化为社会偏好的方法，不是强制的就是个人独断的。"^② 投票悖论所揭示的意义在于：根本不存在一种满足阿罗 5 个假设条件的社会选择的规则。因而阿罗的贡献也正在于，证明不存在一个社会选择规则能满足他提出的所有条件。

当然，在现实的民主社会中，多数投票规则仍然是一种相对有效的投票制

① ［英］布朗 C V，杰克逊 P M. 公共部门经济学. 张馨主译. 北京：中国人民大学出版社，2000.78，79

② ［英］布朗 C V，杰克逊 P M. 公共部门经济学. 张馨主译. 北京：中国人民大学出版社，2000.80

度。人们致力于解决投票悖论这一难题，只不过是忽略阿罗的某些假设条件，并在此基础上尽量使公共选择的结果有利于提高社会的整体福祉。摆脱阿罗悖论的主要方法如下。

1. 调整偏好

在多个备选方案中，每个选民总会有一个偏好最大的方案，当选民的偏好只有一个峰值时，这种偏好叫作单峰偏好。所谓"峰"，指用于定义偏好的一个点，在该点，所有的邻点都会低于它。与单峰偏好相对应的是双峰偏好或多峰偏好。这类偏好的曲线有两个或两个以上的峰值。

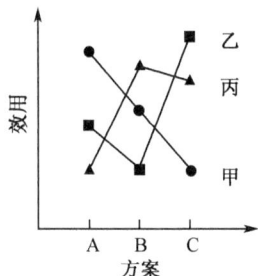

图 2-1 多峰偏好导致投票悖论　　　图 2-2 多峰偏好改为单峰偏好

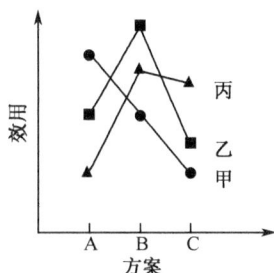

从图 2-1 中可以看出，甲、丙的偏好曲线有一个峰值，即单峰值，乙的偏好曲线有两个峰值，即双峰值。单峰偏好意味着投票者最理想的结果只有一个，如果偏离这个理想结果，投票者将感到失望。多峰偏好意味着对投票者而言，最理想的结果不止一个。当投票者偏离其最初偏好的方案，效用会降低，但若继续沿着这个方向运动，其效用会最终变好。乙的偏好属于会导致投票悖论的那种偏好。邓肯·布莱克在小范围的委员会的选举行为中分析了这个问题。他发现，为避免这种悖论，投票者的偏好必然是单峰的。这意味着如果一个投票者在任何方向上偏离其峰值，其效用都将会下降。因此，如果将投票乙的偏好顺序变为 B>A>C，甲、丙偏好顺序不变，按照多数同意规则及传递性公理，B 方案将胜出。这时，投票悖论消失，乙的偏好曲线也变成单峰了，如图 2-2 所示。当然，这样的做法违背了阿罗所提出的第 4 个条件，即"无限制区域"条件，它限制了投票者的选择自由和表达偏好的自由。

经学者研究表明，当选项数趋于无限大时，窘境（即投票悖论）出现的概率为 1。在给定人数和常见选项数目的条件下，窘境出现的概率很小。同时，随着选民偏好的趋同，出现循环的概率越来越小。塔洛克认为，在现实生活中，选民的人数远比需要投票决定的议题多的情况下，出现投票窘境的概率"非常小，从本质上说，并不会产生什么差别"①。

2. 利用偏好程度不同进行选择

这种方法是考虑个人对几个备选方案的偏好程度。假定 3 个投票人甲、乙、丙，每个人给予 100 分，允许每人将 100 分分别分配到可供选择的方案 A、B、C 上，对每个方案打多少分就表示了投票人对此方案的偏好程度。最后把各人分配给各项方案的分数相加，分数最大的方案获胜，如表 2-3 所示。

表 2-3　偏好程度

	方案 A	方案 B	方案 C
甲	80	10	10
乙	20	30	50
丙	20	70	10
总分数	120	110	70

表 2-3 中，投票结果是方案 A 得到 120 分，是 3 个方案中得分最高者，因此获胜。运用这种方法一般不会出现循环的现象，得出的结果是可递的，但是也有可能出现各个方案或某些方案得分一样出现平局的现象。而且应当注意的是，利用偏好程度打分的机制并不符合阿罗定理的要求，即违背了"不相关选择的独立性"这一条件。也就是说，在这种机制中，一个方案得分的变化，会影响到其他方案分数的变化。此外，这种机制比简单多数规则更复杂，执行的成本也更高。

3. 互投赞成票

上文已经提到，多数同意规则的特征是：投票结果的执行可能导致少数人受损利益大于多数人所获得的利益。此时，少数派可能愿意进行选票交易以避免出现这种情形，也就是说，投票人可能并不同意某个方案，但是为了获得其他投票人的支持，让其他投票人赞成自己所偏好的方案通过，而同意自己不喜欢的方案通过。互投赞成票既可能有助于社会福利整体上的增加，也可能导致社会福利整体上的减少。

表 2-4 给出了在多数同意规则下，三个投票者甲、乙、丙在项目 A、B、C 付诸实施后所各能得到的利益。无论哪个项目，只会给其中一人带来正效益，给其他二人带来负效益。因此，在各自独立投票的情况下，每个项目的投票结果也必定都是以 1：2 的票数比而无法通过实施的。但是，如果三个投票人互投赞成票，那么各种项目又都能获得通过。

---

① ［英］布朗读 C V，杰克逊 P M. 公共部门经济学. 张馨主译. 北京：中国人民大学出版社，2000. 84

表 2-4　互投赞成票增进社会整体福利

项　目	投 票 者			收　益
	甲	乙	丙	
A	100	−20	−10	70
B	−30	150	−40	80
C	−40	−20	100	40

表 2-5　互投赞成票降低社会整体福利

项　目	投 票 者			收　益
	甲	乙	丙	
A	100	−60	−70	−30
B	−80	150	−90	−20
C	−70	−60	120	−10

在现实政治生活中，由于买卖选票是非法的行为，因此互投赞成票便成了一种常见的现象。从实际意义的角度看，如果没有投票交易行为，多数派就会对少数派具有更大相对收益的方案强权压制，加以否决。就如表 2-4 所示，尽管项目 A 对甲来说，其收益要大于乙、丙的损失之和，但是假如独立投票，项目 A 不能通过。其他两个项目的情况也是如此。经过投票交易，少数派可以相互协助以表达自己的偏好程度，最终使社会整体效益增加。但不可忽视的是，当项目给投票者带来的收益或损失发生了变化，投票交易的结果亦可能会使社会整体效益降低，如表 2-5 所示。

同时值得注意的是，互投赞成票中的各个项目并不是同时进行的"非此即彼"的原则，并非是选择了一个方案就必须排除其他方案，否则投票人之间也无法进行投票交易。因此，互投赞成票让每个投票人所希求的方案都能实现，这就导致了公共支出规模的不断扩大，这也是互投赞成票可能造成的不良后果之一。

4. 操纵投票程序或确定议程

吉伯德和沙特斯华特定理陈述的是，每个非独裁的投票过程都是可以操纵的，除非选择只限定在两个选项内做出，或者严格限制了个人偏好的范围，也就是说，个人偏好是单峰的[①]。

我们仍以表 2-2 所表示的偏好来说明，操纵投票程序或确定议程可以获得最

① ［英］布朗 C V，杰克逊 P M. 公共部门经济学. 张馨主译. 北京：中国人民大学出版社，2000.86

终选择结果，避免投票循环。

第一种投票顺序：投票程序决定首先对方案 A 与方案 B 进行比较选择，方案 A 以 2∶1 的票数比获胜，B 淘汰出局。然后，再对方案 A 与方案 C 进行比较选择，最终方案 C 以 2∶1 胜出。

第二种投票顺序：议程决定首先对方案 B 与方案 C 进行比较选择，方案 B 胜出，方案 C 被淘汰出局。然后，再对方案 B 与方案 A 进行比较选择，那么方案 A 最终又以 2∶1 胜出。

同理，再改变投票程序，方案 B 也是可以胜出的。这就表明，不同的投票程序，可以产生不同的投票结果。在这种情况下，控制会议或选举程序的人，可以建立一种有利于他自己的投票程序，凭借这种操纵，他可以确保其偏爱的结果得以实现。

三、公共选择中的利益集团

在投票过程中，除了选民作为个体进行选择外，还存在大量的利益集团的行为。利益集团的定义有多种，其中戴维·杜鲁门在《政府的过程》一书中给利益集团下了一个被人们广泛接受的定义："利益集团是一个持有共同意志，向社会其他集团提出要求的集团。如果它向政府的任何机构提出其要求，它就变成一个政治性利益集团。"[①]

1. 公共选择中的利益集团

公共选择理论认为，作为公共选择或公共决策执行机构的官僚人员及其工作人员也是按"经济人"模式行事，他们的目标也是自身利益的最大化，如追求升职、更好的福利、更多选民的支持等。因此，这就使利益集团、立法机关、行政机关有结成一体的可能性：一方面，行政机关追求"预算最大化"，要求立法机关给予更多的预算，而行政机关的背后是各种特殊的利益集团，它们是行政机关服务的对象。因此，利益集团也希望行政机关能获得更多预算，以增加他们的利益。另一方面，立法机关的议员也不是中立的，因为议员的当选往往要求利益集团的支持，这包括竞选资金的捐助、选票的支持等。因此，为了回报利益集团，或者为了以后能再次连任，议员也须为利益集团服务。立法机关、行政官僚机关、利益集团这三者之间因此形成了所谓的"铁三角"关系。

因此，利益集团在公共选择中发挥作用的途径主要有两个方面：通过与立法机关的联系和与行政机关的联系。其施加影响的方法包括游说、游行示威、舆论

---

① 孙大雄. 宪政体制下的第三种分权：利益集团对美国政府决策的影响. 北京：中国社会科学出版社，2004.12，13

宣传、政治捐款、赞助选举、在政府中寻找代理人等。

对美国利益集团的研究表明，利益集团对国会的工作主要有三项：① 设法在国会的两院里争取几个或更多的议员能够为自己说话、出力；② 积极参与拟定有关的法令，协同友好的议员，力争使法令的内容能够符合自己的要求；③ 在国会制定法令的过程中，尽量做好争取人的工作，以求在投票表决时能够得到多数的支持，通过自己所需的法令，否决自己不要的法令①。

利益集团对行政机关的影响力主要是向其施加压力，将自己扮成广泛民意的代表，迫使政府通过或修改决策。它们同行政官员保持接触，参加行政部门的听证会，推动有影响的人士游说，发动基层游说等，但更多的是选择与自己有关的机构和人员建立长期和深入的联系。即使游说行政机构及其工作人员，也要将利益集团的特殊要求与国家公共利益挂钩，从而体现自己利益的合法性和公正性。

当然，在政治过程中，往往是成员利益较一致，实力较雄厚的利益集团能产生较大的影响，而政府的决策也往往取决于各利益集团的力量对比，成为各利益集团之间妥协的产物。

2. 利益集团与其成员之间的关系

传统理论认为，由具有相同利益的个人组成的集团，均具有进一步追求扩大该集团利益的倾向。特别是发现选民从政治竞争中获得利益的大小，部分地取决于它所隶属的利益集团时，似乎这种解释更加具有合理性。公共选择理论并不认同这种观点，并对利益集团及其成员之间的关系也进行了研究，并有着独特的见解，而其中曼瑟尔·奥尔森的观点则堪称经典。

奥尔森认为，从理性的和寻求自我利益的行为这一前提逻辑地推出集团会从自身利益出发采取行动的观点是不正确的。分析利益集团成员行动时，假设这一个集团中所有人都是理性的寻求自我利益的，即使他们知道在实现了集团目标后都能获利，也不能理所当然的就认为他们会采取行动以实现那一目标。实际上，除非一个集团中人数很少，或者除非存在强制或其他某些特殊手段以使个人按照他们的共同利益行事，有理性、寻求自我利益的个人不会采取行动以实现他们共同的或集团的利益②。

在奥尔森看来，利益集团可以分为两种："排外"利益集团与"相容"利益集团。在排外利益集团中，整个集团的收益数量是固定和有限的，一个成员获得了利益，就意味着另一个成员不能得到这份利益，这使得集团的成员试图减少他们集团的规模。在相容利益集团中，集体物品带来的收益在供给中并不固定，任何数量的人加入这种利益集团并不一定会减少其他人的收益。因此，一个集团的行为是排外

① 李寿祺. 利益集团与美国政治. 北京：中国社会科学出版社 1988.52
② ［美］曼瑟尔·奥尔森. 集体行动的逻辑. 陈郁等译. 上海：上海三联书店，2003.2

的还是相容的，取决于集团寻求的目标的本质，而不是成员的任何性质①。

而这两种集团中的成员之间的关系也是十分不同的，在排他集团中，成员希望集团中的其他成员越少越好，他们都密切关注其他成员的行为，以及他们要认真考虑他们自己的行为所可能引起其他成员的反应如何。同时，在一个排外集团中，任何面向集团的行为一般都需要成员百分之百的参与，所以产业中的每家企业不仅彼此是对手，还是任何合作行动中不可或缺的合作者②。然而，在相容利益集团中，甚至是在规模比较小的集团中，讨价还价或策略性的相互作用就不如排他集团那么普遍和重要了。一部分原因是没人想从相容的集团中排除任何人；另一部分原因是一般不需要全体成员参加，因此，相容集团中的个体不大会以拒不参加来获取更多的收益③。奥尔森认为，相容集团在集体行动中会有"搭便车"问题，这就需要通过"选择性激励"来解决问题，即对集团成员区别对待，对搭便车者采取措施，对应负担而不负担集体行动所需成本的成员予以制裁，对积极参与配合集团活动的成员予以奖励。

第三节 新制度经济学理论

19世纪末至第二次世界大战之前，是制度主义的创始阶段。在经济思想史上，这一阶段的制度主义被称为旧制度主义经济学，其主要代表人物有凡勃伦、康芒斯、米切尔等。第二次世界大战结束后，尤其是20世纪70年代以后，制度主义范式在经济学中重新兴起，相对于旧制度经济学，人们称之为新制度经济学。新制度主义不仅利用正统经济理论，分析了制度的构成和运行，而且更为重要的是，它以强有力的证据向人们表明：除了天赋要素、技术和偏好，制度是经济理论的第四大柱石，制度对经济行为的影响的分析应属于经济学的核心地位④。新制度经济学的代表人物主要有科斯、阿尔钦、张五常、登姆塞茨、诺斯、威廉姆森等。

一、产权理论

1. 产权的概念、特征及功能

"产权"是科斯等人进行制度分析的关键概念和出发点。然而，由于对产权这一概念的内涵和外延的界定并不统一，因而新制度主义中对产权的定义也不止

① ［美］曼瑟尔·奥尔森. 集体行动的逻辑. 陈郁等译. 上海：上海三联书店，2003.32
② ［美］曼瑟尔·奥尔森. 集体行动的逻辑. 陈郁等译. 上海：上海三联书店，2003.34
③ ［美］曼瑟尔·奥尔森. 集体行动的逻辑. 陈郁等译. 上海：上海三联书店，2003.35
④ 陈振明. 政治的经济学分析：新政治经济学导论. 北京：中国人民大学出版社，2003.95

一个。登姆塞茨对产权的定义是："产权是一种社会工具，其重要性就在于事实上它帮助一个人形成与其他人进行交易时的合理预期。""产权是界定人们如何受益及如何受损，因而谁必须向谁提供补偿以使其修正人们所采取的行动。"① 这一定义强调了产权的行为性，即强调产权是被允许通过采取什么行为获得利益的权利，通过这一认识，能够获得产权与外部性问题之间的理论联系。阿尔钦在《产权：一个经典注释》中给产权下了一个简明的定义："产权是一个社会所强制实施的选择一种经济品的使用的权利。"② 通俗地说，产权就是人们使用资源是必须遵守的规则。可见，阿尔钦主要不是就产权内容本身，而更注重从产权的形成机制来定义产权。菲吕博腾和配杰威齐在对产权理论文献总结后指出："产权不是指人与物之间的关系，而是指由于物的存在及其使用而引起人们之间相互认可的行为关系。""产权安排确定了每个人相对于物时的行为规范，每个人都必须遵守他与其他人之间的关系，或承担不遵守这种关系的成本。"③

由产权的概念，我们可以得出产权有以下特征：① 排他性。排他性意味着所有者有权不让他人拥有和使用该财产，有权选择用财产做什么，如何使用它和给谁使用的权利，同时，所有者要承担该财产在运用中所发生的所有成本。② 可转让性。可转让意味着财产是可处置的，所有者有权按照双方共同决定的条件将其财产转让给他人。因此，可转让性涉及所有权通过出售或捐赠等方式的变化。③ 可交易性。可交易不仅表现为产权体系中的所有权的可交易性，而且表现为产权束中其他方面财产权利的可交易性。④ 可分割性。这是指财产的所有权与其他各种具体用途上的权利相分离。往往只有在产权能被分割的情况下，才能有效地利用大规模集中的财产。通过分立的个人和群体，财产的各种要素常常得到最有效的利用。

新制度主义经济学家还深入探讨了产权的功能。"产权的一个主要功能是引导人们实现将外部性较大地内在化的激励。"④ 科斯认为，只要产权已明确界定并受到法律的有效保护，那么交易的任何一方拥有产权都能带来同样的资源最优配置的结果，这可通过双方之间的谈判自然地实现，产权赋予不同的人只会带来收入分配结果的不同。这就是著名的科斯定理。科斯举了不少的例子来说明这一问题，比较典型的是"牛损害附近土地的庄稼"。如果一个农民在一块公共土地上种庄稼，邻居的牛经常闯过来踩坏庄稼，这时庄稼的损失就是一种外部成本，因为农民无法向牛的主人索赔。现在假定农民拥有这块土地的产权，邻居的牛踩

---

① 〔美〕科斯 R 等. 财产权利与制度变迁. 上海：上海三联书店，1991.97
② 〔美〕科斯 R 等. 财产权利与制度变迁. 上海：上海三联书店，1991.166
③ 〔美〕科斯 R 等. 财产权利与制度变迁. 上海：上海三联书店，1991.204
④ 〔美〕科斯 R 等. 财产权利与制度变迁. 上海：上海三联书店，1991.98

坏庄稼他就能得到赔偿。庄稼的损失成了邻居的内部成本，他也就会管好自己的牛。反过来，如果牛的主人拥有这块土地的产权，那么农民则愿意支付一定资金给他，要求他不要放牛损坏庄稼。从中可以看出，产权能够做到使外部成本内在化。有效的产权安排能使外部性内在化是产权存在的主要价值。

2. 产权制度对效率的影响

一个明显的事实是，现实中存在多样化的产权安排，不同产权安排对资源使用的决策动机不同，从而对经济行为和经济绩效有着不同的影响。新制度主义把产权制度分为私有产权、共有产权和国有产权等形式。

私有产权就是指将资源的使用与转让以及收入的享用权等权利界定给特定的人，所有者可以将这些权利与其他物品上的类似权利进行交换，也可以将这些权利转让给其他人，并决定资源如何使用。按照新制度经济学理论，一种产权安排是否有效率，主要取决于它能否为在它支配下的人提供将外部性较大地内在化的激励。而私有产权的优点则是它具有充分的内部性。私有者在做出一项行动决策时，会考虑未来的收益和成本倾向，并选择他认为能使他的私有权利的预期价值最大化的行为方式来安排使用资源，而且为获取收益产生的成本也只能由他个人来承担。因此，新制度经济学家偏好私有产权。

共有产权指共同体内的每一个成员对一种资源行使其权利时，并不排除他人对该资源的享用，但是它排除共同体外的成员对该资源的享用。登姆塞茨说："对于共有制，我是指由共同体的所有成员实施的权利。在土地耕作和狩猎的权利常常是共同拥有的，在人行道上行走的权利是共有的。共有制意味着共同体否定了国家或单个的市民干扰共同体内的任何人行使共有权利的权利。"[1] 与私有产权相比较，共有产权最重要的特点在于它在共有组织成员之间是完全不可分的，由于共同体内的每个成员都有权平均分享共同体所具有的权利，如果对他使用共有权利的监督和谈判成本不为零，则他在最大化追求个人价值时，由此产生的成本就可能有部分让共同体内其他成员来承担。且一个共有权利的所有者也无法完全排除其他人来分享他努力的果实，所有成员要达到一个最优行动的谈判成本也可能非常高。因此，共有产权导致了很大的外部性。

国有产权"意味着只要国家是按照可接受的政治程序来决定谁不能使用国有资产，它就能排除任何人使用这一权利"[2]。在国有产权下，由于权利由国家所选择的代理人来行使，作为权利的行使者，他对资源的使用与转让及最后成果的分配都不具有充分的权能，就迫使他对经济绩效和其他成员的监督的激励减低，而国家对这些代理人进行充分监督的费用又极其高昂，再加上行使国家权力的实

① ［美］科斯 R 等. 财产权利与制度变迁. 上海：上海三联书店, 1991. 105
② ［美］科斯 R 等. 财产权利与制度变迁. 上海：上海三联书店, 1991. 105

体往往为了追求其政治利益而偏离利润最大化动机，因而它在选择其代理人时也有从政治利益而非经济利润最大化动机，所以，国有产权外部性也很大。

二、交易成本理论

与产权理论一样，交易成本也是新制度经济学家研究制度构成和运行的基本原理。诺斯认为，交易成本和产权的经济学方法，是研究各个层次社会的通用工具[①]。但令人遗憾的是，交易成本还没有公认的定义。

"交易"这个概念在正统经济学中早已存在，但其含义相当狭窄。把"交易"作为较严格的经济学范畴建立起来并作了明确界定和分类的是早期制度经济学家康芒斯。他把"交易"分成三种基本类型：买卖的交易，即平等人之间的交换关系；管理的交易，即上下之间的交换关系；限额的交易，主要指政府对个人的关系。把制度运作与交易联系在一起是康芒斯对经济学发展的一个重大贡献。但是在《制度经济学》一书中，康芒斯对以交易为基础单位的制度进行分析的方法主要是哲学、法学、社会学和心理学的方法，而不是经济学的方法[②]。

交易成本的思想最早来自科斯，他于 1937 年发表的《企业的性质》一文中提出，交易成本"一般指的是企业在经营过程除直接生产成本以外的所有其他费用，或者说是企业之外，即市场交易中必须面对的成本[③]。"威廉姆森从契约的角度分析了交易成本及其存在，认为交易费用可以分为事前的和事后的两类。事前交易成本也就是达成合同的成本，事后交易成本指契约签订后发生的成本[④]。马修斯与威廉姆森的观点十分相似："交易成本包括事前准备合同和事后监督及强制合同执行的成本，与生产成本不同，它是履行一个合同的成本。"[⑤] 而埃格特森认为，交易成本是个人交换他们对于经济资产的所有权和确定他们排他性权利的成本[⑥]。值得一提的是，张五常将交易成本学说发挥到极致，他认为交易成本实际上就是"制度成本"，"是一系列制度费用，其中包括信息费用、谈判费用、起草和实施合同的费用、界定和实施产权的费用、监督管理的费用和改变制度安排的费用。"[⑦]

交易成本理论的目的在于探讨企业与市场之间的关系，企业产生和变化的根

① ［冰］思拉恩·埃格特森. 新制度经济学. 吴经邦等译. 北京：商务印书馆，1996.7
② 程恩富，胡乐明. 新制度主义经济学. 北京：经济日报出版社，2004.72
③ 姚洋著. 制度与效率：与诺斯对话. 成都：四川人民出版社，2002.35
④ 程恩富，胡乐明. 新制度主义经济学. 北京：经济日报出版社，2004.79
⑤ ［冰］思拉恩·埃格特森. 经济行为与制度. 吴经邦译. 北京：商务印书馆，2004.19
⑥ ［冰］思拉恩·埃格特森. 经济行为与制度. 吴经邦译. 北京：商务印书馆，2004.19
⑦ 卢现祥. 新制度经济学. 武汉：武汉大学出版社，2004.36

本原因，企业和市场作为一种管理机制的局限性和互补性等被新古典经济学所忽略的重大问题，它提出并论证了市场交易成本是组织结构和组织行为产生与变化的决定性因素。

在新古典经济学中，价格机制是如此完美，它将社会结成高效运行的有机体。在这个有机体中，任何混乱都不会出现，或者更准确地说，混乱一旦出现，价格机制通过市场可以自动、迅速、无成本地把混乱状态调整到应有的秩序。这个理念在新古典经济学的教科书里安然自得地存在了相当长时间，20 世纪 30 年代科斯的发难才使局面开始发生细微的变化。科斯的问题是，既然价格机制如此完美无缺，为什么现实经济中还存在企业这样的不同于市场的经济组织呢？

科斯对这个问题的回答是："建立企业有利可图的主要原因似乎是，利用价格机制是有成本的。通过价格机制'组织'生产的最明显的成本就是所有发现相对价格的工作……市场上发生的每一笔交易的谈判和签约的费用也必须考虑在内……当存在企业时，合约不会被取消，但却大大减少了。某一生产要素（或它的所有人）不必与企业内部同他合作的一些生产要素签订一系列的合约。当然，如果这种合作是价格机制起作用的一个直接结果，一系列的合约就是必需的。一系列的合约被一个合约代替了。"[①] 科斯这里所说的"利用价格机制成本"，就是一种交易成本。企业之所以会产生，是因为企业在协调生产时所花费的成本比通过市场交易所花费的成本低的缘故。

企业规模的扩大有一个边界，那么，这个边界在哪里？它如何确定？科斯认为："企业的扩大必须达到这一点，即在企业内部组织一笔额外的交易的成本等于在公开市场上完成这笔交易所需要的成本，或者等于由另一个企业家组织这笔交易的成本。"[②] 企业替代市场机制是由于市场交易的成本，而企业不能无限扩张则是因为企业组织交易也是有成本的。

但是，当交易成本过高时，经由市场界定与调整产权，配置资源成为一种代价昂贵的办法。由政府直接分配排他性权利，指引资源实现其最有价值的用途，便成为合理的选择。科斯认为，政府在某种意义上是个超级企业，其优势在于它可以凭借暴力潜能强制性地规定人们必须做什么或不得做什么，从而以较低的费用办成一些私人机构极其费力的事情。因而在现实中政府对产权的形成和界定有着巨大的促进作用。"直接的政府管制未必会带来比自由市场和企业更好的解决问题的结果。但同样也不能认为这种政府行政管制不会导致经济效率的提高。"[③] 这样，科斯又通过对自身的分析揭示了市场的不足，否定市场万灵论。

①　[美] 罗纳德·哈里·科斯. 企业、市场与法律. 盛洪等译. 上海：上海三联书店，1990.5，6
②　[美] 罗纳德·哈里·科斯. 企业、市场与法律. 盛洪等译. 上海：上海三联书店，1990.9
③　[美] 科斯 R 等. 财产权利与制度变迁. 上海：上海三联书店，1991.23

　　威廉姆森进一步发展了科斯的交易成本理论，使后者具有可操作性。他围绕交易成本的节约这一核心问题，把交易作为分析的基本单位，找出区分不同交易的特性：资产专用性、不确定性和交易频率，然后分析何种交易应该采用何种体制组织来协调，如市场、企业或其他中间形式。从特定的角度看，也就是说，经济组织的主要目的和效果就是节约交易成本和费用。

三、委托代理理论

　　代理问题是交易成本经济学的一个分支[①]，是近 30 年西方企业契约理论最重要的发展。这一理论侧重研究企业中一些现实而复杂的问题。例如，股东和经营者之间的契约关系，高层经理的激励问题，企业的所有权机构和代理成本的关系问题等。在这些问题中，主要研究两大类型的关系：一是公司的所有者雇佣总经理或高级管理层作为代理人来经营企业的委托—代理关系；二是公司的高级管理层授权并委托中间管理层来经营子公司和享有一定自主权的公司分部门的委托—代理关系。委托代理理论认为，所有者和经营者所追求的目标存在差异，所有者希望其资产获得最大的利润，而经营者关心自己的权力、报酬、保障等。这一理论认为，在缺乏恰当的激励和约束的情况下，经营者可能过分追求个人利益，给企业造成损失。所有者为减少企业损失，就要对经营者进行激励、约束和监督，委托人为此而付出的代价称为代理成本。委托代理理论的目的是研究如何在所有者和经营者之间取定一种最有效的合同制约关系，尽量减少因追求目标差异和监督困难造成的损失，更好地满足双方的利益，以最小的代理成本获得最大的收益。

　　那么企业经营者为什么会在两权分离的过程中掌握企业的实际控制权呢？其原因主要有：① 现代公司的股权分散，中小股东没有积极性监督经理，经理成了事实上的控制者；② 经理在具体经营活动中享有信息优势，使得股东很难对经营者实施有效的监督；③ 经理们的人力资本价值使得他们在现代企业中顺理成章地获得了一部分控制权；④ 经理同股东或董事会的谈判能力。一个强势的经理能够在同董事会的较量中为自己争取到更多的权力。

　　因此，为了使委托人与代理人之间的利益关系得到协调，委托人希望能设计一种激励、监督机制，在授权给代理人从事某种活动的情况下，同时要求代理人为委托人的利益行动。也就是说，这种机制要促使代理人采取适当的行为，最大限度地实现委托人的效用。当然，代理人在实现委托人的效用最大化的同时，也要实现自己的效用最大化。有学者认为，对公司经理的代理人机会主义有以下遏制机制：① 现代商务组织已经设计出若干有效的公司内制度来约束机会主义，

---

　　① ［冰］思拉恩·埃格特森. 新制度经济学. 吴经邦等译. 北京：商务印书馆，1996.40

并创造出促使经理们按所有者利益行事的激励机制：定期的内部审计和外部审计以确保财务的公开性和可稽查性、强制性预算控制、股东会和为股东服务的审计委员会、激励性报酬、经理在公司股份中的报酬、按业绩定职位。② 竞争性的经理市场会定期评估股份公司的绩效，其方法是允许所有者以低成本出入的可自由交易股票和几乎逐日反映市场评估的股票价格。③ 新型的专业化信息市场——面向大小投资者的职业分析家——财经新闻也减少着委托人的监督成本，只要公司必须依法定期地、全面地报告其业务活动。④ 存在着各种经理和经理班子的市场。这些市场一般会用提升和高薪来报偿在诚实和有效管理上赢得声誉的代理人。⑤ 当在位经理班子的工作表现明显差于市场标准时，新的所有者将通过接管投标和兼并要约闯进来，并建立预期能更有效工作的新经理班子。⑥ 产品市场也反映着经理班子的表现。只要产品市场不被垄断，机会主义地行事的经理班子将迟早丧失市场份额，而这将揭示经理们的机会主义行为。

　　现实社会中，不仅仅企业中存在委托—代理关系，在政府机构中也存在委托人与代理人的关系问题，并且也存在两种类型的关系：一是选民选举议员所形成的委托—代理关系；二是立法机构产生执行机构所形成的委托—代理关系。而且，与企业中委托—代理相比较，政府委托—代理中存在更多的问题，这是因为：① 政府机构不同资本市场，缺乏迫使政府机构自觉控制财政支出及有效对政府官员的行为进行约束的机制；② 官僚机构缺乏竞争；③ 政府机构的产出比较模糊，也不存在衡量其表现好坏的单一的利润指标，因此它运转的效率如何比较难以做出客观评价。

　　因此，几百年来，人们采取了大量的制度设计，力图来控制政治代理人机会主义问题，从而真正增加人民的福利。这包括：① 提高政府工作人员的素质；② 实施横向权力分立与制衡，使当政者处于一般性规则约束下；③ 实施纵向权力分解，给地方政府适当的管理权力；④ 政府信息公开，如公布年度财政预算，加强舆论监督等；⑤ 有的国家还实施全民公决，对一些关系到国民利益的重大决议由全民决定；⑥ 提升公民的知识文化水平与经济水平，"它使公民有能力负担造就一个像样的民主政府所必需的信息成本和监督成本"。⑦ 在当代，对政府中代理机会主义的最有力控制显然是政府对贸易和要素流动的开放①。

➤本章小结

　　公共管理学的理论基础可视为公共物品理论、公共选择理论和新制度经济学

---

① ［德］柯武刚，史漫飞. 制度经济学：社会秩序与公共政策. 韩朝华译. 北京：商务印书馆，2000. 405

理论。

　　确定某一物品是否为公共物品主要看其是否具备效用的不可分割性、消费的排他性及受益非竞争性。处于纯公共物品与私人物品之间的还有俱乐部物品及共有资源。公共物品的供给方式具有多样化，人们不再固守福利经济学家的观点，把政府作为公共物品供给的唯一主体，而是把供给过程中的"提供"与"生产"相分离，实现公共物品供给主体的多元化。实践证明，政府可以成为公共物品的提供主体，私人、非营利组织也可以成为公共物品的提供主体。

　　公共选择理论是一种以经济学分析方法研究政治的理论。在非市场决策中，投票是人们表达他们对公共物品供给水平意愿的主要方式，相对于一致同意规则，多数同意规则是人们更为现实的选择。但是，多数同意规则无法满足阿罗所确定的社会选择规则被接受的 5 个条件，会出现所谓的"投票悖论"。为此，人们通过调整偏好、利用偏好程度不同进行选择、互投赞成票、操纵投票程序或确定议程等方式，力图摆脱这种困境。公共选择研究了投票过程中的利益集团，认为它与立法机关、行政官僚机构之间形成了所谓的"铁三角"，利益集团通过各种方式在立法机关、行政机关中开展活动。在"排外"利益集团与"相容"利益集团中，集团成员之间表现出不同的关系。

　　产权理论是新制度经济学的主要理论之一。产权的主要功能是激励外部成本内在化。不同的产权制度对效率会产生不同的影响。新制度经济学家用交易成本理论分析了企业产生的原因，解释了企业的边界，认为政府在产权形成与界定中起重大作用。委托—代理理论则分析了委托人与代理人之间的道德风险问题，并力图设计一套抑制代理人机会主义行事的机制。

➤关键术语

公共物品　供给方式　公共选择　多数同意规则　投票悖论　利益集团　产权理论　成本交易理论　委托—代理

➤案例　广州水上环境作业改革[*]

　　广州市市容环境卫生局下属的广州水上环境卫生管理队成立于 1989 年 10 月 1 日，主要负责珠江广州河段 82.55 公里的市容环境卫生管理工作和市区中心河段 20.75 千米^2 江面的保洁质量监督、检查、管理业务。从 1994 年开始，该队打破传统的"管干合一"的管理模式，逐步完善"政企分离"、环卫作业"招标

_____

　　[*] 资料来源：陈振明. 公共管理前沿. 福州：福建人民出版社，2002. 367～368

投标"承包经营的改革模式，实行"管理与服务分离"，实现了环卫作业市场化、企业化、社会化的转制目标。该项改革模式的要点是：将珠江水面保洁作业任务划分成若干段，由社会上符合资质条件的专业公司投标承包，发包方采取公开发包的方式，根据自愿投标，公开、公平竞争的原则，将清洁范围、清洁质量、监督措施、经费数额、处罚办法在标书中明确规定，环卫队不再直接从事作业工作，而专司质量监控、监督管理、行使政府行政职能。实行政企分离，将清洁江面的具体作业推向市场。

这项改革经历了 6 年 4 个阶段的过程：① 内部承包、量化管理阶段（1994年 1 月至 1995 年 9 月）。针对当时"管干合一"和社会上还没有专业清洁公司的实际情况，广州市珠江水上环境卫生管理队采取了内部承包量化管理的改革方式，内部实行管理与服务分离。② 双轨运行阶段（1995 年 9 月至 1997 年 4 月）。在内部承包试点成功的基础上，将新增打捞江面保洁服务项目对社会公司招标承包，同时针对当时社会上有资质、有实力的清洁公司不多，缺乏水上环卫作业经验的问题，采取了仍然保留内部定额承包的模式，实行"双轨运行"探索改革经验。③ 对外承包阶段（1997 年 4 月至 1999 年 6 月）。在江面打捞保洁工作社会承包取得成功的基础上，将原内部定额承包保洁的河段及垃圾运输工作，连同原有环卫设备及原班作业人员一起分流，由广州市标准环保有限公司承办。④ 公开招标投标阶段（1999 年 6 月至 2000 年 3 月）。由于经过几年的市场培育，专业清洁公司多了，实力也雄厚了，所以此次改革彻底实现了公开招标投标，择优录用。2000 年 3 月，广州市珠江水上环境卫生管理队将原合同到期的 5 家承包公司负责的 19.844 千米^2 的江面保洁作业范围和 30 200 米长的 8 条河道保洁范围，分成 5 个标段，面向全社会公开招标。这次公开招标投标，社会反响强烈，也特别成功。

这项改革取得了显著成效，珠江保洁质量明显提高，珠江环境得到了改善。近年来，珠江江面漂浮垃圾明显减少，水面污染得到了有效的控制，多年不见的鱼虾又重新出现，珠江岸貌江容得到了改善。市民对珠江环境的满意率上升到92.3%，外地游客也开始把珠江当作旅游景点。同时，培育了环卫市场，环卫成本下降，环卫投入多元化；环境管理引入了竞争机制，提高了职工的积极性；加强了政府的管理功能。

复习思考题

1. 公共物品的类型有哪些？
2. 公共物品可以通过哪些方式进行供给？
3. 摆脱投票悖论的方法主要有哪些？

4. 简述利益集团与其成员间的关系。

5. 产权制度对效率会产生怎样的影响？

6. 分析政府机构中的委托—代理关系。

第三章

公共管理的职能

第一节　公共管理职能的一般理论

一、公共管理职能的含义

职能，也称为功能。生物学上将功能定义为机体的某个组成部分为了竞相达到同一目标而对整体所做的贡献。从斯宾塞时起，一部分社会学家就开始将生物学中有机体范畴里确定出来的这一概念运用到分析集体和集团方面。融合有机组织的概念和社会组织的概念，认为任何体系都是功能的统一体，一种体系的各个组成部分都要对整个体系履行某种功能或职能。因此，从行政与社会的互动关系角度来看，公共管理职能，就是一个社会的行政体系在整个社会系统中所扮演的角色和所发挥的作用，是以政府为核心的各类公共管理组织，在一定时期内根据经济和社会的发展需要而承担的职责和功能。任何组织体系在社会中存在和发展，其前提条件都需要满足和实现某些基本的职能。这些职能从不同的角度发挥着稳定政治、经济和社会秩序等方面的作用。准确、完整地理解公共管理职能的含义还必须注意以下两点：

1. 公共管理职能的实施者是以政府为核心的各类公共管理组织

公共管理是以政府为核心的各类公共管理组织以有效提供公共物品和公共服务，促进公共利益最大化为宗旨，依法对社会公共事务进行管理的活动。与传统的公共行政不同，公共管理的主体不再局限于政府，还包括非政府公共机构；公共管理的客体不仅仅是政府内部事务，还包括社会公共事务和公共服务。公共管理不仅关注政府运行，也关注其他公共管理主体的活动及其与外部环境的关系。公共管理的职能也主要是在政府职能行使过程中体现出来的，但又不能简单等同于公共管理的职能。公共管理职能是指以政府为核心的各类公共管理组织，在一定时期内，根据社会和经济的发展需要而规定的行为方向和基本任务，以及在对"公共物品"与"公共事务"的管理中所发挥的职责功能，公共管理职能与通常所说的政府职能有较大的区别。尽管政府职能依然是公共管理职能的核心构成部分，但是，随着社会自治能力的不断加强和政府职能社会化改革在各国的展开，公共管理职能越来越超出政府职能的范围。政府是实施公共管理职能的核心主体。除政府之外，凡是以有效提供公共物品和公共服务，促进公共利益最大化为目标取向的组织、机构及其工作人员都是公共管理职能的实施者与提供者。在我国，公共管理职能的实施者主要有国务院及其各部委，省级、市级、县级、乡级人民政府及其各职能部门，各种提供公共产品和公共服务的公共事业单位，一些非赢利性、自治性的民间组织，如慈善机构、社区机构、行业协会、宗教组织等。

2. 公共管理职能的实施是依据国家授予的某些特定权力和社会赋予的权威

国家通过宪法和法律的形式赋予各种类型的政府机构一定的公共管理权力，代表国家来实施公共管理职能，因而政府机构具有公共权威，它的一切合法行为都受到国家强制力的保障。所谓公共权威，是指公共机构处理公共事务的权力，作为行使公共权力的主体，政府是凌驾于社会之上的最具权威的公共机构。这一机构的出现，一方面预示着社会成员分裂为管理者与被管理者，以一部分人对另一部分人的控制作为存在条件，另一方面从事控制和管理职责的公共机构及其人员必须承担起维护社会生活的基本秩序、调节社会成员和不同利益的冲突以及控制社会秩序和社会生活方式发展方向等各种职能。因此，在政府对公共事务的管理过程中，强制力量就成为不可或缺的构成要素，它在维护既定的政治关系以及社会秩序过程中起着不可替代的作用。但是，对于一些其他公共管理组织而言，它们往往并不具有实施公共管理职能的正式权力，而是依赖由于某种特定因素而自发形成的权威来运行的。

二、公共管理职能的基本特征

公共管理从属于一般的管理过程，更多地是一种政治过程，其公共性与阶级性的特征十分明显，公共管理职能具有以下几方面的基本特征：

1. 阶级性

无论在什么社会形态，什么国体和政体下，政府的管理活动总是统治阶级用于维护自己的阶级利益,实现其阶级专政的工具和手段。因此,政府管理活动的行为方向和任务即政府职能就带有浓厚的阶级性。奴隶社会、封建社会和资本主义社会中,公共管理职能主要是为了维护奴隶主阶级、地主阶级和资产阶级的政治、经济和文化利益,实现奴隶主对奴隶、地主对农民、资本家对工人的剥削和压迫。在社会主义社会中,在剥削阶级消亡之前,政府的主要职能是为了实现无产阶级对资产阶级的专政。而在剥削阶级消亡之后,政府的主要职能是实现人民民主和发展社会生产力。由此可见,作为国家活动的一个重要组成部分的公共管理,其管理目标、对象与国家职能的实现有着直接的关系,或者说它是贯彻和体现国家职能的一种直接手段和方法,它是代表着国家并为国家的利益展开活动的,因而具有明显的阶级性。现代西方公共管理理论认为,公共管理的职能就是处理社会公共事务,它作为"政治的一部分"或"一个政治过程",已不具有阶级性,但在马克思主义看来,公共管理作为国家的组织活动,必定为掌握国家政权的统治阶级服务,其目的是为了执行代表国家利益的阶级意志,为了维护统治阶级的统治秩序和利益,这是具有鲜明阶级性的管理活动。

2. 公共性

由于公共物品和公共服务无法通过收费而补偿生产成本,因而不可避免存在"搭便车"的问题,致使私人部门不愿意或无法有效供应,这就需要公共管理组织出面来经营和提供。在市场经济条件下,公共管理组织提供的公共物品主要是社会正常运转所需的、由社会投资所形成的各种软件和硬件。软件指国防、消防、公共福利、公共卫生、文体教育、科研机构等;硬件则包括电力、给排水、供水供暖、邮政通信、市政工程、道路交通设施等。公共管理的公共服务职能是指公共管理部门在保障公民的基本社会需要、方便公民的工作生活等方面所负有的职责和应发挥的作用。如政府在灾害的救援和救助,公共信息的收集、处理和提供,生活环境的治理、美化以及其他社会需要而社会自身无法提供的服务等方面发挥作用。如果这些公共物品和公共服务由市场进行安排或完全由民间组织提供,往往会出现供给短缺,不能充分满足市场交易和公众消费的需要,导致价格不合理,社会成本高,服务的覆盖面窄,不利于形成整体社会效益。因此,提供公共物品和公共服务,政府责无旁贷。

提供公共产品和公共服务是公共管理的重要经济职能。公共产品不同于私人产品。适用于私人经济部门的市场选择、市场定价原则和市场配置方式,未必适用于公共产品生产部门。所谓公共产品是指社会公共生活需要,但私人不愿意生产或无法生产而由政府提供的产品和服务,它是所有社会成员都可享受的、不适用排他性原则的产品,如国防、空间技术研究开发、航海灯塔等。公共产品有两个最显著的特征,即非竞争性和非排他性。非竞争性是指一个人对某种产品消费的多少不影响另一个人对该产品的消费数量和质量。非排他性是指一个人对某产品进行消费并获得足够利益时，并不影响他人同时对该产品的消费并获得足够的利益。由于公共产品的这两大特征使得私人生产公共产品的积极性受到制约，社会所需要的大量公共产品只能由政府来提供。随着经济的发展，生产社会化程度的提高，人际交往的增多，人们对各种公共、半公共产品和服务的要求也越来越多、越来越高。这种情况下，政府通过行使公共管理职能，向社会提供必要的公共产品和服务越来越受到各国政府的重视。

3. 服务性

虽然公共管理主要是政府机构行使的职能，具有阶级性，但是，公共管理的对象和范围主要是经济和社会生活的各个方面，这些管理活动具有较强的服务性质。在现代资本主义国家，公共管理的重要职能就是组织社会经济活动和管理社会公共事务。为维护社会经济秩序，政府部门的各种服务性机构纷纷建立起来，并不断增强，从事着大量的服务工作。组织、协调全社会的分散的生产活动和经济关系，发展文化教育事业，治理环境污染和保持生态平衡，加强福利和安全保卫工作等，都属服务性的管理活动。我国的公共管理活动同样也是为了建立和维护正常的经济秩序。

4. 整体性

政府行政体系和行政行为不是孤立和独立的。它是外在高级系统的一个子系统，同时又是整合本身内部各次级系统的高级系统。各大小系统之间密切配合，相互依存，成为一个完整的统一体。由于行政体系的这一特性，公共管理职能也具有完整性的特点。尽管各次级系统的高级系统有其个性和功能，但不能脱离整体的系统职能而存在；反之整体之职能，亦必须依仗各次级系统的职能方能完整和存在。

从不同角度表现出来的公共管理的各种职能并非彼此独立、互不相干，而是相互交叉、相互作用的整体。首先，从总体上看，两大部分的职能之间存在着不可分割的关系。表现在公共管理领域等方面的各种职能，都必须通过公共管理的主体行使计划、组织、协调、控制等职能才能实现，而整个管理过程中，任何一个环节或程序的职能，又都是在公共管理的各项任务中发挥出来的。就公共管理的程序职能来说，其各项职能也是相互作用、相互制约的。计划职能在组织、指挥、协调、控制中必不可少，控制职能在管理过程中的每一阶段都需有效发挥，如此等等。其次，就公共管理职能的领域来说，无论在纵向层级方面，还是在横向关系方面，各个层次的管理职能之间、各种类型的管理职能之间都存在纵横交错、相互制约的密切关系。正是上述这些不同方面、不同形式的职能，形成了一个多层次、多元化而又相互交错的完整公共管理职能体系。

5. 动态性

公共管理的职能主要是随时发现并解决社会发展过程中出现的新生的社会性

事务。因而，公共管理职能在不同的历史阶段会随着不同时期的任务和形式的变化而变化，随着历史和社会经济的发展而发展，具有变动不居的特性。公共管理职能源于社会的需求，政府系统不能闭关自守，公共管理职能的范围和内容当视社会需要而定，它不能自我独立地确定自己的行为，它的职能应当根据政治和社会的需求做出，只有这样，它才能更好地履行自己的职能。就一个国家而言，公共管理的职能并不是一成不变的，会随着管理环境、管理目标和管理方式的变化而做出相应的转变或调整。不同的历史时期对公共管理职能的要求有差异，或者说公共管理的重心会向某一方面位移，公共管理职能具有动态性和可变性，随着社会经济、政治和文化的不断发展，国家形势和任务的不断变化，公共管理职能也要做相应的调整和变化。对公共管理职能做出及时的调整与适应正是政府行政体系赖以生存与发展的前提条件。事实上，在不同的历史时代和不同的环境条件下，尽管政府的基本职能维持一定的稳定性，但公共管理职能的重点、内容、强度和实现公共管理职能的方式均表现出差异。

第二节　公共管理的基本职能

公共管理职能是指公共管理的行为方向和基本任务，是以政府机构为主的公共管理机构贯彻实施政府经济和社会政策等的职能，从公共管理职能作用的领域看，可分为政治职能、经济职能、文化职能、社会职能。也就是维护阶级统治，提高效率、增进平等以及促进宏观经济的稳定与增长，进行社会管理、社会服务与社会平衡的职能。从公共管理的运行程序来看，公共管理的职能就是公共管理的程序和步骤，包括计划、组织、协调和控制四大职能。

一、公共管理的政治职能

政治职能是指政府维护国家统治的职能，政治职能体现为：对内巩固国家政权，维护政治统治和政治秩序；对外行使和维护国家主权，参与国际政治事务。公共管理的政治职能集中体现在维护阶级统治的职能之上。

（1）构建和维护有利于统治阶级掌握国家政权的政治、经济、法律和文化的制度和环境。国家的稳定，经济的发展都离不开稳定和宽松的政治、经济、法律和文化环境，公共管理就是要通过完善各项制度来完善这些环境，从而确保国家政权的稳定，体现维护阶级统治的职能。公共管理通过维护社会规范的约束性，以制度和文化等形式维护政府的权威性和相对稳定性。

（2）建立和维护从中央到地方的公共管理机构及其必要的设施，并保障机构工作人员的利益。通过公共管理机构的建立和完善,实际上从中央到地方建立起维护阶级统治的基础,而通过收税、费,不仅保障了公共开支的需要,同时也是维护统治阶级在物质利益方面的需要。

(3) 维持政治秩序和社会秩序,调节利益的分配。政治秩序意味着一个社会政治共同体的成员和集团,按照某种预定的政治规则行事,意味着社会运行中存在某种程度的一致性、连续性和确定性。历史表明,凡是在人类建立了政治或社会组织单位的地方,他们都力图防止不可控制的混乱现象,试图建立某种适合于生存的秩序形式。在现代社会中,政治秩序意味着它既反对无政府状态,也反对专制政体。它意味着权威的存在,公民权利的保障和国家在国际社会的安全与独立。作为利益的调节者,政府职责的主要作用在于通过多种手段来调节不同利益群体的冲突,平衡整体利益、局部利益和个体利益之间的关系,使这三者之间能够协调和统一。

(4) 为社会发展作决策以及制定公共政策。社会发展固然是一个历史和自然的过程,但是社会发展并非毫无目的,社会发展的方向、内容、模式均取决于社会的选择,特别是政府权威体系的决策和选择。在现代社会,政府广泛介入社会生活诸领域并发挥积极作用。政府作为公共政策制定者的角色日益明显。政府通过制定公共政策,旨在建立和维护社会公共利益,为社会发展选择目标,引导社会健康良性发展;为社会发展选择有效的途径;运用政策调整各种社会关系,使之有利于社会发展的目标。制定和维护统治阶级利益的政治、经济、社会和文化政策。

二、公共管理的经济职能

经济事务的管理涉及与生产、流通、交换、分配等社会生产过程中的各个环节有关的经济活动和管理活动。公共管理的经济职能主要体现在提高经济效率,维护经济秩序和公平,促进宏观经济稳定增长。我国现阶段的政府经济职能主要体现在以下几方面。

1. 确定制度框架

制定经济规范和维护竞争秩序,确保市场机制在大致公正和公允的制度框架内运作,才能更好地推动经济发展与社会进步。在市场经济条件下,作为公共管理组织的核心,即政府主要从两个方面来保证市场机制的正常运行。

第一,建立并实施保证市场机制正常运行所需要的法律制度。包括确认和保护一定产权关系的法律,如民法、专利法、知识产权法、商标法等;从事某类经济活动的法律,如商法、破产法、不动产交易法等;对若干经济活动共有的行为进行调整和监督的法律,如税法、劳动法、环境保护法、消费者权益保护法等。

第二，颁布和执行反垄断法和不正当竞争法，保护市场机制正常地发挥作用。垄断一旦形成，会造成诸多的不公平竞争，使竞争机制遭到破坏，从而妨碍正常的市场运行。因此，政府必须制定反垄断法和不正当竞争法，并设立相应的管理机构，保证适度竞争的市场结构，完善市场体系。政府还应在制定其他方面的制度框架中发挥主导作用，如维护社会公共安全、推进公民行政参与、管理政府内部事务等。显然，这是市场或社会组织无法有效提供的，因而符合公共管理职能的本意。

2. 调控宏观经济

在市场经济条件下，企业是生产经营单位，人们的经济活动主要由市场来调节，所考虑更多的是自身的利益与发展，而较少甚至不会考虑、决定和解决社会总供给与总需求平衡的问题。所有的经济主体都采取使自我利益最大化的行动。但从整个社会经济领域看，存在着市场不能为，或者能为而不能达到社会所要求的目标之处。为了保持经济的稳定与发展，保持社会的繁荣与进步，以政府组织为主的政府部门应利用各种法律、经济等杠杆对国民经济进行宏观调控。使得资源得到有效配置，政府使既定的、可以利用的各种稀缺资源在社会商品生产中得到最充分而又合理的利用，也就是说，在既定资源与技术条件下，当资源达到有效配置时，社会生产的商品可达到最多，也就是投入少产出多。为此，政府要发挥作用，为资源配置创造条件，使资源达到有效、合理的利用。

3. 协调群体冲突

在社会发展过程中，由于利益矛盾、文化差异以及信仰、习俗、偏好等因素影响，群体与群体之间会出现这样或那样的冲突。市场经济条件下，群体冲突的主要根源是利益矛盾。因而，群体冲突集中地表现为利益集团间的冲突。最突出的是农村各利益群体和城市各利益群体之间的冲突，个体劳动者群体与私人企业主群体之间的冲突，社会弱势群体与社会其他群体的冲突。群体冲突会破坏正常的经济秩序和社会秩序，使经济活动和社会活动无法有序地进行。当相互竞争的各利益主体发生利益冲突时，当事人自己是无法界定各自的利益分界的，因为市场本身不具备划分经济主体利益界限的机制，依靠私人或群体之间的协商往往无济于事。所以需要政府或一些自愿性、自治性的民间组织来充当仲裁人的角色，以超越各个经济主体之上的公共利益代表者的身份来进行协调，才能有效化解群体矛盾，促进社会稳定协调发展。

4. 调节再分配社会收入

完善社会分配机制，建立健全社会保障体系。公平的收入分配是任何社会期望达到的目标，尽管标准上有争议，但价值取向上是一致的。基本上来讲，收入分配的公平意味着在价值规律发挥作用的情况下，按照要素的贡献给要素的所有者确定收入而产生的分配状态。这要求政府在经济增长、效率提高、收入公平分配之间做出妥善的选择。市场收入分配存在缺陷，会引起收入悬殊拉大，造成市场的有效需求不足。并且，收入悬殊抑制了人们的主动性和积极性的发挥，使人这一生产力中最活泼最能动的因素缺乏有效的激励。当它超过一定的限度时，还会带来社会的不稳定，致使整个社会失去效率。因此，政府有责任以公共权力的力量，通过调整生产要素相对价格、税收和财政转移支付、建立社会保障制度等手段，将不公平的程度限制在社会可以接受的范围之内，实现社会公平目标，保持社会稳定，并为市场经济的快速健康发展提供良好的社会环境。

通过税收和支出项目等手段，向某些团体有倾斜地进行收入再分配，从而增进平等，实现社会公平。公共管理的收入再分配职能，主要表现在财政收支上。政府通过税收形式直接参与经济单位的初次分配，向社会索取贡献，这就是一次收入分配调节。例如，通过所得税的征收，把收入过高的人的一部分收入征收上来，形成政府的财政收入，然后再分配出去，再分配给社会其他成员。政府的财政收入还用于政府自身的各项开支、公共产品和公共工程的生产修建、国有企业的投资和运转费用、国家的各项转移支付，如补贴、社会救助和社会福利开支等。通过这些收入再分配，使那些私人企业不愿干、不能干，却对社会有用的事业得以兴办和运转，其从业者得到合理的收入。这样就使收入过高者得到调整，收入过低者得到补充，需要社会帮助、扶助的人，通过政府的收入再分配，得以摆脱困境，从而增进社会平等，最大限度地保证社会分配的公平。

5. 控制垄断行为和外部不经济行为，提高资源的配置效率

市场经济不是处于完全竞争状态，而是处于非完全竞争状态。在这种情况下，某些产业很可能被少数企业所控制从而产生垄断力量。当出现不完全竞争以至垄断时，最大限度追求超额利润的结果使社会的产出将会从生产可能性边界上移到边界内，使产出低于最有效率的水平，从而经济的有效性就会受到损害。为防止或减少这种损害，绝大多数国家的政府都通过公共管理手段来控制垄断行为，政府需对水供应、电话和电力等行业进行直接控制或对这些行业的价格和利润加以管制，以充分保障资源配置和效率。当存在外部不经济问题（如空气污染、水污染等问题）时，市场也不能提供有效率的利益。这时，公共管理的职能就是纠正外部不经济所导致的无效率。强化市场管理，建立和维护正常的市场经济秩序。发挥市场机制在资源配置中的基础性作用，要求所有生产要素包括商品、资本、劳动力和技术、信息都进入市场。但市场的自发作用有时会产生消极因素，如垄断、贸易壁垒和保护等，妨碍市场机制功能的有效发挥，损害其他社会成员的利益，不利于刺激人们的创新热情，从长期看也阻碍经济稳定发展。因此，培育完善的市场体系应当作为公共管理的重要职责。政府应着力于消除各种形式的保守主义，打破各种封锁、割据、壁垒和垄断，促进统一大市场的有效运行。同时，根据经济社会发展的实际状况，及时建立和完善市场体系。这主要包

括三方面的任务：一是新兴市场的建立，如技术市场、金融市场的建立和完善；二是市场规则的建立和完善，即制定正常的市场活动规则；三是维护正常的市场秩序，即通过政府的公共管理活动，对市场行为进行监督，对违规者予以处罚，以维护市场竞争的公平有序。

6. 通过财政政策和货币政策保证宏观经济的稳定和增长

衡量经济增长的重要指标就是国民生产总值的增长与人均国民生产总值的增长，其实质是人们实际生活水平和质量的不断提高。政府的作用就是为具有现代化素质的劳动力资源增长、资本增长、技术发展创造良好的环境与条件，从而直接或间接地促进经济增长。经济稳定，从短期意义上来讲，可以看作是在供求总量平衡条件下的经济稳定增长，从更广的范围来看，它意味着有效地引导生产投资，扩大潜在供给能力，降低经济中的短缺，满足增长的需求，维持物价的稳定，促使总供给与总需求在更高水平上的平衡，从而使经济稳定增长。

对市场经济运行中的市场失灵问题，政府应适时适度地运用宏观经济政策和调控手段，调节社会总需求和社会总供给，抑制通货膨胀，减少经济周期波动，使社会资源得到充分的利用，保证宏观经济的稳定和增长。为实现这种目标，政府通常通过财政政策和货币政策对宏观经济加以调节。如在投资不振、市场低迷时期，政府可以通过减税、调低贴现率、增加政府支出等手段，刺激私人投资；在经济过热、物价上涨过快时期，政府可以通过直接减少政府支出，减少货币供应量、提高利率等手段抑制总需求膨胀，调节物价水平，保持宏观经济均衡。

优化经济结构，推进产业升级。经济结构优化升级的关键是产业结构升级。虽然推进产业结构合理化主要靠市场机制来实现，但无论是发达国家还是发展中国家，经济发展和产业升级都不是单纯依靠市场机制来完成的。由于产业结构的升级关乎经济的长远发展，因此政府必要的引导是推动产业升级的重要力量，同时，由于新兴产业投资大，风险大加之这类产业的外部溢出效益影响，使得私人部门投入不足，阻碍了新兴产业的发展，这就要求政府对高新技术产业的发展予以必要的支持。

三、公共管理的文化职能

在人类学意义上，文化是指社会中的人们所共有的一种约定俗成的心理状态。这种状态是由人们培养出来的共同的价值观、共同的信念以及特有的行为方式组成。马克思认为，文化是人类社会活动的主观意识领域，并认为文化尽管内容、表现形式不同，但它们归根结底都只不过是现实社会生活的产物，是现实社会生活的反映。

任何阶级的政治统治和治理，都离不开思想统治，即意识形态的统治。意识形态的统治是统治者用表达自己利益与意志的思想对全社会的统治。任何阶级在获取与巩固政权的过程中，总是试图将本阶级的利益和反映这种利益的思想、文化变得普遍。在阶级对抗中，首先要使代表自己意志和利益的思想、原则、价值、理想得到社会的认可和支持，将本阶级的利益上升为"共同利益"，相应地赋予自己的思想以普遍的形式，从而使其成为对全社会进行统治的意识形态。

公共管理的文化职能，最为核心的是维持政府合法化的职能，即维护和弘扬一种意识形态，用以说明和论证统治与治理的合法性。这是因为，国家权力一旦披上了合法性的外衣就会转化为一种特殊的影响力——政府权威。这种权威不仅比赤裸裸的强制可靠和持久，而且还能使统治者用最少的资源进行控制。

以政府为核心的公共管理组织维护对社会思想的统治，是通过政治社会化来实现的。政治社会化就是形成、维护和改变社会成员的态度、信仰和感情的过程。每个政府都有负责管理执行社会化的机构，并通过家庭、学校、大众传播工具和政府组织等具体机构履行这一职能。

从某种角度上来讲，政府既是精神资料的生产者，又是精神资料的支配者。政府为了统治，必须成为思想文化的生产者，不断生产自己的思想、理论、观点，并借此来规范和决定整个社会和时代。

四、公共管理的社会职能

社会职能是公共管理的主要职能，以政府为主的公共组织要为社会提供正常运转所必需的制度安排，管理公共秩序，提供良好的公共服务，从而使得公共利益最大化，实现社会的良性运行和协调发展。凡政府致力于改善、保障人民物质文化生活的活动和措施，均包含于政府的社会职能之中，这种职能主要是政府的社会福利职能，它是政府的政治职能得以实现的基础。任何类型国家的政府的政治职能，只有在它执行了某种社会职能时才能继续下去。

狭义的"社会"是指同经济领域、政治领域和精神文化领域相并列的社会领域。社会职能体现为缓解社会的矛盾和紧张，维护社会的稳定和秩序，促进社会整体协调发展。具体内容包括维持社会治安、提供社会保障、发展社会公用事业、促进社会医疗卫生、加强环境保护等。各种类型的国家和政府发展的不同阶段，对于政府社会职能的认识和实现是不一样的。社会主义国家的政府从总体上说，都是为了给人民群众谋福利，因此，特别需要注重政府的社会职能。随着社会主义建设事业的日益推进，政府的社会职能势必要逐步扩大和强化。政府的社会职能，一般包括以下几方面的内容：

（1）公共管理的社会职能主要体现为社会管理、社会服务和社会平衡职能及维护社会治安与社会秩序。对社会治安、社会秩序的管理是公共管理中的社会管理的基本内容,政府作为国家的"守夜人",其重要的职责就是社会治安管理,维护社会的稳定和秩序。在西方,因枪支泛滥、吸毒等社会问题引发的犯罪不断地侵害着正常的社会秩序,为此,政府在发动社会力量的同时,还亲自投入其中,不仅在法律上规定了严格的行为规范,还组织大批职业人员和非专门人员,成立专门的和非专门的管理机构,来最大限度地打击犯罪,稳定社会公共秩序。我国改革开放后,维护社会治安、建立正常的社会秩序也成为政府进行社会管理的重要内容。

(2)合理利用自然资源,保护生态环境。保护和管理土地、天空、江、河、湖、海、动物、植物、矿物等自然资源。对自然环境的保护和管理已越来越成为政府进行公共管理的重要内容。环境也是一种"公共产品",这种"公共产品"同样具有非排他性和非竞争性,靠私人提供和管理缺乏效率,只能由政府部门来提供。随着工业化进程的加快,全世界面临着有史以来最严峻的环境危机。全世界都面临着环境污染加剧、酸雨蔓延、全球气候变暖、土地沙漠化、森林和动植物资源减少、淡水供应不足、空气质量恶化等问题。环境危机成为公众普遍关注的全球性危机。这使得各国政府不能不加强对环境保护方面的管理,环境保护是当代各国政府的社会管理的一项重要内容。各国政府在面临着环境恶化的挑战时,努力采取各种有效措施来消除环境污染,加强环境保护。

(3)提供文化、娱乐、市政、教育、卫生等方面公用事业的管理和服务。提供公用事业方面的管理和服务属于公共管理中社会管理和社会服务方面的内容。随着社会的工业化、城市化的发展,公用事业涉及的范围十分广泛,如供水、供电、供气、邮电、道路建设、公共交通等。城市公共事业直接关系到人民群众的生活质量,是百姓关心的问题。缺乏良好的管理,无法提供良好的公共设施服务,势必引起大众的不满,所以各国政府都很注意对社会公用事业的管理和服务。在公用事业管理和服务中,还有一个很重要的方面是教育和卫生事业的管理和服务。由于教育是关系到子孙后代及社会发展的大事,未来世界的竞争是人才竞争,这必须依靠教育事业的发展。为此,当代各国多实行年数不等的义务教育,除了一部分教育事业可由私人举办外,大多数的教育事业(如义务教育、特殊教育等)主要依靠政府作为公共事业来发展、扶持。高等教育、职业教育、成人教育(包括对失业者的再培训等)也都需要政府的大力支持、协助。医疗卫生事业直接关系到人民群众的身体健康,医疗卫生和传染病是各国政府社会管理和社会服务的重要内容。制定有关医疗卫生的法律、法规,办好各类医院,提高各种医疗机构医务人员的医疗水平和医疗质量,加强环境卫生、食品卫生的管理工作,预防各种传染病的发生,管理好作为特殊商品的医药市场,这些都是各国政府的医疗卫生管理的主要内容。

(4)制定关于社会福利的计划和法规,建立社会福利和社会保障体系。制定和实施社会保障的制度和措施。社会保障是公共管理的社会平衡方面的内容。社会保障制度在社会范围内有规则地提供保险、救助和公共福利措施，使社会生活在公平、公正、安定的原则下正常运转、顺利发展，不受意外、各种可测与不可测的风险干扰。社会保障制度是现代市场经济体制的安全网和减震器。较完善的社会保障体系大体包括社会保险、社会救助和社会福利三方面的内容。虽然整个社会的全部社会保障功能和运转不全由政府的公共管理来提供，特别是市场经济发达的国家里，商业性质的保障措施随处可见，非政府、非商业性质的民间社会保险和社会福利机构、慈善机构也为数不少，但公共管理在社会保障体系中的作用是不可替代的，最主要、最重要的社会保障项目都是政府兴办或由政府组织的。政府在社会保障方面的积极和努力不仅仅是政府服务于社会的重要体现，也是政府化解社会矛盾，维护阶级统治，实现社会公平的职能体现。

第三节　公共管理的运行职能

公共管理是一个由问题确立、解决方案的提出到决策实施和效果评估的基本过程。从公共管理职能的运行过程来看，可划分为计划职能、组织职能、协调职能和控制职能。

一、公共管理的计划职能

1.计划的定义

公共管理中的计划职能就是公共管理部门为了实现既定的公共决策目标，对整体目标进行科学分解和测算，并筹划必要的资金、设施和人员，拟定具体实施的步骤、方法以及相应的政策、策略等一系列管理活动。计划工作实际上是决策活动的继续，对实现决策目标和任务做出具体的设想和安排。为保证目标和任务的完成，计划必须讲究科学，实事求是，统筹兼顾，协调完整。计划功能本身也是一个系统，它包括计划的制定、计划的执行和计划的检查监督，要求三个基本的环节相互配套协调，并形成回路。

计划是所有管理机构的首要职能，是行政机关及其人员对未来的行政活动所制定的目标以及实现目标的程序、步骤和方法，是对管理进行事先的筹划和安排。计划职能具有预先性、预测性、评价性、选择性和调解性的特点。一个好的计划，它必须对目标的陈述清晰明确、简明扼要，同时包含所有的行为过程。计划应有一定的灵活性，当发生意外事件时，可以在不影响整体的情况下，做一定的调整。任何行政工作都是从规划、决策开始的，计划职能对政府过程中的其他各个环节的职能及其总体职能的发挥具有基础性、决定性意义。计划职能履行得好坏，直接关系到管理的成效。根据不同的侧重面，对计划的定义为以下八种①。

（1）计划是目标的确立和各种限制条件的评价过程，即"三思而后行"；

（2）计划是为具体行为制定特定的目标以及实现这些目标的手段；

（3）从广义上讲，计划是制定政府机构在未来一段时间内要实施的目标，为实现这些目标选择最佳的方案和路径；

（4）计划是为达到既定目标，对某些机构的行为所做的必要的协调；

（5）计划就是使预计要发生的事情变成为现实；

（6）计划就是试图预测未来将要发生的事情，为此而制定种种措施以防止意料不到的变化；

（7）计划意味着已经预见未来将要发生的事情，对当前情况做出必要的安排，以和这种预见相一致；

（8）计划是有关选择方案的评估，以及为实现这些方案所采取的手段。

综上所述，所有定义均强调三个重要方面：未来、备选方案和理性选择。这就是计划的要素。

科学、合理的计划能为整个行政管理职能的实现奠定良好的基础。政府过程中的计划职能，因政府的影响涉及面广、规模庞大，计划功能尤为重要。行政计划过程是行政机关为完成某一时期或某项任务，制定工作目标，确定实施步骤的过程。

2. 确定目标

在现实管理过程中，行政管理所要达到的目标是多样化和多层次的，计划的优劣与否、周密性与可行性都直接影响到政府其他职能的发挥与实施。因此，在确定目标之前，要对机会进行估量。例如，初步分析未来可能出现的变化，做出合理判断；了解自己实施计划的能力；列举主要的不确定因素，分析其发生的可能性和影响程度。在估量机会的基础上，为组织及其所属的下级机构确定计划的目标，指出工作重点，明确制定战略、政策、规则和预算的任务。在制定目标时，应注意以下问题：

（1）目标的确定要切合实际。即目标的制定一定要符合具体的实际情况，脱离了实际，就会给目标的实现带来困难，甚至导致目标的无法实现。

（2）要确定目标实现的优先顺序。即根据目标的重要程度和实现的难易程度，确定先实现哪些目标，后实现哪些目标，以免在实现目标的过程中眉毛胡子一把抓，导致目标难以达成。

（3）确立实现目标的时间界限。即将目标实现的时间分为上限和下限，以便

① 张良等. 公共管理导论. 上海：上海三联书店，1998.76

在规定的时间里提前完成或按时完成任务。

3. 制定工作程序和拟订可供选择的方案

为确保组织行政工作系统的协调运转和有序运行，应确定实现某一目标的具体的工作步骤、工作程序和工作方法。对可供选择的方案进行调查和设想。发挥创造性，对备选方案的数量加以限制，把主要的精力集中于分析有希望的方案。

4. 分析评价备选方案和选择满意计划方案

对可供选择的方案进行评价，按照计划所要达到的目标，权衡各种因素，比较各个方面的利弊。评价不仅取决于评价者所采用的标准，而且还取决于评价者对各个标准所赋予的权数。评价实质上是一种价值判断。在评价的方法方面，可以采用运筹学中较为成熟的矩阵评价法、层次分析法以及在条件许可的情况下采用多目标评价方法。在前面工作的基础上，可对备选方案进行抉择。选择方案具有非常关键的作用，也是决策的实质性阶段。当同时有两个可选方案时，在难以取舍的情况下，必须确定首先采取哪个方案，而将另一个方案也进行细化和完善，作为后备方案。

5. 编制预算。为了准确地计算出计划的可行性，需要对计划进行事先的预算

将计划转化为预算，使之数字化。所谓预算，就是计算在一定时期内实现某一行政目标或计划所需要花费的资金和各种资源，实质上也就是资源的分配计划。目标和计划的实现，有赖于一定的人力、物力和财力做保证。良好的预算，可以成为汇总和综合平衡各类计划的一种工具，也可以成为衡量计划完成进度的重要标准。

二、公共管理的组织职能

在做出决策和制定计划后，就需要组织有关的机构和人员，采取具体的执行活动，指导决策和计划的落实。这一管理过程就是组织。公共管理中的组织功能包括：对有关机构的设置、调整和有效运转，对工作人员的选拔、调配、培训和考核，对已有的人员、资金、设施等做出合理安排和有效利用，对执行活动中的各项具体工作进行督促、检查和指导等。其目标是具体落实和实现决策与计划。有效的组织工作是实现决策和计划的关键。

组织职能是计划职能的延续。所谓组织，就是通过一定的机构和人员，把已经确定的目标和决策化为具体的执行活动，以谋求计划和决策目标的实现。以政府为核心公共组织的组织功能就是指根据实现计划目标的要求，健全组织机构，明确权责关系，妥善安排和分配组织系统内的各类机构和各类人员职责，将组织内部的各个管理要素联结成一个有机整体，为行政计划的执行做好组织准备。组织的目的和作用就是为了使组织系统内人、财、物得到最佳的配置和最为合理的

运用。组织工作的好坏，直接关系到计划的目标实现。组织的功能有以下方面。

1. 建立健全精简、统一、有效的组织机构

目标和计划的实现离不开良好的、合理的组织结构。这是实现政府目标的依托，也是政府活动形成有序系统、产生整体效应的基础。如果组织结构合理、精干，组织内部的职、责、权限分明，政府的行政目标就能够顺利实现。反之，如果组织结构松散、臃肿、职责不清、层次繁多，那么，任何良好的计划和目标都难以达成。所以，政府组织职能的实现，首先要建立起科学合理的组织结构。

2. 指挥职能

行政领导者按照既定的目标和计划，适时发令调度，指导下属工作，以实现计划目标的行为或活动。行政指挥正确与否，直接关系工作成败。正确指挥的要求：统一指挥，灵活调度。要将指挥权集中在一个机关或行政领导者手中，避免多头指挥造成混乱。要根据实际工作需要和环境条件的变化，灵活调度人、财、物等资源，以保证计划顺利执行。当机立断，沉着坚定。在行政指挥的过程中，该决断的时候一定要决断，不能优柔寡断，贻误战机。同时，不管遇到多大阻力，都要意志坚定，指挥若定，不能乱了方寸，动摇军心。

指挥恰当，命令明确。要正确把握工作的局势和进程，分析计划执行中出现的新情况和新问题，依据主客观条件，做出正确的判断，及时发出行动指令，以推动工作向前发展。同时，命令一定要明确具体，不能含糊不清。

三、公共管理的控制职能

在目标的实现过程中，需要根据具体情况适时对计划进行调整，这一过程就是控制。控制贯穿于整个管理过程，要解决的是如何把具体的运作和最终的目标联系起来的问题，是对管理过程的调节，依据总体目标对管理者和操作者的行为进行指导、修正。公共管理中的控制功能起着监督、检查、纠偏的作用，力求使实际工作的结果同预期的结果保持一致，按计划完成任务。控制职能主要体现在两个方面：一方面依据收集、分析、研究计划执行和完成的有关情报资料，对于活动中的数量、时间、质量等因素加以控制；另一方面是依据有关资料，了解和掌握活动中的人事、组织、财务、方法等情况，发现问题，采取措施，纠正偏差，保证公共管理活动按科学轨道有效运行，最终达到预期管理目标。

四、公共管理的协调职能

1. 协调职能的定义

协调职能就是指通过相互间的沟通与联系来消除管理过程中出现的组织与组

织之间、组织与个人之间、个人与个人之间的矛盾和冲突，妥善安排各方面的活动，及时排除各种障碍，理顺各种关系，以建立起相互和谐和相互促进的关系，使组织的整体功能得以发挥，使组织目标得以实现，促使组织机构正常运转和计划目标顺利实现的各种努力和活动。

公共管理中的协调职能是指对各公共管理部门之间、管理人员之间以及各项管理活动之间的关系进行调整和改善，使他们按照分工协作的原则，相互支持、密切配合、步调一致，共同完成预定的任务和工作。现代公共管理部门组织庞大，分工细致，各方面的关系错综复杂。要达到预期目标，就需要管理者借助管理系统来协调各方面关系。没有协调，就没有各组织和人员间正常的密切配合和协作，就不能及时排除管理过程中种种不和谐现象，自然也就不能完成需要各方面共同努力才能完成的任务。协调工作存在于公共管理的全过程，管理过程的各个阶段都需要通过协调来有效发挥各自的功能。

2. 协调的功能和范围

组织运转是否协调，直接关系到计划的执行和目标的实现。协调主要是协调各种关系，包括组织内部和外部的各种关系以及各项公务活动之间的关系。通过协调，管理人员理顺各方面关系，优化资源配置，消除矛盾与冲突，建立和谐有序的工作气氛，促进工作计划顺利执行，保证计划目标圆满实现。

协调工作的范围十分广泛，包括本单位内部的协调、与上级主管部门的协调、与有关单位的协调、各管理部门工作人员之间的协调等。现代公共管理十分重视协调工作，许多发达国家都把管理部门的协调工作放在首位，甚至规定管理部门的主要任务是协调所属部门之间的管理事务，认为不会做协调工作的人不配做管理部门的领导者。

第四节　公共管理职能的历史演变

公共管理职能伴随着人类社会发展的全过程演进，其基本功能和目的在于完成社会生产与供应公共产品。但是，不同的历史时期有着显著的差异和区别。

一、传统社会的公共管理职能[①]

在资本主义工业革命以前，东西方国家的社会生产都以农业为主，我们把这种传统农业社会称之为传统社会。由于传统农业社会与工业化以后的资本主义社

① 刘丽霞. 公共管理学. 北京：中国财政经济出版社，2002.80～82

会在社会制度方面存在着较大的差异，因而政府所发挥的公共管理职能也存在着较大的不同。即使是在传统的农业社会中，东方和西方在社会制度和社会经济、组织结构方面存在差异，使得东西方国家的政府在行使公共管理职能方面也存在种种不同。

在东方的传统农业社会里，自给自足的自然经济下的生产和生活的基本单位是众多小家庭组成的村庄，生产机构比较简单，没有发达的土地私有制。国家管理这种分散的村社的系统是从中央到地方的庞大而严密的官僚组织和强大的军队、警察。官僚组织、军队和警察向国王个人负责，地方向中央负责。这种社会结构反映在国家与社会、政府与臣民的管理关系上突出表现为三点：一是村社成了一个不受政府系统直接控制的社会和臣民的基层自治组织，政府不直接干预村社的生产和生活，反过来，村社的分散性和封闭性也使得村社不可能成为制约国家和政府行为的主体。二是政府通过控制奴隶主、大地主来间接控制全体臣民，也就是政府通过直接管理奴隶主、大地主、自耕农和工商业者来管理社会，而很少与奴隶、佃农发生直接的联系。这种情况下，政府公共管理职能的发挥突出反映为对中间层次——奴隶主和地主的管理。三是政府管理职能比较单一，政府的重要职能是征收赋税、劳役和兵役。

与东方传统社会结构比较，西方传统社会结构前后变迁较大。从古希腊到古罗马，再到后来的领主制、地主制时期，西方国家的社会结构都有很大的变化。在古希腊，国家与社会的关系基本上属于一种相互渗透、互为包容的关系；在古罗马，国家与社会的关系是近似于东方社会的间接控制关系；在地主制时期，国家与社会的关系从间接控制又发展为间接与直接控制并存。由于西方传统社会各个时期的社会结构的不同，使得政府所行使的公共管理职能也不尽相同。

在古希腊，国家与社会的相互包容特点使政府对社会的管理体现出以下特点：一是政府职能与社会职能的领域及其边界相互交错，很不明确，社会事务国家化；二是社会与国家相互渗透的结果缩小了政府专门职能的范围；三是政府职能的阶级统治职能更多地为社会服务职能所取代；四是政府的松散的社会化服务的特点使得国家没有建构控制社会的庞大的政府组织系统。

在古罗马，由于特殊的地理环境和政治环境的影响，使其政府管理职能与古希腊又有较大的不同，突出表现在罗马政府以军事扩张为中心的阶级统治职能和社会管理职能特别突出，而社会平衡职能往往通过战争时期的"爱国"以及利用战争获取的土地分给广大平民来缓和社会矛盾，维护社会稳定。在领主制时期，封建领主制下的西方一些国家的政府职能体现出以下特点：一是政府阶级统治职能以中央分权、地方集权的双重形式来体现。因为，软弱的中央政府是采邑领主制的保障，是封建采邑制等级制的维护工具。二是政府的大部分社会管理和社会服务职能地方化。中央政府的社会管理和社会服务职能相当有限。封建领主制下的西方国家从中央到地方，政府机构简单、人员有限，针对中央政权的阶级斗争运动不明显。三是政府管理过程中民主与专制结合，这也为当今欧美代议制民主制打下了基础。

在地主制时期，政府的公共管理职能又与领主制有所不同，这一时期的政府管理职能特点是：一是政府的阶级统治职能与社会管理职能同时得到了强化。二是受西方传统政府形式的影响，政府的社会平衡职能是以体制化的形式出现的，也就是通过等级会议，来平衡社会各方面的矛盾。三是专制制度下政府的社会服务职能完全是排他性的，只为统治阶级服务。

二、西方国家公共管理职能及其演变

一个国家的公共管理职能，主要取决于这个国家的经济发展状况，在西方资本主义国家，从建立资本主义制度以来，随着资本主义经济的发展，政府的职能也发生了巨大的变化，西方各国公共管理职能，分别呈现出明显的阶段性特征。主要划分为三个不同阶段。

（1）自由放任阶段。19 世纪 30 年代以前，在自由放任经济理论的主导下，西方国家政府的职能主要定位为"守夜人"的角色。"守夜人"角色是英国经济学家亚当·斯密于 1776 年在《国富论》中提出的观点，斯密认为政府的职能包括三个方面："首先，政府具有保护其社会免受其他独立社会的暴力与侵犯的职责；其次，尽可能地保护每一社会成员免受社会中其他成员的压迫和不公的职责；第三，建立并维护某种公共工作或公共制度的职责，此种建立和维护永远不是为了个人或少数人的利益。因为对任何人或少数人而言，利润永远无法补偿其支出，尽管对广大社会而言，其所做的常常要大于所得的补偿。"这种观点认为，政府应大幅度弱化其职能，除提供上述三个最低限度的职能外，政府应尽可能远离经济生活，政府仅作为市场的推进者，而不可轻易采用干预手段。亚当·斯密的自由主义的西方经济学理论认为，国家的职能仅限于执行国防、司法、公共工程和公共机关三项，资本主义经济可以在市场机制自动调节的作用下实现资源的有效配置和正常运行。国家财政政策干预调节经济的措施目标是极其有限的。国家担负的"统治者的责任"或政府职能在社会经济生活中只扮演经济"守夜人"的角色。在此阶段，资本主义国家遵循"政府要好，管理要少"的信条，除了必需的政治统治职能外，在经济与社会管理领域实行"私人自治"原则，主要是依靠市场这只"看不见的手"来调节与引导经济和各种社会事业的发展。其他社会公共管理事务则放任自流，任其自生自灭。在自由资本主义阶段，亚当·斯密"看不见的手"理论西方经济学界和各国公共管理实践中始终占据主导的地位。

（2）国家干预主义阶段。这一阶段从 19 世纪最后 30 年开始，一直延续到

20世纪70年代末。斯密所积极提倡的小政府的尝试尽管提高了维多利亚时期英国社会的整体生活标准，但也出现了资本主义内在矛盾引发的对工人剥削的现象。因此，早期资本主义政府所奉行的自由放任主义政策及"守夜人"职能模式已经不能适应社会各方面发展的要求。为缓解矛盾，19世纪末西方开始出现了广为人知的"福利国家"论。第二次世界大战后，大多数欧洲国家都实施了详细周到的福利政策，以便为公民提供"从摇篮到坟墓"的保障，这使得政府对经济生活的干预迅速成长。与此同时，发生在1929～1933年的经济大危机，从根本上动摇了斯密的"看不见的手"调节理论，使人们对市场机制的内在矛盾和缺陷有了新的认识。相应地，西方各国公共管理职能体系也进行了大规模的调整。政府权能体系迅猛扩张，"行政国家"取代"守夜人"成为各国政府职能体系发展的主流趋势，从而导致斯密的自由放任学说最终让位于凯恩斯的政府干预学说。凯恩斯主义经济学理论成为西方经济学的主流。凯恩斯认为，市场机制不能自动实现均衡，市场本身存在缺点，只有政府干预才能克服和纠正。凯恩斯主张放弃自由放任的经济原则，政府应当依据经济发展的形势抉择，斟酌使用，通过政府的财政-货币政策来干预和调节经济。凯恩斯主义的指导和影响以及福利国家的趋势，使得西方各国政府在社会保障及其他社会公共事务方面的作用普遍增长，政府的公共管理职能扩大到人类生活的各个方面。但是，随着公共事务的增多，政府的管理职能的增加，政府规模也随之膨胀，"行政国家"导致"大政府时代"的到来，20世纪70年代的"福利国家"是官僚行政鼎盛时期的重要标志，此后逐步暴露出各种弊端。

（3）新古典主义阶段。20世纪70年代以来，西方各国普遍出现了以"三高一低"即所谓的高通货膨胀、高财政赤字、高失业率与低经济增长为特征的社会与经济发展"滞胀"现象，各国开始质疑官僚行政的有效性，对干预主义失去信心。相应地，各国公共管理职能体系逐渐进入了一个新的发展阶段，即所谓新古典主义时期。新古典主义，又称为新自由主义，其基本理论要点是在重申个人理性假设的基础上主张在社会经济生活中市场力量的角色最大化和政府角色的最小化，"更少的政府，更多的治理"成为西方政府改革的共同特征。该理论认为，政府自身就存在限制经济增长和经济自由的经济问题。较小规模的政府可通过提高经济效率来提高社会总福利，而不应由政府通过官僚制度强制人们从事各种事务，市场机制在任何方面都具有优越性。市场的角色应该最大化，政府的角色应该最小化。因为私人市场是有效的并且是能够自我调节的，能够由市场提供的商品和服务就应该由市场来提供；政府对市场自我调节机制的干预从其本身来说是无效的，政府干预应该最小化。

在新古典主义理论的指导下，西方各国政府，连续对公共管理职能体系从范围到内容进行了较为全面的调整，开始重新调整国家与社会、政府与市场的界限，关注国家的竞争力、政府的合法性和公共部门对公众的回应能力，以追求"3E"（经济效益、效率、影响力）为目标的"重塑（再造）政府"的公共改革运动迅速蔓延，这就是所谓的新公共管理运动或潮流。其特点为：政治职能中的对内的统治职能尤其是暴力镇压职能相对有所弱化，而民主建设职能则得到进一步加强；经济社会管理职能在各国公共管理职能体系中所占的地位越来越重要，甚至成为核心政府职能；公共管理职能主体的多元化与政府相关职能的不断强化趋势相并存，"政府、工商界和市民社会之间的合作正成为民族国家竞争力和国家繁荣的基本构成要素"，合作网络逐渐成为治理公共事务的重要组成形式，使公共管理开始变成真正的社会联合行动。

➤本章小结

公共管理职能是以政府为核心的各类公共管理组织在一定时期内根据经济和社会的发展需要而承担的职责和功能。这些职能从不同的角度发挥着稳定政治、经济和社会秩序等作用。公共管理职能的实施者是以政府为核心的各类公共管理组织。公共管理职能的实施是以国家授予的某些特定权力和社会赋予的权威为根据。

公共管理职能的基本特征：阶级性、公共性、服务性、整体性、动态性等。从公共管理职能作用的领域看，可分为政治职能、经济职能、文化职能、社会职能。也就是维护阶级统治，提高效率、增进平等以及促进宏观经济的稳定与增长，进行社会管理、社会服务与社会平衡的职能。从公共管理的运行程序来看，公共管理的职能就是公共管理的程序和步骤，包括计划、组织、协调和控制四大职能。

西方国家公共管理职能的历史演变大致经历了三个阶段：自由放任阶段、国家干预阶段、新古典主义阶段。

➤关键术语

职能　公共管理职能　基本职能　运行职能　政府　自由放任　国家干预　新古典主义

➤案例　武汉爆破拆除长江河道内的违法建筑"外滩花园"*

2002 年 1 月 25 日，"外滩花园" 1 号楼依法拆除起爆。为长江防洪清障，武汉"外滩花园" 1 号楼实施定向爆破。据新华网报道，3 000 多个炮眼已经埋好炸药，数百名武警、消防、公安人员已到达现场。随着一声闷响，整个建筑物轰然坍塌，整个过程仅持续了约 3 秒。武汉"长江清障炸楼"自此打响。记者在爆破现场看到，距此楼仅 200 米左右的长江大桥未受影响。

位于武汉长江河道内的"外滩花园"曾以"我把长江送给你"的广告口号响彻武汉三镇，因其修建于长江防洪堤内，有碍长江行洪，违反了国家有关防洪法规，拆除势在必行。

建筑面积 7 万米^2、投资 1.6 亿元的武汉"外滩花园"，是位于长江汉阳江滩的住宅小区，1995 年经有关部门立项、审批，由武汉鸿亚投资有限公司于 1996 年开始逐步建设。

"外滩花园"建筑违反了国家有关防洪法规，属于违法建筑。国家防汛抗旱总指挥部于 2001 年 12 月发出通知指出，坚决拆除此项违法建筑，对长江防洪大局具有重要的意义。湖北省、武汉市防汛抗旱指挥部立即抓紧实施楼群清除工作。

按照确保"外滩花园"住户经济利益不受损失的原则，武汉市汉阳区政府专门下发了拆除违法建筑，妥善安置购房户的实施意见，通过向住户提供环境和地段良好的房源，对住户实行等值易地安置；组织装饰专业人员对住户的装修费用进行评估后予以补偿。目前，1 号楼 44 户住户已于 1 月中旬全部搬出。

"外滩花园" 1 号楼系全框架结构，建筑面积 1 万余平方米。武汉市防汛指挥部组织专家反复论证，制定了科学、周密、安全的爆破方案，通过招标选定了技术条件好、实力强的武汉市爆破公司实施爆破作业。

复习思考题

1. 公共管理职能有哪些特征？
2. 公共管理的基本职能有哪些？
3. 简述公共管理的运行职能。
4. 西方国家的公共管理职能经历了哪些演变阶段？

---

*武汉爆破拆除长江河道内的违法建筑外滩花园. 新华网. http://news3.xinhuanet.com/newscenter/2002-01/25/content_253207.htm. 2002-01-25

第四章

公共管理的市场运行机制

  当前我们正在逐步建立和完善社会主义市场经济,因此公共管理也要强化市场导向意识,建立科学的市场运行机制。市场通过价格自动调节的功能,将不同的经济主体联系在一起,形成相互依赖关系。这种市场的自动调节功能称为"市场机制"(market mechanism)。经济学者均认为,市场运行机制是通过市场供需均衡,使资源配置达到最有效益的方法。

  如今的新公共管理学正是西方的公共行政管理从规制主义向市场主义的再次回归,它主张摒弃公共服务供给中传统的官僚制独占模式,引入各种市场机制和私营部门的管理技术和激励手段,在公共物品和服务的提供上采用市场的方法或准市场的办法,强调公共服务中的民营化和顾客导向,以较少的成本实现一个高效的回应性的政府。当前中国经济快速增长,但背后也存在一些问题,关键是要处理好政府与市场的关系,如何建立起适应社会主义市场经济发展要求的市场运行机制就显得尤为重要。我们既要重视市场机制的发挥,也要看到市场失灵的存在;既要强调市场的充分发展,也要强调政府功能的合理发挥,前者是基础,后者是补充。建立市场运行机制是改善政府功能的一个基本手段,在公共部门管理实践中,应充分考虑公共管理的市场导向,适应社会主义市场经济发展的要求,树立市场参与意识,发挥市场运行机制的指导性作用,在保证市场对资源配置起基础性作用的前提下,以政府的干预之长弥补市场调节之短,同时又以市场调节之长来克服政府干预之短,实现政府与市场服务主体之间的交互式发展。

第一节 市场与企业

一、西方市场理论

从 19 世纪 70 年代到现在，西方市场理论相继出现了完全竞争市场理论、垄断竞争市场理论、有效市场理论和市场失灵理论，这四大市场理论，反映了西方经济学界在经济发展的历史过程中探索市场与资源配置问题不同阶段上的认识。

1. 完全竞争市场理论

从亚当·斯密到马歇尔，形成了完全竞争市场理论。完全市场竞争理论假定市场是完全竞争的，不存在任何形式的垄断，通过市场机制的调节完全可以达到资源的最优配置，政府的基本职能只是充当"守夜人"。

（1）亚当·斯密的"看不见的手"。完全市场竞争理论起源于斯密的"看不见的手"的思想。在 1776 年问世的《国民财富的性质及其来源》一书中，亚当·斯密提出了"看不见的手"，构成了西方市场理论的基调。斯密认为，市场（即市场机制）就像一只"看不见的手"，能自发地调节经济运行，使各种经济因素达到平衡状态。因而，政府不要对市场进行强制性干预，应由市场自发地配置社会资源，自动地协调经济运行。斯密的这一主张出自于他关于人都有"利己心"的经济人假设。他认为人在经济活动中是经济人，人的一切目的都是为了自己打算，"把资本用来支持产业的人"都"以牟取利润为唯一目的"[①]。人人都想利己，而没有想到利他，谁都想追求个人利益，而没有追求社会利益。但在"一只看不见手"的作用下，利己最终成为完全不是出于本意的利他，追求个人利益却达到了更大的社会利益。

斯密指出，国民财富增长过程中的竞争，要通过市场（即"看不见的手"）和价格的作用，来调节生产要素投入者的实际收入和社会资源在国民经济各部门之间的分配。市场竞争在经济运行中对各种经济活动所起的作用，实际上就是市场机制所发挥的作用。因此，自由竞争和市场机制的作用紧密相联，对劳动要素、资本要素等社会资源进行合理配置，使各种经济因素达到持续平衡状态。他明确主张一切听其自然，取消国家对经济的干预，允许资本家自由地进行经济活动：自由经营、自由贸易、完全竞争。只有经济自由、充分竞争，才能促使产品价值增殖，加速社会发展。

（2）马歇尔的"均衡价格理论"。马歇尔在《经济学原理》一书中，通过对

---

① ［英］亚当·斯密. 国民财富的性质及其来源. 下卷. 郭大力等译. 北京：商务印书馆，1983.27

均衡价格理论的分析，从微观角度论证了完全市场竞争理论。马歇尔认为通过市场机制的调节作用和自由竞争的力量可以实现资源合理与充分的利用。均衡价格的内容主要包括价格形成、价格调节两个方面。"均衡价格"是指一种商品的需求价格和供给价格相一致时的价格，也就是一种商品的需求量和供给量相等时的价格。马歇尔指出，"均衡价格"是市场的"正常价格"，如果在市场上价格背离了均衡价格，那么价格机制就会通过供求的调节，使价格自动回复到均衡点并继续保持均衡状态，犹如钟摆沿着它的最低点来回摆动一样。

马歇尔的均衡价格理论的前提是"完全市场竞争"，垄断对价格的形成以及对价格调节作用的影响在马歇尔的理论体系中是无法考察的。

完全竞争是这样一种状况：第一，在完全竞争条件下，厂商是以最低成本进行生产的，这表明资源得到了最充分的利用；第二，所花费的成本最低，并且平均成本和价格相等，表明产品价格降到了最低水平，消费者按照最低价格购买商品，意味着消费者利用有限收入取得了可能取得的最大满足；第三，在完全竞争的市场均衡中，厂商的边际收益等于边际成本，这时，每个厂商都取得正常利润，既无厂商进入，也无厂商退出，资源流动达到均衡状态，表明资源得到了最合理的配置；第四，在完全竞争条件下，由于每个厂商都能按照既定的价格销售所生产的全部产品，因此可以节省广告开支，节约资源。马歇尔认为完全竞争的市场机制不仅对商品市场有调节作用，而且它也适用于各种生产要素市场，适用于劳动的雇佣和资本的借贷。因此，马歇尔的理论可称为完全竞争条件下的市场理论。

此后，希克斯的"序数效用论"，还有蛛网理论等对马歇尔的均衡市场理论进行了进一步的修正和完善，这里不做进一步说明了。

2. 垄断竞争市场理论

1933 年美国经济学家张伯伦、英国经济学家罗宾逊提出了"垄断竞争理论"或"不完全竞争理论"。这一理论的出现在西方经济学界被称为"张伯伦、罗宾逊革命"。张伯伦、罗宾逊的市场理论对马歇尔的完全竞争理论做出了重大补充。从理论前提来看，他们把完全竞争市场只作为一种理论上的极端或抽象意义上的市场来看待，而把垄断因素纳入了市场理论的考察视野，是理论上的市场模型更接近于现实市场状况。

张伯伦认为垄断产生的原因主要在于产品差异。罗宾逊则将垄断产生的原因归于市场不完整即市场分割。他们用成本-边际收益分析方法来分析单个厂商的行为，这正是完全竞争市场理论所缺乏的。他们又进一步分析垄断竞争条件下厂商的短期与长期均衡，并提出从长期看，垄断竞争市场中，仍以竞争为主，垄断竞争厂商的均衡点与完全竞争厂商的长期均衡点很接近。由此可见，张伯伦、罗宾逊的市场理论并没有离开马歇尔的均衡理论，只是强调了垄断的存在，使市场理论向现实市场趋近。所以，垄断竞争市场理论是从均衡市场理论到非均衡市场理论的过渡。

3. 有效市场理论

有效市场理论的核心是价格和信息之间的关系。如果价格能够快速、充分地反映信息，那么市场效率就高；反之，市场效率就低。当然这里的信息必须是真实的。

1929～1933 年经济危机以后，以哈耶克为代表的新奥地利学派对市场的运行过程进行了分析和研究，由于他们采用了行为分析的方法，而且与马歇尔等人的传统理论有着明显的差别，所以在西方市场理论中显得很独特。这一理论的主要内容有以下三个方面。

（1）市场过程理论。新奥地利学派市场理论对完全竞争市场中的信息完全性提出了质疑，认为在现实的市场中，信息是不完全的，总存在着"十足忽略"了的信息，所以市场过程并不总是处于均衡状态。这种"十足忽略"了的信息，是刺激市场参与者去挖掘获利机会的契机，一旦有人发现了这个机会，就率先弥补了"十足忽略"了的信息，便获得了"纯利润"。新奥地利学派认为，市场中的竞争就是企业家竞相寻求未被发现的获利机会的过程。市场的有效性就在于能满足企业在各行业中自由地进出，并能够自由地寻求获利机会。这说明，他们仍然提倡自由竞争，反对政府干预，并认为竞争是市场从非均衡趋向均衡的有效机制。

（2）市场过程的评估标准。传统的市场理论认为，市场的有效性在于资源配置的有效性，当市场达到均衡状态时，资源得到最佳配置。而新奥地利学派则认为，资源配置问题并不是评价市场有效性的直接标准。根据哈耶克的观点，市场经济要解决的首要问题是"决策所需的分散信息要在市场参与者之间进行传递"[①]。评价市场是否有效的标准，是考察市场体制能够促进信息流动的程度，而市场参与者之间的"决策合作"是弥补信息"十足忽略"的有效方法。市场机制正是通过约束和控制市场中信息"十足忽略"的程度，从而促进一种无意识地发现获利机会的行为。

（3）市场管理的危害与市场过程。由于新奥地利学派主张自由竞争，所以认为政府的干预对市场管理的过程是有害的，在这一点上和马歇尔的理论是共通的。新奥地利学派把市场作用的过程看成是市场竞争者发现获利机会的过程，而政府的干预恰恰阻碍了这一发现过程。他们批判了政府的价格干预和反托拉斯法，认为人为地制定价格和限制企业兼并，干扰了市场机制的运行，不利于市场

---

① ［奥］哈耶克 F A. 个人主义与经济秩序. 贾湛，文跃然等译. 北京：北京经济学院出版社，1989.81

趋向均衡。

4. 市场失灵理论

20 世纪 30 年代的大危机，打破了市场万能论的神话。随着从自由竞争资本主义向垄断资本主义的过渡，市场不断暴露出自身的缺陷和不足。在这种背景下，以凯恩斯为代表的宏观调控主义应运而生，他们认为市场不能解决自身的问题，市场过程不完善造成市场失灵，容易造成有效需求的不足、生产过剩和非自愿性失业等，需要国家的干预（关于市场失灵的主要内容将在本章第三节中阐述）。之后，越来越多经济学家开始关注市场失灵的研究。20 世纪 90 年代，美国经济学家 K. E. 凯斯和 R. C. 费尔出版的《经济学原理》就是这一趋势的集中反映，所以我们将这一理论概括为"市场失灵理论"。

二、西方企业理论

西方的企业理论和市场理论一样，也经历了一个逐步发展的过程。从早期的新古典经济学到现代企业理论，西方企业理论从市场中分离出来，为企业的存在、企业的发展和企业内部的管理运行寻求着自身的理论支撑。

1. 新古典企业理论

新古典的企业理论，主要运用生产函数，从技术的角度，把企业不看作一个组织，而是当作一个可行的生产集合，企业内部的运行被视为一个黑箱，企业存在的目的就是为了实现利润最大化，这是在完全竞争完全理性的条件下进行的经济分析。新古典经济学认为，价格是配置资源的唯一有效方式，企业唯一的功能就是被动的按照成本最小和利润最大的原则组织采购、生产和销售的。

2. 现代企业理论

现代企业的发展是在对新古典企业理论的质疑中产生的，并呈现出众多的理论派别。交易费用理论、企业能力理论、企业演变理论和企业生态理论是现代企业理论的四大主流理论。

（1）交易费用理论。交易费用理论是由科斯首先提出的。在科斯的基础上，德姆塞茨、阿尔钦、威廉姆森、哈特等人先后从不同角度分析了被新古典经济学认为是"黑箱"的企业内部特质，不仅在理论上弥补了新古典经济学的不足，而且还大大影响了企业内部管理思想。

科斯的理论：对现代企业理论有着直接贡献的第一个重要文献是科斯在 20 世纪 30 年代发表的论文《企业的性质》。在文中，科斯提出了市场交易成本的概念。他认为现实的市场并不是完全竞争的，而是存在着垄断、信息不对称以及机会主义的，所以市场在交易过程中是要为此付出成本的。科斯认为企业是一个不同于市场的"层级"组织，它的存在正好是对市场的一个替代。企业依靠权威在内部完成交易，企业形成的原因是为了替代价格机制，减少因市场摩擦而产生的交易成本。这就是说，在科斯看来，企业是一个内行政和权威控制的生产组织。他提出并使用"交易费用"范畴来解释企业的产生，认为企业之所以能够替代市场，是因为它能节省交易费用。当然，企业的边界也不可能无限扩大，以至于把全部市场替代。其界限的确定取决于组成企业所节省的交易费用与企业的组织协调所支出的费用之间的对比关系。

威廉姆森的资产专用性理论：威廉姆森从资产专用性和个人机会主义的假设前提出发论证了企业的产生，进一步发展了科斯的理论。他发现，在市场交易中，如果涉及专用性资产，就会提高交易费用，而且资产的专用性愈强，交易费用愈高。专用性资产的交易会增强机会主义，甚至"套牢"。交易双方买方或者卖方可能利用资产的专用性剥削对方的"准资金"。这样，就会大大增加交易费用。甚至会阻碍专用性资产的投资。为了解决这样的问题，最好的办法就是交易双方组成一个企业，如果交易双方原来就是两个企业，那么他们就将合并成一个大企业。这就是所谓的"纵向一体化"或"统一规制"[1]，从而降低了交易成本。克莱因（B. Klein）也有同样的观点。他指出："在一项专用性投资之后，这种准租就产生了，机会主义行为的可能性也变成了现实。当资产越专用和产生越多的可占用性准租（由此得自机会主义行为的收益增加）时，缔约成本的增加将超过纵向一体化的成本。因此在其他情况一定时，我们将更多地考虑纵向一体化。"克莱因等还以1926年通用汽车公司完全控制费舍车身公司为例，说明资产专用性交易如何最终导致"一体化"。

阿尔钦和德姆塞茨的团队理论：他们对于科斯关于企业具有权威特征的观点提出了异议，认为通过市场的交易与在企业内部的交易也并无二致。在他们看来，企业也不具有命令及对行动的法律约束等权利，这同任何两个人之间普通的市场契约没有丝毫不同。这实际上表明，他们不再从市场运行成本中解释企业的存在，而是从产权的角度，研究激励与经济行为的关系，认为团队生产能产生更高的效率。他们关注不同产权结构对资源配置的影响，而有效的产权结构则是企业或团队生产最终得以产生的内在机理。

克雷普斯的"声誉"观点：他认为，由于市场契约的不完全性，常常使交易双方失去信誉。造成摩擦和争执，从而使交易费用过大，甚至不能交易。但是，如果有一方是"长寿"的，这时，任何人都愿意同"长寿"的一方拟订契约，接受其权威指令，而不必担心受到欺骗。"长寿"的一方也不会使用权威。因为它要维护自己的"声誉"。这个长寿的一方就是企业，企业通过"声誉"来降低交易费用。

---

[1] 陈郁. 企业制度与市场组织. 上海：上海三联书店，上海人民出版社，1996.42～44

罗伯茨和米尔洛罗姆的"议价成本"理论：这种观点在罗伯茨和米尔洛罗姆的《议价的影响成本与经济活动的组织》一文中提出的。他们着重分析市场"失灵"的后果。首先，他们认为，如果无费用的短期契约可能的话，那么（长期）契约的不完全性就不应成为低效率的原因。因此，市场交易费用，不是由契约的不完全性造成的，而是由签订短期契约的费用造成的。罗伯茨和米尔洛罗姆认为短期契约的费用主要来自于"市场失灵"，有以下三个方面的表现：第一，如果买卖双方在讨价还价的过程中可能出现多个均衡点，那么市场机制无法有效地选择最优的那点作为结果；第二，信息度量费用；第三，不完全信息，如个人的真实偏好不为别人所知。因此双方都尽可能隐瞒自己的真实价值。这三方面合起来，便是市场交易的"议价成本"，而企业的出现正是为了节约这种短期契约的费用。他们认为在其他条件不变时，管理的费用越低，在企业内部组织资源的比较优势就越大，这实际上表明他们不再从市场运行成本中解释企业的性质，而是从企业内部效率的提高中加以印证。

杨小凯、黄有光的间接定价理论：1994年，杨小凯、黄有光提出一个关于企业的一般均衡模型。他们假定，市场中有两类生产者，即自给自足生产者和专业化生产者。在市场均衡中，如果交易费用很高，人们会选择自给自足生产方式；反之，则选择分工和专业化方式。由于分工的效率能够弥补交易费用，企业通常会选择分工方式进行生产。在分工（假定管理知识生产者和衣服生产者之间分工）中，又有三种情况：第一，两者均以中间品相交换；第二，管理知识生产者雇佣衣服生产者进行最终产品——衣服的制造；第三，衣服生产者雇佣管理知识生产者进行最终产品——衣服的制造。第一种情况仍属于市场交易，后两种情况实际就是企业。只要劳动力买卖比中间产品买卖更有效率，企业就会出现。由于生产管理知识的劳动在市场上难以直接定价，进行市场交易比较困难，所以，通常会组成企业，而且是以第二种方式组成企业。生产管理知识的劳动价值在企业内可以得到实现，那就是取得剩余索取权。这也是一种价格，谓之"间接定价"。

此外还有很多理论，如詹森、麦克林、张五常的契约理论、奈特的风险分配理论等，都是交易费用理论的不同学派。他们从不同的角度分析了企业是如何通过内部组织和协调来降低交易费用的，从而丰富和完善了交易费用理论。

（2）企业能力理论。自从1942年熊彼特的《资本主义、社会主义和民主》和1959年潘罗斯的《企业的增长理论》强调企业能力以来，越来越多的学者投身于企业能力理论的研究。经过几十年的迅速发展，企业能力理论目前已经与交易成本理论、企业演变理论和企业生态理论并列成为企业的四大主流理论。

该理论认为企业的能力主要来源于企业的资源和企业资源中的知识基础。所以形成两个分支：一个是强调企业资源的资源基础理论，另一个是强调企业资源中知识的知识基础企业理论。

资源基础理论把企业视为投入联合体的思想，将企业与那些资源转化行为联系起来。资源基础理论从企业之间的异质性出发，认为一个企业存在的原因是它与其他企业相比具有优越性，资源基础理论的不同之处是它把其他企业也纳入了分析之中，其目的是想阐明单个企业存在的原因，即为什么这个企业的资源未被分配至其他企业。资源基础理论的一个基本观点是认为企业的竞争地位是由其独特的资源条件决定的，企业之间是存在异质性的。

知识基础理论认为企业的存在代表一种对知识经济学基本非对称的反应。知识获取是专业化的。企业作为生产产品和服务的机构能够创造出使多个个体整合其特有知识的条件，并且可以在生产中对不同类型知识的个体专家进行协调。而这一点市场是做不到的，因为市场中存在着隐含知识的不可流动性和潜在购买者占用显性知识的风险。和科斯的交易费用不同，知识的企业理论强调企业是管理团队生产的组织，而非交易的机构。

（3）企业的演进理论。企业的演进理论是从企业获利和生存的角度探讨企业发展的问题。把获取正利润或赢利的可能性作为企业在不确定的环境中生存下来的前提条件。这决定了企业的首要问题是生产什么和怎样生产的决策和组织问题，而不是交易成本经济学中生产是在企业内部进行还是通过市场分工进行的合约选择问题。比如，企业如何组织生产，企业如何决策评估等等都是演进理论探讨的问题。因此，企业的演进理论在分析企业性质时，首先把企业看作具有生产功能的单位。与新古典经济学不同的是，演进经济学从进一步解决经济过程的角度，把企业作为一个行为实体来对待，认为企业是具有异质性或特质性能力的经济当事人组成的团队。

（4）企业生态理论。企业生态理论是借助生态学的眼光，去看待企业的生存和发展的历程。企业与自然生态系统有着许多的相同特质，比如它们同样具有生存与发展的欲望，经历成长、发育、繁殖、衰老和死亡的生命周期过程。在新陈代谢、遗传与变异、生存与发展过程中同样都受着环境的制约。但企业与生物有机体有着本质的区别，生物有机体是自然生命体，而企业是人类的社会组织。企业为了生存首先应具备较强的适应性，以利用有利的资源和机会，避免有害的影响因素。同时，企业为了得到发展，必须找准自己发展的生态位，通过创新活动增强其对环境及其变化的适应性，提高对资源的利用效率。

三、市场与企业的关系

从西方的市场理论与企业理论可以看出，市场与企业的关系无非是两种关系：一种是互补关系，另一种是替代关系。传统的经济学倾向于前一种关系，认为市场是企业的主体。现代企业理论认为市场和企业是可以相互替代的资源配置机制。在替代关系中存在两种：一种是弱替代关系，另一种是强替代关系。其中，主流的"弱替代论"认为，企业是与市场相对立的协调机制；而"强替代论"则认为，企业是一种特别的市场。

（1）互补关系。互补关系是指市场和企业在功能上是相互补充的，缺少了其中一方，另一方的功能将无法正常发挥。传统的西方经济学包括古典经济学和新古典经济学都持这样的观点。他们认为企业是市场竞争的主体，市场是企业实现交换的场所和渠道，是企业之间实现资源配制的机制。市场与企业的关系就如同舞台与演员的关系。没有企业，市场将成为空置的舞台；没有市场，企业也将失去表演的场所。

（2）替代关系。现代企业理论认为，企业与市场并不是互补的关系，而是替代关系，即二者都是可供选择的资源配置机制。弱替代论者则认为市场与企业是相互对立的资源配置机制，这种观点是现代企业理论的主流。他们认为市场与企业是两种性质不同的协调资源配置的机制，市场是用非人格化的价格机制来协调资源配置，而企业是使用权威来协调资源配置。在市场契约中，经济个体之间的地位是平等的，而在企业契约中，经济个体之间的地位是等级的，像"少数定价理论"、"资产专用性理论"等都持这种观点。

我们由此可以看出，无论是哪一种替代论者，他们都认为企业与市场在本质上都是资源配置机制。毋庸置疑，这种认识远比企业是市场主体的说法要深刻。强替代论者认为企业也是一种市场，不过它是一种特别的市场而已。市场可分为两种基本的类型：① 普通的市场，即平时大家所说的"市场"；② 特别的市场，即平时大家所说的"企业"。与弱替代论不一样，他们并不认为企业代替市场是权威替代价格机制，而是一种市场替代另一种市场，如张五常的代理人考核理论就是一种强替代理论。

第二节 公共企业民营化

公共企业是指为众多的消费者提供公共生产和服务的企业，它们在国民基础设施领域占有很大的比重，比如邮政、铁路、航空、电信等。在我国公共企业称为国有企业，在我国国民经济中发挥着主导作用。传统的公共企业雇佣大批人员，以规模投资为基础而运行。它们大多有以下的特征：不以创造利润为目的，采用低价格策略；用政府补贴或年度预算拨款来弥补亏损；缺乏衡量资产或经营活动的利润率指标；管理者只有有限自由裁量，重大决策由政府决定。由于传统的公共企业处在政府的严厉监控之下，缺乏市场有效竞争机制，所以常常表现为无效率而年年亏损。公共企业的无效率主要表现为：人浮于事，生产率低下，产品和服务质量低劣；持续亏损和债务增加；缺乏管理技能或足够的管理权限；设备维护质量低下；资本投入不足；过度的垂直一体化；管理方法或产品过时，缺乏营销能力；目标多样化且相互矛盾；机构使命缺乏相关性甚至误导；甚至存在盗窃和腐败现象。当然，这些现象在民营部门里也同样存在，但民营部门经营不善要么被兼并，要么破产，而公共企业却不会被兼并，反而可以从政府获得更多的预算补偿来借此提高效率。

传统公共企业的弊端不但引起了公众的不满而且增加了政府的财政负担。如何既能使企业提供高质量的公共服务水平又能减轻政府的压力，民营化便成为了迫切的需求。

一、公共企业民营化的含义

公共企业民营化是指由市场或民间部门参与公共企业的生产及输送的过程。政府部门通过契约外包、业务分担、共同生产或解除管制等方式，将公共企业部分职能转由民间部门经营，政府承担财政筹措、业务监督，以及绩效成败的责任。这意味着政府取消对无端耗费国家资源的不良国企的支持，从国企撤资，放松规制以鼓励民营企业家提供产品和服务，通过合同承包、特许经营、凭单等形式把责任委托给在竞争市场中运营的私营公司和个人。民营化提高了政府的管理绩效，打破了不必要的政府垄断，比如在自来水供应、街道清扫、垃圾收集处理、公园和树木维护等公共服务供给中引进竞争机制。

很多支持民营化的学者，以公共选择理论为依据，认为政府组织及公营事业因其垄断地位，而缺乏生产竞争的压力，造成了政府效率的低下。而民营化意味某种程度的"再市场化"。他们认为通过民营化方式，可以减少官僚体系的繁文缛节、政府的过度膨胀，可以提高政府公共服务的品质与效能[①]。

其实公共服务民营化的主要目的在于两个方面：一是利用市场经济的经济原则与效率原则，改善并提高政府公共服务的水平和质量；二是针对某些政府职能和政府业务，给予删减或终止，以此缩小政府和政府职能的范围。公共服务民营化并不会造成政府角色的消失，也不是政府责任的丧失和转移，而是减少了政府活动的范围，政府仍要承担相关的责任。因此，民营化的成功，是建立在一个健全的政府功能的基础上。

---

① 张成富，党秀云. 公共管理学. 北京：人民大学出版社，2001.298

二、民营化的类型

1. 委托

政府把实际生产活动委托给民营部门，但自身仍然承担监督的责任。它要求政府持续的、积极的介入。政府委托外包的形式有：

（1）契约外包，政府与民营部门签约，将部分物品或服务委托民间提供或办理。

（2）特许权，指由政府提供给私营部门（如水电、煤气或交通运输业者）经营权，但政府保留"价格核准权"，费用由使用者承担。若申请者超过一家，可在竞标的情形下，由民众和政府共同决定核准权。

（3）补贴，政府通过免税、低息贷款、直接补助等形式，形成"诱因操作"。吸引民营部门参与公共服务，并使得公民使用较低的费用便可获得该部门的服务。

（4）抵用券，由政府核发给有资格使用的民众，指定消费某类物品（如食物、房租）。通常社会福利救济就是通过此种方式来实施。

（5）强制，指由政府以命令的方式要求私营部门支付强制性的服务，如失业保险金，即是由私营部门为支付分担或共同承担若干社会安全责任。

2. 撤资

是指着政府放弃某一企业、某一职能或某一资产，公营事业或资产转移至民间，亦可称作"移转型民营化"。撤资需要政府采取直接的、明确的行动。与委托授权不同的是，撤资总体上说是一次性工作。撤资通过出售、无偿移转和清理结算这三种方式进行。出售是把企业作为一个可继续经营的实体加以出卖，无偿移转即赠与。出售和无偿移转的对象可以是事业机构现有的员工、产品的使用者或服务对象、社会大众，以及市场上现有的其他私人企业，或事业机构原有之所有人。对于经营绩效不佳的公营事业，可通过削减预算、关闭工厂以及出售资产等方式使之退出市场。

3. 替代

也可称作"政府淡出"。当大众认为政府所提供生产或服务不能满足社会的需求，而民间私营部门则意识到此种需求时，私营部门就可替代政府提供某种生产或服务，以满足社会大众的需求。与要求政府积极行动的委托授权和撤资不同，淡出是一个消极和间接的过程，即政府以消损的形式逐渐被民营部门取代。替代的形式有：

（1）功能不足之替代。政府不能满足社会需要时，由民间加以补充。又称"民间补缺"。比如，当社会治安日趋恶化，而警力又明显不足时，可由民间保安公司替代。

(2) 撤退之替代。由于私人企业规模及市场占有的逐渐扩张，公共部门缩减规模及资源的投入，以利于私人企业的发展。

(3) 放松管制之替代。即通过法令的修订，允许私人企业对原本由公有独占的市场环境进行竞争和挑战。

三、公共企业民营化的优点和存在的问题

尽管对民营化还存在很多的争议，但无论是从理论还是实践上来看，民营化的确存在许多优点，这些优点主要体现在以下几个方面。

1. 降低成本

竞争的市场可以提升管理的效率和生产成本的降低。据学者研究，公共服务的竞争性外包平均降低 25%～30% 的成本。美国学者奥斯本等人在《政府再造》一书中提出了许多地方政府民营化成功的例证。英国的经验显示，一度是政府财政包袱的英国石油、英国航空公司、电传公司等转移民营后，从 1979 年起，英国政府每年增加 50% 的收入。

2. 提高服务质量

美国都市研究所发现私人部门比公共部门的确有较高的服务水准。在社会服务领域，非赢利组织所承包的服务比公共部门提供的服务好。在肯塔基州和马萨诸塞州的公、私矫正机构比较研究中，发现私人机构有些微的进步。在飞机场的大众速寄系统以及铁路港口的经营方面，私人优于公共部门。

3. 增加选择机会

通过公共服务的民营化，拓宽了公共服务的渠道和来源，使大众可以有更多的可供选择服务的机会。

4. 整合民间资源用于国家发展

公共服务的民营化缓解了政策资金不足、管理经验不足、管理能力不足等问题，有效地将民间资源整合到国家发展之中，扩大了融资的范围，弥补了政府的不足。

5. 示范效果

民营化不仅减轻了政府的财政负担，也同时给政府树立了典范，促使政府部门要不断适应市场的要求，改进绩效。与大部分公共服务不具有市场性，缺乏竞争的压力相比，民营化确实起到了很好的示范效果。

但是，任何事情都是有利必有弊的，公共服务的民营化也不是十全十美的，也有很多限制。民营化的反对者则认为，民营化不但会侵害主权的完整性，而且还会腐蚀民主政治的根基。因为，民主政治的基础乃是政治社群意识，民营化会

动摇这种整体意识。

由于政府部门与市场部门在本质上的差异，政府的许多业务和服务很难民营化，如含有国家主权的业务和事关国家安全的业务。其次，采取何种形式的民营化方式，应该有不同的限制，需要进一步的明晰和规范。总的来说，民营化可能导致的问题，主要有以下几个方面。

1. 公共责任问题

民营化后的公共企业在市场利润的导向下可能一味地追求高效率、低成本，而忽视了社会责任和公共利益。近年来随着我国民营化步伐的加快，由于公共事业承包给私人经营，公共领域的重大安全责任事故不断发生，如矿难事件。这些都和民营化的公共部门只注重赢利而忽视社会责任密切相关。

2. 特权与贪污

承包商或代理人和政府官员都可能因为自身谋利的需要而假公济私，欺诈贪贿，民营化为不法官商的勾结提供了便利条件。以美国国防部的契约外包为例，舞弊欺诈和贪污腐败的现象俯拾皆是。1983～1990年，与五角大楼有联系的100个最大合同承包商中，有25个因采购欺诈而被定罪，其中几个还不止1次。美国司法部在20世纪80年代秘密展开"整风行动"，到1990年，总共收回罚金或充公没收2 400多万美元，判定贪污罪100多件。在我国，许多不法商人和包工头向政府官员行贿，进而获得秘密的内线消息以利竞标。有的还伪造检测结果，甚至填写假账向政府虚报要价等等。

3. 公共服务的不公正

在公共服务转至民间机构后，服务的数量和质量取决于使用者的付费能力的高低。对于那些付费能力低者或无能力付费者，往往只能得到较低等的服务，导致社会服务分层化、等级化。

4. 取巧规避

民营机构对于不具经济效益的公共服务，则巧用规避。他们往往只关心利润的获得，只从事对自己有利的公共服务事项。这使得民营机构所提供的公共服务无法满足社会公正性与社会外部利益。

5. 管理问题

在民营化过程中，因信息不对称原因，政府部门往往缺乏对被委托者的有效监督，在此情况下，便容易出现逆向选择和道德风险问题。以美国国防部的合同外包为例，由于缺乏要求公司清白记录的法律，以及缺少足够的信息系统以便订合同的官员追查以往的公司表现，到20世纪90年代中期，100个最大的国防合同承包商中，因舞弊欺诈而被调查的多达68个，所占比例从过去的1/4上升为2/3强。因此，民营化的必须建立在政府监督管理的基础之上的。

四、政府对民营化的组织和管理

尽管对民营化历来存在着争论，但公共服务的民营化仍是各国政府改革的一个基本策略。由于民营化是在政府主导下进行的，所以政府对民营化的组织和管理有着不可推卸的责任。政府必须采取有所为和有所不为的方式，积极、稳步和有效地推进民营化的进程。对于民营部门的自主经营权，政府不得干预，要"有所不为"，对于民营化后的生产和质量标准，政府要严格把关，不能当成是甩出去的包袱，而撒手不管，应该起到有效的监督作用，要"有所为"。

政府在组织和管理民营化的过程要努力做到以下几点。

1. 明确民营化的目标

民营化的直接目标是为了减少政府开支和债务，增加政府收入，提高公共服务的质量和水平。但民营化的最终目标是要建立与强化市民社会，弱化政府的社会角色，真正让民众参与社会事务，让大众收益。因此，民营化能否获得大众的支持，能否让大众满意，将是政府的一个长远目标。

2. 明确的职责分工

民营化是一个复杂的系统过程，需要来自社会各方面的共同努力，需要政府部门牵头、监管，专家部门认证，私营部门参与以及社会大众监督等等。政府在其中，要处理好方方面面的关系，将各部门的职责和分工落实到位，确保民营化的有效进行。

3. 明晰民营化的程序

民营化的程序必须清晰、透明、合法。坚决制止暗箱操作和官商勾结的现象。对通告、标书、标价和竞标者等要有明晰的规范，对于每一个有资格的竞标者要用统一的标准来审核，做到标准明确、程序公开、审核公平。

4. 完善立法和社会保障制度

民营化需要相关的法律制度和社会保障制度的支持。由于民营化是建立在一个政府功能健全的基础上的，所以政府应该积极推进相关的立法改革，有可能用新的法律来保护私人投资。对民营化的形式和过程要有明确的法律规定。同时，相关的社会保障制度要健全，以此保障广大下岗职工和社会再就业人员的切身利益，维护社会稳定。

5. 选择适合的民营化方式

民营化的方式有很多种，包括契约外包、出售、放松管制等多种形式，每种形式都各自的优点，也有各自的缺点。比如出售的方式，可以引入民间资本，增加政府收入，但可能招致工人的反对，不够透明。再如契约外包必须被使用在外包的工作内容、预期工作成就的衡量方式、监督力式等信息的充分了解的基础之上。就放松管制而言，是个好政策，但操作复杂需要进一步规范，而且容易招既得利益集团的反对。所以，究竟选择什么样的方式，政府要综合考虑，既要看到经济效益，也兼顾社会效益，因地制宜地选择最适合的民营化方式。

6. 聘用职业评估专家，评估待售资产和企业的价值

评估可以使用很多方法进行，例如打折现金流、清算价值、替换价值、账面价值或者比较价值。但是，最有效的尺度是通过拍卖、招标、股份公开出售等竞争过程而确定的市场价格。

7. 政府要处理好内外部的矛盾

民营化的过程中，政府必须协调好内外部的关系。对内要做通一些反对民营化的组织内部人士的思想，同时妥善安排被裁制人员，善待组织内现有成员。对外要克服来自公众的不满，政府可以提供各种补贴，来保护可能因民营化而伤害到的弱势群体。

8. 普及民营化的知识、总结经验

政府应当让公众了解：什么是民营化，为什么要实施民营化，民营化可望解决哪些问题，民营化的长、短期效果如何，怎样推行民营化，民众从中将获得什么收益[1]，等等。要不断总结经验，从而获得公众的支持。

通过上面的论述，民营化对我国的启示有以下几点。

1. 实施公共服务民营化不可全盘效仿西方

在民营化的过程中，我国政府应该在什么样的环境下保留所有权以及应该在什么样的环境下出让所有权，这一系列问题仍然值得认真思考。实际上西方民营化的方式也不能全盘效仿。在公用事业的民营化方面，许多西方国家最初的实施方案是由垄断性私营企业代替垄断性公共企业，消费者没有获得多大好处，工业企业也没有获得多大好处。对民营化的推进，我们应当慎之又慎，尤其是在涉及人民日常生活的基本方面。

2. 公共服务民营化后，政府责任依然存在

公共服务民营化后，政府并不能与之完全脱离，其原因至少有三点：第一，公共事业即使民营化后，仍然具有重要的政治意义。公共事业是服务于每一位公民的，其价格的制定和服务的提供不仅是一个经济问题，而且是一个政治问题。第二，政府一开始并没有建立起竞争的框架，这使得以后引入竞争相当困难，需要政府的持续介入。第三，企业潜在的"掠夺性"往往导致市场的无序竞争，需由政府通过建立行业管制机构、制定管制制度来加以控制。管制制度导致了"有序竞争的永恒制度"，在这一制度框架下，管制是永存的。

---

① 黎明. 公共管理学. 北京：高等教育出版社，2003.334

3. 民营化需要通过许多不同的技术与方法来实现

我国各级政府应当善于学习，善于创新，针对具体实际，灵活运用多种技术方法，推动民营化的进程。

第三节　市场失灵及矫正

在前面介绍的西方市场理论中，我们已经谈到过市场失灵理论，对各类企业包括公共企业的民营化都存在市场失灵问题。经济学理论认为，在完全竞争市场条件下的一般均衡，能够实现社会福利的最优化。然而，在现实经济生活中，由于不能满足完全竞争市场发挥作用的种种严格假设的条件，市场失灵就成为一种客观存在。正确认识市场的失灵，有助于在充分发挥市场职能作用的同时，正确把握政府调节的范围和力度，合理有效地发挥政府作用，有针对性地矫正、完善、弥补市场的不足与缺陷，构建市场机制与政府机制互补的"二元调节机制"[①]。

一、市场失灵

市场失灵，简单来讲，便是因市场缺陷而引起的资源配置的无效率。市场失灵包括两种情况：一是市场机制无法将社会资源予以有效配置；二是市场经济无法解决效率以外的非经济目标。这在很多情况下被看成是政府干预和市场矫正的正当理由。概括起来，传统上人们认为的市场失灵主要包括以下几个方面。

1. 市场经济中的垄断

市场机制的有效作用是以充分竞争为前提的，但是在现实经济中，自由竞争的结果往往会导致自然垄断的产生。由于生产的边际成本决定市场价格，生产成本的水平使市场主体在市场的竞争中处于不同地位，进而导致某些处于有利形势的企业逐渐占据垄断地位。同时为了获得规模经济效益，一些市场主体往往通过联合、合并、兼并的手段，形成对市场的垄断，从而导致对市场竞争机制的扭曲，使行业垄断在市场中无法避免。像煤气、电力、电话和邮政事业也许都可以作为这类自然垄断的普通例子。既然市场成为垄断市场，市场机制也就很难发挥调节作用。垄断企业利用其垄断地位操纵市场和价格，增加垄断利润。对于生产、销售和价格形成的垄断，限制了竞争的充分展开，不利于市场机制的正常作用，影响了市场调节的效果，无法使资源达到合理配置。

---

① 卢洪友. 政府职能与财政体制研究. 北京：中国财政经济出版社，1999.23

在这种情况下，就需要政府充当公益人，对市场主体的竞争予以适当的引导、限制，控制垄断程度，维持有效竞争。

2. 市场不完全和信息的不对称导致效率损失

市场经济需要完备的信息指导交易者参与市场交易，以此实现市场机制的作用。但由于市场的不完全导致的信息占有量不对称和随着经济发展信息成本的不断增加，交易者往往在占有信息不完备的情况下进行交易，带来行为的盲目性，如此交易行为增多，又会增加全社会经济活动的不确定性，带来经济运行的不稳定性，降低了市场配置的效率。因此，政府在此方面也要进行指导，通过信息的加工、整理、发布，改变信息占有的不对称和成本昂贵问题，矫正交易者行为。

3. 不能有效提供公共产品和服务

公共产品是指那些在消费中不具有排他性特征的商品，它能够同时供许多人共享，并且供给它的成本与享用它的效果，并不随使用它的人数规模的变化而变化，如公共设施、环境保护、文化科学教育、医药、卫生、外交、国防等。西方学者普遍认为，市场机制对公共商品的生产是不适用的，它不可能使公共商品的生产达到社会的最佳水平。正是因为公共产品具有消费的非排他性和非对抗性特征，一个人对公共产品的消费不会导致别人对该产品的减少，于是只要有公共产品存在，大家都可以消费。在这种情况下，没有一个人会支付费用，因为他不付钱也能继续消费公共商品。所以，市场也就自然失灵了。

在市场经济中，企业经营者为了获得利润最大化，会根据消费者私人的偏好来生产商品和提供服务。生产者主动地将资源分配于消费者偏好较大的生产和服务，从而有利可图，而对于一些投资大、周期长、见效慢的公共物品却很少投入，或不愿投入。但是，在生产社会化和经济商品化高度发展的条件下，这些领域和部门又是社会经济发展和市场有效运行所不可缺少的组成部分和必要条件，缺乏必要的公共产品，就会大大降低社会资源配置的效率。如果人人都希望别人来提供公共产品，而自己坐享其成，其结果便很可能是大家都不提供公共产品。而这就需要政府以社会管理者的身份组织和实现公共产品的供给，并对其使用进行监管。

4. 市场对于外部性问题无能为力

所谓外部性（也称外部效应），是指单个经济主体的活动所产生的影响不表现在他自身的成本或收益上，却会给其他经济主体带来好处或坏处。即一个企业的生产活动对其他企业生产产生了正的或负的效益，而没有计入有关产品的价格和成本。例如，养蜂人的到来增加了果园的产量，反过来果园的扩大又会增加养蜂人的收益，这就是生产的正外部效应；一个工厂污染了水源，对下游的居民和河中的鱼类造成了损害，这则是生产的负外部效应。

实践证明，外在性问题不可能用价格表现，因而也无法依靠市场机制予以解决。也就是说，外在效应是独立于市场机制之外的客观存在，它不能通过市场机制自动削弱或消除，往往需要借助市场机制之外的力量予以矫正和弥补。显然，经济外部效应意味着有些市场主体可以无偿地取得外部经济性，而有些当事人蒙受外部不经济性造成的损失却得不到补偿。这就需要政府出面通过行政强制或经济奖惩的办法，给生产者以与外部不经济相当的负担，将其费用转入内部成本或销售收入，只有这样才能弥补市场的缺陷。

5. 市场调节不能解决宏观经济的平衡问题

市场调节实现的经济均衡是一种事后调节并通过分散决策而完成的，它往往具有相当程度的自发性和盲目性，由此产生周期性的经济波动和经济总量的失衡。特别是在市场不完善的情况下，价格对于供求的调节，从不平衡到平衡往往需要一个较长的过程，这期间会产生严重的生产过剩和通货膨胀问题，造成生产浪费，影响资源的有效配置[①]。

在现实的市场中，物价以不确定的上涨率和下跌率此起彼伏，使价格机制很难做出公平和有效的决策。由社会总供求失衡引起的经济衰退、失业和通货膨胀等宏观经济问题，单纯依靠市场机制是难以解决的。对于这些宏观经济问题，必须由政府从经济运行的全局出发，通过财政、货币、收入政策等宏观调控手段来加以解决。

6. 市场分配机制会造成收入分配不公

从理论上讲，在市场经济中各种生产要素按其提供的经济效益获得相应的报酬，公平和效率似乎是统一的。但是由于市场的有效运作是以竞争为前提，而竞争又是经济利益所驱动的，所以往往要为取得效率牺牲收入分配上的公平。优胜劣汰、适者生存的竞争原则必然导致收入分配中的严重不均和两极分化现象。

市场的分配制度是按照投入生产要素的贡献来分配的。因此，在市场经济中由于消费者拥有要素的数量和质量不同，他们的竞争机会也就不均等，从而他们的收入也就不平等。比如从财产差别来看，个人的家庭地位就是一个重要因素。每个人的社会地位与经济地位不同，所能继承的财产也就不同，这就使他们的竞争并不公平。其次，市场垄断也会加剧社会的不平等。市场垄断企业会利用其在市场上的垄断地位操纵市场和价格，从而获取垄断利润。因此，市场机制便产生了各种不平等，使富人越来越富，穷人越来越穷。

7. 市场不能自发界定市场主体的产权边界和利益分界，实现经济秩序

在市场经济活动中，单个企业等市场主体的各种经济行为的方式及其目的的实现固然受到市场各种变量（原材料成本、价格、可用的劳动力、供求状况等）

① 陈振明. 公共管理学——转轨时期我国政府的管理与实践. 北京：中国人民大学出版社，1999.248

的支配，并且这些变量以其特有的规律（即有市场经济发展的内在要求而自发形成的市场运行规律，亦即亚当·斯密所说的"看不见的手"，它通过主体的独立意志、自由选择、平等互利等一系列市场原则表现出来）。调整着他们的行为，自发地实现着某种程度的经济秩序；但是作为经济人以谋求自我利益最大化为目标的市场主体又总是在密切、广泛、复杂、细致的经济联系中进行竞争，产生利益矛盾和冲突是不可避免的，而当事人自己以及市场本身并不具备划分市场主体产权边界和利益界限的机制，更不具备化解冲突的能力。这就需要以社会公共权力为后盾的政府充当仲裁人，设定体现和保障市场原则的"游戏规则"，即以政策或法律的形式明晰界定和保护产权关系的不同利益主体的权利，保证市场交易的效率和公正性。

二、政府干预

上述市场调节机制的缺陷和失灵，为政府干预经济活动让出了空间，也正因为如此，政府对经济的宏观调控，已经成为现代市场经济体制的有机组成部分。正如著名经济学家、诺贝尔经济学奖获得者萨缪尔森所说："当今没有什么东西可以取代市场来组织一个复杂的大型经济。问题是，市场既无心脏，也无头脑，它没有良心，也不会思考，没有什么顾忌。所以，要通过政府制定政策，矫正某些由市场带来的经济缺陷。"但有一点我们必须明确，政府干预的性质和地位在于补充市场调节的不足，在于使市场机制更充分地发挥其功能。政府是对市场机制作用的方向和后果进行必要的干预和引导，而不是要取代或取消市场机制本身在经济生活中的基础性作用。这就是说，政府干预是以市场为基础的，主要用来弥补市场调节的不足，纠正市场调节的失灵。

通过政府干预弥补市场不足，应努力做到以下几个方面。

1. 培育完善的市场秩序

首先，不完善的市场体系，容易形成垄断和不正当竞争。在市场体系不发达的国家，市场竞争的作用还受到市场体系发育程度低、市场秩序不健全的制约。因此，政府还要承担培育和组织市场的重要职责。政府可以制定政策，对市场主体的竞争予以适当的引导、限制，如制定反垄断法或反托拉斯法、价格管制、控制垄断程度等。根据不同行业、不同部门的具体情况，限制、禁止垄断的出现和发展。

其次，市场竞争的赢利目的容易诱发人们铤而走险，产生非法侵犯他人权益的犯罪行为，扰乱社会经济生活秩序。对此，市场主体更是无能为力。只有政府运用国家暴力作后盾才能防止和打击经济领域的违法犯罪行为，培育一个完善的市场秩序。政府通过资格认定、行政许可等制度预防经济违法犯罪的发生，并严格依法查处经济违法犯罪行为,确保市场机制运行的基本秩序及市场主体的合法权益不受侵犯。

对于市场秩序不健全、转轨中的经济体制还带有某些行政垄断痕迹的我国来说,政府对于促进市场发育和建立市场公平竞争程序负有更加重大的责任。这突出表现在政府应立足制度创新,尽快建立和完善公平竞争的规范体系和政策框架,如颁行全国性的反垄断法(近期北京、上海等地已先后制定出一批地方性的反垄断法规)与已经施行的《中华人民共和国反不正当竞争法》相配套,防止可能发生的并遏止已经出现的各种形式的垄断。

2. 提供有效的公共物品和服务

如前所述,对于公共物品,市场是失灵的。许多公共物品(如国防、邮电、基础设施等)难以通过市场价格机制来加以分配,许多公共服务的赢利性较低或根本不赢利,私人资本无力或不愿进入。

首先,政府必须通过财政集中资金进行投入,或是按照社会的需要适当进行直接干预和调节,以弥补市场在这一方面的缺陷。但政府干预并不意味着全部由政府直接提供,对一些公共物品或准公共物品政府可以组织私人部门提供。

其次,政府要限制公共物品中的非优效品。优效品是指政府强制人们消费的物品①,如汽车安全带、九年制义务教育等。非优效品是指人们不根据自己的最优利益而消费的物品。例如,尽管有些人知道吸烟有害健康,但他们还是继续吸烟;虽然大家都知道系安全带可以减少行车事故对人体的伤害,然而还是有人不系安全带。对这些问题,市场是无法解决的,必须由政府来强制人们消费优效品,限制或禁止消费非优效品,以保护公众的利益。

最后,对于公共资源,像石油、湖泊、水、天然气等,必须由政府给予某种程度的管制,如制定限制石油开采的政策和法规,以防止对石油资源的浪费。同时,应建立起一套切实可行的权利体系,以保障公共资源的有效利用。

3. 建立完善的宏观调控体制

对于市场不能解决的宏观经济平衡问题,政府的作用便在于通过建立完善的宏观调控体制以保证宏观经济的稳定。稳定的经济政策主要包括货币政策、财政政策和收入政策等等,在金属货币被纸币流通所代替的条件下,市场对价格总水平稳定的自动调节作用受到了严重破坏,货币和价格的稳定已在很大程度上取决于政府的货币政策,政府的宏观经济政策成为保持整个经济稳定和市场有效运行的基本因素。维持总供求的平衡和物价稳定也成为政府干预的一个基本目标。

此外,市场主体在激烈的市场竞争中,为了谋求最大的利润,往往把资金投向周期短、收效快、风险小的产业,导致产业结构不合理。这就需要政府运用计

① 顾建光. 现代公共管理学. 上海:上海人民出版社,2004.63

划、财政、货币、信贷、汇率、优惠、制裁等宏观调控措施，运用经济杠杆和法律手段，适时改变市场运行的变量和参数，以减少经济波动的幅度和频率。同时通过制定发展战略、发展计划和产业政策，对若干重要领域进行投资来引导生产力的合理布局，优化产业结构，保持宏观经济稳定与经济总量平衡。

4. 外部效应内在化

前面已经论述过，由于外部性问题的存在，使社会利益与私人利益发生了不一致。在存在外部正效应的情况下，生产者给社会带来利益，但自己却不能因此而得到报酬。在存在外部负效应的情况下，生产者给社会带来了危害，但它们自己却又不为此支付足够抵偿这种危害的成本。这就需要政府干预，通过国家税收和补贴来予以调整，尤其是对产生负效益的外在性（如工厂排放污染物会对附近居民或者企业造成损失），就更需要政府出面通过行政强制或奖惩的办法（如制定排污标准及征收污染费），给生产者以与外部不经济相当的负担，将其费用转入内部成本，使外部效应内在化。只有这样，才能解决外在性问题对全社会经济增长和社会发展所带来的影响，从而最大限度地减轻了经济发展和市场化过程中的外在效应，保护了自然资源和生态环境。

5. 调节收入和分配不公

市场机制促进了两极分化，产生不平等的结果。为了避免市场经济中收入差距扩大化的缺陷，实现社会公平，需要有一种公平再分配的机制。市场交易不能进行有效的再分配，原因在于市场中不存在以公平为目标的分配机制，私人慈善机构或许能承担部分责任，但不能从根本上解决问题，而且也缺乏一种相互配合的公共政策。政府在进行再分配方面显然处于有利地位，因为政府拥有强制征税的权力，该项权力使得政府能大规模进入再分配工作，并且政府能够通过税制解决由于要素市场的不完备与垄断定价产生的收入分配问题。

因此，政府要制定合理、有效的收入分配政策，调节社会成员的收入水平。同时，要建立社会保障体制，保障低收入阶层的生活，以维护社会公平和社会稳定。

➤ 本章小结

市场机制是指市场通过价格手段调节供需平衡，达到资源的合理有效配置。因此公共管理也要强化市场导向，建立科学的市场运行机制。

西方市场理论和企业理论告诉我们，市场机制在市场和企业中同样起着重要的作用，企业和市场一样都可以有效地配置资源，但也存在着自身的失灵。

公共企业是指为众多的消费者提供公共生产和服务的企业，传统公共企业的无效率不能适应市场机制的要求，从而需要民营化。

公共企业民营化是指政府利用市场或私人部门来运作公共项目并参与公共服

务的生产及输送的过程。其特征是将市场机制引入公共领域。有利于公共企业降低成本，提升质量。

市场失灵是指因市场缺陷而引起的资源配置的无效率。市场失灵的存在，说明了市场机制的有效发挥也是有条件的，从而为政府干预提供了强有力的说明。

政府干预主要以市场为基础，是对市场机制作用的方向和后果进行必要的调节和引导，从而弥补市场不足。在处理政府与市场的关系中，应充分认识和发挥市场机制的作用，同时也要强调政府功能的合理发挥，前者是基础，后者是补充。

➤关键术语

市场机制   公共企业   民营化   市场失灵   公共产品   外部性   政府干预

➤案例   私营化或非私营化：一座城市准备将市政服务承包出去*

【机构简介】

山特罗市是东北部一座古老的中等工业城市。随着 20 年来工厂关闭与人口逐渐减少，居民们都迁往地处阳光地带的州去了。山特罗市现正面临经济困难。新任市长承诺通过私营化减小政府规模，但遭到了一些强势团体和一些顽固的公共雇员的反对。

【人物简介】

南希·马丁，山特罗市新任市长，承诺减小政府规模，并将政府的服务项目承包出去。尽管她遭到了公共雇员工会的反对，但她决心尽快推行她的计划，从城市垃圾收集开始。

萨尔瓦托·帕文，长期担任山特罗市公共雇员工会的主席。由于他将保证公共职位视为自己的职责，因而竭力反对私营化。

克劳迪亚·阿瓦纳多，山特罗市管理与预算办公室主任，新市长信任的知己，受委派设计方案，以实现市政服务私营化。

1. 正在走下坡路的城市

20 世纪八九十年代，山特罗市经历了几场痛苦的工厂倒闭。这座老工业城市的路也快要走到头了。更糟糕的是，很多居民都离开了这个"灰尘地带"直奔

---

* 沃森 R P. 公共行政：管理中的角色模拟与案例分析. 竺乾威等译. 上海：上海财经大学出版社，2003.180

"阳光地带"，进一步地减少了本市的税源。为了应对这一艰难时世，山特罗市的选民们选举了一位许诺改变颓世的新市长，她将首先对政府计划进行削减。马丁市长是政治上的新手，但她却乘着选民们的怒潮（对市政服务价高质劣的怨愤）坐上了市长宝座。

马丁的一个竞选承诺是市政服务的私营化。私营化是这样一种手段：将公共服务承包给那些替政府完成服务的公司，这种手段被广泛使用，以解决公共规划和服务的价格与质量带来的问题。尽管私营化在众多社区中实施，但由于反对公共职位有任何减少的强势市政雇员联盟的存在，山特罗市从未有此尝试。毕竟，大多数的居民不是在为市政府工作，就是认识为市政府工作的人。20世纪70年代工业制造繁荣的那些年为山特罗市带来了经济景气时期，那时从来就没有缩减政府规划的需要。现在这种情况改变了，无论纳税人还是改革者都支持将这臃肿而又低效的官僚机构的高额开支削减下来。

马丁市长希望从城市的垃圾收集工作开始，并以此为榜样，将其他市政工程与服务的私营化大力推行下去。

2. 卫生部门

山特罗市的卫生部门负责本市的垃圾收集工作，每周两次上门清理市民的垃圾。卡车收集本市每一户家庭的废品，还会每周一次地清理本市商店后面或旁边的大型商业垃圾场。这是一项需要众多环卫工人和一支快速垃圾车队的昂贵的工程。卫生部门还会每两周一次收集可回收废品（报纸、空罐、塑料），这些废品都装在向市民提供的用特定颜色标记的垃圾箱里。这些垃圾箱市民只需到卫生部门填写一份申请并出示有效身份证明即可领取。

卫生部门的开支已连续多年超出预算，而它的微不足道的服务记录引发了市民如潮的抱怨。这些抱怨包括倾倒垃圾不仔细，街道上满是垃圾，环卫工人太少，迟迟未能清扫垃圾。最近，卫生部门买进了一批新的垃圾车，对于本市来说，这不是一笔小数目。车队里新车的数量已因此而略过半数，另一半则是非常陈旧、马上需要更换的老车。好几部很老的车正在变坏，而保养费又十分高昂。

马丁市长要求她信赖的顾问——管理与预算办公室主任克劳迪亚·阿瓦纳多召集新组建的"私营化工作组"，负责一项将市垃圾收集服务承包出去的计划。

3. 备忘录

市长对实现她的竞选承诺态度非常认真。她交给阿瓦纳多一份简短的备忘录，备忘录包括一些争议和需要回答的问题。市长交给阿瓦纳多的备忘录如下。

致：克劳迪亚·阿瓦纳多，管理与预算办公室主任

自：南希·马丁，市长

关于：私营化计划

日期：6月19日

　　我要求你召集一个私营化工作组研究我们市政服务的私营化问题，私营化将从垃圾收集开始。当我在一个月后的记者招待会上宣布这个工作组成立的时候，我希望能够做好回答有关私营化和承包计划问题的准备。我希望你在记者招待会的一周之前，将这些问题的答案放在我的办公桌上。

　　问题 A：我们将怎样将垃圾收集私营化？我需要知道这个过程的基本要点。大多数政府都会先通告合同，然后寻找未来的承包商向政府申请。官员们在这个时候会选择报价最低且被认为"负责并反应热烈"的承包商。我们应该采用这样的模式吗？这会保证我们得到一个符合道德的方案和一个能干而我们又负担得起的承包商吗？我们需要对"负责并反应热烈"的定义再加考虑。

　　问题 B：本地区有三个环卫服务公司表示有兴趣与我们合作。①通用废品有限公司，他们的工作十分出色，但他们有过收取高额费用的记录；②北方废品有限公司，他们出的价钱很好，但他们的服务记录不可靠；③清洁服务公司，一家新的公司，出的价钱很公道，但他们是一家没有过往记录的实体。我们应该根据什么标准来决定雇用哪一个承包商呢，价格或质量？该鼓励多少承包商来竞标呢？该如何向公众通告？

　　问题 C：我们是否应该考虑由郡来承担垃圾收集工作？郡似乎在垃圾收集工作方面做得不错，而且它们的资源也比山特罗市丰富。

　　问题 D：我已经收到了我们的市政雇员联盟主席萨尔瓦托·帕文的强烈反对。他坚持认为没有任何一份公职应该被撤销，而我们的经济也将因私营化而遭殃。我们应该怎样应对萨尔瓦托和卫生部门的雇员？当我们"推销"私营化的时候，我们可以利用我在竞选中得到的对削减政府规模的压倒性支持吗？

　　祝好运，克劳迪亚。我全靠你了！

【角色扮演】

　　你是阿瓦纳多的助手。作为市长的顾问与市管理与预算办公室的主任，阿瓦纳多要求你参加私营化工作组，并为她就本市垃圾收集的私营化提出初步建议。

【讨论题】

　　1. 你会邀请什么人和团体参加私营化工作组？为什么？

　　2. 你对市长在备忘录中提出的问题与争议作何回答？

　　3. 如果市长推进垃圾收集的私营化，选择提供服务的承包商时应适用什么标准？哪些部门或个人应参与管理竞标过程与合同本身？需要一个独立的办公室吗？个人或办公室应担负起怎样的责任呢？

　　4. 如果实施一项新的私营化计划，你预料会有什么问题出现呢？垃圾收集的私营化会被废止吗？你能建议目前的垃圾与可回收废品的收集做出什么改变来解决这个问题？

　　5. 还有什么别的市政服务将会被考虑私营化吗？有没有一种方法或模式

（譬如说你为垃圾收集所做的计划）可以在别的市政服务的私营化过程中同样适用？

【进一步阅读的资料】

Cooper P J. 1980. Government Contracts in Public Administration：The Role of Environment of the Contracting Officer. Public Administration Review，40：460，461

Kettle D F. 1993. Sharing Power：Public Governance and Private Markets. Washington DC：Brookings

Salamon L M. 1989. Beyond Privatization：The Tools of Government Action. Washington DC：The Urban Institute Press

Sharkansky I. 1980. Government Contracting. State Government，53：23，24

复习思考题

1. 什么是市场机制？
2. 什么是公共企业"民营化"？为什么需要"民营化"？
3. 公共企业民营化有哪些主要优缺点？
4. 什么是市场失灵？市场失灵有哪些表现？
5. 政府干预主要有哪些方面？

第五章

公共管理中的政府运行机制

第一节　政府组织

一、公共组织的含义

组织是人类社会最为普遍的现象。是人们在一定的社会环境中，为了某些具体的目标而有意识地建立起来的群体，是人类活动协调、合作的形式。在现代社会生活中，组织是社会存在的基本形式，人们总是加入到一定的组织之中从而联接成特定的社会整体。

公共组织是组织的一种，是以实现公共利益为目的，运用公共权力服务于社会，以增进公共利益为出发点和宗旨的组织。公共组织是公共管理的主体，政府是典型的公共组织，非营利性的公共组织是公共组织的重要组成部分。公共组织是社会管理的领导者和组织者，是公共管理的载体。

二、政府组织的定义

政府组织指行使国家赋予的职权，执行国家意志，代表国家处理政务的机关。政府历来就有广义和狭义之分。广义的政府等同于国家，是与社会相对立的概念，是指在某一特定政治体系内实施一切公共权力的机构，包括一国的立法、司法、行政等所有承担社会公共权力的组织与机构。狭义政府是指某一特定政治体系内，专门承担行政管理职能的机构，即专指行政机关而言，执行是其本质属性，具有权力集中、行动灵活的特点。狭义的政府机构有三层涵义：① 政府组织是国家机构的重要组成部分。国家机构由国家权力机关（全国和地方各级人民代表大会及其常务委员会）、国家行政机关（中央和地方各级人民政府）、国家审判机关（各级人民法院）、国家检察机关（各级人民检察院）、国家军事机关等组成。中央及地方各级人民政府为国家行政机关。② 政府组织依法享有行政权力并管理国家行政事务。国家行政机关是国家权力机关的执行机关，依法享有国家行政权力，管理国家行政事务；国家权力机关享有国家立法权力；国家审判机关和国家检察机关享有国家司法权力，各个国家机构分工不同，相互合作，共同构成国家权力系统。③ 各级政府组织是整个国家行政机关系统的组成部分。在我国，地方各级人民政府除对本级国家权力机关负责并报告工作外，还要对上一级国家行政机关负责并报告工作；全国地方各级人民政府都是国务院统一领导下的国家行政机关，都服从国务院。因此，任何政府机构都是国家行政机关系统的组成部分。

三、我国政府组织的结构①

1. 纵向结构

纵向结构也称为层次结构，它反映行政组织内若干层次中特别是上下层次之间的领导与服从关系。纵向结构有宏观与微观之分。宏观上的纵向结构是指各级行政组织间的层级关系，我国的行政组织可分为中央行政组织和地方行政组织两大层次。中央层次是指中央人民政府一级，地方行政组织的层次划分有三种类型：

（1）两级制。只有一种情况，即直辖市—区。

（2）三级制。包括四种情况：直辖市—区—乡、镇，直辖市—县—乡、镇，省、自治区—地级市—区，省、自治区—县、县级市—乡、镇。

（3）四级制。也包括四种情况：省、自治区—地级市—县—乡、镇，省、自治区—地级市—区—乡、镇，省、自治区—自治州—县级市—区，省、自治区—自治州—县、县级市—乡、镇。

在地方行政组织中，我国设有特别行政区一级，包括香港和澳门。特别行政区政府不同于一般地方政府，它享有更高更多的自治权，例如，根据中英《联合声明》和《中华人民共和国香港特别行政区基本法》的有关规定，除外交和国防

---

① 陈振明. 公共管理学——一种不同于传统行政学的研究途径. 北京：中国人民大学出版社，2003.53～55

事务统一由中央人民政府负责管理外，香港特别行政区享有行政管理权、立法权、独立的司法权和终审权，可以用"中国香港"的名义进行国际经济文化交流等活动。

微观上的纵向结构是指行政组织内部的工作层次关系，如国务院各部委下设的司局级、处级和科级等层次，省（自治区、直辖市）人民政府的厅局下设处级、科级等层次。

纵向结构根据行政管理的权限和特点，还可相对分为高、中、低和初级四个层次，体现在职位上，可分为高级职位、中级职位、低级职位和初级职位。层次越高，责任和权力越大，工作的方式也相应不同。

2. 横向结构

横向结构又称分部结构，它反映的是同级行政组织之间和各行政组织构成部门之间分工协作的来往关系。横向结构中的各部门都有明确的工作范围和相应的权责划分，各部门之间是一种平行关系。

行政管理活动需要通过行政组织内履行不同职能的部门按一定的工作程序、原则相互协作而实现，这些部门一般可分为决策部门、执行部门、反馈部门、监督部门等。按照职能来划分部门，是最普遍的分部方式，政府机关成立时大都采用这种方式。

我国的行政管理部门按职能大体可分为业务部门和辅助部门。业务部门如国家发展计划委员会内设的产业发展司、投资司、国外资金利用司、地区经济发展司、基础产业发展司、价格司等机构；辅助部门如各级政府内设的负责日常事务保障的机关事务管理局等机构。

但是，行政组织活动的复杂性决定了仅仅按职能方式划分和设置部门是不够的，还应结合其他方式来进行分部。主要有：按地区划分、按服务对象划分、按行业与产品类型划分。

（1）按地区划分。对于行政组织活动分散在一个广阔的区域，中央中枢机关不易统一指挥的行政组织，这种划分较为有效。

（2）按服务对象划分。如国家外国专家局、老干部局、军队转业干部安置办公室、知识分子工作处等。

（3）按行业和产品类型划分。如国家部委管理的国家轻工业局、国家煤炭工业局、国家冶金工业局、国家机械工业局、国家纺织工业局、国家建筑材料工业局、国家有色金属工业局、国家石油和化学工业局等。

行政组织的纵向结构与横向结构并不是相互脱离的，二者相互交织形成了行政组织的结构网。在我国，行政组织中的横向结构服从于纵向结构。

四、政府组织设置的原则

（1）职能优先原则。政府机构的设置或改革必须适应政府机构职能的需要，根据政府职能的需要和任务的变化，建立和调整政府机构，以职能为依据设置和改革政府机构。它有四层含义：① 职能是机构存在的前提。机构应否设立、设立的规模如何，必须以任务的需要作为衡量的标准。② 科学地界定政府总体职能。政府在社会组织系统中处于很高的法律地位，但政府不能包揽一切社会事务，其主要职责是管理国家和社会公共事务。因此，要明确区分政府与其他社会组织的不同，科学地界定政府总体职能。③ 科学配置和划分公共管理职能。政府总体职能确定后，还要进行合理配置和划分，才能最终完成机构设置。对职能纵向分解，由中央政府与地方各级政府分别来承担；对职能横向分解，由一级政府不同的工作机构来承担。这样就构成政府机构之间纵横交错的职能网络。④ 以公共管理职能是否顺利实现来检验政府机构设置的合理性。判断政府机构设置的是否合理，关键要看职能是否能得到有效发挥。

（2）完整统一原则。是指一定行政区域内的政府各个机构要形成一个上下贯通、左右协调，完整统一的整体。包含三层含义：① 公共管理职能是完整统一的。公共管理职能通过合理分解，由下级政府和本级政府各个工作机构分别承担。这些职能要遵循"局部服从全局，个别服从整体"的原则，以保证公共管理职能的完整统一。② 行政权力是完整统一的。政府机构之间要本着分工与合作原则，明确各自职权，维护行政权力的完整统一。要明确隶属关系、平行关系以及制约关系。做到下级服从上级，地方服从中央，部门服从政府，从而形成完整统一的行政权力体系。③ 政府机构设置是完整统一的。每个政府部门都是国家行政机关系统不可分割的组成部分，政府机构设置要纳入政府机构编制管理范围，机构级别、名称要规范统一。要防止出现机构任意膨胀、随意升格等现象。

（3）职、权、责一致原则。它是指在政府机构设置中，要使机构的职权与职责相称、平衡。有三层含义：① 设计全部的职位体系。要按职位体系严格分工，使机构内的每个职位都有专人。② 权责相称的机制。明确部门的职责权限，做到拥有什么样的权力就要相应承担什么样的责任。一般来讲，上级应当对下级授权，但要保留对下级的监督权，对下级的权力要负连带责任，不能以授权为借口，向下推卸责任。③ 奖惩分明的激励机制。既要建立有功必奖、业绩分明的奖励制度，还要建立有过必究、惩罚适度的责任追究制度。要做到赏罚分明、就事论事，激励机构及其工作人员有序、有效地行使职权、履行职责，保证权责一致原则的有效实施。

（4）精简与效能的原则。机构庞大，层次繁多，必然导致运转不灵，办事拖拉，效率低下，并且容易使行政工作人员不负责任，滋长官僚主义作风。精简与效能的关系是相互统一的，政府机构只有精简，才能实现高效、廉洁的目标。因此，政府机构的设置必须贯彻精简效能的原则。做到机构设置精简、人员编制精干、办事程序简化，采取有效措施对行政经费进行控制，从而达到提高政府机构的工作效率。

（5）依法设置原则。为确保行政管理的权威性、统一性和规范性，防止行政机构和行政人员的随意增长或任意膨胀，政府机构设置必须依法进行。依法设置政府机构要求：政府机构的设置程序应当遵照相关法律法规。包括机构设立、合并或撤销，都要严格依照有关的法律法规来进行。另外，有关政府机构的各项规范要由法律法规来确定，如机构的性质、名称、职责、级别、编制等都要依照法定程序来进行。

■ 第二节　领导理论及公共管理者

在任何一个组织中，领导者都处于特殊的地位，对整个组织的成败起着至关重要的作用。在社会生活及民主政治中，公共部门的领导者扮演着特殊重要的角色。他们接受国家和公民的委托，承担公共责任、行使公共权力，履行政府的各项职责。

所谓领导就是带领、引导的意思，是领导者通过一定的方式、指挥或带领、引导或鼓励被领导者为实现某一既定目标而努力的过程。领导的含义包括：① 领导是一种群体的人际过程。领导必须与群体或组织中的其他成员发生联系，并运用权力和个人魅力来指导和影响其他人。② 领导是组织成员的追随和服从。任何组织都有其特定目标，组织成员有其愿望和需求。如何将成员的需求和组织目标相联系，领导是至关重要的。在现代组织中，取得工作成绩，进而获得加薪、晋级的机会，是组织成员追求的目标。欲实现这一目标组织成员必然追随和服从可信任的领导，接受领导的指导和影响；而领导应当有效地运用自己的权力、地位和领导艺术，把组织目标和组织成员的个人目标有机结合起来。换句话说，领导的实质就是通过组织成员的追随和服从来达到组织目标。③ 领导是一种层级关系。领导是组织结构中的特定职位，权力在领导与组织成员之间的分配是不对称的，领导者具有指挥下属的职权，而下属没有指导领导者的权力。

一、领导理论

为了解决有效领导的问题，许多管理学家进行了长期的调查和实验，总从不同的角度去探讨哪些方面能造就一个有效的领导者以及如何有效地提高领导者的领导效能与组织绩效，提出了诸多理论，主要有：从了解领导者与非领导者相比具备哪些人格特质的角度，形成领导者特质理论；试图根据领导者所采取的行为解释领导，于是，领导行为理论应运而生；到 20 世纪 60 年代，许多学者认为领导的有效性是由领导者、被领导者及其环境因素共同决定的，要根据具体情况来选择领导方式，于是出现了第三种尝试，即权变理论。这三种理论的出现不是偶然的，它们是应时代的需要而出现的，是随着科学的发展而发展的。

1. 特质理论

该理论着重研究领导的人格特质，以便发现、培养和使用合格的领导者。19世纪末20世纪初，随着管理学和心理学等学科的产生和发展，对领导特质进行了比较系统、科学的探讨，陆续出现了各种各样的领导特质理论。领导特质理论侧重于比较领导者与被领导者、高层领导者与基层领导者、成功的领导者与不成功的领导者具有什么样的人格特质，也就是确定具有什么样特质的人适合做领导者，进而在此基础上确定进行什么样的训练能够培养出胜任领导工作的人。以期预测选择具备什么素质的人作为领导最合适。这种理论重点研究作为一个有效的领导者应具备的素质。根据研究者对领导特性的来源所做的不同解释，特质理论可以分为传统特质理论和现代特质理论。传统特质理论认为领导者的特性是天赋的，生而不具有领导特性的人就不能当领导，但是经过几十年的研究和实践，许多学者对传统特质理论提出了种种异议，究其原因：第一，它忽视了下级的需要。第二，它没有指明各种特质之间的相对重要性。第三，它没有对因与果进行区分。第四，它忽视了情境因素。这些方面的缺乏使研究者的注意力转向其他方向。

20 世纪 70 年代以来，人们从注重技术训练和管理方法中得到启示，逐步认识到领导者的特性是在实践中形成的，于是提出了现代特质理论。这种理论的研究者试图确定那些被公认为领导者的个体身上隐含的一系列特质，如罗伯特·豪斯确定了 3 项因素，极高的自信、支配力以及对自己信仰的坚定信念；麦吉尔大学的康格和凯南格认为具有领袖魅力的领导人有以下特点：他们有一个希望达到的理想目标，为此目标能够全身心的投入和奉献，反传统，非常固执而自信，是激进变革的代言人，而不是传统现状的卫道士。现代特质理论的这一思路表明领导更像是一种风格，它不但强调领导者的实质，也强调领导者的外在表现。同时，它否定了领导者是天生的，认为成功的领导者可以通过后天塑造，从而比传统特质理论更进了一步。

领导特质理论为选拔与培训领导者提供了依据，但至今还没有研究证实哪些特性是成为成功领导者必须的条件。特质理论只是说明一个领导者具备哪些特质会有较大的机会有效地领导下属，领导的成败除了受领导者的特性影响外，还受各种环境因素影响。因此，虽然在过去的十多年中研究者对特质理论表现出复苏的兴趣，但从 20 世纪 40 年代开始特质理论就已不再占据主导地位了。40 年代至 60 年代中期，有关领导的研究着重于对领导者偏爱的行为的考察。

2. 行为理论

行为理论主要研究领导者在领导过程中所采取的领导行为，领导作风以及不同的领导行为、领导作风对群体绩效所产生的影响，以期寻找最佳领导方式。这种理论与特质理论有着本质的区别：特质理论认为领导从根本上说是天生造就的；行为理论则认为可以培养领导，即通过设计一些培训项目把有效的领导所具备的行为模式植入个体身上。其中较有代表性的领导行为理论有：

(1) 四分图理论。1945 年，美国俄亥俄州立大学教授斯多基尔、沙特尔在调查研究基础上把领导行为归纳为"抓组织"和"关心人"两大类。"抓组织"，强调以工作为中心，是指领导者以完成任务为目的，为此只注意工作是否有效地完成，只重视组织设计、职权关系、工作效率，而忽视部属本身的问题，对部属严密监督控制。"关心人"，强调以人为中心，是指领导者强调建立领导者与部属之间的相互尊重，相互信任的关系，倾听下级意见和关心下级。行为理论认为，领导者最重要的方面不在于领导者个人素质，而是在各种不同环境中做些什么，有效的领导者以他们的特殊作风区别于那些不成功的领导。调查结果证明，"抓组织"和"关心人"这两类领导行为在同一个领导者身上有时一致，有时并不一致。因此，他们认为领导行为是两类行为的具体结合，分为四种情况，用两度空间的四分图来表示。属于低关心人高组织的领导者，最关心的是工作任务。高关心人而低组织的领导者大多数较为关心领导者与部属之间的合作，重视互相信任和互相尊重的气氛。低组织低关心人的领导者，对组织对人都漠不关心，一般来说，这种领导方式效果较差。高组织高关心人的领导者，对工作对人都较为关心，一般来说，这种领导方式效果较好。

(2) 领导方格图理论。在四分图理论的基础上，布莱克和莫顿于 1964 年提出了领导方格图理论。横坐标表示领导者对工作的关心程度，纵坐标表示领导者对人的关心程度。在坐标图上从 1 到 9 划分为九个格，作为标尺。整个方格共81 个小方格。每个小方格表示"关心工作"和"关心人"这两个基本因素相结合的一种领导类型，并分别在图的四角和正中确定五种典型类型。(1，1) 型：贫乏型领导，他们对人和事都不够关心，这是最低能的领导方式，其结果必然导致失败。(1，9) 型：乡村俱乐部型领导，他们只关心人而不关心工作，对部属一味迁就、做老好人，这种类型也称为逍遥型领导。(9，1) 型：任务型领导，他们高度关心工作及其效率而不关心人，只准下级服从，不让其发挥才智和进取精神。(5，5) 型：中间型领导，他们对人的关心度和对工作的关心度保持中间状态，甘居中游，只图维持一般的工作效率与士气，安于现状，不能促使部属发挥创造革新精神。（9，9）型：协调型领导，他们既关心工作，又关心人，领导者通过协调和综合各种活动，促进工作的发展，他们会鼓舞士气，使大家和谐相处，发扬集体精神，这种领导方式效率最高，必然可以取得卓越的成就。

（3）领导系统模式。美国密执安大学教授利克特经长期研究，于1961年提出领导系统模式。这一理论将领导方式归结为四种体制，分别是：专制独裁式，领导者做决定，命令下属执行，并规定严格的工作标准和方法，下属如果达不到规定的目标，就要受惩罚；温和独裁式，权力控制在最高一级，领导者发号施令，但让下属有评议的自由，并授予下属部分权力，执行任务稍有灵活性；协商式领导，重要问题的决定权在最高一级，领导者对下属有一定的信任度，中下级在次要的问题上有时也有决定权；参与式民主领导，由群众制定目标，上下处于平等地位，有问题民主协商和讨论，由最高级领导做最后决定。利克特认为，单靠奖金调动员工积极性的传统管理形式将要过时了，只有依靠民主管理，才能充分发挥人的潜力和智慧，而独裁式管理永远达不到参与式管理所能达到的生产水平和员工对工作的满足感。

（4）领导作风理论。勒温提出的领导作风理论是研究领导者工作作风类型，以及工作作风对员工的影响，以期寻求最佳的领导作风。该理论以权力定位为基本变量，把领导者在领导过程中表现出来的极端行为分为三种类型。第一种类型称为专制式的领导作风，权力定位于领导者个人手中，领导者只从工作和技术方面来考虑管理，认为权力来自于他们所处的位置，认为人类的本性是天生懒惰，不可信赖，必须加以鞭策。第二种类型称为民主式的领导作风，权力定位于群体，领导者从人际关系方面考虑管理，认为领导者的权力是由他领导的群体赋予的，被领导者受到激励后，会自我领导，并富有创造力。第三种类型称为放任自流的领导作风，权力定位于员工手中，领导者只是从福利方面考虑管理，认为权力来自于被领导者的信赖。在实际工作中，这三种极端的领导作风并不常见。勒温认为，大多数的领导者所采纳的作风往往是处于两种极端类型之间的混合型。

3. 权变理论

权变理论也称为情景理论，该理论认为领导是一个动态过程，有效的领导行为并不一定是固定不变的，要找到一个万能的适合于任何组织的、领导风格类型或领导行为方式都是不现实的。领导的效率如何，既不完全取决于领导者的个人特征，也不完全取决于某种固定的领导行为，而是取决于领导者所处的环境。在权变理论的发展过程中，主要研究成果有：费德勒模型、赫塞和布兰查德的情境理论、领导者—成员交换理论、路径—目标理论和领导者—参与模型等等。

"权变"一词有"随具体情境而变"或"依具体情况而定的意思"。领导权变理论主要研究与领导行为有关的情境因素对领导效力的潜在影响。该理论认为，在不同的情境中，不同的领导行为有不同的效果，所以又被称为领导情境理论。

领导情境理论主要有下列几种：

（1）菲德勒的权变模式。1967 年，美国华盛顿大学教授 F. 菲德勒经过 15 年的调查研究，提出了一个"有效领导的权变模式"，他将与领导有关的情境因素分为三种：领导-成员关系、任务结构和职位权力。每一种因素分别有好坏、有无、强弱两个不同方面。根据这三种因素六个方面的不同组合，菲德勒把领导者所处的环境从最有利到最不利，分成八种类型。他认为，三个条件齐备，即领导-成员关系良好、有任务结构（工作任务明确）、职位权力强，这是领导最有利的环境；三者有一项或两项具备是领导的一般环境；三者都缺的是最不利的环境。这一模式指出，要提高领导的有效性，或者改变领导方式，或者改变领导者所处的环境。在环境因素最好或最坏的条件下，应该选择以关心工作任务为中心的领导者；否则，应该选择以关心人为中心的领导者。

（2）通路—目标模式。最早由加拿大多伦多大学教授 M. G. 埃文斯于 1968 年提出，其同事 R. J. 豪斯于 1971 年做了扩充和发展。该模式的基本要点是要求领导者阐明对下属工作任务的要求，帮助下属排除实现目标的障碍，使之能顺利达成目标。在实现目标的过程中满足下属的需要和成长发展的机会。领导者在这两方面发挥的作用越大，越能提高下级对目标价值的认识，激发积极性。通过实验，豪斯认为，"高工作"和"高关系"的组合，不一定是有效的领导方式，还应考虑情境因素。

（3）领导—参与模型。1973 年美国行为学家 V. 弗隆和 P. 耶顿运用决策树的形式试图说明在何种情境中在什么程度上让下属参与决策的领导行为。他们在领导者单独决策和接受集体意见决策之间按征求和接受下属意见的程度划分出五种不同的领导方式，并以提问的形式按照信息来源、下属接受和执行决策的不同情况划分出八种情境因素，让领导者利用肯定否定式的决策树选择方法，依次从这八种情境因素的判断中找出最佳的领导方式。

二、公共管理者

公共管理者是指在公共管理部门从事决策和执行的政府公务员以及其他非政府公共机构的管理人员。公共管理者作为公共管理主体的重要组成部分，在公共管理者中发挥着重要的作用。国家公务员作为公共人力资源的重要组成部分，担负着履行公共权力，对公共事务实施管理的职责。开发和管理好公务员队伍是公共人力资源管理的重要任务之一。

1. 西方国家公务员制度的特点

在西方，国家公务员一般是指那些通过公开竞争考试，被政府择优录用，长期任职而不与内阁共进退的文职人员，故又称为"文官"。西方国家公务员制度亦称为文官制度，是西方各国为文官的分类、考试、录用、考核、奖惩、待遇、培训、晋升、调动、解职、退休、保障等作出系统规定的规章制度和体制。目的在于选贤任能，提高行政效率及维持政府行政行为的连续性。西方公务员制度是资本主义制度的产物。自1870年英国正式确立公务员制度以来，已有百余年历史。虽然西方国家的历史传统不同，政体也有差别，其公务员制度各有特色，但国体的相同，使西方国家公务员制度有许多相同之处。

（1）职务常任。职务常任是西方国家公务员制度的一个重要特征。职务常任是指西方国家文官即业务类公务员不与政党共进退，在法律的保障下，遵循"无过失不受免职处分"原则的，成为政府的"终生官员"或"永久性雇员"。职务常任可以在一定程度上克服多党制带来的党派纠纷的弊端，有利于保持政府工作的连续和稳定，有利于提高政府工作效率。但职务常任也有一定的缺陷，极易造成办事拖拉、不思进取等官僚主义作风。为此，近年来，西方国家也进行了人事制度改革，通过建立合同制和独立核算中心，破除终生制的弊端。

（2）政治中立。政治中立是西方国家文官即业务类公务员，根据法律规定，不得参与党派偏见影响决策等。政治中立是西方国家多党制的产物。坚持政治中立有利于公务员以公正态度处理行政事务和保证政府工作的稳定性，避免多党轮流"坐庄"带来的政局不稳定和政策动荡，维护资本主义的统治。

2. 我国国家公务员制度的特点

对我国的国家公务员制度可以做纵向历史比较和横向的中外比较。与我国传统人事制度相比较的特点：

（1）具有竞争激励机制。把市场经济的竞争法则引入公务员管理的全过程，做到了竞争上岗，功绩晋升，庸者淘汰，基本解决了传统人事制度下的"能上不能下、能进不能出、干好干坏一个样"的问题。保证了公务员队伍的素质，提高了行政效率。

（2）具有新陈代谢机制。建立健全了公务员淘汰机制，对不称职和不愿意干的可以辞退与辞职。打破了人事管理中领导职务实际存在的终身制，改变了优秀人才难以脱颖而出等弊端，增强了国家行政机关的生机和活力。

（3）具有廉政保障机制。廉政勤政作为对国家公务员的一项基本要求，贯穿于公务员各项制度和管理的环节中，从制度上有利于增强国家公务员拒腐防变的能力和促进廉洁、高效、忠于职守。

（4）具有科学化和法制化的人事管理制度。建立公务员制度可以改变过去人事管理法律法规不健全的状况。公务员制度除了《国家公务员暂行条例》这部总法规外，使公务员管理有法可依，依法办事，并通过监督做到违法必究，这样就有效地提高了公务员管理的法制化、科学化水平，使我国的人事管理制度走上了科学化和法制化的轨道。

3. 同西方文官制度相比较的特色

(1) 坚持党的基本路线,国家公务员不搞"政治中立"。西方国家实行三权分立和两党或者多党轮流执政,强调行政与政治分离、公务员严守"政治中立"不参与政治活动;我国则强调国家公务员必须坚持党的基本路线,在政治上与党中央保持一致,在执行公务中要保持坚定的政治方向,并具有政治敏锐性和辨别力。

(2) 坚持为人民服务的宗旨,国家公务员不是独立的利益集团。西方国家强调利益分割、公务员是独立的利益集团,可组织工会为自身利益包括工资等问题与政府谈判;我国则强调国家公务员没有自己的特殊利益,公务员的利益与政府的利益、国家利益和人民利益一致,目标相同,坚持为人民服务,当人民公仆。

(3) 坚持党管干部的原则,国家公务员不搞"两官分途"。西方国家把公务员分成政务官和事务官两种,各自形成封闭的独立集团,升迁途径不同,不能交流,即"两官分途"。两官不能相互转任,待遇也不相同;我国的公务员制度是党的干部制度的一个组成部分,各项具体管理制度是按照党的干部路线、方针、政策来制定的。各级政府组成人员中的重要干部由各级党委管理,他们的任免由党委组织部门考察,党委讨论决定,依法由各级人大选举产生或由政府任命。我国公务员法律地位平等,从办事员到各级人民政府组成人员都是国家公务员,政治待遇平等,升迁途径一致,可以相互转任。

(4) 坚持德才兼备的用人标准。西方国家强调对公务员的任用、晋升和培训,比较侧重于才能和技能;我国对公务员的录用和晋升强调德才兼备和干部的"四化"标准,即革命化、年轻化、知识化和专业化。既不重德轻才,也不重才轻德,做到德才兼备,官德高尚,才干出众。

4. 我国国家公务员制度的基本内容和主要环节

(1) 我国国家公务员制度的基本内容,依照《公务员暂行条例》的规定,国家公务员的基本内容可概括为:公务员制度的法律依据、指导原则和适用对象;公务员的义务和权利;公务员的管理环节,主要包括职位分类、录用、考核、奖惩、纪律、职务任免与升降、培训、交流、回避、工资、福利、辞职、辞退、退休等;管理和监督。以上基本内容构成了我国国家公务员制度的有机联系,是一套完整、配套的制度体系。

(2) 我国公务员制度的主要环节。我国的国家公务员制度是一个完整的有机整体,各个环节紧密协调,构成了国家对公务员管理的一整套法规体系。在国家公务员制度体系中起支柱作用的主要环节是职位分类、选拔任用、培训和考核。

第一,职位分类制度,职位分类也称职务分级。职务分类就是国家政府机关所有的职位,按其工作性质、难易程度、责任轻重及所需资格条件,在调查和评价的基础上,依其工作性质不同划分为若干职组和职系;再根据各职系的职位的工作难易程度、责任轻重和所需资格条件等因素划分为若干高低等级不等职级；然后对各个职级制定职级规范，以此作为人事行政管理选任、考核、奖惩、升降、工资待遇等一系列人事行政管理的依据。职位分类是人事行政管理的一种科学化的设计。职位分类包含以下几层含义：① 职位分类的对象是各行政组织的职位，突出以"事"为中心，强调"因事设职"、"因事择人"。职位分类不是对职位上的工作人员的分类，是对"事"不对人。② 职位分类的依据是：工作性质、难易程度是程度方面的特征；所需资格条件兼有性质和程度两方面的特征。③ 职位分类的标准是只求上述四项条件的特征相似、相当，并非相同，以防分类数目过多造成管理上的繁杂。④ 职位分类的目的，是实现对国家公务员管理的科学化、法制化、标准化，使人与事紧密结合，从而提高政府工作效能。职位分类后，不仅对担任同一类职位的人员在考试、任用、考核、升降、待遇等方面适用于同一标准，可以简化人事行政管理，达到客观、公正、高效的目的，而且，可以实现对担任不同专业、不同层次职位的工作人员进行分类管理，防止仅用一种方法管理人员的弊端的出现。职位分类制度是指按照上述职位分类的原则对行政人员进行管理的制度。根据职位分类制度规定，我国的各级行政机关设置了行政人员的职务和职级序列。职务分为领导职务和非领导职务；职级分为15级。

第二，选拔任用制度。选拔任用制度包含两个方面：一是录用制度，二是晋升制度。录用制度是人事行政制度的核心，是国家对行政人员的入口管理制度。广义的录用制度是指国家行政机关依据有关的法律和法规，按照一定的标准和法定的程序，采用委任、选任、聘任、考任等多种形式、经严格考核、从社会上选拔任用具有一定资格的人员进入公务员队伍，从事国家公务活动，并建立相应公务员义务和权利等法律关系的管理制度。狭义的录用制度仅仅指通过公开考试的方法，从社会上选拔合格优秀人员担任主任科员以下非领导职务的管理制度。这一制度所要解决的根本问题是如何在最广泛的范围内吸收最优秀的人才进入政府行政机关任职。在我国，国家公务员的录用遵循公开、平等、竞争、择优的原则进行。晋升制度是指国家人事部门根据工作需要和晋升对象的德、能、勤、绩，依照法定程序，对已担任国家公职的工作人员，从非领导职务晋升为领导职务或从低一级领导职务升任高一级领导职务的管理制度。晋升是激励国家行政机关工作人员学习和工作积极性、创造性的重要方法，是保证国家行政机关吸收优秀人才的重要途径，是保证国家行政机关人员队伍正常新陈代谢的重要手段。对晋升制度，国家有严格的晋升程序和条件规定。

第三，培训制度。国家公务员培训，是指国家行政机关根据经济、社会发展需要，按照国家公务员职位的要求，通过各种形式，有组织地为提高国家公务员政治和业务素质所进行的培养、训练活动。培训的对象是具有国家公务员身份的人员；培训的范围是全员性、全过程性的，从进入国家公务员队伍到退休，都要参加各类培训；培训的性质是继续教育或称之为"终身教育"；培训的类别是初任、任职、更新知识和专门业务培训。

国家公务员制度培训的原则：① 学用一致原则。学用一致主要是针对公务员培训的目的而言，即坚持理论联系实际，坚持培训和使用结合，使公务员通过培训，更好地适应职位的需要，提高工作能力和行政效率。② 按需施教原则。主要是针对培训的内容而言，即根据国家要求对不同层次、不同级别、不同岗位公务员授之以不同的理论、知识与技能。③ 讲求实效原则。是针对公务员培训的效果而言，即对培训质量高标准、严要求。

国家公务员培训的类型：① 初任培训，是指对新录用人员，即对经考试录用进入国家行政机关，担任主任科员以下非领导职务人员的培训。初任培训属于入门性质的培训。由于这部分人员刚进入国家行政机关，因此应主要对其进行公务员行为规范、树立公仆意识、廉政勤政教育，以及公共行政管理知识、公文处理知识、法学基础知识、基础外语、微机操作基础知识等培训。初任培训必须在试用期内进行，培训时间不少于 10 天。② 任职培训，是指对拟晋升领导职务和非领导职务的人员，按照职位的要求所进行的培训。培训的主要内容是领导科学、现代管理学、行政法及行政诉讼法、国内外政治经济形势和社会发展战略、社会主义市场经济等知识与技能。任职培训必须在到职后一年内完成，培训时间不少于 30 天。③ 专门业务培训。一是国家各行政系统，即国务院各工作部门根据本系统的行政管理业余内容提出的专门业务培训要求；二是各级国家行政机关公务员跨地区、跨部门轮岗后，由于专业的变更所进行的适应性的专门业务培训。培训时间根据工作需要确定。④ 考核制度。公务考核制度是指国家行政机关按照管理权限，根据国家公务员法规和其他有关规定所确定的考核原则与内容、标准、方法、程序等，对所属公务员进行考察、评价的制度。考核制度是对行政人员工作的数量、质量和工作成绩进行的比较与鉴定，是人事行政制度的重要组成部分。它为行政人员的奖惩、升降、培训和工资待遇等提供客观依据，是监督促使行政人员努力工作的重要环节和基本方法。⑤ 公务员考核的内容包括德、能、勤、绩四个方面，其中重点考核工作实绩。"德"主要指政治态度、思想品质作风，遵纪守法、廉洁奉公、遵守职业道德和社会公德的情况。"能"主要指分析问题、解决问题的业务技术和管理水平。"勤"主要指出勤情况和工作态度。"绩"主要指完成工作的数量、质量和效率。工作实绩是一个公务员的业务能力、工作态度、知识水平、政治素质和综合反映，也是德、能、勤的客观体现。以考绩为主，有利于引导公务员把精力放在干实事上，有利于考核工作定量化。

■ 第三节 现代市场经济中政府的角色

我国市场经济的发展具有后发优势，可以借鉴西方发达国家和新兴工业化国家或地区的市场经济发展的经验教训，尤其是如何处理好政府与市场、政府与企业以及政府调控与市场调节之间关系的经验教训。各国市场经济发展的历史以及经济学的研究成果表明，没有单纯的市场经济，只有市场调节与政府调控相结合的混合经济。在市场经济发展的过程中，政府在市场运行中总是扮演着重要的角色。市场缺陷及市场失灵是政府干预的基本理由。政府可以做一些市场做不到或做不好的事情，它的干预可以弥补市场的不足，并在某种程度上克服市场失灵。但是，政府也不是万能的，政府有自身的缺陷，也会失败，而且政府失灵所造成的灾难更大。在许多情况下，市场失灵恰恰是政府干预造成的。因此，在当代越来越多的市场经济国家认识到必须给政府的角色予以正确的定位，对政府的干预行为进行更多的自我约束；在处理政府与市场的关系时，采取市场的战略，政府的补救作用是帮助市场发挥作用，而不是取代市场。

一、西方学者的争论[①]

西方市场经济已有几百年的历史，在关于政府和市场作用及其相互关系的认识上一直存在争论。

在市场经济发展初期，为摆脱教会、地主、城镇行会对经济活动的控制，确立新型的市场秩序，打破地方封锁，扩大国内市场，对外扩张，促进外贸，人们一般强调国家的干预作用，这在重商主义经济理论及其政策主张中得到了充分的体现。市场经济体制及秩序在西方各国确立之后，人们对国家作用的认识及所采取的政策发生了变化，自由放任、限制国家干预的观点取代了古典的国家干预论，这集中反映在以魁奈为代表的重农主义学派，以斯密、李嘉图和密尔为代表的古典学派和以马歇尔为代表的新古典学派的经济理论及政策主张中。亚当·斯密等人主张由市场机制这只"看不见的手"去引导经济活动，政府要尽量少干预，只起"守夜人"作用。政府的作用仅限于保护社会免受外敌侵犯；保护每一个社会成员免受其他成员的强制，实现社会公正；建设和保护公共设施。这种观点实际上成了当时西方各主要国家的基本政策主张。

随着自由资本主义向垄断资本主义的过渡，资本主义市场经济所固有的一系

---

① 陈振明. 公共管理学——一种不同于传统行政学的研究途径. 北京：中国人民大学出版社，2003. 185～187

列弊端如失业、贫富分化、周期性经济危机更加严重，特别是 1929～1933 年的大经济危机，使人们清楚地认识到市场机制本身的局限性，这在客观上促使凯恩斯主义的兴起。凯恩斯主张放弃自由的放任主义，实行政府对经济生活的全面干预，特别是通过财政和货币政策来调控市场经济的运行，在他看来，政府不仅要履行传统的职能，而且要对充分就业、物价稳定、经济增长、国家收支平衡、收入均等化等负责。第二次世界大战后，凯恩斯主义成为西方经济学的主导学派，各主要西方国家曾普遍采取了干预主义政策。这些干预政策对战后资本主义经济的发展起到一定作用，保证了战后近 30 年资本主义经济的持续繁荣。然而，人们逐渐发现，如同市场有缺陷、市场会失灵一样，政府的干预也是有缺陷的，而且政府干预失败的代价更高、更可怕。特别是 20 世纪 70 年代以后出现的以低经济增长、通货膨胀、财政赤字、高失业率为特征的"滞胀"现象使人们更清楚地认识到这一点。西方新自由主义或新保守主义思潮正是在这一背景中形成和发展起来的。以现代货币主义学派、公共选择学派、新制度学派、合理预期学派等为代表的新自由主义反对凯恩斯主义的全面干预论，分析政府干预行为的局限性及政府失灵的成因及表现，主张限制或取消政府干预，充分发挥市场机制的作用。新自由主义成了当代西方经济学的主流，并对西方市场经济国家的政策产生越来越重要的影响。但是，不管怎样，迄今为止西方发达国家实行的市场经济并未完全排除政府干预。在宏观调控方面，各国所实施的只是干预程度、干预内容和干预方式不同而已。

二、现代市场经济中的政府行为模式

（1）宏观经济的调控者。由于市场存在缺陷，政府必须对市场经济的运行过程进行必要的干预，对经济生活加以宏观调控。首先，市场机制不能解决总供给与总需求之间的平衡问题，市场失灵引起宏观经济总量失衡，市场机制也不能有效控制经济的周期波动和通货膨胀，因而必须依靠政府的财政政策和货币政策等来缓解经济周期波动，抑制通货膨胀。其次，市场经济机制不能发挥能动性来预测未来的经济变化，是一种实实在在的"即时经济"，无法掌握复杂的需求结构，而且它的调节只是短期行为。因此，必须通过政府的指导性经济计划来解决经济的长期发展问题，再次，市场经济做不到调整和优化产业结构。因为在现代市场经济下，资本和劳动的流动不像过去那么自由，市场垄断对市场机制的破坏以及光依赖于市场的一个重要内容是通过制定和实施产业政策来实现产业结构的调整。正是通过财政政策、货币政策、产业政策和经济计划手段，现代国家的政府对经济生活加以宏观调控。

（2）收入及财产的再分配者。市场经济在解决社会稳定、协调发展方面有明显的局限性，它能较好地解决效率问题，却不能处理好公平问题。一方面，市场经济不可能自动达到社会收入分配方面的公平和合理，商品交换最多只能实现既定分配格局之下的帕累托最优，而不能改变现有的收入格局；市场经济条件下的信息不完全可能带来收入分配不公现象；即使市场作用发挥较好的地方，分配的结果可能也不是按照社会设想的标准去实现的。因此，现代市场经济国家的政府都力图通过再分配政策及社会保障制度来调节收入及财产的再分配，解决公平以及社会经济战略发展问题。另一方面，市场经济也难以解决全社会范围的失业、养老、工伤事故、医疗保健及扶贫助弱等方面的社会问题，而这些问题又是市场经济中不能忽视的因素。收入分配不公、失业以及养老、医疗卫生等方面的社会问题，会影响社会协调发展以及劳动者的积极性，使经济效率无法提高。因此，要求政府从全社会的整体利益出发，对各阶层的收入和财产进行再分配，建立和健全社会保障体系，以保证社会稳定协调发展。

（3）公共物品的提供者。公共物品消费的非排他性，以价格机制为核心的市场不能使得公共物品的生产和供给达到最优；也不可能靠个人之间的直接交易去解决公共物品的供给问题，私人经济部门或者由于投入多、没有对等的利润而不愿提供或无力生产；或者容易造成垄断，导致成本上升，效率下降，损害消费者利益。因此，政府必须通过国家预算开支，担负起公共物品的生产和供给的主要责任。现代市场国家政府对运输、邮电通信、供水、供电、环境保护、基础研究和公共教育等公共设施和公共服务进行大量直接投资，在基础设施和公共服务中担当起了提供者角色。

（4）市场秩序的维护者。市场机制的无序性会引发市场行为的无政府主义，放任自由的市场竞争将导致垄断。市场机制的正常运行以一定的规则和契约关系作为前提；一旦这些规则及关系遭到破坏，那么市场机制就会失效。因此，市场经济条件下政府的一个基本职能是维护市场秩序，通过立法来保证市场运转，为市场创造公平竞争和维护必要制度的环境。首先，市场机制要发挥作用，需要一整套广泛认可的并能够得以有效实施的市场行为规则，以明确产权，规范市场主体的行为，确保市场交易和市场竞争的公平和效率。这需要政府来建立健全市场运行所需要的各种法规和制度，并监管其实施。其次，无节制的自由竞争会导致垄断，而垄断将破坏公平竞争的环境，阻碍价格机制在资源配置中的基础性作用。针对这一现象，需要政府制定和实施各种反垄断法和反不正当竞争法，并设立相应的机构，创造和维护竞争的市场结构。再次，市场机制的运行以完善的统一市场体系为背景，对于向市场经济体制过渡的国家来说，就必须承担起培育和完善市场体系、加速市场体系发育的职能。

（5）外在效应的消除者。外在效应又称外部性或外部经济。按照西方经济学家的说法，外部性是指个人的效应函数或企业的成本函数不仅依存于其自身所能控制的变量，而且依存于其他人所能控制的变量，这种依存关系可以不受市场交易的影响。外部性有积极的和消极的两种（前者如基础研究和教育，后者如环境污染）。外部性的存在无法通过市场机制来加以解决，而必须依靠政府。在现代市场经济国家中，政府通过补贴或直接的公共部门的生产来推进积极外部性生产；通过直接的管制来限制消极外部性的出现，如政府通过行政命令的方式硬性规定的污染排放量，企业或个人必须将污染量控制在这一法定水平之下。

第四节　政府失灵及矫正

"政府失灵"，又称"政府失效"，一般是指用政府活动的最终结果判断的政府活动过程的低效性和活动结果的非理想性，是政府干预经济的局限、缺陷、失误等的可能与现实所带来的代价。换句话说，它是指政府干预达不到弥补"市场失灵"的预期目标，或是虽能达到了目标，但其代价超过"市场失灵"所造成的缺陷。

公共选择理论等新自由主义经济学家把"经济人"的假定引入对政治市场的研究后发现，类似于经济市场有生产者和消费者一样，政府和选民就是政治市场上的"生产者"和"消费者"。选民在投票选举行为中为了实现其利益最大化，总要进行"成本—收益"分析，同样，公务人员也丝毫没有改变其经济人的本性，在公共活动中也要考虑个人的得失，即进行"成本—收益"比较。在政治市场上，公务人员是"政治企业家"，他们向"消费者"（即选民）出售的是公共物品及由公共物品形成的公共利益。公共利益的分配决策虽然是由公共部门"集体"作出的，但是，公务人员对个人利益的追求可能会损害公共利益。这是因为，虽然公务人员是经选举产生的，但并非必然代表全社会的利益要求，在许多公共决策中，公务人员出于经济人的本性，很可能在公共利益与公共资源的分配过程中，与各种利益集团或其他公务人员进行交易，以实现其个人利益的最大化，甚至不惜牺牲选民的利益，所以，在政治市场上，任何政治决定都是一种经济行为，他们的交易行为也受到某些契约关系的制约。

一、政府失灵的表现

既然公务员也是经济人，也具有任何人所具有的一切缺点，而政府又是由这些有缺点的普通人组成的，那么，政府也就必然带有人类本性所不能克服的一切缺点。从这个角度说，政府本身并不比任何其他机构更有效、更正确，或者说，政府也存在失灵问题。一般地说，政府失灵表现为以下几个方面：

（1）滥用权力的倾向。在政治市场上，公务人员追求权力的努力远比建立相互交换关系的努力更为有利可图。虽然法律上对政府行为规定了一定的约束条件，但是，公务人员所表现出来的对权力运用的偏好和冲动丝毫没有削弱，追求公共资源的局部目标和扩大权力运用的倾向同时在不断强化。

（2）严重的官僚主义。政府的调节是一种"事前"的调节，带有很大的预测性和计划性，而政府的调节决策又是"集体"决策的结果，因此，在失误面前往往首先寻找种种主观和客观理由开脱政府及公务员的责任，避开政治市场的惩罚。由于对决策后果无需承担相应的责任，低效、随意等官僚主义的表现就不可避免。

（3）较大的盲目性。政府全面而科学地决策的前提是信息的完备性和准确性，但是，从经济上讲获取信息需要付出一定的代价，从技术上讲信息是在无数分散的个体行为者之间发生和传递的，因此，对所有信息全部占有和准确处理是不可能的。这样，政府决策的盲目性就必然会出现。

（4）政府部门扩张的内在动机。组成政府的政治个体的自利特性，决定了政府部门有一种内在的超编和超支的扩大倾向。政府部门千方百计地通过各种关系试图增加本部门的财政预算，并且很不负责任地将预算花掉，造成公共资源浪费。

二、政府失灵的成因

政府失灵有诸多成因，主要如下。

1. 政府公共决策的失误

政府对经济生活干预的基本手段是制定和实施公共政策，以政策、法规及行政手段来弥补市场的缺陷，纠正市场的失灵。公共决策则是国家或政府部门为公共物品的生产与供应，为干预社会经济的运行而做出的决策。公共决策失误的主要原因来自于公共过程本身的复杂性和困难以及现有公共决策体制和方式的缺陷。

（1）现有各种公共决策体制及方式（投票规则）的缺陷。以多数原则为基础的民主制是现代国家所采用的一种通用决策体制，它较之于独裁制度或专制体制，是一种巨大的进步和更合理的决策体制。但是，无论是直接民主制，还是间接民主制都有其内在的缺陷。引用直接民主制中存在的问题有循环投票或投票悖论和偏好显示是否真实等问题；间接民主制中固有的问题主要是被选出的代表由于其"经济人"特性而往往追求自身利益的最大化，而不是选民或公共利益的最大化，而选民却难以对其实施有效的监督。现有的投票规则或表决方式主要有一致通过和过半数等，然而一致同意原则的决策成本太高，且容易贻误决策时机，多数原则不可能是完全民主的，它将出现多数人对少数人的强制。由于公共决策的投票规则本身存在缺陷，据此做出的决策很难反映大多数人的偏好，必然会导致政府失误。

（2）信息的不完全性会导致政策的失效。就信息而言，正像政府干预主义者的代表斯蒂格利茨所说的，不完全信息和不完全市场作为市场失灵的一个来源在公共部门里是普遍存在的。在他看来，不完全信息和不完全市场造成政府活动的诸多缺陷和无效行为，公民和政府官员所拥有的信息都是有限的，并且决策信息的获得总是困难、需要成本的，因而许多公共决策实际是在信息不完全的情形下做出的，这就很容易导致决策失误。

2. 政府机构运行的低效率

由于政府是一个非市场机构，其活动属于非市场活动，因此非市场化的政府机构运行与企业经营相比，缺乏产权和利润最大化的约束。因为维持政府活动的收入具有非价格来源，非市场化的产出往往难以从经济上度量，使得政府机构运行缺乏一种明确投入—产出标准，这是与市场产品完全不相同的特性，正是这一特性导致了资源配置的失误和低效，且这种失误和低效是从政府机构本身的性质和活动方式中产生的：

（1）政府公共产品的供给缺乏竞争活力。国家属于自然垄断范畴，这就决定了政府机构的排他性，使政府成为各种公共产品的垄断供给者，导致公共产品的供给缺乏竞争活力。

（2）政府缺乏追求公共利润的动机。由于政府机构和官员与公共利润缺乏直接联系，加之公共产品和服务的成本与收益难以计量，所以与企业经营者追求利润最大化不同，政府机构和官员通常追求公共政策目标的实现，许多活动大都不会刻意去降低成本，甚至出现为达目标而不计成本的情况。

（3）政府机构的内在扩张性。著名的帕金森定律揭示，政府官员的名誉、地位权力和酬金通常与其所在政府机构的规模成正比，政府官员为了提高其知名度、社会地位及获取更大的权力和更多的酬金，往往希望不断地扩大政府机构规模。

（4）对政府官员监督的低效。由于政府是一个政权组织，因而市场中存在的各种经济约束对政府往往无效。为了监督政府有效地履行其职能，国家在政权设置中设计了各种监督机制，但由于政府所提供的公共服务及物品有着自然垄断性，因而可利用自身所处的垄断地位来封锁一部分公共服务及物品所涉及的有关资源及信息，监督者仅凭被监督者提供的信息去实现监督，很可能被监督者所蒙蔽和操纵。

3. 政府机构及其官员的寻租与腐败

寻租现象历史悠久，涉及面广。塔洛克在 1967 年发表的《寻租社会的政治经济学》一文首次关注并分析这一现象。克鲁格在 20 世纪 70 年代创立寻租理论。所谓寻租是指由于政府的无意创租、被动创租和主动创租而使经济活动产生巨额租金，经济人通过各种政治的、经济的、合法的、非法的手段从政府官员处获得某种垄断特权，或者政府机构及官员直接凭借其垄断特权取得租金的活动。在现代寻租理论中，一切利用行政权力大发横财的活动都可称为寻租活动。寻租活动的最大特点是利用合法或非法手段来取得占有租金的特权。政府干预和行政管制（如许可证发放、物价管制、进口配额等）均可能产生超额收入而出现寻租活动。现代公共选择理论从理性经济人的基本假设出发，揭示政府部门和官员在进行决策时，也会从事政治创租和抽租活动，利用现行体制上的缺陷去追求局部和个人利益最大化。在发展中国家和处于体制转型期的国家中，寻租则主要表现为非法的行贿、受贿、索贿等腐败现象，以取得政府无意创租和主动创租所形成的租金。寻租活动破坏了公平、公正的竞争原则，阻碍社会资源的合理配置，降低行政的原则性和效率，严重损害政府形象，甚至危及政权的稳定和导致政府失灵的后果。

导致"政府失灵"的原因较多但从以上分析我们可以得出一个结论，即市场失灵需要政府进行干预和调节，然而市场解决不好的问题，政府未必能解决好，甚至有可能使得事情变得更糟。

三、政府失灵的矫正和措施

既然市场经济不能缺少政府的干预调节，而这种干预调节行为又存在种种缺陷即政府失灵，因而必须采取一系列积极有效的对策和措施，来防范政府失灵现象。

（1）引入市场竞争机制，提高政府机构效率。提高政府机构效率的关键，是在各级政府机构内部建立竞争机制，把市场竞争原则引入到非市场组织的政府机构之内，真正实现"择优上岗"，并在一定程度上把决策者的决策权限与个人对决策后果承担的政治、经济责任联系起来。通过引入竞争机制，使公共部门或服务的低效率垄断。引用将竞争机制引入政府所管理的公共部门，推广政府采购制度，通过公开、公平、公正的招投标竞争，以提高公共产品的功能价格比，并防止寻租；将某些公共产品的生产或某些公共部门提供的服务承包给私人企业去生产经营，以便更多地依靠市场机制来生产经营社会所需要的公共产品。另外，应强化各地方政府之间的竞争，尽管各级政府机构及其雇员都有局部利益和个人私利，但是，只要在政府机构内部建立一套有效的激励机制，防止和纠正其内部成员和不同组织之间的不合理行为，协调他们的利益关系，就可以使政府机构组织及其成员的目标符合或接近社会公共利益目标。

（2）转变公共管理职能，明确政府职责。公共管理职能转变的实质是公共管理职能的更新问题，主要是政府经济管理职能转变，由强制性行政干预转向服务监控，解决职能上的错位、越位问题。服务行政的公众取向是政府的发展方向，衡量政府成效的标志是公共利益在多大程度得到了保护和增进。在经济管理上，要通过有效的手段进行宏观调节，动员社会的力量推动经济发展转变公共管理职能，归结起来，主要是政府要改变对经济的监管框架，退出微观经济领域，集中加强与改善宏观经济调控和创造良好的市场环境，建立和完善公平竞争、规范有序的市场体系打破行业垄断和地区封锁发挥市场在资源配置和结构调整中的基础作用，提高公共服务水平。

（3）加快政务信息化建设，提高政府管理能力。信息化是当今世界经济和社会发展的趋势加快政务信息化建设，既能提高政府决策的有效性，降低行政工作的时空成本，又能提高政府决策和信息的透明度，利于社会公众对政府行为的广泛监督和约束。为此，首先要建立多层次的经济管理决策系统和经济社会发展监测预警系统，促进各级政府信息资源的开发利用和共享，保证政府决策必要、准确、及时的信息供给；其次要建立政府信息发布系统，形成规范的信息公开制度，及时发布各种政策、政务、统计、财经、商业等可靠有用信息，既引导各微观经济主体抓住机遇，实现发展，又接受社会公众的广泛监督；最后要建立一网式政府办公系统，打破政府部门管理在时空上的分割，使不同政府部门协同工作，实现内外网工作流程整合，提高政府办公信息化、一体化水平，使政府政务处理更集约、快捷。

总之，我们分析探讨政府失灵问题，并不是要否定政府在市场经济中的作用，而仅仅是要指出政府行为的局限性，确定好政府的干预行为的范围、内容、方式及力度，避免干预不当或过度干预所产生的政府失灵现象，使政府更好地履行其社会经济职能。

➢本章小结

公共组织是组织的一种，是以实现公共利益为目的，运用公共权力服务于社会，以增进公共利益为出发点和宗旨的组织。政府组织指行使国家赋予的职权，执行国家意志，代表国家处理政务的机关。政府组织可分为纵向结构和横向结构。纵向结构也称为层次结构，它反映行政组织内若干层次中特别是上下层次之间的领导与服从关系。横向结构又称分部结构，它反映的是同级行政组织之间和各行政组织构成部门之间分工协作的来往关系。政府组织设置的原则有：职能优先原则、完整统一原则、职权责一致原则、精简与效能的原则、依法设置原则。

为了解决有效领导的问题，许多管理学家进行了长期的调查和实验，从不同的角度去探讨哪些方面能造就一个有效的领导者,如何有效地提高领导者的领导效能与组织绩效,并就此提出了诸多理论。主要有:了解领导者与非领导者相比具备哪些人格特质,形成领导者特质理论。根据领导者所采取的行为解释领导,则领导行为理论应运而生。认为领导的有效性是由领导者、被领导者及其环境因素共同决定的,要根据具体情况来选择领导方式,这就产生了权变理论。

公共管理者是指在公共管理部门从事决策和执行的政府公务员以及其他非政府公共机构的管理人员。公共管理者作为公共管理主体的重要组成部分,在公共管理者中发挥着重要的作用。国家公务员作为公共人力资源的重要组成部分,担负着履行公共权力,对公共事务实施管理的职责。现代市场经济中,政府主要具有如下几种角色:宏观经济的调控者、收入及财产的再分配者、公共物品的提供者、市场秩序的维护者、外在效应的消除者。

“政府失灵”,又称“政府失效”,一般是指用政府活动的最终结果判断的政府活动过程的低效性和活动结果的非理想性,是政府干预经济的局限、缺陷、失误等的可能与现实所带来的代价。政府失灵的原因有:政府公共决策的失误、政府机构运行的低效率、政府机构及其官员的寻租与腐败。政府失灵的矫正措施:引入市场竞争机制,提高政府机构效率;转变公共管理职能,明确政府职责;加快政务信息化建设,提高政府管理能力。

➤关键术语

组织　政府组织　领导　公共管理者　公务员　政府失灵

➤案例　炒煤团现象是市场失灵与政府失灵的典型案例 *

一段时间以来,关于温州“炒煤团”之报道不时见诸报端。这些长篇累牍但又浅尝辄止的文章,揭开了一个个黑洞洞的井口,而其内里究竟何如,却也依然深不见底。

这是一个虽反常但必然的局面。即使是在最基本事实的掌握上,有说法称温州煤商控制了山西省60%的中小煤矿,煤炭年产量8 000万吨,占山西省煤炭年总产量的1/5,全国的1/20;而浙江、温州两级经济技术协作办公室及浙江富兴电力燃料公司共同完成的调研报告则显示,在山西投资兴办煤矿的温州民营煤矿年产量只有2 000多万吨。无须细数,类似这样各执一词、天壤之别的分歧比比皆是。从根本上说,在煤炭采掘这类官商不分、政出多门、利益纠缠难分难解的

---

*评论员. 炒煤团与市场政府失灵. 中国经济周刊, 2006-01-23

领域中，信息的传达往往是失真的，基于信息的判断往往是片面的，经判断而来的规制往往是低效的。

譬如，对于"炒煤团"命运生死攸关的政策主张主要有两条：其一，以山西长治为典型的、以安全生产、环境保护为由头的大规模整治清剿行动；其二，浙江省政府近日发布 2006 年"一号文件"，明确规定凡是法律法规没有明确禁入的行业和领域，非公资本都可以进入。乍看之下，两者不仅不矛盾，而且足可相互配套，但在实际运行中，其间的空白点又是如此之多，以至于温州资本跨省投资这一再平常不过的现象，必须再次面临巨大的不确定性。

纲不举则目不张。根据已有的较无争议的资料，我们对"炒煤团"的关注最后落脚在以下两点：首先，从"炒房团"到"炒车团"再到"炒煤团"，急于寻求利益回报的温州资本一次次站到了公众评判的风尖浪口，就某种程度而言，这种不顾公共利益而一味见缝就钻的取向，也确实显著表现为市场失灵之痼疾。问题在于，就在温州炒家四处游走的背后，显然存在着对于民营资本过于严格乃至歧视性的投融资限制。出于资本逐利的天性，倘若政府不能对其实行有效的疏导、引导，则必然陷于被动的、事后的、四处扑火式的疲于应对中，更不用说合理运用更具经济人理性的民营资本服务于经济体效率提升的长远大计了。其次，不同于"炒房"、"炒车"，"炒煤"所进入的领域是高度管制下的，仰仗的手段是非炒卖型的，面临的调控手段是非市场化的，它所带出的对于制度缺陷的拷问更深刻地烙有转轨中的中国特色。眼下，对于温州"炒煤团"的指责很容易集中到安全生产、环境保护等正义公理上来，对其一关了事更是足慰人心、立竿见影的举手之劳。我们且不论山西、云南等地（其实也包括浙江）的做法是否有地方保护主义的嫌疑，最起码，如同"炒煤团"之所以能够发展壮大一样，这种做法仍然暗示着诺斯悖论的发生，即一旦政府具有了过分强大的力量，那么，那些管理该政府的人便会利用这种力量来谋取自身的利益，而以牺牲社会其他人的利益为代价。很难想象，在这个充满不确定因素、寻租求租难以杜绝的市场中，新的经营者、监管者能够自觉契合于社会利益的最大化。

综上所述，"炒煤团"现象发生、兴起、式微的轨迹中时时表现出市场失灵与政府失灵的相互强化。这是一个典型的案例，而其根本性的破解之道，则如达格尔所言，政府的权力应该是强大同时又被有效限定了的，从而使追求私利的冲动为私利的目的不得不去做增进公共利益的事。

复习思考题

1. 简述政府组织的含义。
2. 简述政府组织的组织原则。

3. 西方学者对现代市场经济中的政府角色各有何观点？

4. 在市场经济条件下政府主要有哪些角色？

5. 什么是政府失灵？政府失灵的表现有哪些？

6. 政府失灵的成因及其矫正措施有哪些？

第六章

公共管理中的社会运行机制

　　亚当·斯密、大卫·李嘉图等古典经济学家认为，市场是一部运作精巧、成本低廉、效益最佳的机器，有效地调节着经济运行和各个经济主体的活动。但市场经济的运行表明，市场并不能自动达到帕累托最优状态，在公共产品提供、限制垄断、经济外部性、社会分配、保持经济均衡发展和防止经济波动等方面也会失灵。于是就不得不借助政府力量予以矫正和弥补，市场失灵为政府公共管理的介入提供了合理性依据。然而，市场失灵并不是政府干预的充分条件，市场机制解决不了的问题，政府也不一定能解决。"企求一个合适的非市场机制去避免非市场缺陷并不比创造一个完整的、合适的市场以克服市场缺陷的前景好多少。换句话说，在市场这只'看不见的手'无法使私人的不良行为变为符合公共利益行为的地方，可能也很难构造'看得见的手'（政府）去实现这一任务。"[①] 因此，市场失灵之外也同样存在着极为严重的政府失灵，主要表现在：由于政府机构谋求内部私利而非公共利益的"内在效应"的存在、信息不充分和政府能力有限导致的决策失误、政府干预市场的成本扩张及低效率、政府机构及其官员的寻租与腐败等原因。所以，沃尔夫说："市场与政府间的选择是复杂的，而且，通常并不仅仅是这两个方面，因为这不是纯粹在市场与政府间的选择，而经常是在这两者的不同组合间的选择以及资源配置的各种方式的不同程度上的选择。"[②]这表明，人类社会的治理在政府和市场之外还应寻求和重视第三种力量——公民

---

① 查尔斯·沃尔夫. 市场与政府：权衡两种不完善的选择. 北京：中国发展出版社，1994.34
② 查尔斯·沃尔夫. 市场与政府：权衡两种不完善的选择. 北京：中国发展出版社，1994.113

社会。

第一节 公 民 社 会

一、公民社会概念的内涵及其理论的历史演进

"civil society"一词在国内有三种译法，即"公民社会"、"市民社会"和"民间社会"。这三种译名之间有一些微妙的差别。其中，"市民社会"是源于马克思主义经典著作"civil society"的中文译名，由于马克思在其著作中将"civil society"（中文译为市民社会）界定为资产阶级社会，因此"市民社会"概念无论是从其内涵还是外延上都不足以成为当代公民社会理论研究的基本范畴。"民间社会"是台湾学者的译法，符合中国的传统文化，但中国传统上的民间社会与现代意义上的公民社会在义涵上并不完全一致，且此概念容易使人们联想到"官民对抗"，因而，这一译名作为学术语言日益边缘化。"公民社会"是当今比较流行的一种译法，相比"市民"而言，由于"公民"强调了行为主体的权利、义务和责任，"公民社会"强调了公民对社会政治生活的参与和对国家权力的监督与制约，因而越来越成为"Civil Society"的主流译名。

公民社会理论形成和广泛流行于17、18世纪，那时正是市场经济勃兴和市民资产阶级作为一股新兴政治势力崛起的时代，其政治思想的主题是在重商主义和专制主义国家的重压下解放社会和个人，为此需要限制和控制国家权力，争取和坚守社会的独立及其对国家的监控，保障个人自由和权利。在其历史演进中，公民社会概念的含义大致有以下几种界定。

1. 公民社会即政治国家

最初，"公民社会"（civil society）概念与政治国家（state）概念基本上是重合的，所以有时它还被称为"政治社会"（political society）。与"自然状态"的社会相比，公民社会是人类社会发展的一个逻辑阶段，即有政治阶段。在洛克、卢梭等契约论思想家那里，根据公意、契约形成的国家就是公民社会，公民社会与政治国家是合一的。公民社会是指具有公共政治权力和法律的社会，也就是形成了国家的社会，是有政府的社会，而"自然状态"的社会是无政府的社会。公民社会即政治国家的观念映射出当时公民社会与政治国家关系的现实，国家几乎夺走了公民社会中的全部政治权力，政治无所不及，政府无所不能，全部社会生活都处于政治国家的直接控制之下，个人的私人利益缺乏基本保障，公民社会湮灭于政治国家之中。

2. 公民社会-政治国家二分法

19世纪，源于英语世界的"公民社会"概念经弗格森的介绍传到德国思想

界，在黑格尔和马克思的思想里得到改造并获得新的意蕴。从黑格尔到马克思的近代公民社会理论，把公民社会视为与国家相对立的一个概念，并在二分法的基础上建构公民社会概念，黑格尔摒弃了洛克等人的观点，把公民社会设定为与政治国家相区分的自我规定性存在，具体地说是相对于国家的一种社会形式。公民社会是指独立于国家的社会相互作用的领域及与之相关联的一系列社会价值或原则。

马克思对市民社会的认识，承接了黑格尔对国家与公民社会的区分，确证公民社会区别于政治国家。但马克思只是截取了黑格尔"公民社会"概念的经济内涵，将公民社会解释为"物质生活关系总和"的资产阶级社会而加以否定。这与当代公民社会理论研究的视角相差甚远。

总的说来，这一时期的公民社会理论侧重于揭示公民社会与国家的消极对立关系，即公民社会对国家的监督、制约、限制、平衡甚至对抗关系，认为在权威主义国家里，公民社会与国家之间是一种压制与反抗的关系。

3. 公民社会-经济领域-政治国家三分法

与 19 世纪相比，西方学者对公民社会的认识发生了较大的变化。

首先，公民社会概念的内涵不断丰富和深化，以"三分法"为基础的公民社会定义成为主流。在"三分法"基础上，公民社会被定义为国家和家庭或个人之间的一个社会相互作用领域及与之相关的价值或原则。其中，戈登·怀特的定义颇具代表性。他指出，"当代使用这个术语的大多数人所公认的公民社会的主要思想是：它是国家和家庭之间的一个中介性的社团领域，这一领域由同国家相分离的组织所占据，这些组织在同国家的关系上享有自主并由社会成员自愿结合而形成以保护或增进他们的利益或价值"。他主张将企业或经济机构同公民社会分开来对待，前者作为经济社会或经济系统构成了公民社会的基础。"二分法"与"三分法"的区别在于前者继承了从亚当·斯密到马克思的思想传统，将非国家性质的私人经济关系包括在公民社会之中，后者则将其作为独立的领域从公民社会中剥离出去，更突出志愿性社团组织在公民社会的中心地位。

其次，在公民社会与政治国家关系问题上，人们形成了更全面的认识。哈贝马斯认为，公民社会与政治国家之间的矛盾在当代大大消解。"具有政治功能的公共领域获得了市民社会自我调节机制的规范地位，并且具有一种适合市民社会需要的国家权力机关。"[①] 当代公民社会理论家在坚持公民社会具有相对于国家的独立性和自主性这一本质特征的前提下更多地强调两者关系的积极性或正相关性，即公民社会与国家共生共强、合作互补、相互渗透、相互参与。换句话说，当代公民社会的主流在于注重公民社会在形成和扩大社会资本方面的作用，强调

---

① ［德］哈贝马斯. 公共领域的结构转型. 上海：学林出版社，1998.84

公民社会与国家之间的良性互动。公民社会不仅仅是对抗和制约国家，也不是取代国家，而是要渗透和参与国家。"透过这种互动，双方能够较好地抑制各自的内在弊病，使国家所维护的普遍利益与市民社会所捍卫的特殊利益得到符合社会总体发展趋势的平衡。"①

最后，公民社会的全球化趋势日益引起人们的重视。早期公民社会理论完全是在民族国家的范围内思考公民社会及其与国家的关系问题，伴随着全球化进程，公民社会本身也开始走向全球化了。一些学者已经开始注意到独立于主权国家权力的"世界公域"以及"全球公民社会"（global civil society）的出现。全球公民社会以跨越国家界限的非政府组织为核心，而不再仅仅是本国公民与国家的中介，人类的某些共同性问题不仅需要主权国家间的合作，还需要世界非政府组织的参与。为此，必须重视公民社会的建构工作，去发动一个强大的、世界范围的、致力提高公民参与的运动。

二、公民社会的结构要素及文化特征

学者对公民社会的理论研究主要集中在公民社会的结构要素和文化特征以及公民社会与国家之间的关系上。

尽管西方学者对公民社会的结构及其构成要素在理解上还存在分歧，但目前形成的共识主要体现在以下三点：① 私人领域。持"二分法"观点的学者将私人领域定义为私人自主从事商品生产和交换的经济活动领域，而持"三分法"观点的学者将私人领域看成是个人的家庭生活或私人生活领域，是公民社会的细胞。公民在这一领域的权利应得到充分的尊重和维护，公共权力不能因为任何"公共性"目的进入私人领域。通过干预私人事务实现公共目的会严重削弱公共权力的合法性和正当性。因此，从这个意义上讲，公共权力应止于私人领域，保护私域是公益的应有之义。② 公共领域。私人领域是公民社会的细胞，但公民社会并不是众多个人或家庭的简单集合体。哈贝马斯认为，公共领域是介于私人领域和公共权力之间的一个领域，是一些非政府的、非经济的联系和自愿联合。公众在这一领域对公共权力和公共政策进行评价，对私人生活领域中形成共鸣的那些问题加以感受、选择、浓缩和放大，旨在讨论并解决公众普遍关切的问题。自由的、理性的、批判性的讨论构成这一领域的基本特征。爱森斯塔特认为，公民社会包括了多种多样表面上"私人的"、但潜在地自主的、区别于国家的公共活动领域，使得社会免于蜕变为一团没有形状的物质。需要指出的是，公共领域不仅丝毫不减损它的私人属性和批判力度，相反作为公民社会派出的"全权代

---

① 邓正来. 国家与社会：中国市民社会研究. 成都：四川人民出版社，1998.13

表"乃是对私人领域的维护。③ 志愿性社团。将公民社会私人领域与公共领域联结起来的是各种各样的志愿性社团。这些志愿性社团不以营利为目的而是基于共同利益或信仰而自愿结成的组织，它为公民参与社会治理提供了机会和手段。由于"公民社会是围绕共同利益、目的和价值而采取非强制性集体行动的舞台"，而活跃在这一舞台的"角"并不是个人或家庭而是各种志愿性社团组织，因此，绝大多数公民社会理论家将志愿性社团看作是公民社会的核心要素，如哈贝马斯认为，要将私人领域问题引入公共领域，需要在有组织公共领域的框架中加以建制化，而实现这种建制化的那些联合体，就构成了市民社会的核心①。④ 基层群众自治组织。与志愿性社团以共同的目的和价值为纽带不同，基层群体社区组织是以地域为纽带的群众自治组织。基层群众自治包含两层含义，一是基层群众自治不依靠国家权力来实现，完全由群众自己处理内部的事务；二是基层群众自治组织作为管理社区公共事务的非政权组织，不应承载行政职能。

除结构性要素外，公民社会还包括与之相关的社会价值等文化特征，这些特征包括：① 个人主义。西方认为这是公民社会理论的基石。这里所谓的个人主义并不是通常所指的以个人为中心的自私自利，而是假定个人是社会生活的基本单位，国家和公民社会都要保护和增进的个人合法权利和正当利益。② 多元主义。要求个人生活方式多样化，社团组织多样性，思想文化多元化。维系这种多元主义的是提倡宽容和妥协的文化。③ 开放性和公开性。包括政务公开、公共领域开放，这是政治参与的前提条件。④ 参与性。强调公民参与社会政治生活和制约国家权力。这是公民社会理论的一个重要内容。⑤ 法制原则。强调从法律上划清政治国家同公民社会的界限，反对国家随意干预公民社会的内部事务，从而保证公民社会成为一个真正自主的领域。

三、公民社会与政治国家

公民社会与政治国家的关系是公民社会理论研究的核心。"国家与社会"的二元分析框架来源于西方政治学理论。在这个框架中，与国家权力相对应的是"公民社会"。国家是指以强制性为基础的公共权力的活动空间，而社会则被看作是一个独立于公共权力的私人活动领域。这种分析框架强调的是对应于国家权力的私人活动空间之存在，强调公民社会最重要的特征是它相对国家的独立性和自主权，反对国家对公民社会的压制和干预，反对国家职能的过分扩张。与此同时，一部分理论家则认为，国家并不总是对公民社会的生存和发展构成威胁，相反国家的保护和管理对于公民社会的健康发展必不可少。

---

① ［德］哈贝马斯. 在事实与规范之间. 上海：上海三联书店，2003.453，454

按照上述观念，公民社会与国家的关系大致有三种模式。

一是公民社会制衡国家模式。自由主义视国家为"必要的恶"，国家之所以必要是因为公民社会需要国家保护其安全、完成其不能承担的公益事业、调停其内部的利益冲突。但由于国家本质的邪恶性，若听任国家权力的无限制扩张，个人的自由和权利则必将受到威胁和侵害。主张以国家不侵犯个人的自由和权利为限划定两者活动的界限，以公民社会来制衡国家。19世纪法国思想家托克维尔认为，在民主国家中存在着多数专制的危险，因此一个活跃的、强有力的公民社会对于遏制多数专制是必不可少的。

二是公民社会对抗国家模式。该理论为公民社会反抗专制主义和干预主义的统治权提供合法性辩护，认为反抗那些随意剥夺公民的自由和权利的非宪政国家是正当的、合法的行为，反对国家对公民社会的压制。

三是公民社会与国家共生共强、合作互补模式。该理论认为国家与公民社会之间并非一定是此消彼长的对立关系，而是有可能处于一种共生共强、良性互动的关系，从而形成强国家、强社会的态势。在这种实力格局下，一方面国家能有效地工作，另一方面公民社会也有足够的力量确保政府对其要求做出回应。只有双方的自主性得到充分保证并处于势均力敌的状态，才能使各自的功能得到最好的发挥。该理论基于"市场失灵"、"政府失灵"和"第三部门失灵"的状况，认为政府、市场和社会皆不能独自有效地解决社会问题，在社会治理问题上，公民社会和国家不仅可以而且有必要进行合作。

公民社会和国家关系的这三种模式之间并非彼此排斥的关系，而是各自在某些方面包含着真理。"这些模式远未穷尽公民社会和国家的关系的全部内容，它们只是对复杂的现实的一种高度抽象的理论概括。"① 在实践中，对于不同国家而言，公民社会与国家之间的对立、制衡和合作的关系是具体而复杂的，这与各国的政治形态、市场发育程度和文化传统密切相关。

四、公民社会发展对公共管理的意义

传统上的公共行政与公共管理，一直未能打破"政府管制"与"市场机制"这两种相互对立的思维定式，一直忽视公民参与的重要性。20世纪70年代，随着公共管理过程中"政府失灵"和"市场失灵"问题的凸显，西方国家开始了以新公共管理为主要内容的治道变革。奥斯特罗姆认为这场从西方发达国家开始的治道变革，其内容从大的方面来说，包括政府职能的市场化、政府行为的法治化、政府决策的民主化、政府权力的多中心化。20世纪90年代在新公共管理运

---

① 何增科. 公民社会与第三部门. 北京：社会科学文献出版社，2000.8

动中成长起来的治理理论则为走出政府失灵与市场失灵的困境提供了更为有益的方向选择。治理理论认为，当代政府面临的是一个复杂性、动态性和多元性的环境，这使得政府的不可治理性增大。事实上政府部门已经无法成为惟一的治理者，它必须依靠与民众、企业、非营利部门共同治理。相对于"统治"，"治理"在权威的行使主体和性质、管理过程中权力运行的向度以及管理范围等方面都有所不同。治理的本质就在于它是政府与公民对公共生活的合作管理，是国家的权力向社会回归，通过治理使公共利益达到最大化的"善治"状态。因此，善治的过程实质上就是一个还政于民的过程。善治表示国家与社会或者说政府与公民之间的良好合作，这种合作出于公民的自愿和对权威的认同。所以，善治的基础与其说是在政府或国家，还不如说是在公民或民间社会。从这个意义上说，公民社会是善治的现实基础，没有一个健全发达的公民社会，就不可能有真正的善治。因此新公共管理在治理结构上强调民主、法治、责任和回应，而公民社会的发展无疑有力地推动着政府从传统管理方式向善治的转变。具体说来，公民社会的发展对现代公共管理的实践意义体现在以下几个方面：

（1）公民社会的发展为公民政治参与和政府民主化改革提供了强大的动力。公民社会发展本身就是一个民主化不断扩大的过程，民主发展与公民社会的发展是一种正相关的关系。公民社会的一大特点是它的自主性，这意味着公民社会中各种组织和个体的选择是在合法的前提下基于自己的愿望而做出的，它拒斥强迫和压制。这就极大地促进了包括行政人员在内的全体公民的民主法治意识，而善治最为根本的就在于政府在公共行政中体现出民主法治精神，践行民主和法治的行政原则，而要实现民主和法治原则就要依赖民主观念的广泛传播。英国社会主义者、政治学家柯尔在基尔特社会主义理论中提出，民主是人民参与的政治制度，而实现这种参与的社会政治形式则是以社团为基础的自治。因此，善治的实现程度在很大程度上取决于公民参与公共事务处理的广度和深度，公民社会的发展则通过促进民主法治观念的普遍化和深入化而推动政府善治的实现。中国20世纪80年代以来村民自治的发展有力地说明了这点。村民自治以村民民主选举、民主管理、民主决策、民主监督为内容，充分体现了民主在中国社会的现实进程以及政府公共行政模式的转变。

（2）公民社会的发展催生了服务型政府的理念。公民社会通过组建各种组织，提出各自的要求和价值标准为实现自身利益提供一个良好的平台和渠道。换句话说，公民社会的发展要求社会上的各类组织（包括政府组织和非政府组织）要以能实现公民的利益为第一要义。善治是政府的一种行政范式，它的合法性在很大程度上取决于政府回应力的高低。回应力意味着政府能否反映公民的需要并满足公民的合法期待。公民社会的发展本身意味着公民对政府提出了越来越多的要求，政府对公民要求与愿望的不同回应会在公众中产生强烈的参照效应，从而使对社会要求与愿望反应迟钝的政府面临着前所未有的最为严重的合法性危机、权威危机和信任危机。因此，公民社会的发展使得服务的理念成为政府行政中的基本和核心的理念，服务型政府也正因此而应运而生。

（3）公民社会的发展弥补了"市场失灵"和"政府失灵"的缺陷，提高了公共管理的绩效。当今经济改革和政治改革导致政府职能发生了重大转变，在经济领域和社会领域留下了广阔的管理和服务真空，这种真空对公民社会产生了强烈的需求。公民社会由于其非官方性、独立性和自愿性的特点，在社会管理工作中以其独特的优势发挥着重要的作用，特别是在完成微利或无利可图的任务，需要有同情心和对个人关心尊重的任务以及牵涉到贯彻道德准则和个人行为职责的任务方面倾向于更胜一筹。而且，最重要的是，他们推动社会资本积累的良性循环。由此形成的稠密的信任网络为稳定和成功的经济增长提供了一个平台。另外，公民社会还能有效地同企业相结合以推行社会计划。由此，公民社会一方面维护了竞争性的市场经济体制，在一定程度上克服了盲目性和无效竞争，并在一定程度上抑制了市场的外部负效应；另一方面又补充了政府的不足，满足了某些社会需求，从而在一定程度上避免了政府为满足这些需求可能产生的供给失效。发展公民社会是弥补市场缺陷和政府缺陷的重要途径。于是，愈来愈多的人热衷于以治理机制对付市场或国家协调的失败。

所以，虽然政府依然充当着非常重要的角色，但它不再是实施社会管理功能的唯一权力中心。政府应把职能定位于"掌舵而非划桨"，其控制的权力将从集中走向分散，把不该管而应由社会管的事还给社会，从而更好地管好自己份内该管的事；同时，又要极力培育和扩大社会权力，调动各种社会力量的积极性，参与公共事务的管理；另外，政府也要依法进行适当的监督管理，因势利导，善加利用，发展二者的良好合作关系。

（4）公民社会的发展强化了行政监督。行政权力从根本上说来源于人民，但行政权力一旦形成则往往脱离社会而凌驾于社会之上。公共行政权力在没有强有力的监督力量的控制下，极易造成权力的非公共运行，腐败便无法避免。极端的权力导致极端的腐化，孟德斯鸠说："一切有权力的人都容易滥用权力，这是万古不易的一条经验……要防止滥用权力，就必须以权力约束权力。"公民社会的发展促进了民主行政，而民主行政就是公民通过各种合法和合理途径参与行政的过程，这一过程理所当然包括行政监督在内。从逻辑上讲，民间组织的发展壮大并由此而形成的对公共权力强有力的监督力量是从权力的本源上来对公共权力进行监督。因此，这种监督比起公共部门自身的监督来说显得更为重要和有效。另一方面，公民社会的发展促进了公共管理主体的多元化，这种多元化能够使得对公共权力的监督更为频繁、公开和明朗化。

总而言之，公民社会行政的监督能从根本上促使行政权力服务于民，遏制行政权力的异化。因此政府善治要做到充分利用民间组织的监督资源，使公民的监督对官员的腐败行为起到特殊的震慑力。

第二节 第三部门的作用

现代社会科学领域把社会组织分为政府组织、企业组织和介于上述两类组织之间的社会中介组织（第三部门）三大类。第三部门作为政府实现公共管理职能的重要力量，已为越来越多的国家和地区所重视。特别是在市场经济体制下，第三部门在协助政府实现社会管理、社会服务和社会公平方面有着不可或缺的作用。

一、第三部门的含义

"第三部门"这个概念是由美国学者 Levitt 最先使用的。以前人们往往把社会组织一分为二，非公即私。Levitt 认为这种划分太粗陋，忽略了一大批处于政府与私营企业之间的社会组织。它们从事的是政府和私营企业"不愿做，做不好或不常做"的事。Levitt 将这类组织统称为"第三部门"（the third sector）。这类组织还有许多不同的称谓，如"非营利组织"（nonprofit sector）、"独立部门"（independent sector）、"慈善组织"（charitable sector）、"志愿组织"（voluntary sector）、"免税组织"（tax-exempt sector）、"非政府组织"（nongovernmental organization）等等。

这些概念涵盖的都是处于政府与私营企业之间的制度空间，但它们都各自强调不同的侧面，同时也容易使人望文生义而产生误解。如：

"非营利组织"强调这些组织的目的不是为了营利。但组织的使命不是营利，这并不等于说不能赢利。事实上，大多数非营利组织是赢利的。

"独立部门"强调这些组织相对于政府和企业的独立性。但事实是，由于此类组织存在着资金上对政府和企业的依赖，因此其独立性是有限的。

"慈善组织"强调这些组织的资金来源于私人的慈善捐款。但私人捐款并不是这些组织资金的唯一甚至主要来源。

"志愿组织"强调这些组织的运行主要靠志愿者捐助和服务。但随着这些组织活动的日益专业化，其成员大多是拿薪水的雇员而不是志愿者。

"非政府组织"的提法很容易使人产生误解。从字面上看，这一概念的外延要大于"第三部门"，因为所有非政府的私人机构包括私人企业都属于非政府组织，但很显然，"非政府组织"并不包括私人企业；在实际使用上，这一概念的外延又小于"第三部门"，因为"非政府组织"通常是指发展中国家以促进经济、社会发展为己任的组织，只是"第三部门"的一部分。

比较而言，"第三部门"一词较为中性，可避免望文生义而产生的误解。但缺点是很难从字面上了解其含义。那么，什么是第三部门呢？美国霍布金斯大学非营利组织比较研究中心从组织的基本结构和运作方式着手，认为凡具有以下五个特征的组织可被视为第三部门的一部分：

一是民间性，民间性意味着在体制上独立于政府，既不是政府的一部分，又不受制于政府。当然这并不意味着完全不拿政府的资助，或完全没有政府官员参加其活动。最主要的在于它在基本结构上是民间组织，不能为政府控制。

二是非营利性，非营利性意味着组织的利润不能分配给所有者和管理者。第三部门组织有可能赚取一定的利润，但利润必须服务于组织的基本使命，而不能放到所有者和管理者的腰包里。不以营利为目的是第三部门组织与其他私营组织的最大差别所在。

三是组织性，组织性意味着有某种程度的制度化。在市场与政府之间还有很多临时性的、非正式的群体，他们便不能算作第三部门的一部分。只有获得国家法律的合法承认，才能以法人身份主张权利、承担责任。

四是自治性，自治性意味着各个组织依法自己管理自己，既不受制于政府，也不受制于私营企业，还不受制于其他第三部门组织。

五是志愿性，志愿性意味着参与这些组织的活动是以志愿为基础的，而不是强制性的。这并不等于说组织收入的全部或大部分来自志愿捐款，也不等于说工作人员的全部或大部分是志愿者，只要参与者是志愿的就算满足这个条件了[①]。

据此，我们可以将第三部门界定为：各类以服务公众为宗旨，不以营利为目的，介于政府行政组织和市场组织之外的非政府、非营利性的带有志愿性的独立社会组织的总称。

二、第三部门的类型

第三部门内的组织基于各自的使命、资金来源、服务对象等不同而表现出巨大的差异性。总的说来，第三部门内部的差别要比政府和私营经济内部的差别大得多，因此，对其所做的分类是复杂的，当然也不是唯一的。

1. 联合国国际标准产业分类体系（ISIC体系）的分类

该体系的分类基准是各种组织的"主要经济活动"，目前在世界上已被广泛使用。非营利组织作为ISIC体系中的一个大类，并进而被划分为3小类、15

① 王绍光. 多元与统一. 第三部门国际比较研究. 杭州：浙江人民出版社，1999.9，10

分项：

教育：小学教育、中学教育、大学教育、成人教育及其他。

医疗和社会工作：医疗保健、兽医、社会工作。

其他社区社会和个人服务：环境卫生，商会与专业组织，工会，其他会员组织（包括宗教和政治组织），娱乐机构，新闻机构，图书馆、博物馆及文化机构，运动与休闲。

ISIC 体系的问题是涵盖面太窄。因为依据该体系的分类基准，只要组织收入的一半以上来自收费或政府补贴，便被排斥在非营利组织之外。

2. 欧共体经济活动产业分类体系（NACE 体系）的分类

NACE 体系是由欧洲统计办公室设计的，在该体系里，非营利组织被划分为 5 类、18 项：

教育：高等教育、中小学教育、职业教育、护理教育。

研究与开发。

医疗卫生：医院、诊所，医疗机构，牙医，兽医。

其他公众服务：社会工作、慈善机构、专业组织、雇主协会、工会、宗教组织和学会、旅行社。

休闲与文化：娱乐机构，图书馆、博物馆、档案馆、动物园，体育组织。

尽管 NACE 体系所涵盖的面要比 ISIC 体系有所扩大，但由于该体系坚持只有那些靠捐款运作的组织才能称作非营利组织，因此从总体上来说，NACE 体系仍然不能涵盖相当多的非营利组织。

3. 由美国慈善统计中心设计的免税团体分类体系（NTEE）

NTEE 体系涵盖的面很宽，包括 25 大类非营利组织：教育、保健、精神保健、特殊病症保健、医学研究、犯罪与法律、就业、食品与营养、住房与收容、公共安全与灾难防御、休闲与运动、青少年辅导、社会服务、文化艺术、环境保护、与动物有关的组织、国际问题、民权与推促、社区改造、慈善事业、科学研究、社会科学研究、其他公益活动、宗教相关活动、互惠组织。

该体系是按照美国第三部门的现状而做的分类，在 25 个大类中还包含了若干小项，与前两种体系相比涵盖面更广。但缺陷在于分类太细，过于繁琐，许多小项甚至是为某特定组织而设，很难适合美国以外的国家。

4. 由一批学者设计的非营利组织国际分类体系（ICNOP）

该体系将非营利组织分为 12 大类：

文化娱乐：文化艺术、休闲娱乐、服务性俱乐部。

教育研究：中小学教育、高等教育、其他教育、研究。

健康：医院康复、医疗机构、心理健康与咨询、其他健康服务。

社会服务：社会服务、紧急情况求助、社会救济。

环境：环境保护、动物保护。

发展与住宅：经济、社会、社区发展，住宅，就业与职业培训。

法律宣传与政治：公民与宣传组织、治安与法律服务、政治组织。

慈善中介与志愿性服务：募款服务、支援服务组织。

国际性活动：国际救护组织、人权组织。

宗教活动与组织。

商业与专业协会：商业协会、劳工联盟、专业组织。

其他。

由于该体系在分类上与各国非营利组织的实际情况较符合，因此成为一个受人们重视的分类标准。

我国目前尚无非营利组织的分类，1994 年颁布的中华人民共和国《国民经济行业分类和代码》没有将非营利组织设为一个类别，相关组织散落分布在社会服务业，卫生体育和社会服务业，教育、文化艺术及广播电影电视业、科学研究和综合技术服务业，国家机关、政党机关和社会团体，其他行业等产业大类中。

三、第三部门在我国的发展

1978 年以来，中国相继进行的经济体制改革、政治体制改革为中国第三部门的产生和发展提供了必要的条件。但综合而言，中国政治体制改革和政府职能的转变是中国第三部门发展的根本原因。在传统的行政管理体制下，政府长期扮演着"全能政府"的角色，突出表现为政府对整个社会的大包大揽：在经济领域，国家实行高度集中的计划经济，承担着配置社会资源的职责；在政治上实行以党的一元化领导为核心内容高度中央集权体制，抑制公民社会组织的发育成长。以转变政府职能为重点的行政体制改革如同经济体制改革一样，再次调整了政府与市场、政府与社会的关系，从而为中国第三部门的发展提供了更为广阔的空间。80 年代后中国的公民社会组织开始快速增长，到 1997 年，全国县级以上的社团组织达到 18 万多个，其中省级社团组织 21404 个，全国性社团达到 1848 个[①]。县以下的各类民间组织至今没有正式的统计数据，但保守估计至少在 300 万个以上。除社团组织外，至 1998 年，我国民办非企业单位的数量也达 70 万个以上。总体上看，我国第三部门主要呈现出以下特点：

1. 独立性差

我国绝大多数重要的非营利组织由政府创建，并受到政府的主导，政府对第三部门的主导主要通过以下途径实现：

---

① 民政部. 中国民政工作年鉴·1999. 北京：中国社会出版社

其一，业务主管。根据我国社团登记管理条例和民办非企业单位登记管理暂行条例，一个机构要想在民政部门登记注册为社会团体或民办非企业单位，首先必须找到一个业务主管单位。政府对非营利组织采取双重管理体制，即由注册登记机关（民政部门）和业务主管部门对非营利组织的成立、变更和注销登记以及日常性业务活动进行双重管理。

其二，领导委任。我国有近2/3的第三部门的主要管理干部或者直接来源于业务主管部门的派遣和任命，或者由组织负责人提名并得到业务主管部门的审核和批准。因此，我国大部分第三部门没有独立的人事任免权，其负责人缺乏足够的管理控制权。这必然造成我国第三部门积极性、主动性、创造性的缺乏以及效率的低下。

其三，资金支持。我国第三部门最主要的收入来源是政府拨款和补贴，居第二位的收入来源是会费收入。调查显示，仅政府提供的财政拨款、补贴和会费收入就占了70％以上；而营业性收入仅占总收入的6％左右。这表明我国第三部门对政府的依赖性很强，缺乏竞争的动力和机制。营业性收入如此之少也从一个侧面反映出我国第三部门服务的数量不多，服务质量偏低。

2. 成熟度低

由于文化传统、市场程度和政治制度的差别，与西方发达国家相比，我国第三部门的发育还不成熟，其应有的民间性、志愿性和非营利性特征还不十分明显。尤其是我国绝大多数非营利组织都是在 20 世纪 80 年代中期以后成长起来的，只有近 20 年的历史，它们本身还处在变化发展之中，无论是其结构还是功能都还没有定型。

3. 规范性弱

虽然 1998 年民政部修订颁布了试图规范社团组织的新的管理条例，但从规范本身以及规范实施后的效果来看，我国第三部门的规范化还任重道远。一方面存在社团行政化倾向，有些社团与行政机关几乎没有区别，如工会、共青团和妇联、文联、作协、科协、工商联等。它们不受社团登记管理条例的约束，直接接受各级党政机关的领导，享有一定的行政级别；另一方面存在社团企业化倾向，打着"非营利"的旗帜，但还是把追求经济效益放在第一位，使非营利的社团组织变为营利的企业。

以上问题的直接后果是：一方面，中国经济体制、政治体制改革，需要第三部门来承担以往由政府包揽的提供公共物品和社会福利的某些职能，满足社会的需求，而中国的第三部门还非常弱小，能力极为不足，还难以承接政府转移的职能，从而影响到改革开放的顺利进行；另一方面，尽管政府提出了培育和发展民间组织的战略方针，然而却迟迟不敢放松对第三部门的管制。从而导致一管就死、一放就乱的恶性循环。当前，我国现实而理性的选择是培育第三部门，促使其发展壮大，从而为建设服务型政府创造良好的社会条件。

四、第三部门对我国经济与社会发展的作用

第三部门的活动既不是基于一种强制性的规范，也不是以交换服务或商品来获取利润，它的最显著特征是非营利性、志愿性。第三部门之所以在社会中具有相当的影响和积极的作用，在于它是对政府和纯营利性组织社会功能的补充。因此，第三部门对正处于转轨期的我国经济和社会发展具有深远理论意义与实践价值。

（1）第三部门在一定程度上克服了政府失灵和市场失灵。我国在从计划经济体制向市场经济体制转化的过程中不可避免地出现了政府失灵现象和市场失灵现象，即政府无法有效实现对公共事务的管理，市场失去对资源进行合理配置的作用。第三部门以其公益性、非营利性的活动弥补市场因不能有效提供社会公共产品以及社会公平缺失的缺陷；同时，第三部门以其志愿性、服务性弥补政府官僚主义、行政低效率和寻租的缺陷。

（2）第三部门有利于我国社会保障体系的建立和完善。第三部门具有很强的社会服务功能，由于第三部门是以理想、价值的实现不是以营利为目的，比起政府行政和市场化的商业经营，其社会性福利服务在管理上也更具人性，同时对受助者的需要反应更为积极。因此这种组织形式及其活动能有效增进一个地区的公共利益，推动该地区社会保障体系的建立和发展。

（3）第三部门加速了政府职能转变和社会转型。第三部门活动范围涉及教育、扶贫、社会福利、环境保护等诸多方面，形成了巨大的社会资源网络，整合了分散于民间的社会资源，提供了大量价格低廉的服务给低收入阶层，减轻了政府负担，促使政府职能渐趋专一化。同时，第三部门还提供了大量就业机会，增加社会资源运用的透明度与合理性，援助社会弱势群体，推动欠发达地区与弱势产业的发展，扩大社会公平，缩小贫富悬殊，促进社会改革进程等。这都为政府职能的转变和社会转型提供了有力的支撑。

（4）第三部门一定程度上促进加强了政府和社会的整合。在改革之前，公民与政府、企业等组织机构的整合，主要是通过单位制来完成的，尤其是城市就业居民全面依附于其所在的单位。进入转型期后，单位制解体，公民与社会组织的关系需要由一种新的整合方式来维系，第三部门的兴起犹如在政府与公民之间搭建了一座桥梁，它一方面传导政府政策，另一方面又反映民众诉求，使政府以一种新的社会整合方式实现了对社会的控制。

（5）第三部门倡导了社会文明。面对市场原则带来的"金钱至上"之风和科层体制造成的人际疏离，第三部门所倡导的关心人类发展，互助互爱的旨趣及其坚守的人道主义精神如同扑面春风，给社会带来了一股清新空气。一些第三部门中的志愿组织，通过各种非营利的、公益性的活动，帮助人们学习和实践公共道德，学习文明的生活规则和与人相处之道，关心共同利益，积极参与社会生活，倡导社会成员间团结互助的人际关系和无私奉献的道德风尚，这一切具有提高公民素质，倡导社会文明的积极作用。

此外，第三部门在人权、环保、国民素质能力培养以及转型期社会的成员权益维护方面做了很多工作。这些工作可以在一定程度上缓解市场化或全球化进程中的弊病。第三部门中还有一部分团体是由海外组织发起创办的，它们成为全球第三部门网络中的一部分，扩展了我国对外交流与合作，有利于我国经济和社会的开放与发展。

第三节 社区的作用

一、社区的含义和类型

社区（community）含义是指：一定区域内有特定生活方式并且具有成员归属感的人群所组成的相对独立的社会共同体。它一般为地域性的、规模较小的基层社区。我国目前所称的社区在城市一般指街道、居民委员会，在农村则指乡、镇或自然村。社区主要由以下几方面的要素构成。

1. 地域要素

社区是地域性的社会，必须占有一定地域，它是人们从事社会活动的区域。比如我们目前的城市社区——街道，就是以马路、河道等交通干线来规划的行政区域。没有地域要素，社区就不可能存在，这一点是不言而喻的。

2. 人口要素

从社区的定义中，我们可以很清楚地看到，社区是由特定人群、特定人群文化和特定人群活动构成的社会共同体。只有地域范围而没有人群则仅仅是区域的概念而非社区概念。人口要素中反映的是社区人口的数量、构成和分布。

3. 区位要素

特定的人群及其特定的活动在地域分布上往往具有一定的规律，这些规律构成社区的区位要素。如商业区、商务中心区、教育文化区、工业区、物流中心区等。由于传统、地理、交通原因，相对形成不同区域的产业分工，形成社区间的结构差异。需要指出的是，处于不同区位的社区对公共产品和公共服务的要求存在着差异性。

4. 结构要素

社区的结构是指社区内的各种社会群体和组织相互之间的关系。社区是地域性的社会，在社区的地域范围内，存在着诸多的社会群体和组织，包括党政机关、服务机构、生产单位、学校、医院、政府职能部门的派出机构、居民委员会、业主委员会、家庭、邻里等以及社区居民自发组织的各种群众团体。随着社区承担的职能不断增加，如社会保障、帮困扶贫、社会治安、社区服务、社区活动、社区环境、离退休人员和下岗待业人员的管理等，社区的结构要素愈加复杂。

5. 社会心理要素

社会心理要素一方面是指受文化传统、区位要素和结构要素影响，社区成员所形成的特定的价值观念和思维方式，该价值观念和思维方式直接决定着人们的生活习惯和行为方式；社会心理要素另一方面是指社区成员对社区的归属感即社区成员参与各种社区活动并享受社区所提供的各种服务，通过这些社会活动，满足社区成员生活、情感和自我发展的需要。由于长期的生活相处，社区成员必然会对所在的社区产生一种特殊的感情，他们为自己社区所取得的成就而自豪，为自己社区的落后而感到耻辱。

6. 约束要素

由于社区结构要素的复杂性，社区成员在组织使命以及个人年龄、受教育程度、工作性质、宗教信仰、兴趣爱好、物质条件等方面存在着巨大的差异，这必然导致社区成员对社区中存在的问题有不同的认识角度、理解程度、响应程度和参与意识，很难达成一致，为了协调这些问题，就必须要有一套规章制度、行为准则等约束要素。与国家法律具有强制性不同的是，社区的约束主要依靠公民意识的教育、公序良俗的推进以及社区公约的制定。

7. 物质要素

社区进行各种活动，必须要有各种物质要素的支持。如社区组织的办公场所和办公设施；社区教育、文化娱乐、大众健身、社会治安方面的场所和设施；公共交通和公共绿地等资源。

二、社区的类型

由于社区内涵的复杂性，人们可以从不同的研究视角、依据不同的标准对社区进行分类。

1. 以社区的空间特征来划分

按社区的地域空间特征可将社区分成三类：

（1）法定社区。

在我国，法定社区是指基层政府根据居民（村民）居住状况、人口多少、便于自治的原则设立的社区。如城市中的居民委员会（2000 年调整规模以后的居委会辖区，冠名为社区）和农村中的村民委员会①，所辖的地域范围都是法定社区典型。

（2）自然社区。

自然社区是人们在生产和生活中自然形成的聚落。如农村中的自然村落。这类社区内成员的血缘、亲缘、地缘关系密切，宗族的势力较大，成为维护、管理社区的一支重要力量，乡规民约和宗族家法构成社区的约束要素之一。

（3）专门功能的社区。

专门功能的社区是指人们从事某些专门活动而形成于一定地域空间的聚集区，如高新技术区、出口加工区、大学城等。

2. 以农村-城市边界理论为标准来划分

（1）农村社区。

指以从事农业生产为主要谋生手段的农民所形成的区域范围。这类社区的人口要素的同质性强，受教育程度、工作性质、信仰、爱好等都比较一致；结构要素比较简单，组织结构和以家庭为单位的社会结构较为单一，社区活动也比较简单；约束要素受传统势力和习惯的影响较大；社会心理因素方面往往有相近的价值观念和行为方式，对社区的认同感强，在我国，其成员社区活动的参与率显著高于城市社区；物质要素中的服务设施、物质条件等比较简陋。

（2）城市社区。

指在城市区域内，由各种职业的人群所组成的区域范围。其特征表现为人口数量密集，异质性强；结构要素中各种社区组织和群体多样，社区成员间的关系松散而复杂；社会心理要素中价值观念多元化，在我国，社区成员对社区的认同度低于农村社区；社区成员的行为主要受法律、法规和社会公德的约束，社区内约束因素较少且对成员的影响也不强；物质要素中的设施较为齐全。

（3）集镇社区。

它是由生活在集镇范围内，主要以不从事农业劳动生产的人群形成的区域范围。在社区要素特征上介于农村社区和城市社区之间，具有农村社区向城市社区过渡的特征。

三、建立完善的社区治理结构——以城市社区为例

自 20 世纪 90 年代以来，政府一直把社区建设作为一项重要工作来对待，并将社区建设的基本目标定位于社区自治。那么，社区自治是否意味着政府不能介

---

① 习惯上使用的"行政村"概念容易导致混淆，由于村民委员会是由基层行政组织运用行政手段设立的，故称行政村，这并不意味着村民委员会具有行政功能和行政权力

于社区的公共事务而由"全能社区"包揽除政府行政事务以外的所有公共事务呢？这个疑问实质上反映了长期以来人们脑海中将政府管理与社区自治对立起来的传统观点，它忽视了两者之间的合作与协调。社区建设正确的思路应该是在解决社区公共问题的时候，政府组织与社区组织之间良好合作，发挥各自的功能，加强两者之间的沟通与协调，形成完善的社区治理结构。

在计划经济体制下，国家对城市社会的管理主要通过单位制度和街道居委会制度这两种方式来完成的。国家成为社会管理的唯一主体，并通过行政体系对经济社会生活实行全权化管理，各类全能性的"单位"组织则是实施管理的基点。单位制度以部门和行业为主线，将城市居民组织到各个单位之中。单位中的个人依赖所在的单位获得住房、医疗、教育等各种生存的资源，实际上形成了"国家—单位—个人"的依附链条，国家正是依靠这种依附链条，把城市中的居民整合到不同的部门和行业之中。街道—居委会制度主要是管理单位制度以外的居民，而在计划经济条件下，单位制度以外的居民数量较少，所以，街居制度在城市社会中并不占居主导地位，只是起到"拾遗补缺"的作用。

随着经济体制和政治体制改革的深入，原有的城市社会管理体制遇到了严峻的挑战，主要表现为：① 城乡人口流动加剧，大量农村人口涌入城市，给传统以户籍为基础、城乡分治的城市人口管理提出了新课题；② 随着国有企业的改革和政府机构改革、职能转变，我国的政府机构和企事业组织进入了"后单位时代"，原来由单位提供的社会公共服务需要有新的主体以新形式来提供；③ 随着住房、医疗、养老、就业等制度的改革，城市居民与所在社区的关系愈来愈密切，他们对社区服务、居住环境、文化娱乐、医疗卫生等方面提出多层次、多样化的要求；④ 随着各项任务向社区集中，相关的制度配置又没有到位，导致社区内部的矛盾和问题不断增加，单一的行政手段已经很难有效地解决这些问题。情况表明，与计划经济体制相适应的以单位制度为主的社会管理体制已经失灵，迫切需要找到一种新的管理体制以有效地解决改革过程中出现的各种问题。在原有的单位体制无法使用的情况下，街道—居委会制度就成为现有条件下国家可以直接利用的组织资源和制度资源。但由于历史原因，原有的街道和居委会并没有能力承担这一使命。因此，重建城市社区组织，明确政府与社区的各自定位，建立良性互动的治理结构成为社区建设的合理选择。

（1）促进社区治理主体的多元化。治理意味着政府并不是唯一的权力中心，各种公共的和私人的机构只要其行使的权力得到公众的认可，就都可能成为在各个不同层面上的权力中心。当前，在我国社区建设中应充分发挥政府、社区组织、第三部门和私人企业的积极作用，加强政府与社区组织、社区成员的合作。当前主要是取消政府对第三部门进入社区设置的障碍，政府应支持非营利组织在社区内获得开展活动的持续资源。非营利组织在加强自身能力的同时，不断与政府沟通，督促政府在社区政策方面进行有利于自身的改革。

（2）建立多元互动的合作网络权威。治理是一个上下互动的管理过程，应改革政府传统自上而下的权力运作方式，建立政府、社区组织、第三部门、社区成员之间的多元互动的网络型运作模式，使社区治理组织体系由垂直科层结构转变为横向网络结构，建立以社区共识和认同为基础的，充分发挥社区能动性和自主性的治理机制，为社区居民提供多元化、专业化、高效率的社会公共服务，满足居民物质和精神需求。

（3）增强社区成员的参与意识和民主意识。社区治理的模式是"共居、共管、共建、共享"。美国学者埃莉诺·奥斯特罗姆认为："社区治理通过借助既不同于国家也不同于市场的制度安排，可以对某些公共资源系统成功地实现适度的开发与调适。"① 通过健全社区组织体制与管理制度，为社区居民参与社区治理提供制度途径。通过培育居民自发性的小社团、构建社区参与网络，能提高居民参与的积极性，增强社区信任和合作，增加居民对社区发自内心的认同与共识，扩大社区治理的合法性基础，促进社区治理工作的顺利进行。

（4）促进制度创新，保持社区持续稳定的发展。我国城市社区治理制度建设是政府主导下的强制性制度变迁。政府始终是制度创新的主导力量和制度供给主体。它的新制度供给能力和意愿决定着制度变迁的方向、形式、深度与广度。如果单一由政府进行制度供给，可能将会出现制度供给短缺问题。因此，应保持社区治理参与者之间的适度分权，授予社区治理者与其角色相对应的社区决策权、管理权、执行权和监督权。当政府因进一步下放权力而显得创新动力不足时，社区组织和居民却因权力或利益的增加而激发了社区改革的主动性和积极性。这样，体制创新将由单纯的政府推动转变为由政府和社区组织、社区成员等多元主体推动的制度变迁或制度博弈。这种通过竞合关系形成社区治理制度的机制将有力地促进社区乃至整个社会的持续稳定与发展。

➤本章小结

1. 公民社会是指国家和家庭或个人之间的一个社会相互作用领域及与之相关的价值或原则。公民社会包括私人领域、公共领域、志愿性社团和基层群众自治组织等结构要素以及个人主义、多元主义、开放性和公开性、参与性和法制原则等文化特征。

2. 公民社会与政治国家的关系是公民社会理论研究的核心，两者之间关系的模式有公民社会制衡国家、公民社会对抗国家和公民社会与国家共生共强、合

---

① 埃莉诺·奥斯特罗姆. 公共事务的治理之道. 上海：上海三联书店，2000.10

作互补。

3. 公民社会的发展对于扩大公民政治参与、催生服务型政府的理念、弥补"市场失灵"和"政府失灵"的缺陷、强化行政监督等方面具有重要意义。

4. 第三部门是介于政府组织和私人企业组织之间的非政府、非营利的公民社会组织。具有民间性、非营利性、组织性、自治性和志愿性特征。

5. 第三部门对于克服政府失灵和市场失灵、建立和完善社会保障体系、转变政府职能、加强政府与社会的整合和倡导社会文明方面具有重要作用。

6. 社区是一定区域内有特定生活方式并且具有成员归属感的人群所组成的相对独立的社会共同体。社区包括地域、人口、区位、结构、社会心理、约束、物质等要素。

7. 通过促进社区治理主体的多元化、建立多元互动的合作网络权威、增强社区成员的参与意识和民主意识以及社区制度创新，形成完善的社区治理结构，保持社区和整个社会持续稳定的发展。

➤关键术语

公民社会　私人领域　公共领域　第三部门　非营利组织　社区　法定社区　自然社区

➤案例　上海：全国最大规模 NGO 改革*

1. 市长发火了

2004 年 3 月 1 日，上海市工业商业会议。范林根坐在会场的第一排，主席台上，上海市市长韩正正在讲话。

范林根是上海市石材流通行业协会秘书长，他听到韩正突然将话题转到了行业协会，口气异常严厉。

"政府要改革，不能什么都包揽。一些政府部门主管的行业协会养了一堆人，然后向企业收费，增加企业负担。有些部门名义上是改革了，却将不方便做、不敢做的事情交给行业协会，这些行业协会成了'二政府'，成了政府部门收费的载体！"

韩正说，"这几年，政府部门的审批收费，包括转移到行业协会向企业收取的费用，每年多达 45 亿元。"

会后，新华社报道：上海市市长"痛斥某些部门借行业协会捞钱"。

---

*上海：全国最大规模 NGO 改革. 南方周末，2004-03-25

当时身在现场的范林根认为，"韩正的话讲得很重，他的用意很明显，是在敦促政府部门，坚持推进上海市的行业协会改革。"

有消息说，被韩正点名"捞钱"的一家行业协会，向下属门窗制造安装企业强行收取所谓咨询辅导费，会后感到了莫大的压力。

散会后，范林根很兴奋，他找到了协会的主管部门——上海市经委的领导，提议再开一个座谈会，"好好领会一下韩正的讲话精神"。

上海市经委的一名官员对记者说："行业协会的这些问题在全国各地同样存在，上海从两年前率先开始动起了手术。"

"既然动手术，肯定是要疼的，市长的讲话主管部门能够理解。"

2. "手术"进行时

上海关于行业协会的大规模改革始于两年前。2002年1月11日，上海市行业协会发展署挂牌办公。同日，上海市政府颁布《上海市行业协会暂行办法》。

从全国来看，"行业协会发展署"这样的政府机构只有上海市一家。上海市政府的意见是："争取用一年左右时间完成全市现有行业协会的调整和改革。"

但是，用一年时间解决体制几十年遗留下的问题，可能性有多大？当时就有媒体提出了这个问题。

在接下来的一年内，上海市行业协会改革的大会小会不断，改革开始铺开。

这场改革，被一些人称为"很超前"。就全国而言，这是第一个对行业协会进行自觉改造的地方变革。在政府权力日渐退出市场经济领域之时，独立有效的NGO（非政府组织）的勃兴成为必然。

温州的诸多行会自发而生，作用显著。中国大多数地方和上海一样，长期以来存在一套旧有的行业协会系统，但其角色模糊，行动乏力，具有强烈的官方色彩和依附倾向。这些地方面临的共同问题是：如何改造老系统？如何在老系统的基础上培育出新生力量？而不是像温州一样，在空地上生长出高楼。

因此，上海背负着传统的此次改革颇为引人注目，也更有参照价值。

2002年以前，与国内其他地方一样，上海市对行业协会的管理采取的是二元模式，由民政部门社会团体管理局与各行业协会主管部门共同管理。

行业协会发展署成立后，上海的管理模式从二元过渡到了三元，也使政府部门原有的行政权力面临重新洗牌。

一名曾经参与过当时改革座谈的行业协会会长说："当时的情况是，行业协会的会长大多由政府部门的领导担任，他们掌握着各行业协会的实权。主管部门一方面可以通过行业协会养些人，更重要的是，在必要的时候，行业协会又可以变成行政权力的隐身符，想用就用，进退自如。别看平常行业协会不太受重视，但真要让政府部门将这些权力交出来，也不是那么容易的事情。"

如今，上海市行业协会发展署、社团管理局、各相关行业业务主管部门的角色都已重新界定。

上海市规定，行业协会发展署是本地行业协会事务的管理机关，包括分支、代表机构的筹备申请；审查各行业协会的筹备申请、成立登记、变更登记、注销登记。

上海市社团管理局的职能不变，依然是法律规定的各行业协会的登记管理机关。但是，登记前，必须持有行业协会发展署的批复文件。

在三元管理模式中，行业主管部门的权力受到了最大的约束。

2002 年 10 月 31 日，《上海市促进行业协会发展规定》出台。其中第 8 条规定：政府相关工作部门的机构、人事和财务应当与行业协会分开，其工作机构不得与行业协会办事机构合署办公。国家机关工作人员不得兼任行业协会的领导职务。

上海市商委主任蔡鸿生原先担任上海市拍卖行业协会董事长，2002 年换届时，主动卸去了头上的这顶帽子。与蔡鸿生一样，不等政府发红头文件，主动"摘帽子"的政府官员在这两年络绎不绝。

这些摘了协会帽子的官员有时也受邀给行业协会的活动剪彩，但到了现场，他们往往声明，只是剪彩，剪刀一挥，掉头走人。

上海市政府给主管部门划分的职权是："负责行业协会的思想政治工作、组织人事管理、对外交往。"

除此之外，政府主管部门必须加速退出不涉及重大公共利益的职能范围。

上海市副市长杨晓渡说："市场经济条件下的社会权利结构是多元多层次的。市场经济以承认各市场主体追求自身利益的积极意义为基础。政府应该回归社会公共利益整体代表的定位，同时明确行业协会是行业共同利益代表的定位。"

行业协会发展署与行业协会之间究竟是怎样的一种关系？杨晓渡曾打过一个比喻：政府可以育苗、浇水、施肥、锄草，可以给予阳光雨露，但不能拔苗助长。

2002 年，上海市仅国民经济行业分类就有几百个，而行业协会仅仅有 130 多家。与解放前相比，上海市目前的行业协会数量也只是从前的 1/5。

2002 年，上海市定了一个新增行业协会数量的硬指标——30 家。2003 年，上海市新增的行业协会数量依然不少于这个数字。

他们为优先发展行业协会的领域开列出了一个"清单"，其中包括：信息业、新兴制造业、金融业、现代流通业、现代服务业等。

在"浇水施肥"与"拔苗助长"之间，是政府部门进行行业协会改革时最难拿捏的关键。其中，一方面要切断那根连着权力的脐带，一方面也要防止形成权力与金钱的依附。

目前，上海市政府与行业协会之间可以公开发生金钱往来的惟一关系便是

"购买服务"。比如装饰装修行业协会承担了市建委的日常整治工作，建委向行业协会支付 16 万元经费。上海市信息办每年都要花数十万向行业协会购买电子通信市场的调查报告。

"购买服务"也成为政府扶持行业协会转型的一种手段，使其不至于在官方到民间的角色转换中过于脆弱而夭折。

改革的另一个关键是解决"养老院"的问题。行业协会为人诟病的一个重要原因是，它在很大程度上成了机关单位安置老人的一个分支机构。

前几年，上海市行业协会从业人员的平均年龄接近 60 岁。当地的一位同行告诉记者，每次参加行业协会的会议，眼前的头发白茫茫一片。

"老人"问题说白了是退休后的待遇。上海市规定，原属机关编制的，男士年满 55 周岁、女士年满 50 周岁，其人员的编制、供给关系仍保留在机关额度内；如果没有达到这个年龄，待遇参照企业，但是退休的养老金分段计算。

上海市希望通过这种办法，使"老人"的数量按时间自然递减，直至最终解决这一问题。

3. 在变革中迂回行进

上海市威海路 48 号，行业协会发展署。各行业协会的负责人近两年来经常来这里参加培训。

讲师在会场上大声向这些工作了几十年的老同志灌输这样一个观念：行业协会不是政府机关，也不是营利机构；不是政府的附庸，也不是政府的对手。

会场上坐着的大多是中老年人，对他们来说，人过中年以后还要重新学习培训，是一件新鲜但绝不轻松的事情。

上海市对行业协会从业人员的培养方向是"职业化"。培训仅仅是一种方式，在他们的计划中，上海市还将建立行业协会工作人员职业化的市场准入制度，逐步实行经考核后持证上岗。

这些行业协会的负责人明显感到气候正在发生变化。对这种变化感受最强烈是那些曾在体制内游走过的行业协会领导人。

一名年过花甲的行业协会的老会长几次委婉地谢绝了记者的采访，他推荐记者和那些新行业协会的领导多聊聊，他向记者说："他们才是行业协会的未来。"

新老行业协会的对比，从双方印制的会刊上可以看出明显的比较。前者精美，有实在的内容和会员企业的宣传广告，后者往往是薄薄的几页纸，印着一些文件法规。

那名谢绝采访的老会长提起了范林根，范林根曾经是上海市经委一名享受处级待遇的干部，2002 年，他主动提出创办石材流通行业协会。这意味着，他将不能再享受体制内的好处。

范林根 36 岁，是学经济的博士。他这样解释自己选择的理由："我是学经济的，身上有些书生气，像我这样的人，既不愿意在体制内无所事事，也不愿意直接下海经商。在我看来，行业协会是做一个事业的平台，正是像我这样的中间人适合的。"

两年下来，上海市石材流通行业协会已经在业内很有名气。范林根觉得做了几件得意的事情：

2002 年，上海市正大广场装修，一下用了七八万平方米的进口澳大利亚砂岩。国外行业协会借口抬价，他们联合国内的进口商进行对抗，开始发出中国石材行业协会的声音。

一些政府部门在大型公共建设中普遍偏爱昂贵的进口石材，又不注意保养，上海市石材流通行业协会便开始不停地游说，力劝政府部门采购国产石材，这一行动已产生了一定影响。

此外，石材流通行业协会一年要办 8 个展览，越来越多的国内外石材产地以及经销商不敢小看他们。

这一切，让范林根感到"很有成就感"。他说，这种体验无法在机关办公室里获得。

对于这几件得意事，在去年的年会上范林根向会员企业做了汇报。"在这过程中，赢得了数十次掌声，"范林根有点得意，"这说明企业对于协会的信任和感谢。"

因为工作的关系，范林根常与各种各样的行业协会打交道。他说："现在主管部门确实不再像婆婆那样管我们了，行业协会发展署也很少干涉我们具体的事务。"

与内地相比，范林根感觉上海行业协会的改革是超前的。他在与福建等地的石材行业协会打交道时，发现这些地方代表企业出来说话的基本上都是当地的市长。在石材流通行业协会举办的论坛上，一下就来了六七个市长，而上海方面没有一个官员出席。

在找市长还是找市场的问题上，上海正处在一个迂回变革的时期。

范林根说："我们当然希望政府对行业协会的管理能够更加简化，尽管我们能够理解在过渡阶段政府所采取的一些做法。"

目前，石材流通行业协会的经费来源有这么几块：一是每个会员企业每年 1 000 多元的会费，共有 300 多个会员；二是政府委托其市场调查，"购买服务"；三是办展览。

在这中间，会员是其"衣食父母"，因此协会站在企业的立场成了一种当然的选择。

上海的改革目前还只是进行了最初的几步，离理想状态仍有距离，而且，改革过程中仍不断有新的问题需要解决，行政化的推进模式如何与市场需要结合起来，还需要摸索。同时，这场改革只能在大的体制下进行，有些现状无疑是有些尴尬的。例如，对行业协会违法违规行为的执法，上海市行业协会发展署的职能仅仅是协助，执法主体依然是社团管理局。

国务院发展研究中心研究员李国强曾建议：政府对社团管理应明确分类，把经济类社团从中单列，与政治性等其他类别社团分别管理，放松对经济类行业协会管制，给予充分自主管理权。

按规定，建立行业协会必须要有一个政府主管部门。李国强建议，不要求行业协会找主管婆婆，由行政审批部门一家管理、监督就行了，同时重新定位现行行政审批部门职能。

上海市会展行业协会的一名工作人员曾向记者说，如果不能突破行业协会制度框架，上海市行业协会发展署这样的机构就很难树起真正的权威。

对于上海而言，很多都是时间的问题，最重要的是，他们已经在政府改革最坚硬的部位开始了手术。

【讨论题】

上海市为什么要对行业协会进行大规模改革？上海市在政府与行业协会的关系上做出了哪些调整？调整的意义何在？你认为改革可能会遇到哪些问题？

复习思考题

1. 公民社会的文化特征有哪些？
2. 如何理解公民社会与政治国家的关系？
3. 第三部门对促进我国经济与社会发展有何作用？
4. 联系实际阐述我国社区建设存在的问题以及如何完善我国城市社区的治理结构。

第七章

公 共 政 策

　　政府对市场与社会进行公共管理最主要的工具和手段就是公共政策。社会资源和公共物品的生产、分配与调节，归根到底都是通过公共政策的途径来完成的。现代公共管理的整个过程，就是对公共政策的谋划、制定、执行评估及调整的过程，公共管理的优劣也是由公共政策的实施是否有效而反映出来的，公共政策是公共管理实践的灵魂。本章我们首先讨论公共政策的概念、性质、功能及主客体等一系列基础性问题，而后着重就公共管理的过程（制定、执行、评估和调整等）进行分析。

第一节　公共政策的性质

　　公共政策是第二次世界大战之后发端于主要工业发达国家的公共事务研究。现代社会发展过程中，出现了大量新的复杂的社会问题，如犯罪与社会安全、公平与经济发展、种族与社会和谐、战争与外交方针、污染与环境保护，以及住房、卫生、社会保障、公共交通等一系列实际问题。人们对这类问题的关注与日俱增，因此产生了对政府制定公共政策的能力、程序、方式以及质量的关注和不满，公共政策学科由此应运而生。

　　作为一门学科的政策科学研究是从 20 世纪中期兴起的，其标志是 1951 年拉纳（Daniel Lerner）和拉斯维尔（Harold D. Lasswell）合著的《政策科学：范围和方法的新近发展》（*The Policy Sciences：Recent Development in Scope and*

Method）一书的出版，该书对政策科学的研究对象、内容及发展方向做了规定。拉斯维尔也因此被政策科学界誉为"现代政策科学的创立者"①。到了 1960 年，美国联邦政府率先吸收和采用了政策科学的研究成果，将其直接应用于联邦政府所面临的若干大型、复杂公共政策问题的研究和处理，成功地大规模集中和组织了专业力量，解决了诸如国防、空间探索、高新尖端科技开发等领域的重大问题，从而引起各国政府和理论界的普遍重视。政策科学在随后的年代里被普遍接受并且得到迅速发展。

一、公共政策的概念

政策科学以社会政治生活中的政策领域，即现实的政策实践、政策系统及政策过程作为研究对象，政策科学有自己相对独立的研究领域，这是作为一个独立学科的政策科学形成和发展的基本前提。

1. 公共政策的定义

对"公共政策"的概念下一个准确的定义是很困难的，许多公共政策的研究者们都尝试着为其做出定义。当代对公共政策的定义可划分为三个主要类别：

一是以威尔逊、伊斯顿为代表的以管理职能为中心内容的界定。强调公共政策是政府为解决社会发展中的重大问题而实施的管理手段；公共政策是政府从自身利益和公众利益出发进行的具体管理；公共政策是政府为主的由各种利益个体与群体参与的管理活动。

二是以拉斯维尔、安德森为代表的以活动过程为中心内容的界定。强调公共政策是政府有明确目标的活动；公共政策是政府动用大量资源，通过相关的规定、措施来实施决定的活动过程；公共政策是包括决定、实施等环节在内的具有连续性的活动过程。

三是国内多数学者赞同的以行为准则为中心内容的界定。强调公共政策是政府为实现某一目标而制定的谋略，公共政策是引导个人和团体行为的准则，公共政策是管理部门保证社会或某一区域向正确方向发展的行动计划或方案②。

以下是相关中外学者给公共政策所下的定义：

W. 威尔逊：公共政策是具有立法权的政治家制定出来的由公共行政人员所执行的法律和法规。（缺点：过于狭窄。公共政策不能只限于法律法令；决定公共政策的不只是政治家，还有利益集团、阶级阶层、社会公众；执行公共政策的也不只是公共行政人员，还有政治家、利益集团和社会公众。）

---

① 陈振明. 政策科学：公共政策分析导论. 北京：中国人民大学出版社，2003.6
② 胡宁生. 现代公共政策研究. 北京：中国社会科学出版社，2000.6

H. 拉斯维尔：公共政策是具有目标、价值与策略的大型计划。（这种理解强调作为政府行为的公共政策的设计功能及其目标性，是对的。但公共政策在本质上应当是一种判断哲学或行动哲学——采取行动和解决问题，而不是科学哲学——寻求真理。公共政策当然要关注合法性、合理性、公正性等社会价值标准，但更关注如何寻求和运用一定的方法以有效地解决实际的社会公共问题。因此，该定义是不全面的。）

D. 伊斯顿和卡普兰：公共政策是对全社会的价值所作的权威性分配。（这种理解从政治学原理的角度出发，强调的是公共政策的价值分配功能。它对价值的理解是最广义的，包括了一切有用的资源。）

I. 沙坎斯基与 T. 戴伊：公共政策是涉及大量人力和资源或关系到很多人的政府决定；凡是政府决定做的或不做的事情就是公共政策。（或译作公共政策是政府选择作为或不作为的行为。这种理解突出强调了公共政策的行为特征。）

陈振明：政策是国家机关、政党及其他特定政治团体在特定时期为实现一定社会政治、经济、文化目标所采取的政治行为或规定的行为准则，它是一系列谋略、法令、措施、办法、方法、条例等的总称[①]。

胡宁生：公共政策是以政府为主的公共管理机构，为确保社会朝着政治系统所确定、承诺的正确方向发展，通过广泛参与的和连续的抉择以及具体实施产生效果的途径，利用公共资源，达到解决社会公共问题，平衡、协调社会公众利益目的的公共管理活动过程。公共政策是对社会的公私行为、价值、规范所作出的有选择的约束与指引，它通常是通过法令、条例、规划、计划、方案、措施、项目等形式表达出来的[②]。

综上所述，可以将公共政策界定为：公共政策是一个国家中的社会治理策略的总称。具体讲，公共政策是国家（政府）、执政党及其他政治团体在特定时期为实现一定的社会政治、经济和文化目标所采取的政治行动或所规定的行为准则，它是一系列谋略、法令、措施、办法、方法、条例等的总称。

2. 公共政策与公共管理的关系

在公共管理领域，公共政策受到越来越多的重视，公共政策是公共组织管理国家和社会公共事务的重要内容，可以从两个方面理解公共政策与公共管理的关系。

首先，公共管理贯穿于公共政策过程的始终。公共管理的过程包含了公共政策的过程，同时，公共管理又寓于公共政策的每一个环节中。公共政策的制定既是公共管理的起点，又是公共管理的阶段性结果。一个简单的公共政策过程主要

---

① 陈振明. 政策科学：公共政策分析导论. 北京：中国人民大学出版社，2003

② 胡宁生. 现代公共政策研究. 北京：中国社会科学出版社，2000，10

包括政策制定、政策执行、政策评估、政策调整和政策终结等环节，每一个环节都包含有公共管理的过程。公共政策决定了公共管理活动的方向和目标，没有公共政策的公共管理是没有灵魂的、盲目的行为，不仅会造成公共资源的浪费，而且也无法实现公共利益的目标。

其次，公共管理是公共政策实施的重要手段。公共政策是对全社会的价值所作的权威性分配，如何实现公共政策的目标，即如何执行公共政策，需要有权威的手段。而以政府权威手段为主要特征的公共管理正是实施公共政策的重要手段。再好的政策，如果没有权威的公共组织、高素质的公共管理者和有效的管理手段，是无法贯彻执行并取得预期的效果的。

3. 市场决策和非市场决策（公共决策）

在市场经济条件下，存在着两种基本的决策类型：市场决策是市场主体（企业和个人）根据市场供求关系来决定私人物品（private goods）的生产和供应，即企业决定生产什么、如何生产和为谁生产；作为消费者的个人决定购买什么、消费什么产品和服务。非市场决策或公共决策，则是国家或政府部门为公共物品（public goods）的生产及供应、为宏观调控经济及社会的运行而做出的决策。这两种决策的主体、决策的对象、决策的过程、决策的原则和决策的方式等方面都是不同的。公共政策在价值取向上更为强调政策的公共性，突出了政策的公共性质和公共内容。

市场经济对政府的公共决策提出了更高的要求。在市场经济条件下，政府的公共决策范围缩小了，它不再包揽市场决策，不再直接干预或决定私人物品的生产和消费。但这并不意味着市场经济条件下政府决策的任务减轻了。

二、公共政策的本质特征和地位

公共政策的制定、执行都是为了解决一定的社会问题，调整社会利益关系。公共政策的本质特征集中表现在以下几个方面。

1. 公共政策利益导向的公共性

公共政策由特定的主体，即由国家或政府、执政党及其他政治团体所制定及执行。公共决策承担着社会价值权威性分配的职责，是公众意志和公共利益的集中体现。在当今变革的、多元发展的社会中，社会利益和价值也是多元的，而且利益和价值之间往往是冲突的，各利益集团为了维护自身的利益，都会通过各种方式施加影响，希望制定的公共政策对本利益群体更加有利。因此政府制定公共政策就需要在多元的甚至是冲突的利益和价值之间作出平衡和抉择，政府的决策应考虑各种利益和价值的平衡，如效率与公平、改革与稳定、个人利益与公共利益的平衡等。公共政策是各种利益关系的调节器，任何统治阶级在掌握国家政权、制定政策时，首先考虑的是如何巩固自己的政治地位、维护自己的经济利益，同时又会考虑现实的阶级关系和政治力量对比，致力于维护社会各阶级、阶层和利益集团的各种合法利益。因此公共政策是在满足具有统治地位的利益集团要求的前提下追求社会利益的最大化，其利益导向带有明显的公共性。而个人决策、企业或市场决策往往着眼于自身利益的最大化，不顾及或少顾及公共利益，其利益导向带有明显的自利性。

2. 公共政策的权威性和强制性

任何决策都需要有权威的支撑，但与个人决策、企业或市场决策不同，公共政策具有法定的权威性。公共政策是由以政府为主体的公共权威机构制定、颁布并实施的。公共权威机构是对公民个人或私部门及其他社会组织的行为具有强制治理权和合法权的机构，以军队、法院、监狱等国家机器为支撑，是唯一可以合法行使强制权的机构。公共政策由公共权威机构制定，并授权下级公共权威机构依法执行。公共政策在本质上符合大多数人的利益，在法定的范围内对所有个人或组织有效并有约束力，但社会各利益集团的利益诉求是有差异的，这就导致了公共政策的作用对象（标的群体）在对政策的服从程度上也存在不同。所以为了维护公共政策的权威性，公共政策的执行机构必须通过各种手段，包括强制手段来保证公共政策的贯彻实施，任何违反公共政策规定的行为可能受到法律的追究。这就说明了公共政策在对社会生活进行干预、解决社会问题时，具有权威性和强制性。

3. 公共政策的稳定性和时效性

公共政策的稳定性是指公共政策的基本目标是稳定的。公共政策是各种利益集团斗争和妥协的结果，它既反映了占统治地位的利益集团的价值导向，也不同程度地照顾到了其他利益集团的要求，只有保持政策的连续性和稳定性才能有效地实现政策目标。公共政策如果朝令夕改，政策目标不断变化，就会使执行者和作用对象无所适从，最终导致政策失败。中国政府反复强调在香港实行"一国两制，港人治港，高度自治"的政策"五十年不变"，就是着眼于政策的稳定性。

公共政策的稳定性并不排斥公共政策的时效性和可变性。公共政策制定的目的是为了有效地解决社会问题，权威地分配社会资源，问题解决了，政策的使命也就完成了，问题变化了，政策也应随之而调整。所以除了总揽全局的总政策和少数基本政策外，多数政策都有着强烈的时效性。中国改革开放以来，党和政府随着形势的变化不断调整农村经济政策、财政政策和分配政策等，就充分说明了好的政策不是一成不变的，而必须是与时俱进、不断变化的。

4. 公共政策的多样性和工具性

公共问题的多样性决定了公共政策的多样性，不同的问题可以采用不同的政策来解决，同一问题在不同的条件下也可以设计不同的政策来解决，这就涉及到政策工具的选择问题。张成福在《公共管理学》一书中指出："研究政府职能问题，包括两方面：一是政府应该干什么，二是政府如何去做。后者涉及政府的治理工具（instruments of government）的选择问题。治理工具又称政策工具（policy instruments）或政府工具（tools of government），它是指政府将其实质目标转化为具体行动的路途（ways）和机制（mechanism）。"[①]

政策工具仅仅是手段，而不是目的本身，政策工具的存在和使用是为了实现政策目标；政策工具的范围相当广泛，对其选择也有相当大的灵活性。

公共政策的本质规定揭示了公共政策与政治系统的关系，公共政策与政府的关系，公共政策与公众利益的关系。正是这三方面的关系决定了公共政策在现代国家的重要地位。

第一，公共政策是国家公共权力运行的具体体现。政治涉及的是人们的权益关系。在现实社会中，对人们的利益关系加以调整、平衡的手段，是以约束人们行为的规范和准则的形式出现的各种政策。在政治系统中，人们关心的是：哪些人的利益要求反映到了决策中，公共社会问题是如何进入政策议程的，究竟什么人在决策，他们是如何决策的，政策制定后是怎样实施的，政策执行后的影响如何……这些就是政策的运行过程。作为政治生活实际内容的政治过程，其实就是政策运行过程。

第二，公共政策是政府实施公共管理的重要途径。在市场经济条件下，政府合理职能的基础是培育市场、规范市场、防止和挽救市场失败。同时政府必须肩负起政治管理、经济管理和社会管理的职能。政府对社会实施公共管理的重要途径是为个人、群体的行为制定并实施具有约束力的规范和准则，这就是公共政策。政府机构就是制定、执行和评估公共政策的机构；政府公职人员就是公共政策的分析者、规划者、制定者、执行者和评估者。当然政府行为不当也会导致政府失灵。而政府失灵首先是公共政策的失败。温家宝总理 2004 年 2 月在省部级主要领导干部"树立和落实科学发展观"专题研究班结业式上的讲话中指出："在社会主义市场经济条件下，政府的职能主要是经济调节、市场监管、社会管理和公共服务四个方面。落实科学发展观，必须加快政府职能转变，全面、正确地履行政府职能。"这就明确了中国政府今后制定和执行公共政策主要是围绕"经济调节、市场监管、社会管理和公共服务"四个方面进行。

第三，公共政策是政府维护公众利益的主要手段。公众利益是一切公共政策的出发点和归宿，政策的核心是要解决社会利益分配的问题，所有政策最终都表现为对社会利益关系的处理与调节。政府通过公共政策的制定、实施和评估，来进行利益选择、利益综合、利益分配、利益落实，达到持续不断地发展公众利益

---

① 张成福. 公共管理学. 北京：中国人民大学出版社，2003. 61

的目的。"三个代表"重要思想告诉我们,中国共产党和中国政府制定公共政策,不断发展先进生产力和先进文化,归根结底都是为了人民群众的日益增长的物质文化生活需要,不断实现最广大人民群众的根本利益。

三、公共政策的功能

政策功能就是政策在实施过程中所能发挥的功效和作用,它通过政策的本质、地位、结构与作用表现出来。政策功能总是在与某种社会目标的联系中得到判定。一般说来,公共政策的功能包括以下四个方面:

1. 制约性功能

制约性功能所要达到的目标,是制约甚至禁止政策制定者所不希望的行为发生。政策作为国家利益和公共利益的体现,在规范人们行为时,必然要规定人们在追求自身利益最大化时,什么是可作为的,什么是不可作为的。政策的制约性功能,在形式上表现为对特定对象行为的制约。环境保护作为中国的基本国策之一,就是政府采取行业管制、经济处罚等种种措施制约企业的生产行为,减少可能对环境造成的污染。

2. 导向性功能

政策的导向性功能所要达到的目标,是引导整个社会朝着政策制定者所希望的方向发展。导向性功能是与制约性功能相对应和相统一的。制约性功能是消极性功能,导向性功能便是政策的积极性功能。政策的导向性功能的一项内容就是规定目标、确定方向。政策的导向性功能的另一项内容,就是用所确立的目标、方向来教育群众,统一人们的思想,规范人们的行为,使整个社会朝着一个共同的目标发展。邓小平同志1992年南方谈话,进一步明确了发展社会主义市场经济的目标,极大地解放了人们的思想,促进了社会经济的发展。

3. 管理性功能

国家的社会管理活动是一个复杂的系统过程,其中有许多利益关系需要协调,以保证整个国家社会生活的和谐进行。这些关系主要包括社会政治组织(如各党派、各社会团体)之间的关系,各种政治权力关系(如各国家机关之间的关系,地方政府与中央政府的关系等),各种经济关系(如生产与消费,消费与积累,各经济法人之间及其与国家的关系),各民族之间的关系等等。这些性质各异、错综复杂的关系,决定了政府的管理活动是一项十分复杂的系统工程,而公共政策就是国家实现社会管理的重要手段、工具和杠杆。

4. 象征性功能

制定政策的目的在于改变社会的状况,产生实质性的效果,这是政策的工具性的集中体现。但有一类政策它仅仅在于影响公众的看法、观念。制定者没有为此提供必要的资金、资源及其他条件，它的存在仅具有符号意义，即只有象征性功能。美国 1968 年民权法案中公民住房的规定未必实际可行，然而此规定对各种族的人是一种保证，在租售房时禁止种族歧视，乃是一项国家政策。我国大力推广全国通用的普通话，也是一种保证。

四、公共政策的类型

现代社会纷繁复杂，存在着各种各样的问题，政府要有效地进行社会治理，必须通过公共政策的工具来协调处理各方面的矛盾。问题的多样性决定了公共政策的多样性。公共政策类型，依据不同的参照系，有不同的分类方法：

按照纵向管理层次，可以将公共政策划分为元政策、总政策、基本政策和具体政策。

按照影响和重要程度，可以将公共政策划分为中央政策、地方政策；全局政策、局部政策；重点政策、一般政策。

按照管理领域，可以将公共政策划分为经济政策、政治政策、文化政策、社会政策、外交政策等。

按照作用特点，可以将公共政策划分为积极性政策、消极性政策、鼓励性政策、限制性政策等。

按照时间特点，可以将公共政策划分为长期政策、中期政策和短期政策。

1. 公共政策的性质类型

第一，改造型与调整型公共政策。改造型公共政策主要是在解决公共社会问题时着眼于对整个社会公共领域的结构、公共管理的运行体制与效能进行全面的改革，这类政策带有全局性与革新性。调整型公共政策则着眼于对公共领域的结构与运行体制只进行部分的协调和调节，这类政策带有局部性与调节性。

第二，创新型与重申型公共政策。创新型公共政策通常是政府针对以往从未遇到过的问题或现象所作出的行为规定，具有探索性和创造性，也有不确定性需要反复试行和验证才能趋于完善。重申型公共政策是已经定型的并被实践证明是有效的政策。当类似的公共社会问题反复出现时，公共管理的主体就可以反复重申或强调已经执行过的政策。

第三，鼓励型与限制型公共政策。鼓励型公共政策是一种包含奖励因素和手段的公共政策，其贯彻的成效主要取决于政策所包含的奖励手段对其所要调整的对象的激励程度的高低。限制型公共政策是一种压缩公众选择与活动范围，从而控制某些行为少发生或不发生的政策。这种类型的公共政策条文中，一般都要明确地包含"禁止"、"限制"、"杜绝"某类行为的内容。限制型公共政策在贯彻时会有阻力甚至冲突和对抗。

第四，原生型与派生型公共政策。原生型公共政策又称母政策，它是为解决某一类原始问题而制定的，针对性、目的性很强。派生性政策有两类，一是原生政策如果是混合或复合政策，在其运行中分解出来的单项或具体政策是派生政策；二是原生政策为单项政策，为了解决某些复杂的综合性的问题而将几个原生政策结合起来，所形成的综合性或混合性政策就是派生政策。

2. 公共政策的层次类型

第一，元政策（metapolicy）。元政策是规范与引导政策过程中政策制定、执行和评估行为的准则或指南。它主要研究公共政策的指导思想、价值标准、行为准则、程序步骤、模型方法等。元政策是公共政策中与政策哲学联系在一起的知识系统。

第二，总政策。一个国家的总政策（又叫总路线、基本路线、战略决策）是执政党和中央政府在一定阶段上所要努力实现的社会政治、经济、文化发展的战略任务和根本目标。如建设中国特色社会主义就是我国现代化建设的总政策。总政策具有指导性、原则性和稳定性，是其他各项政策的出发点和落脚点。

第三，基本政策。基本政策是指执政党和政府为维护和协调国家全局和整体利益，对社会某一领域、方面发展所规定的主要目标、任务和行动准则。基本政策通常是政府公共管理中涉及各个公共部门的政策。如政治政策、经济政策、文化政策、社会政策。基本政策是连接总政策与具体政策的中间环节。

第四，具体政策。具体政策一般是指中下层公共管理部门在特定时期、特定范围，为解决特定问题所规定的行动目标、任务和准则，它是基本政策的具体化，是将基本政策所规定的目标与任务付诸实施的工具与手段，具有更强的针对性和可操作性。

第二节 公共政策系统

公共政策是一个由政策主体、政策客体、政策环境等要素相互作用的系统。政策主体和客体分别是指决策者以及决策者所处理解决的社会问题及所涉及的人或团体，而政策环境则是指在决策过程中，影响政策过程的各种因素的总和。

一、公共政策的主体

政策活动者就是政策主体，包括直接或间接地参与政策分析、制定、执行、监督和评估等全过程的人或组织。政策主体的构成要素一般都包括：官方的政策活动者，即政治体制内的、行使公共权力的政策过程的参与者，如立法机关、行政机关、执政党、司法机关，政治家和官员；非官方的政策活动者，即政治体制外的、不直接行使公共权力的政策过程的参与者，如利益团体、思想库、大众传媒和公民（选民）等。

1. 立法机关

立法机关的主要任务是立法，即履行制定法律和政策这一政治系统中的主要职责。在西方尤其是美国，立法机关通常能在独立决策的意义上行使立法权。关于税收、人权、福利和劳动关系等方面的政策在很大程度上是由国会制定的，但国会并不具有真正完全独立的决策功能。在我国，全国人民代表大会是"最高国家权力机关，行使国家立法权"。全国人大及其常务委员会有两个职能：一是把执政党对国家和社会的政治主张以国家法律的形式体现出来，使其成为国家的意志——国家权力的灵魂；二是建立政府权力体系——国家行政机关和司法机关等，并担负着审议批准政府机关所提出的重要政策方案或法案的职责，监控政府行政机关的政策执行。

2. 行政机关

当代行政权力扩张，政府全面干预社会经济生活，它在政策过程中的地位和作用特别突出。在美国，国会的立法将重大的决策权授予总统，特别是在决策权难以分散的国防和外交领域，行政机关不仅是政策执行的主导机构，而且还更多地参与政策制定。我国国务院"即中央人民政府，是最高国家权力机关的执行机关，是最高国家行政机关"，享有行政立法、发布决定和命令权，对国务院机构和地方政府的行政领导权和行政管理权，国民经济和社会发展计划以及国家预算的编制和执行权，统一领导全国的内政、外交事务。国务院及各级政府不仅是政策执行的主要机构，而且有权根据总方针和总政策制定出具体的政策法规，将党和国家权力机关的政策具体化。

3. 执政党

政党尤其是执政党是政策主体中的一种核心力量，公共政策在很大程度上可以视为执政党的政策。现代国家的政治统治大都通过政党政治的途径来实现，在现代社会中，政党常常履行某种利益聚合的功能，政党努力将利益集团的特定要求转变为一般可供选择的政策方案。在西方的政党制度下，政党的主张转变为国家或政府的公共政策是靠选举来实现的，只有在大选中获胜，取得政权的政党才能成为直接的政策制定者，把它的纲领和主张转变为公共政策。在我国，中国共产党是政策主体的核心因素，它在政策过程中起着领导作用。中国共产党在政策过程中的主要作用是政治领导。江泽民同志在十六大报告中指出："党的领导主要是政治、思想和组织领导，通过制定大政方针，提出立法建议，推荐重要干部，进行思想宣传，发挥党组织和党员的作用，坚持依法执政，实施党对国家和社会的领导。"同时，政协及各民主党派在我国的政策过程中也发挥着重要作用。

4. 司法机关

作为国家机构组成部分的司法机关，是官方政策主体的构成因素之一，它在公共决策过程中也占有重要的一席之地。在美国，联邦司法机关即联邦法院能够通过司法审查权和法令解释权而对公共政策的性质和内容产生很大的影响，通过判例对经济和社会政策产生影响。在我国，司法机关也在政策过程中起到某些类似的作用，人民法院和检察院等司法机构也是我国政策主体的一个有机组成部分。

5. 利益团体

所谓利益集团是由具有共同价值、共同利益、共同立场的个人所组成的或者是某种职业和行业而形成的正式、非正式团体，它的职责是履行利益聚合功能，以保障或增进其成员的利益作为最高目标。公共决策过程表现为利益或价值的分配过程，为了保证或增进自己的利益，个人往往参加利益集团，各种利益集团向政府提出要求和愿望，希望政府更多地考虑或照顾其利益。西方的利益团体通常不具有浓厚的政治色彩，但却是政府和公民之间联系的重要桥梁。利益集团影响公共决策的途径有游说、宣传、捐款和示威抗议等，美国国会的"院外活动"，就是代表利益集团的说客向立法者（政治家）、政府官员进行游说，希望他们支持利益集团所希望的政策。

在我国随着市场经济的发展，必定出现利益多元化的趋势，各行各业、各个地区、各阶层的人民会形成各种各样的利益团体，这些团体通过各种途径表达其要求，希望党和政府在公共决策中考虑其利益。因此利益团体对我国的公共决策过程的影响力将日益增长，党和政府的决策在协调各方面的利益关系上也将面临更复杂的局面。中共十六届四中全会决议就提出要"发挥社团、行业组织和社会中介组织提供服务、反映诉求、规范行为的作用"。

6. 大众传播媒介

当代信息社会，大众传媒（广播、电视、电影、报纸、杂志、书籍、电子信息网络等）对政府的决策有着重要的影响，其作用是传播信息、引导舆论、交流思想和传播知识，是政府、政党和其他利益团体的宣传工具。大众传媒对政策制定的影响与作用具体体现在：大众传媒能及时反映社会所发生的公共问题，能通过对政策信息和政策问题进行选择、整理、淘汰、处理等手段，进行层层加工和筛选。大众传媒的"焦点效应"，可以形成强烈的政策舆论压力，促使决策系统接受来自公众的愿望和要求。大众传媒是连接政府与社会的桥梁和中介，可以扩大公众对政策制定的参与程度，使分散的公众公开表达自己的诉求，是实现决策科学化和民主化的重要载体。

7. 公民（选民）

公民或选民是一种最广泛的非官方政策主体。在现代民主社会中，公民通过各种政治参与途径，去影响或制约政府的公共政策制定与执行。包括：公民以国家主人或主权者的身份，对某些重大政策问题直接行使主权，如领导人的选举、基本国策或重要的地方性政策的制定，采取直接投票的方式来加以决定；公民利用间接或代议的方式，选出自己的代表去参与公共政策的制定与执行；公民使用各种威胁性的方式（如请愿、示威游行、罢工、罢课等）去反对某些政策，迫使政府修改或废止这些政策；或表达制定新政策的要求，迫使政府将问题提上议事日程；公民通过参加利益集团，借助团体的力量去影响政策，或通过制造舆论或游说的方式去影响政府决策；公民对政府通过并实施的政策采取合作或不合作的态度，以此影响政策结果等。

各种政策主体在政策过程中是如何行为的呢？西方公共选择（public choice）理论家力图概括出政治家、政党、行政官员、利益团体和选民在政策过程中的一般行为模式。他们用经济人假说来说明各种政策主体的行为，其动机和行为都是追求自身利益的最大化。例如政治家或立法者在政策过程中所追求的最大化利益是赢得选举或再次当选，因此其行为是为了在选举中获得更多的选票或支持率。而为了获得选民的支持就必须许诺制定并执行某些能够给选民带来利益的政策或提供更多的公共服务。西方各政党也在选举中通过某些政策承诺来获得更多选民的支持。又如政府官员，同样在公共行为的动机中包含了自利的动机。按照尼斯卡宁的说法，一个官员可能追求的主要目标有"薪金、职务津贴、公共声誉、权力、任免权、机构的产生、容易改变事物、容易管理机构"，为了达到这些目标，就必须扩大自己所属的行政部门的规模，由此可以提高影响，增加晋升的机会。利益集团的行为动机与原则也是按经济人行事的。政治家、政府官员和利益集团在公共决策过程中互相勾结，形成一个铁三角，一起追求预算的最大化，以满足各自的私利，其结果是政策失败，损害公共利益、浪费社会资源。

二、公共政策的客体

客体从哲学上来说是指被主体所认知并改造的客观对象。公共政策客体是指公共政策发挥作用时所指向的对象。包括公共政策所要处理的社会问题（事）和所要发生作用的社会成员（人）两个方面。这里的"事"是指公共政策所要处理的社会问题，而"人"则是指公共政策所要影响的社会成员，它往往表现为一定的目标团体。

1. 社会问题

公共政策的客体首先是指公共政策的制定与实施所要改变的状态。这种政策客体就是作为政策问题的公共社会问题。只有那些列入政府议事日程、涉及社会上相当多人的利益的社会问题，才能成为公共政策客体。我国在改革开放的过程中，收入分配不公的问题日益突出，如何建立健全公正的社会保障体系，就成为中国政府公共政策必须面对的重大社会问题。社会问题是多种多样的，因应不同的社会问题进行公共决策，产生不同的公共政策，因此社会问题的分类是与公共政策的分类一一对应。有学者根据问题的性质以及解决这些问题的决策对人们的影响的性质和程度，将社会问题划分为分配性、调节性和再分配性三种，这也说明了公共政策的实质是为了调整社会各阶级、阶层和利益集团之间的利益矛盾和冲突。

2. 目标团体

目标团体是公共政策执行中所要直接作用的对象。这种政策客体主要是处在社会不同层次、不同范围内的政策的行为准则所规范、制约的社会成员。一般称为公共政策的标的群体或目标团体。政策有大有小，它们发生作用的范围不同，因而所要影响或调节、控制的社会成员及其行为的范围也不同。公共政策所要解决的核心问题即人们之间的利益矛盾。这种利益矛盾是由不同的利益要求导致的，可能发生在个人与个人、个人与群体、群体与群体、政府与公众之间。不同的经济利益导致了不同的社会需求，自然会形成各种社会问题需要公共政策来协调和解决。因此公共政策就要指导人们处理好全社会成员的利益和各种利益团体的利益之间的关系，建立起一个有利于维护安定团结，促进生产力发展的利益格局。同时进行利益选择、利益综合、利益分配、利益落实，达到持续不断地发展公众利益的目的。

三、公共政策的环境

公共政策是公共决策者根据自己的意志开展的公共决策活动，但是公共决策还要受到外界各种因素的影响，包括政治、文化、经济、体制、社会结构、历史条件和国际环境等，这些因素被统称为公共政策环境。安德森认为，政策行动的要求产生于政策环境，并从政策环境传到政策系统。陈振明认为，政策环境是指影响政策产生、存在和发展的一切因素的总和。凡是影响政策的存在、发展及其变化的因素都构成政策环境。一般说来，在构成政策环境的诸多因素中，以社会经济状况、制度或体制条件、政治文化条件和国际环境等四个因素最为重要。

1. 社会经济状况

社会经济状况或发展水平是一国或地区的公共决策的最重要的依据。政府要想制定出合理的政策方案，并使它取得预期的效果，根本的就是从本国或本地区的社会经济发展的现实出发。任何超越或落后于社会经济发展水平的政策最终是要失败的。1958年中国大跃进就是最明显的决策失败的例子。相反，我国目前正在成功实施的"西部大开发"战略则综合考虑了沿海、内地和西部地区的经济发展状况。

社会经济状况是怎样影响公共政策的呢？首先，社会经济状况是一国或地区的政府制定政策的基本出发点。其次，经济实力是政策制定和实施的基本物质条件。政策过程作为上层领域里的政治活动，不仅有其经济的根本动因，而且这一过程本身也必须在与国家或地区的经济整体发展相一致的前提下，才能获得贯彻实施所需的财力、物力等各种经济资源的充分支持。国家或地区的经济实力影响着国家或地区的基本政策倾向和政策实施效率。最后，社会物质经济利益的分配调节，是一定历史时期政策体系，特别是大量经济社会政策得以确定的主要根据。

2. 制度或体制条件

政策总是在一定的政治、法律、经济和文化体制或制度下制定或实施的。政策的制定与实施都与一定的制度或体制息息相关。政治体制为公共决策过程提供外部政治组织环境，它决定或影响着政治过程。法律体制是指以宪法为核心内容的法律体系，法律为人们的活动创造一种可预见的环境，并提供了解决各种争端的程序。经济体制是经济政策为核心内容的公共政策形成的组织环境，经济制度最重要的是对财产权利加以明确界定并给予充分保护，这是市场得以运行的前提，也是公共政策制定和运行的平台。

体制或制度条件对公共政策系统及其过程的影响的主要表现是：首先，体制在政策制定过程中起着十分重要的作用。政策的制定机关涉及各个部门、各个层次，它们各自所要解决的问题和所关心的利益不同，使得政策制定过程成为一个复杂的利益、权力划分过程。要想改变政策的制定过程，就要改变政策制定系统内部的机构设置，协调各组织之间的利益，调解在政策问题上发生的冲突。其次，一项政策的决策往往是在多个方案中选择的，选择的结果与体制密切相关，体制上容纳的可能性决定了政策的选择结果。在现行体制下可行的政策往往容易被选择，与现行体制相抵触的政策往往被搁置。再次，体制的习惯势力的大小和所占优势的程度，影响着人们对各种社会利益和社会问题的认识和表达，以及这些利益和问题得到正确解决的机会。最后，体制制约着政策的执行。如果政出多门，政策上出现不一致，政策就很难得以真正贯彻。此外，旧体制还制约着新政策的执行。

3. 政治文化条件

政治文化是人类政治生活中的主观意识范畴，主要包括政治意识、政治价值观和政治理想等三个层次。政治意识有两种形态：一种是内在的心理形态，包括社会情绪、社会思潮和公众的社会舆论等；另一种是外在的文化形态，包括政治理论等。现代社会政策制定十分重视社会政治心理对政治走向的影响。而政治理论则是政策制定的行动指南。政治价值观从不同的方面对政策主体提出各种标准以影响政策过程，包括影响政策目标的确定和方案的制定，影响对政策方案的评价，影响方案的选择等。政治理想则规定了政策的动机、基本目标、基本方向和指导原则。

4. 国际环境

公共政策的国际环境指的是对一个国家或地区的生存与发展产生影响的，由国家、国际组织相互间的竞争、合作、冲突所形成的带有一定稳定性的世界政治、经济、文化运行的秩序与格局。当代公共政策的国际环境有两大趋势：① 国际环境正朝着和平与发展的方向演变。② 全球化、市场化和信息化是当代人类社会发展的三大主要浪潮。

当代国际环境对一国或地区政府公共政策的进程的影响是：首先，国际环境影响着公共政策的价值选择。像中国在制定对内对外政策时，既要全力以赴把经济建设搞上去，维护本国的国家利益，增强国家的综合实力；又必须坚决反对强权政治和霸权主义。其次，国际环境影响着公共政策的目标选择。全球化条件下，我们既要把目标放在积极参与世界经济的一体化进程上，又要考虑维护国家安全方面的目标。最后，国际环境影响公共政策的途径选择。一方面要选择加强国际合作的政策途径，另一方面又要利用国际规则，在竞争中发展自己。

第三节　公共政策过程

公共政策的运行是一个过程，它有各种环节、阶段，其有序衔接构成公共政策的运行周期。西方政策学家对政策运行阶段和环节有深入的研究。参考国外学者的看法，结合我国的政策实践，可将政策系统的运行看作是由政策制定、政策执行、政策评估、政策监控、政策终结 5 个功能活动环节所组成的过程，这些环节构成一个政策周期。

一、公共政策的制定

政策制定（policy-making）是政策过程的首要阶段，是政策科学的核心主题。一般把政策制定理解为政策形成（policy formation）或政策规划（policy formulation），政策的制定过程是一个从问题界定到方案抉择以及合法化的过程。

1. 决策诉求

决策诉求是指政策问题的形成过程，也就是社会客观情势产生的社会问题通过各种渠道汇总反应并形成决策诉求，这一阶段一般可划分为以下几个环节。

一是问题的浮现。政府的功能和公共政策的社会意义就在于及时和有效地解决人类面临的诸多问题，所以问题是任何公共政策的逻辑起点。随着自然环境或社会环境的变化，种种影响公众生存利益和经济利益的社会问题就会产生。这些问题有的纯粹是由客观环境变化而产生的，如洪水、沙尘暴等自然灾害；有的是在社会生活中累积产生的，如恐怖主义猖獗、毒品泛滥、青少年犯罪等；还有的则是以往的政府决策产生的负作用或不良影响，如不适当的经济政策造成的收入分配不公、经济波动等。要研究特定的问题是否能引起公众的关注进而引起当局的关注，并进一步合法地进入公共政策的议程，最终成为政策决定。

二是决策诉求。当各种自然、社会问题浮现后，人们需要寻求解决问题的方案，以便趋利避害，使自己的利益得到重新体现。提出决策诉求的可能是受到问题侵害的一般公民，也可能是占统治地位的阶级阶层。他们为了各自利益而通过种种渠道使问题凸现，并将问题汇总向决策主体提出诉求，要求通过公共政策来解决问题，对利益进行重新分配，以确保或争取自己的利益。提出利益诉求的渠道很多，正式的有向议会、代表大会提出议案，非正式的有通过舆论宣传、游行集会、递交请愿书等，只要是引起决策主体注意并同情的做法都有可能成为提出决策诉求的方式。

2. 政策制定

政策制定是在公共社会问题产生、情况明确以后根据问题的性质程度和各种其他影响决策的因素而综合制定政策的过程。这一阶段又可分为方案设计、方案抉择和政策合法化三个部分。

一是方案设计。决策主体中的决策分析者，将问题分析汇总后，形成若干可供选择的解决方案并提交给政策决定者。问题的界定和目标明确是方案设计的前提条件，若干备选方案是方案设计阶段的成果。政策方案的设计一般可分为两个步骤：第一步是政策方案的轮廓勾画，从不同角度、不同途径提出多种多样的方案设想。第二步是政策方案的细化设计，就是政策方案具体化，确定实现政策目标的各种措施。轮廓设想需要的是创新精神和丰富想象；而细节设计需要的则是冷静的头脑和求实的精神，就方案的各个细节进行严格的论证、反复的计算和细致的推敲。这一阶段的工作，通常是由专家学者和咨询机构辅佐完成。

二是方案抉择。在对各备选方案进行后果预测后，要对各方案进行评选，以抉择出或综合出一个最佳方案或满意方案。由于决策信息的不完备，方案的不周全以及选优标准的多样性与相对性等，要达到最优目标是困难的。因而比较适宜采用西蒙提出的满意标准，遵循"有限合理性"原则，选择一种在现实条件下比较可行的方案。

赫伯特·A. 西蒙从行为主义出发来研究行政学及组织问题，提出行政决策中的有限理性与满意行为的理论，用有限理性的"行政（管理）人"取代了完全理性的"经济人"，用满意决策代替了最优的梦想。按照古典经济学理论，人类是理性动物，人类经济行为的目的是为了追求利益最大化。西蒙说："一项决策如果真能在指定情况下使一定的价值最大化，则可以称为客观理性"。但由于知识的不完备性、预见未来的困难以及备选行为范围的有限，决定了客观理性在实际行动中是不存在的。西蒙认为人类行为所依赖的既不是以上所谓的客观理性，也不是弗洛伊德的非理性，而是介于二者之间的有限理性。行政人的基础就是有限性。行政人是心理人和经济人两者的结合，心理人有他自己个人的目的、动机、怪癖等，因而在组织的决策方面就可能有合理或不合理两种结果；而经济人能够为实现目标作出最佳选择。行政人是经济人的兄弟，行政人由于只具有有限理性，宁愿满意而不愿作最大限度的追求，满足于从眼前可供选择的办法中选择最佳的办法。据此西蒙提出了他关于决策行为的准则，用满意决策准则取代最优决策准则。满意决策准则就是在决策时决定一套标准，用来说明什么是令人满意的最低限度的备选方案，如果拟采用的备选方案满足了或超过了所有这些标准，那么该备选方案就是令人满意的[①]。

三是政策合法化。在方案抉择完成以后，选定的政策方案要成为真正具有权威性和法定效力的政策，必须经过一个政策合法化的过程。政策合法化对于政策的制定和实施具有十分重要的意义。坚持所有法律、法规以及各项公共政策在执行之前都实行规范的合法化，是决策科学化和法制化的具体体现。政策合法化是由法定的决策主体，依照法定的权限和程序进行决策的过程。在中国使政策合法化的主体——全国人大及其常委会行使国家立法权，法案经过审议、表决通过等程序后，由国家主席公布生效。国务院和各级地方政府作为国家行政机关，其政策合法化通常要经过的程序是，重大政策方案经法制工作机构（法制办公室）审查后，由领导决策会议（领导常务会议、全体会议、行政首长办公会议）讨论决定，最后由行政首长签署，发布政策。

二、公共政策的执行

政策执行是政策过程的中介环节，是将政策目标（理想）转化为政策现实的唯一途径。政策执行的有效与否事关政策的成败。政策执行是政策执行者通过建立组织机构，运用各种政策资源，采取解释、宣传、实验、协调与监控等各种行动，将政策观念形态的内容转化为实际效果，从而实现既定政策目标的过程。政策执行在政策过程中有着重要的地位与作用，政策执行是实现政策目标的基本途径，是检验政策正确与否的唯一标准。正如美国政策学者艾利森所说："在实现政策目标的过程中，方案确定的功能只占10%，而其余的90%取决于有效的

---

① 严强，王强. 公共政策学. 南京：南京大学出版社，2002.362

执行。"

1. 公共政策执行的微观程序

政策执行的微观流程大体上包括了以下 6 个主要环节，每一个环节都会成为反馈流并与它之前的环节发生作用：

第一，政策宣传。这是政策执行过程的起始环节，执行者只有在对政策的意图和政策实施的具体措施有一个明确的认识和充分了解，才有可能积极主动地执行政策。政策对象只有知晓并理解了政策，才能自觉地接受和服从政策。

第二，政策分解。要使政策执行顺利进行，就必须对总体目标进行分解，编制出政策执行活动的"线路图"，使执行活动有条不紊地进行。

第三，政策执行准备。包括物质准备和组织准备。

第四，政策执行的试验。我国改革开放的历程就是一个不断进行政策实验的历程。邓小平说："在全国的统一方案拿出来以前，可以先从局部做起，从一个地区、一个行业做起，逐步推开。中央各部门要允许和鼓励他们进行这种试验。试验中间会出现各种矛盾，我们要及时发现和克服这些矛盾，这样我们才能进步得比较快。"①

第五，政策执行的推广。政策执行的推广即政策的全面实施。这是政策实施环节中操作性、程序性最强，涉及面最具体、最广泛的一个环节。

第六，政策执行的协调与监控。协调好各方面的利益和关系，才能使执行人员及其他有关人员做到观念上的统一和行动上的一致，保证执行活动的同步与和谐。对整个实施过程加强监督和控制，以保证政策的全面贯彻和落实。

2. 政策执行的基本手段

政策执行手段的恰当与否直接关系到政策目标能否顺利实现。政策执行活动的复杂性，决定了政策执行手段的多样性。

第一，行政手段。依靠行政组织的权威，采用行政命令、指示、规定及规章制度等行政方式，按照行政系统、行政层次和行政区划来实施政策的方法。在政策执行中使用行政手段容易做到协调统一，令行禁止，便于解决一些特殊的、紧迫的、爆发性的问题。但行政手段不可滥用，执行过程中的无偿性和下级的被动地位都不利于充分发挥下级的积极性和创造性。

第二，法律手段。通过各种法律、法令、法规、司法、仲裁工作，特别是通过行政立法和司法方式来调整政策执行活动中各种关系的方法。法律手段具有权威性、强制性、稳定性和规范性的特点。

第三，经济手段。根据客观经济规律和物质利益原则，利用各种经济杠杆，调节政策执行过程中的各种不同经济利益之间的关系，以促进政策顺利实施的方

---

① 邓小平. 邓小平文选. 第 2 卷. 第 2 版. 北京：人民出版社，1994.341

法。经济手段运用价格、工资、利润、利息、税收、资金、罚款以及经济责任、经济合同等,来组织、调节和影响政策执行者和政策对象活动。

第四,思想诱导手段。思想诱导手段是一种以人为中心的人本主义管理方法,它通过运用非强制性手段,诱使政策执行者和政策对象自觉自愿地去贯彻执行政策,而不从事与政策相违背的活动。

在社会主义市场经济条件下,政策执行更多地要采用法律手段和经济手段,辅之以行政手段和思想教育手段,才能保证各项政策的顺利执行。

3. 公共政策执行的影响因素

现实的政策实践表明,某些政策付诸实施之后,并不能取得政策效果。这是因为在执行过程中会遇到各种各样因素的干扰和影响。

一是政策本身的因素。在公共管理领域,许多政策不能达到预期效果,执行中困难重重,在很大程度上与政策本身的缺陷有关。政策决定的合法性、合理性、可行性直接影响政策执行的效果。有些政策在利益分配上不能体现多数人的根本利益,必然会在政策执行者、政策对象的消极应付和抵制中被搁置。有些政策模棱两可、含糊不清、无法操作,自然无法执行,也容易引起政策界限不清和导致政策随意变通。

二是政策资源。公共政策在性质上是政府运用国家公共权力解决一定社会问题的公共选择行为,因此政策执行理所当然要运用国家的公共资源。同时人们也要根据公共资源的占有量与政策效果之比进行关于特定政策的成本-效益分析。所以政府在制定政策执行项目上提供的公共资源的种类和数量,或者政策执行主体实际获取和实际使用的国家公共资源的种类和数量,既构成有效执行政策的条件,又构成检验政策执行的政策效果的价值评判标准之一。实际的公共政策执行要求具备的资源要项有:执行经费的预算和提供,执行机构的设立和人员素质的保障,执行权威的获得,执行保护的加强。

我国近年出现的暴力抗法事件,使执法人员的人身安全受到极大的威胁,需要特别强化政策执行保护。执行保护是指政策执行机构和政策执行人员在法律的范围内按照政策规定执行政策,其个人权利和工作权利依法受到保护。执行保护是一种与公平原则相关联、同时与政策执行人员的士气相关联的政策资源。与政治和行政责任相联系,执行保护至少包括人格保障权、身份保障权、职务保障权、公务使用请求权、行政裁量权、自由申辩权、确认事实权等权力。

三、公共政策的评估

政策评估是政策过程的一个重要环节,只有通过政策评估,人们才能够判断一项政策是否收到了预期效果,从而决定这项政策是应该继续、调整还是终结。

政策评估就是依据一定的标准和程序，对政策的效益、效率、效果及价值进行判断的一种政治行为，目的在于取得有关信息，作为决定政策变化、政策改进和制定新政策的依据。

1. 政策评估的标准

政策评估要依据一定的标准，标准如何选取决定着评估的结论是否正确可靠。政策评估一般围绕三个标准进行：一是效益标准，指达到政策目标的程度。二是效率标准，即考察政策投入与政策效果之间的比例。三是效应标准，即考察政策实施后对社会发展、社会公正、社会回应影响的大小。效应标准是最高层次的评估标准。

在中国改革开放新时期，邓小平同志将政策评估标准具体化为生产力标准。邓小平 1987 年在会见外宾时说："评估一个国家的政治体制、政治结构和政策是否正确，关键看三条：第一，政局是否稳定；第二，看是否能增进人民的团结，改善人民的生活；第三，看生产力是否得到持续发展。"

2. 政策评估的类型

随着政府政策活动的日益复杂化和影响的扩大，政策评估也呈现出多样化的特点。从不同的角度，依据不同的标准，可将政策评估分为不同的种类。从评估组织活动形式上看，可分为正式评估和非正式评估。从评估机构的地位看，可分为内部评估和外部评估。根据政策评估与政策执行的先后关系，政策评估又可分为事前评估、执行评估和事后评估。

第一，事前评估。事前评估是在政策执行前对政策效果进行预测，同时考察政策环境对政策可行度和实施效果的影响和制约、政策实施成本与收益之间的关系。这在政策制定过程的方案设计和方案抉择时已经有论述。除了在方案确定前要对方案进行评估外，方案确定后政策实施前，还应对方案进行修正评估。

第二，执行评估。执行评估是指政策进入执行阶段后，对政策实施情况的评估。由于社会现象和政策问题的复杂性和多样性，也由于政策环境的变化，在政策实际操作前很难完全预料到所有情况，许多问题只有在执行中才会被发现，政策执行的结果可能与预测结果出现偏差。这些都要求在政策执行过程中适时进行评估。执行评估要记录收集有关资源投入、具体措施、实际运行、执行结果以及意外事件等的具体数据资料，分析原定政策失误所在及其原因，将政策缺陷反馈给决策者，使决策者能够及时地进行政策修正。

第三，事后评估。事后评估是指政策执行完成后，或政策实施相当长一段时期以后，对政策实施效果进行客观评价，同时对照政策目标，判定政策制定和执行结果与原定目标是否相符。事后评估实际上是整个决策过程的总结，因此对于政策效果的判断具有相当的权威性和影响力，根据效果评估往往能决定该政策是否应该继续或延续执行，或是应该予以改进或中止。

四、公共政策的监控及终结

政策监控和政策终结是政策过程中的两个密切相关的基本环节或功能活动。政策监控的结果就是对已有政策做出调整，包括政策的终结。

1. 政策监控与政策调整

政策监控是政策监督、控制与调整的合称，是为了实现政策的合法化与保证政策的贯彻实施而对政策的制定、执行、评估和终结等活动进行监督和控制，并对政策内容及其活动过程做出调整。其目的在于保证政策系统的顺利运行，提高政策制定与执行的质量，促进既定政策目标的实现和提高政策效率。政策监控是一个动态的过程，它由政策监督、政策控制、政策调整等功能活动所组成的。这里着重介绍政策调整。

政策调整是在政策监督和控制所获得的有关政策系统运行（尤其是政策执行的效果）的反馈信息的基础上，对政策方案、方案与目标之间的关系等，进行不断的修正、补充和发展，以便实现预期政策效果的一种政策行为。在某种意义上说，政策调整是政策方案的重新制定和执行的过程，是政策方案的局部修正、调整和完善的过程。

为什么要不断进行政策调整？因为在政策实施或执行过程中，可能出现政策目标、政策环境、政策资源发生改变的情况；也可能暴露出政策的局限性，政策的负面作用加大。这就需要及时对现行政策做出调整。政策调整的内容是多方面的，有时需要对政策问题加以再认识和重新界定，有时则需要对政策目标、政策方案或政策关系进行调整。中共十六大在肯定我国现代化建设"三步走"战略的第一步、第二步目标基本实现，人民生活总体上达到小康水平的前提下，确立了全面建设小康社会的新目标，即中国特色社会主义经济、政治、文化全面发展的目标，就是对现代化的政策目标所进行的重大调整，符合我国国情和现代化建设的实际。

政策调整的形式有多种，一是政策的修正，对正式实施中与正在试行中的政策的具体内容、作用范围作修改或订正。二是政策的增删，对执行中政策的内容、作用范围和适用时间所作的缩减与扩充。三是政策的更新，对实施中的现行政策所作的变革。四是政策的撤换，对实施中的已经失去了合理性和科学性的政策所采取的调整形式。

2. 政策终结

政策终结（policy termination）是政策过程的最后一环，也是承上启下的一环。政策周期理论把政策制定、政策执行、政策评估、政策监控和政策终结的过程视为一个政策周期（policy cycle）。所谓政策终结是政策决策者（制定者）通过对政策进行评估后，采取必要的措施，以终止那些过时的、多余的、不必要的或无效的政策的一种行为。政策终结既是前一个周期的结束，又是新的周期的开始。

有三种情况导致政策终结：一是政策使命的结束，二是失误政策的废止，三是稳定的长效政策转化为法律。

政策终结的对象有四种情况，一是政策计划终结，中止原来采用的措施、手段，使政策的具体推行和贯彻的活动中止。二是政策执行终结。三是政策组织终结，政策终止时，相应的组织就必须分解、压缩、转型、撤销，人员则要重组、精简、分流。四是政策功能终结，公共部门不再去提供与该政策有关的公共产品和公共服务。

从政策周期来看，政策终止并不是一种消极行为，而是积极的政策变迁。通过政策终止，政策获得了更新和发展。当前在我国推进政策终结的意义重大。我国正处于转轨时期，许多不适宜新体制的旧政策应该予以终结。如行政审批制度的改革和政府"一站式"办公的推行都需要在政府部门内部对一些机构、规章制度进行必要的终结。我国加入WTO之后，为了与WTO的法律框架相适应，国务院和地方政府进行了一次大规模的清理"红头文件"的工作，废止了一大批过时的或与WTO规定相抵触的政策。

中共十六届四中全会通过的《中共中央关于加强党的执政能力建设的决定》特别强调："改革和完善决策机制，推进决策的科学化、民主化。""完善重大决策的规则和程序，通过多种渠道和形式广泛集中民智，使决策真正建立在科学、民主的基础之上。对涉及经济社会发展全局的重大事项，要广泛征询意见，充分进行协商和协调；对专业性、技术性较强的重大事项，要认真进行专家论证、技术咨询、决策评估；对同群众利益密切相关的重大事项，要实行公示、听证等制度，扩大人民群众的参与度。建立决策失误责任追究制度，健全纠错改正机制。有组织地广泛联系专家学者，建立多种形式的决策咨询机制和信息支持系统。"这反映了中国党和政府在推进公共管理的进程中对科学决策、民主决策的重视，也为中国公共政策的发展指明了方向。

➤本章小结

公共政策是国家（政府）、执政党及其他政治团体在特定时期为实现一定的社会政治、经济和文化目标所采取的政治行动或规定的行为准则，它是一系列谋略、法令、措施、办法、方法、条例等的总称。公共政策是公共组织管理国家和社会公共事务的重要内容，是公共管理的灵魂。

公共政策具有一些共同的基本性质：利益导向的公共性，权威性和强制性，稳定性和时效性，多样性和工具性。公共政策在国家的政治、经济和社会生活中发挥着重要作用，具有制约性功能，导向性功能，管理性功能和象征性功能。

公共政策是一个由政策主体、政策客体、政策环境等要素相互作用的系统。政策主体和客体分别是指决策者以及决策者所处理解决的社会问题及所涉及的人或团体，而政策环境则是指在决策过程中，影响政策过程的各种因素的总和。

公共政策的运行是一个过程，它有各种环节、阶段，其有序衔接构成公共政策的运行周期。政策系统的运行是一个由政策制定、政策执行、政策评估、政策监控、政策终结5个功能活动环节所组成的过程，这些环节构成一个政策周期。

改革和完善决策机制，推进决策的科学化、民主化，是中国共产党加强党的执政能力建设的重要举措，也为中国公共政策的发展指明了方向。

➤关键术语

公共政策　政策工具　政策主体　政策客体　政策环境　政策制定　政策执行
政策评估　科学决策　民主决策

➤ 案例　宪法对农村政策的调整

党的十一届三中全会以来，随着中国农村经济的发展和农业生产力的进步，中国政府对农村政策经济适时进行了一系列调整，并且在宪法中得到了确认。1982年，宪法第八条第一款规定："农村人民公社、农业生产合作社和其他生产、供销、信用、消费等各种形式的合作经济，是社会主义劳动群众集体所有制经济。"1993年的宪法修正案第六条将此修改为："农村中的家庭联产承包为主的责任制和生产、供销、信用、消费等各种形式的合作经济，是社会主义劳动群众集体所有制经济。"1999年的宪法修正案第十五条又进一步修改为："农村集体经济组织实行家庭承包经营为基础、统分结合的双层经营体制。农村中的生产、供销、信用、消费等各种形式的合作经济，是社会主义劳动群众集体所有制经济。"

【讨论题】

中国的农村政策，从实行人民公社制度，到家庭联产承包为主的责任制，再到实行家庭承包经营为基础、统分结合的双层经营体制，调整的依据是什么？政策的法律化有何意义？你对此是怎么评价的？

复习思考题

1. 什么是公共政策？公共政策具有哪些基本特征？

2. 公共政策有哪些功能？请结合中国的政策实践加以说明。

3. 试结合全球化趋势和我国加入 WTO 的现实，论述政策环境的重要性。

4. 西方公共选择理论是怎样分析各政策主体在政策过程中的行为的？

5. 根据我国转型时期的政策实践，论述政策工具选择的重大现实意义。

6. 公共政策制定是由哪些环节构成的？如何看待方案抉择中的"满意标准"？

7. 什么是政策执行？包含哪些基本功能活动环节？

8. 如何看待评估标准？联系实际说明邓小平"三个有利于"和江泽民"三个代表"重要思想在政策评估中的地位。

第八章

公共管理创新策略

现代政府组织面临着更为复杂和更具挑战性的环境，公共部门如果要达成目标，求得组织的生存、发展与繁荣，便要不断的创新。

我国以经济建设为中心，实行改革开放，在经济、政治、文化、科学教育等各个领域取得了很多成就。然而，毋庸讳言，政府管理的落后，包括管理机制和手段的滞后，尤其是公共管理水平低下，仍然制约着我国各方面的发展。要根本改变管理的落后，唯有实现管理创新。

政府创新涉及多个层面，如制度的创新、结构的创新、观念的创新、政策的创新等等，其中公共管理的技术与方法也要不断创新，才能有效地实现管理目标。

现代管理理论和实践的发展，特别是企业管理中成熟的管理技术和方法，为政府管理方法和工具的创新提供了许多新思路。如何把企业中先进的管理方法有效地运用于政府之中，这将是政府管理创新的重要举措。

本章将简要介绍一些在现代公共管理中普遍采用的创新策略。这些策略主要有：绩效管理、目标与标杆管理、全面质量管理和电子政务。

第一节　政府绩效管理

一、绩效与绩效管理

1. 绩效

"绩效"一词，一般理解为成绩、成效，包含有成绩和效益的意思，它一开始用于社会经济管理方面,后来在企业管理和人力资源管理方面应用广泛。该词用在企业管理活动方面,表示企业管理活动的结果及成效,是指"从过程、产品和服务中得到的输出结果,并能用来进行评估和与目标、标准、过去结果以及其他组织的情况进行比较"①。在企业绩效中一般有三种类型:① 以顾客为中心的绩效,包括产品和服务绩效。② 财务与市场绩效,指的是关于成本、收入和市场地位的测量,资产利用、资产增产和市场份额。③ 运作绩效,指组织上、人力资源和供应商在有效性和效率方面的测量和指示物。企业绩效是衡量企业是否有效运作的重要手段。

把绩效用于对政府行为效果的衡量,反映的是政府绩效,其含义更广泛一些,包含政府在社会经济管理活动中的业绩、效果和效率,是政府能力的基本体现。政府绩效是指政府在社会经济管理活动中的结果、效益、效能,是政府在行使其功能、实现其意志过程中体现出的管理能力。因此,政府绩效是效率和效能的总和。其中效率是对产出与投入的比率进行测量,效能则是将实际成果与原定的预期成果进行比较,前者适用于一切能将投入和产出量化或货币化的场合,后者则可用于那些收益无法用货币来计量的场合。

公共管理绩效是将公共管理的产出或效益与公共管理成本相比而得到的结果。一般而言,公共管理的效率与效能越高,公共管理的绩效就越好。公共管理成本指的是行政活动中消耗的人力、物力、财力、信息、空间、时间、权威、信誉等各种有形与无形资源的总称。与其他很多资源一样,公共管理的资源也是稀缺的。因此,公共管理绩效一定会受到成本的限定和约束,公共管理成本必须与可能产生的绩效联系起来考虑。公共部门的产出是指公共管理活动所形成的结果,它可能是有形的,如政府主持修建防洪大坝,实施航天工程;也可以是无形的,如政府倡导健康文明的社会风尚,依法治国的精神。与企业等私人组织的产出相比,公共部门的产出经常是无形的,这是公共管理活动难以测量的重要原因。公共管理的效益指的是公共部门产出对社会所产生的影响,如政府制定的某项政策是公共部门产出,该项政策所引起公民、社会、法人、组织等的观念和行为上的变化就是公共管理效益。

根据内容和范围,公共管理的绩效可以分为四个方面:① 经济绩效。经济绩效表现在经济持续发展上,国民经济不仅仅是在量上扩张,而且在结构合理的前提下有质的提升,良好的经济绩效还包括经济可持续发展程度较高、政府能供应推进经济与社会协调发展的宏观经济政策。② 政治绩效。在市场经济条件下,政治绩效最经常地表现为制度安排和制度创新。市场经济的游戏规则或社会秩序的供应是一种政府制度安排,这是政府核心能力之一。政府制度安排的能力越

---

① 于军. 英国地方行政改革述评. 北京:国家行政学院出版社,1999.123

强，政治绩效就越容易体现。③ 社会绩效。社会绩效是经济发展基础上的社会全面进步，是社会的稳定与发展。其中安全与犯罪、公平与正义、福利与贫困、稳定与动乱等指标是重要的参数。④ 文化绩效。文化绩效主要指精英文化与大众文化的互补与渗透，以及文化的繁荣与整合。

2. 绩效管理

在企业管理中，绩效管理是指为了达到企业目标，通过持续开放的沟通过程，形成企业目标所预期的利益和产出，并推动企业和员工做出有利于目标达成的行为。美国学者罗伯特·巴克沃认为，企业绩效管理是"一个持续交流的过程，该过程由员工和其直接主管之间达成的协议来保证完成，并在协议中对未来工作达成明确的目标和理解，并将可能受益的组织、管理者及员工都融入到绩效管理系统中来"[①]。

同样，绩效管理也是公共部门改革的重要策略。对于公共部门绩效管理的含义，西方学者认为绩效管理是组织系统整合组织资源达成其目标的行为，绩效管理区别于其他纯粹管理之处在于它强调系统的整合，它包括了全方位控制、监测、评估组织所有方面的绩效。西方各国开展的政府再造，都是把追求绩效作为首要的目标。美国国家绩效评估小组的定义是，绩效管理是利用绩效信息协助设定统一的绩效目标，进行资源配置与优先顺序的安排，以告知管理者维持或者改变既定目标计划，并且报告成功符合目标的管理过程。

因此，公共部门的绩效管理是在设定的公共服务绩效目标的基础上，对公共部门提供公共服务的全过程进行追踪监测，并作出系统的绩效评估的过程。公共绩效管理过程一般包括以下三个最基本的功能活动：

（1）绩效指标化（绩效衡量）。为了进行绩效评估，管理者必须设计一套足以衡量组织目标实现的指标系统，也就是衡量组织绩效的标尺，这样才能在不同机关与不同时期之间进行比较。

（2）绩效评估。绩效评估是反映一个组织试图达成某种目标，如何达成以及是否达成目标的系统化过程。它根据绩效指标，对公共部门管理过程中投入、产出、中期成果和最终成果所反映的绩效进行评定和划分等级。绩效评估包括组织绩效评估、计划绩效评估和个人绩效评估。对公共管理而言，组织绩效评估具有更重要的地位，而在人力资源管理中，则重视个人绩效评估，以作为工资、奖惩、晋升的依据。

（3）绩效监控（绩效追踪）。绩效监控是指对组织的绩效进行持续性的监测、记录与考核，以作为绩效评估和改进组织绩效的基本依据。

---

① ［美］罗伯特·巴克沃. 绩效管理：如何考评员工表现. 北京：中国标准出版社，2000.4

3. 绩效管理的重要性

在现代公共管理中，绩效管理为什么是十分重要，而且是十分必要，主要体现在以下几个方面：

（1）将责任落到实处。从公共管理的角度看，公共部门对公民至少在以下三个方面负有不可推卸的主要责任：一是其支出必须获得公民的同意并按合法程序进行，二是资源必须被有效率地利用，三是资源必须被用于实现预期的目标。只有通过绩效管理和评估机制，对公共部门的活动进行测评，才能使公共部门的责任真正落到实处。

（2）能较好地满足服务对象的不同预期。公共服务所面对的是具有各种各样要求的顾客，他们对公共部门提供的同一类服务的评价往往差异甚大。公共管理者经常面临的困境之一，就是在满足了一部分民众要求时，往往令另一部分民众感到不满。由于绩效管理具有合理、精细的指标设计，因此能较好地满足不同民众的多方面要求。

（3）体现了公共管理的结果导向的精神。公共行政学强调的是过程、投入，而不大重视结果，这样往往导致浪费、形式主义和官僚主义。公共管理的一个重要特点是"结果导向"而非程序、规则导向。公共管理认为程序和规则固然重要，最后是否产生好的结果，是否满足公民需求则显得更为重要。由于绩效管理是将是否产生好的结果，是否满足公民需求放在第一位，它便顺理成章地成为公共管理的重要工具，并有效地促进了公共服务品质的提升。

（4）满足了组织绩效和个人绩效的双重要求。过去公共部门通常进行的是公务员的个人绩效评估，但在个人与组织互动日益密切的情况下，仅仅进行个人绩效评估是不够的。个人绩效的提高并不必然导致组织绩效同步的提高，只有将二者有机结合起来，才能促进组织整体绩效的提高。

从实践的角度看，绩效管理对当代公共管理具有以下意义：

（1）建立了一种诱因机制。任何管理，包括公共组织的管理，都需要某种诱因机制，以激发人的工作热情和动力。组织的诱因机制最重要者在于将绩效与奖惩相联系。通过绩效评估，组织的激励约束机制有了依据，建立在绩效评估基础上的奖惩强化了组织的激励机制。

（2）提供了一种管理工具。绩效管理作为一种管理工具，其最重要的意义在于在政府运作和管理中加入了成本—效益的考虑，减少公共部门的浪费。从某种角度上说，它是公共部门进行有效资源配置的一个重要手段。

二、公共部门绩效评估的指标选择

从不同的角度，依据不同的标准，我们也可将多样化的绩效评估分为不同的种类。从评估机构的地位看，可分为内部评估和外部评估；从评估的对象上看，可分为个人绩效评估和组织绩效评估；从评估的目标来看，可分为管理与改进型评估、责任与控制型评估和节约开支型评估。绩效评估是绩效管理中最核心的环节，而绩效评估中最困难的莫过于评估指标的选择和衡量指标体系的确立。

1. 公共部门绩效评估的一般性指标

从理论上讲，绩效指标的选择，可使用一个包括以下四个方面的模式：输入（提高服务所需的资源、人员、物力、财力），过程（传送服务的路径），输出（组织活动或提供的服务），结果（每一个产出或服务产生的影响）。这种模式虽然可以反映一个组织的绩效，但更为常用的指标模式是用具体的概念来构建的。他们包括：经济（economy）、效率（efficiency）、效能（effectiveness）以及公平（equity），我们称之为4E指标。

（1）经济。

经济指标首先要回答的是"某组织在既定的时间内，究竟花费了多少钱，是不是按照法定的程序花费金钱"。经济指标关心的是"投入"，以及如何使"投入"被最经济地使用。它要求以尽可能低的投入或成本，提供与维持既定数量和质量的公共产品或服务。经济指标以成本作为衡量标准。这种衡量只是说明花去了多少钱，或是否按程序花钱。当然，成本衡量能很好地体现出预算和实际成本之间的差距。然而，成本本身并不能衡量服务的效率和效果，也不关注服务的质量问题，因而单一使用成本衡量不能满足绩效评估的要求。

（2）效率。

效率要回答的问题是"机关或组织在既定时间内的预算投入，究竟产生了什么样的结果"。效率指标通常包括：服务的提供，活动的执行，服务与产品的数目，服务的单位成本等。例如，医院可以计算病人求诊人数，图书馆可以计算借书册数，大学可以计算学生接触老师的时数。

因此，效率是投入与产出之间的比率，它与经济理性同义，它关心的是手段问题，而且这种手段是以货币方式加以表达与比较的。效率的计量方法有单位产品成本和服务成本（如每次医疗检查的成本），或者单位成本能提供的产品和服务的数量（如花费100美元可做50次医疗检查）。最低成本实现最大效益就是有效率的[①]。

效率可以分为两种类型：一类是生产效率，它是指生产或提供服务的平均成本。另一类效率是配置效率，指组织所提供的产品或服务是否能够满足不同的偏好。也就是说，在政府部门所提供的种种项目中，如国防、社会福利、教育、健康等，其预算配置比例是否符合民众的偏好顺序。经济学家所讲的帕累托最优就

---

① ［美］威廉·N. 邓恩. 公共政策分析导论. 北京：中国人民大学出版社，2002.306

是指资源的配置能否实现最大多数人的最大利益。

(3) 效能。

效能常常以质量作为参照，以产出与结果之间的关系加以衡量。效能是看情况是否得到改善，即用来衡量提供服务的影响和质量，看服务是否达到预期目的，它关心的是目标和结果。由于效率指标仅适用于可以量化或货币化的公共产品或服务，而许多公共服务在性质上则很难界定，更难量化，不能适用于效率指标，只能用效能来衡量。效能通常是指公共服务实现标的的程度，又可称为公共服务对于标的团体的状态或行为的影响，如福利状况的改变程度、使用者满意程度、政策目标的成就程度等。

效能可以分为两类：一类为现状的改变程度，例如国民健康状态、水质的净化程度、道路的耐用程度；另一类为行为的改变幅度，例如以犯罪行为的改善幅度来衡量刑事政策的效果，用接受辅导的病情改善状况来衡量社会工作的效果等。

(4) 公平。

传统行政管理学重视效率、效果，而不太关心公平问题。自新公共行政学产生以后，公平问题日益受到重视，并成为衡量以政府为代表的公共管理绩效的重要指标。公平标准与法律和社会理性密切联系，公平作为衡量指标时，关心的是"接受服务的团体或个人是否都受到公平的待遇，需要特别照顾的弱势群体是否能够享受到更多的服务"。公平无法在市场机制中加以界定，因而公平很难衡量。

此外，威廉·N.邓恩还认为，回应性也是非常重要的评价标准。回应性指的是效益、效率和平等标准是否真实反映了特定群体的需要、偏好和价值观。例如，一项娱乐方案可能实现了设施的公平分配，但对特定群体（如老人）的需要却没有回应性。

2. 绩效指标设立中需注意的

以上说的只是一般性的衡量标准和指标。在实际的具体衡量中，不同的组织和机关，不同的政策和项目，衡量的具体标准和指标会有不同。

此外，在确定指标体系时还必须注意不要使用一些错误的衡量指标。这些错误的衡量指标虽然对政府官员有用，但并不能反映出效益、效力等绩效情况，如产品的总量、人均成本、人均读书册数、人员与顾客的比率。人均成本是指用服务的总人口除以服务的总成本的结果，它最多只是反映耗费的资源量，而根本不反映效益。例如，获得警察保护的人均成本根本就不能说明人们能从这些支出中得到什么。同样，人均读书册数和人员与顾客的比率如果不同顾客的满意度联系起来，也反映不出服务提供的质量、效果和效率。

因而，好的绩效指标的标准包括：界定清楚而有一致性；必须和组织的需求及目标有关；被评估的人或组织不可影响绩效指标的运作；广博性和一定的范围；使用的信息正确和广泛；必须为组织的各级人员所接受，符合组织文化等[1]。

三、公共部门绩效管理存在的问题及改进

政府绩效管理在实际中常常存在多种限制，如内部无能的反功能、政府绩效的因果关系难以确认、公共部门组织很少能控制环境因素等。如何进行公共部门的绩效管理，特别是进行绩效衡量，是十分困难的。具体而言，绩效管理制度共同的问题在于以下几个方面：

1. 公共部门的产出难以量化

绩效管理的一个重要前提就是必须将所有绩效都以量化的方式呈现，再据此进行绩效衡量。此项做法对私人部门基本上不构成问题，因为私部门的服务是可以出售，并且可以用金钱价值衡量。但公共部门则面临着如何将公共服务量化的问题。行政组织是一种特殊的公共权力组织，所生产出来的产品或服务是一些"非商品性"的产出，它们进入市场的交易体系不可能形成一个反映其生产机会成本的货币价格，这就带来对其数量进行正确测量的技术上的难度。其次，公共部门缺乏提供同样服务的竞争单位，因此就无法取得可比较的成本与收益数据。即使绩效可以量化，但以量化形式表现绩效是否适宜也值得考虑。例如，美国警察部门曾以警车行程里数作为一个指标去评估警察业绩，结果便导致被评估者驾车高速巡行于高速公路，而根本不去理会车窗外是否正有犯罪行为发生。

2. 绩效衡量难以统一

功能相同的公共组织有地区性的差异、其规模大小亦不一，以同样的绩效指标来衡量它们之间的绩效，并作比较，并不公平。另外，分散于各个分支机构的绩效，能否总结起来当作中央机构的绩效，不仅在技术上有其困难，在实践上也令人怀疑。由于公共服务产生的效果与影响既有长期的，又有短期的，有些是有形的，有些是无形的，甚至有些可能是相互矛盾和冲突的，很难找到一种社会全体成员都认同的、准确的计算方法。

3. 公共部门目标缺乏准确性

绝大多数公共组织中存在着多重的甚至相互冲突的目标，对于这些多重目标的选择和权重排序往往受到权力因素的干扰而难以取得共识。随着领导人的更迭，绩效的侧重点随之转移，原定的目标可能就要重新排序，其稳定性较差，易于影响绩效评估的效果。有些公共服务的目标过大过高，不仅难以达到意欲实现的绩效目标，也使评估人员的实际操作更加困难。

---

[1]　张成福，党秀云. 公共管理学. 北京：中国人民大学出版社，2001.267

4. 公共部门绩效标准指标的难确定性

如何确定与品质绩效有关的指标仍是绩效衡量的主要问题。如前所述，政府的服务绩效有三个基本面向：经济、效率、效果。而服务产出的品质也是一个关键之处。服务不仅要关注效率、效果，也要关注服务的品质。问题是大多数公共服务的品质好坏很难用客观具体的数据来衡量。

5. 绩效管理专家的缺乏

绩效管理或衡量制度的成效，既取决于绩效指标的制定是否周密、合理、客观，是否能涵盖该组织的重要绩效。负责确定绩效指标的人是否具有这样的能力，就变得非常重要。因此，这个组织是否拥有从事绩效管理能力的专家，就成为绩效衡量的先决条件。许多组织推行绩效管理之所以失败，便是缺乏熟悉这方面的专家所致。此外，专家和管理者的沟通与合作也是很重要的。

6. 评估信息系统的不健全

绩效管理做得好不好，是否正确，有赖于可靠的信息。如果所收集的信息错误，不够全面，就无法真正反映机关的实际绩效。基于这样的原因，在制定绩效指标时，上下级机关难免会在指标的数量、范围、权重等方面发生争议。因此充分沟通是十分重要的。

绩效管理虽然会遇到许多困难，但并不意味着绩效管理是不可能的。许多政府机关绩效管理的成就（如美国会计总署 1983 年的政府绩效管理）便是明显的例证。综合各方面理论，应努力做到以下几个方面：

1. 引入公民参与机制

政府绩效应以顾客为中心，以顾客的需要为导向，树立公民取向的绩效观。因此，改进公共部门绩效评估必须取得民众的关注和参与，民众的关注和参与必定能有效地改进公共部门绩效评估。

2. 高层的支持与承诺

公共部门的高层决策者和管理者控制着相当一部分评估资源，如评估数据、评估经费及评估人员（甚至包括他们自身的价值取向、个人偏好）等，没有他们的合作和重视，评估工作难以展开。同时，高层管理者要定期审查组织以及组织管理的绩效，促使组织成员要为绩效的改进负责。明确的高层支持可以使绩效改进具有合法性和有效性。

3. 建立绩效信息系统，保证评估准确和有效

绩效评估所需要的信息量大，涉及的部门多，信息来源渠道广泛，所以应组织专门力量，收集各个方面的信息，进行必要的统计、归纳、整理和加工，并及时予以调整、充实。同时，应建立评估信息的传递网络，把公共部门绩效评估的结果尽快反馈和扩散给有关各方，使评估信息得到广泛使用。

4. 制定绩效目标和绩效规划

一个组织必须在绩效改进方面有明确的目的和目标。目标可以是宏观的，亦可以是具体的。要将总体的目标与实现目标的方法结合起来。尽管适应每个组织的规划可能是千差万别，但规划本身是必要的，因为它向所有的组织成员阐明了目标，以及如何实现这些目标。

5. 落实绩效责任体制

管理者可以通过阐明预期的绩效，比较现有绩效与预期绩效的差距，利用绩效规划和衡量体系使责任落实。同时，每一个组织必须研制适合自己的绩效责任体系。运用这些信息评价管理者和组织的绩效等方法，促使责任的实现。

6. 意识到绩效的重要

要促使组织成员认识到绩效的重要性，要连续不断地发现问题促使绩效的改进。管理者要通过绩效评估，发现绩效管理存在的问题，并寻找机会加以改进，同时组织的成员也要参与到组织绩效改进的过程之中。

第二节　公共部门的目标与标杆管理

一、公共部门的目标管理

1. 目标管理的含义

目标管理概念可追溯到 19 世纪 20 年代的企业管理技术。此后，杜拉克（Drucker）在《管理实践》（The Practice of Management）一书中明确提出目标管理，并被企业和政府部门广泛采用。杜拉克倡导自我控制观念与目标管理方法，并纠正集权化及个人主义与本位主义的缺陷，认为层级间、科组间、个人间的沟通与联系是重要的，组织成员需经由确立目标，合作努力，在自我控制之下，成功地达成共同的目的。

至于何谓目标管理？各家见解不尽相同。欧狄昂（George S. Odiorne）认为："目标管理乃是一种秩序，借上下级间对目标的共同了解，订立个人、部门的工作目标及所负职责，使之能齐心协力地完成组织目标，并以预定的目标为业务推行的指导原则和评审成果的客观标准。"

麦康基说："目标管理就是一种业务管理计划和考核方法，使每一个管理人或主管皆按其应达成的目标与成果，订立其一年内或一定期限内具体明确的工作内容与进度，等到期满，以原定目标衡量实际成果。"[①] 因此，目标管理一个非常重要的方面就是如何设定一个"好"目标。至于什么是好目标，不同的部门、

---

① 张金鉴. 管理学新论. 台湾：五南图书出版公司，1985.18

不同的层级会有不同的设定标准。

综合起来,可以将目标管理定义为:由参与管理的各个方面制定目标,并经过自我管理和自我控制等管理方式,建立各级人员的责任心和荣誉感,最终以实现组织绩效的一套系统管理方式。

2. 目标管理的程序和步骤

(1) 设定组织目标。

制定目标是实施目标管理的基础,所以,制定一个适宜的目标是公共部门实施目标管理时最重要的一个环节。目标设定的确定受到许多因素的影响,有些是直接影响因素,有些是间接影响因素。制定目标时要把各种因素详细地加以分析,使确定的目标切实可行。直接影响因素是重点考虑的,主要包括法律政策要求、上级下达的要求、服务对象的要求以及前期目标完成情况等。一些间接影响因素,如制定目标时期的政治、经济、人口、文化等环境影响因素也对目标制定产生各种影响,制定目标时也要把这些因素考虑进去。

(2) 目标的具体化。

目标的具体化是指将已设定的组织目标按照组织架构进行纵向与横向的分解。

首先,将组织目标按组织体系层次和部门逐步展开,直至每一个组织成员。这个展开的过程是所谓的自上而下的过程,但这一过程只是上级给下级的一个初步的推荐目标,不是最后决定了的目标。其次,组织体系中的每个层次、每个部门、每个成员均可以根据自己的部门、层次、岗位分工和职责要求,结合初步下达的目标进行思考分析,最终提出自己的目标。显然,这一目标是对上级下达初步目标的一种修订。最后,组织将自下而上的目标与下达目标比较,分析差异,征询下级意见,再进行修订;然后再下达,下级各方仍可以修正,再次上报。经过这么一个上下多次反复,最终将组织目标分解成一个目标体系,下达给组织相应的层次、部门和组织成员。

(3) 评价目标成果。

目标成果的评价是目标管理的最后阶段。成果评价是对组织人员的成绩进行考核并为对其的奖惩提供依据。它不仅是一种激励手段,而且通过整个目标管理制度成效的衡量,为后续工作提供经验和借鉴。目标成果评价本身并不能对管理人员产生足够大的激励作用,成果评价实际上是为了结算支付报酬作为依据。按照成果来支付报酬,是目标管理的最后环节。其关键在于将管理人员的表现和奖励尽可能直接地联系起来,从而充分发挥管理人员的积极性、主动性和创造性,最大限度地挖掘其潜在能力。

此外,目标管理在实际推行时,通常遵循以下步骤:

第一,由政府行政首长会同有关部门领导、目标管理督察,设定政府的具长远性的大目标，并据以拟订政府的各项策略计划，以期达成组织各项层次较低的目标。

第二，由政府各个部门的负责人，分别设定其支援性的短程目标。

第三，各个部门的负责人根据目标拟订各项行动计划或方案，以达成期望目标。

第四，建立衡量成果及监督控制的制度，使有关资料得以向上一层次回馈。

第五，进行检验，如果实际成果不及预期，则必须采取必要的纠正措施。

3. 目标管理的实施

目标管理一般分为四个阶段：计划、执行、检查、改进。为了发挥目标管理的潜在优势，防止出现理论与实际的脱节，管理学家韦里奇于 1985 年归纳出 15 项指导纲领，作为实施目标管理的指引。

（1）目标管理与生产力改善方案必须仔细规划，尤其是运用于大型、复杂的组织，更应特别予以注意。事实上，任何目标管理方案在实施之前，都应在局部范围内先行试用。

（2）方案的参与者必须事先准备。为保证目标管理能够发挥功效，参与人员必须对目标管理的哲学基础（强调自我控制）及其主要内涵事先有所了解。

（3）目标设定者需要指导纲领的协助。目标设定是目标管理的核心，亦是目标管理的困难所在。目标设定得太高，容易造成参与者的挫折感，而目标设定得过低则缺乏挑战性，因此需要有一个指导纲领以协助设计有意义、合理、同时具有挑战性的目标。

（4）目标体系必须能够被了解。个别目标应配合整体目标体系，只有把握全局，组织的整体目标才能实现。

（5）目标的达成可能无法正确反映绩效。目标的达成并不一定表示绩效卓著，因此在衡量绩效时，管理者无法控制的外在因素往往不列入考核之中。

（6）目标的时间周期是重要的。目标设定通常以一年为期（或更短），为避免目光短浅与副作用的产生。目标管理应配合长期计划来实施。

（7）目标管理的主管人员在设定目标与执行方案等任务中起着重要作用。目标管理的主管人员若能由职位高、有名望的人出任，将有助于目标管理方案的施行。

（8）将目标管理直接运用于报酬系统会引起负面的边际效果。由于管理者可能会试图操纵以增加其报酬，所以容易忽略与其目标直接相关的重要活动。

（9）目标管理亦有缺乏弹性的可能性。目标管理的适度运用应可促进工作弹性，然而目标规划是一个持续的过程，在变动的环境中需要一再地评估。目标既不能轻易改变亦不能一成不变，需要根据计划的变动而加以调整。

（10）管理系统应加以监测并且至少在开始时要保持单一。目标管理方案的成功需要持续的监控与评估其效能，为避免管理事务复杂化，管理系统应该尽量保持单一，至少在一开始时应做到这一点。

（11）高层主管人员积极投入设定所有的目标并传达到组织中的较低层级。

（12）管理的生产力需要加以衡量。目标管理不仅是一项管理工具，也是一个管理过程，可用以衡量管理的生产力。

（13）组织氛围必须支持生产力的追求。目标管理的达成有赖于良好的组织氛围的支持与配合。

（14）高层管理人员必须对目标管理与生产力改善作出承诺。管理界的一个普通共识就是：成功的目标管理方案需要高层主管人员的承诺。

（15）目标管理必须被视为一个管理系统。目标管理不是管理者工作的额外负担，而是一种管理方式，其目的在于使管理者更有效能并提升其专业潜力。

4. 目标管理在公共部门应用的局限

目标管理在公共部门应用十分广泛，而且在提高政府生产力方面起到了重要的作用。但公共部门不同于私人部门，对目标管理的应用有着一定的限制。具体表现在以下几个方面：

（1）目标管理在封闭体系的组织中较易实施，但在变动而且难以预测的环境中则不易使用，因为此时目标往往难以设定。由于公共部门所处的环境比私人部门所处环境要更为复杂多变，因而目标管理运用范围和程度会受到一定的影响。

（2）目标管理存在信任问题。在官僚制行政组织中，目标往往是高层领导制定的，一般人员很少有参与机会，在执行目标过程中，也会进行严密的监控，普通成员也只能按目标的要求行事。但目标管理运行的有效性在很大程度上是建立在信任的基础上，即高层主管要信任下属的能力，以及下属愿为实现组织目标尽心尽力。但研究表明，在官僚体制中建立信任是一件很不容易的事。

（3）公共部门的目标往往比较模糊，不易量化，其结果也不容易衡量。同时，公共目标的制定过程并非是一个理性选择的过程，而是一个政治过程，往往充满了多元目标的冲突。

（4）目标管理的实施通常以一年或少于一年为周期，这种强调短期目标的管理，容易忽视组织长期目标发展的规划。

二、公共部门的标杆管理

标杆管理（benchmarking），在工商企业界被普遍运用。最著名的案例是亨利·福特把芝加哥屠宰厂猪肉处理系统应用于汽车生产装配线。从 20 世纪 70 年代起，标杆管理在企业界很是盛行。1980 年初期，施乐（Xerox）公司以标杆作为改善绩效的方法，获得了前所未有的绩效表现，并成为用标杆管理促进企业绩效的典范。从 1990 年起，标杆管理被引入政府管理领域，很快受到重视和推广，并成为推动政府绩效改进的一个重要的管理工具。

1. 标杆管理的含义

标杆（benchmark）一词，原是地质人员测量时，在地形、地物上作标记、符号，以作为测量的参考点。在管理上，有学者将标杆界定为"寻求达成卓越表现所需要的最佳经营方法、创新概念及高效率操作程序的一套系统过程"。在 20世纪 70 年代，标杆管理仅局限于将自己公司或组织的绩效，与主要竞争对手相比较，从 80 年代以后，越来越多的组织开始重视寻找绩效卓越的组织或公司作为典范，努力学习其卓越的做法和经验，并加以吸收转化，纳入自己组织的革新中，来提高组织的绩效。

因此，所谓的标杆管理，即追求卓越的管理模式，并将之学习转化，以提高组织绩效的管理方法。一般而言，标杆有两种类型：一为内部标杆，主要系以企业或政府各部门之间为实施对象。二是外部标杆，主要以竞争者为对象，希望创造组织的成长空间。

严格说来，标杆管理与绩效管理或绩效评估并不是一回事。绩效标杆的设计本身并不能改进组织的绩效，但标杆向组织提供了改进组织绩效的信息。所以，从绩效管理的角度来看，二者又是相互关联的。对于一个组织而言，绩效的高低和卓越与否，总是相对的。在绩效管理中，一方面，你必须寻找你所要比较的对象的绩效，通常这些组织的表现优于你的组织，你期望超越它们。另一方面，又必须试图了解为何它们的表现优于你的组织，哪些方法、程序是你想学习并引进的。因此，标杆管理学习（benchmarking learning）是促进组织变革，提高绩效的良好途径。

2. 标杆管理的模式

对于标杆管理的模式，不同文献有程度不同的介绍。以下介绍时下比较流行的标杆管理的模式：

（1）Motorola 公司采用的模式。

① 决定标杆的标的物；

② 确认比较的对象；

③ 搜集资料；

④ 分析资料，整合资料和行动方案；

⑤ 重定标准，重新再来一次。

（2）AT&T 的九步骤模式。

① 决定标杆的标的物；

② 发展标杆管理的计划；

③ 选择搜集资料的方法；

④ 搜集资料；

⑤ 选择业界中表现最好的公司；

⑥ 对此最好的公司进行现场访问、搜集相关资料；

⑦ 比较双方的工作流程，找出表现的落差所在，提出改善建议；

⑧ 执行改善建议；

⑨ 重定标杆。

（3）Zerox 公司的五段式、十二步骤模式。

第一阶段：计划。

① 决定标杆的标的物；

② 决定比较的对象；

③ 决定收集资料的方法并搜集资料。

第二阶段：分析。

④ 决定目前的绩效落差；

⑤ 提出未来绩效应有的水准。

第三阶段：整合。

⑥ 和员工沟通分析的结果并使其接受此结果；

⑦ 建立功能的目标。

第四阶段：行动。

⑧ 发展行动方案；

⑨ 执行特定行动并考核进展；

⑩ 重定标杆。

第五阶段：成熟。

⑪ 成为领导者；

⑫ 将此运作融入工作流程中。

　　不论是企业组织、政府机构或非营利组织，采用不同模式时，都会或多或少地做一些调整。但就一般而言，标杆管理的程序，在各种组织中的应用，并不因为是公共部门或私部门而有太大的差异。标杆管理在公共部门虽然只有短短十几年的历史，但 Cohen 和 Eimicke 认为，下列模式可能更适合于公共管理者[①]。

　　（1）决定哪个单位或流程将会是比较的标的物；

　　（2）找出衡量成本、品质及效率的指标；

　　（3）针对每个标杆，找出表现最好的其他单位；

　　（4）衡量这些表现最好的单位之表现；

---

① Cohen S, Eimicke W. The New Effective Public Manager：Achieving Success in a Changing Government. San Francisco：Jossey-Bass Publishers，1995.

（5）衡量或界定自己的组织和最好的表现者之绩效落差；

（6）决定缩短落差的行动方案；

（7）执行方案并追踪考核。

第三节 政府部门的全面质量管理

对产品质量进行控制和管理一直是私营企业生产中的重要内容。1961 年，美国质量管理专家费根堡姆（A. V. Feigenbaum）出版了《全面质量管理》一书，正式提出全面质量管理（total quality manage，TQM）的概念，并被世界各国广泛采用。

20 世纪 80 年代末，全面质量管理在美国被正式引入公共部门，对于公共管理部门和公共管理而言，全面质量管理还是一个新鲜事物。那么，什么是TQM，TQM 在公共部门如何采用，又有何限制，的确是公共管理者需要了解和探讨的。

一、全面质量管理的含义

作为现代企业管理中一种重要的经营理念，全面质量管理，强调以质量为中心，全员参与为基础，倡导前馈控制和全面管理，以顾客需求为根本出发点，并以顾客满意度为最终目标。当全面质量管理被运用于公共部门的时候，其含义究竟是什么，一直没有一个一致的见解。有人认为全面质量管理即为广泛的授权及参与式管理模式；有人认为全面质量管理为生产线上的过程质量控制；有人认为全面质量管理为有计划的组织文化的改变，也有人认为全面质量管理是系统化的记录质量控制的过程。

美国国防部认为全面质量管理是一种管理哲学，也是一套要求不断进行组织改善的指导原则。全面质量管理应用计量和人力资源管理发展的方法，针对组织的运作过程加以改良，不仅能有效实现组织目标，更能使顾客的需求得到满足，全面质量管理结合了多项基础性管理技术以改进现状，而成为一种新的管理典范。

关于全面质量管理实施的作用和效果，科恩和布兰德认为可从两个方面看。就组织目标而言，"TQM 能帮助政府组织实现它们的目标。"而就工作过程而言，"TQM 的真正的成功之处不仅指它能解决类似的问题，还在于它使用的消除交流障碍的方法，使得问题没有机会出现。"日本学者谷津进认为，"质量管理就是把握问题、消除问题。"

总体来说，全面质量管理是一种全员参与的、以各种科学方法改进组织的管理与服务，通过高素质和不断改进的产品和服务，获取顾客满意的管理理念、制度和方法。综合学界对全面质量管理的研究，我们大致可以总结出 TQM 的一些基本要点：① 关注质量；② 全员参与；③ 顾客导向；④ 持之以恒；⑤ 全过程控制。

TQM 提倡的这种关注顾客、自我改进、坚持不懈的精神在公共领域已经得到了广泛的认可。史蒂文·科恩（Steven Cohen）、罗纳德·布兰德（Ronald Brand）和辛辛布莱那（J. Sensenbrenner）等在公共部门推行 TQM 的成功的经验也让越来越多人对其前景充满乐观。在美国，25 000 人以上的城市中，有 25% 已经开始在至少一个基础性领域实施 TQM，主要应用于警务、公园、娱乐、人事管理和预算报告等领域。

二、公共服务的质量标准

全面质量管理以关注质量为核心，而在政府管理中，"所谓质量，是指民众于第一次及每一次接受政府服务时，该服务均能满足民众的期望与需求"①。根据"联邦质量协会"的规定，政府的服务品质，主要包括：

（1）绩效。绩效是民众在接受政府部门所提供的服务时，应首要考虑的最重要面向。例如，民众在申请养老保险时，相关机关能够提供正确且清晰的信息和协助。

（2）专业特色。这是补充基本的政府产品与服务品质的第二项标准。例如，失业人员在申请就业指导时，劳动部门能够提供相关的就业信息作为参考。

（3）可信度。对于许多民众而言，最重要的品质标准是服务或产品应具有的可信度。所谓的"可信度"系指一项产品或服务，在某一特定期限之内，能符合民众期望的可能性。

（4）持久性。所谓的"持久性"系指某一服务或产品对民众所带来利益的持续时间的长短。例如，一项就业培训是否能持续地帮助失业者找到一份满意的工作。

（5）一致性。系指政府所提供的产品或服务，其成效是否符合预先所设标准的程度。

（6）及时性。系指政府所提供的服务或产品，必须能够及时地满足民众的需求，或是政府能够及时地解决民众所遭遇的问题。

（7）变动性。系指政府所提供的产品或服务是否会根据时间、空间的改变而

---

① 张成富，党秀云. 公共管理学. 北京：中国人民大学出版社，2001. 311

适时转变。民众的期望或需求是在不断变化和增加的，因此政府部门应随时掌握和了解民众的需求和愿望，只有这样，才能提供符合民众期望的产品或服务。

三、政府全面质量管理的实施

1. 实施过程

从过程上讲，政府的全面质量管理可分为三个阶段：前期准备、分析工作和（持续）改进工作。

（1）前期准备。

TQM 是一个极其复杂的系统工程，尤其是在被传统观念认为不适合使用 TQM 的政府部门，因此开始推行全面质量管理之前，需要大量的前期准备工作，包括以下三方面：

第一，明确顾客导向（customer oriented）。在 TQM 中，顾客导向是其前提假设和基本原则，也是"新公共管理运动"中，"委托—代理"理论的逻辑延伸。政府部门全面质量管理致力于提高顾客满意度，因而其顾客导向更为明显。

第二，取得高层支持。对于经常面对诸如低效率、服务态度差等指责的公共部门来讲，推行全面质量管理不啻为一次大的变革，涉及的利益相关人众多，因而必须首先取得高层的支持。一方面要有上级机关的认可，另一方面也要在组织高层形成共识。

第三，明确改进目标。从根本上讲，实行全面质量管理的目标自然是提高行政绩效和顾客满意度，但就 TQM 的现实目标而言，政府内部应该制定更为直观、可操作性更强的阶段性目标。

（2）分析工作。

第一，要在政府内部营造宽松的氛围。在政府部门，由于官僚制和政治权威的存在，对工作以进行改进为走向的理性分析往往是困难的，这就需要管理者在政府内部普遍营造"知无不言，言无不尽，言者无罪"的氛围。

第二，要虚心向基层操作者寻求信息。基层操作者工作在行政第一线，因而政府部门 TQM 认为基层行政人员是分析、识别工作改进障碍的关键，他们可以详细地描述各自的行政过程并指出其中的问题，所以，虚心向他们求教是非常重要的。

第三，分析工作并制定改进目标。可以建立质量改进小组（QC），集中顾客要求、基层行政人员意见、高层见解、组织目标等大量信息，分析工作各环节中存在的问题，从而提高行政效率。

（3）（持续）改进工作。

这是 TQM 最重要的过程，应该坚持以下几个主要取向。

第一，持续性。持续地改进质量，这是 TQM 的核心价值观之一。在政府部门，全面质量管理不可能是一步到位的，对于工作过程的全方位分析和改进必然是一个渐进的过程，政府部门的 TQM 实践应该有长期战略性的计划，并持之以恒地推行。

第二，全员参与。政府部门提供公共服务的质量涉及组织内各个部门和各个成员，他们的工作都直接或间接地影响着公共服务的质量。因而为了提高顾客满意度，必须要求组织内所有部门所有成员都参与质量管理活动。

第三，预防式管理。TQM 的推行者相信，"防止问题的发生比发生了再反应要好。" TQM 试图通过对工作全过程可能造成的低效率或降低顾客满意度的环节进行合理化改进而使问题被解决在萌芽状态，这和传统的质量检验管理有根本区别。

第四，建立培训和激励机制。对于政府行政人员而言，TQM 是一个新生的事物，其基本理念与官僚制的精神有些是有冲突的，其中的技术手段也不是一时就能掌握的，因此对行政人员进行培训就显得非常重要，要鼓励组织中每一位员工参与学习，提高自己。

2. 具体实施步骤

美国联邦政府自 1988 年起沿用了企业界的 TQM 的理念，并加以改造，使之适合公共部门。他们总结了七大具体实施步骤①。

（1）高层人员之领导与支持。全面质量管理最重要的构成要素是来自于高层人员的领导与支持。高层人员必须直接且积极地投入，并为建立一个鼓励变革、创新，以工作为荣以及为了公共利益而持续不断地改进的组织环境而努力。换言之，就是政府部门在推行全面质量管理的过程中，高层领导必须自始至终亲自参与，必须给组织的未来树立一个可达成的远景，必须建造一个开放的且具有信任感的组织气候，为全面质量管理的推行赋予动力。

（2）策略性规划。策略性规划的目的在于促使组织进行持续性的质量改善，并使之成为组织日常运作的重要组成部分，进而建立一个动态的和参与的规划过程。

（3）以顾客为导向。一个具有高绩效的政府部门能够较好地满足民众的期望，因此积极地影响公众对政府施政措施的满意，正确地发掘公众的需求，即成为全面质量管理的重点。

（4）考评与分析。考评制度的运作必须使组织能系统化地了解民众对其产品或服务的满意程度，并且必须能以组织内部过程的改善作为考评的重点。此外，

---

① Federal Quality Insituter. Introduction to Total Quality Management in the Federal Government. Washington DC：Federal Quality Institute，1991

为了确保组织能持续不断地改善其服务的过程，对有关服务过程的资料收集与问题分析也是不可忽视的一个重要方面。因此，对品质的考评与分析，其直接目的在于降低错误与浪费，改进服务的成本与效能，提升服务的品质，最终确保组织能够切实掌握民众的需求和意向。

（5）训练与奖惩。加强员工的训练与培训，建立适当的奖惩标准，对了推动组织服务质量的改进有着重要的推动作用。适当、适时奖励可以振奋工作人员的士气与满意感，进而促使组织服务品质的改善。

（6）赋予组织成员活力与团队合作。一旦高层人员认同并支持全面质量管理的实施后，使组织达成品质承诺的最重要要素，乃为组织所有成员的投入、赋予活力以及团队合作。工作过程的改善只有在所有的组织成员，以及各个功能部门均积极投入努力的情形下，才能获得全面的成功。

（7）品质保证。在全面质量管理的过程中，品质保证即是自工作过程之始为开端，从资源的输入阶段即防止问题的产生，而不是传统管理中问题发生后才进行控制与检查。所以，使工作人员着重分析前一阶段的供应者所提供的相关信息，并且与民众建立起"伙伴关系"，才能真正保证服务品质符合民众的期望与需求。

由此可见，全面质量管理是一种强调顾客中心、绩效中心、前馈控制、全面管理的一种现代政府管理方式。在政府部门推行全面质量管理有着重要的现实意义：

（1）TQM引入"顾客至上"的观念，有助于公共部门重新树立以服务对象为中心的意识，以此来提供优质的公共物品和公共服务。

TQM中所说的"质量"并非我们通常所说的绝对意义上的"最好"的意思，而是以顾客的满意程度为评判标准，并随顾客需求的变化而变化。在公共部门中倡导"顾客至上"意识，有助于端正服务态度，把服务对象重新置于中心位置，让民众在市场服务中行使自由选择权，从而把更多不同的利益诉求纳入公共部门的决策系统当中，更大程度地满足和实现了公共利益，提高了公共物品的服务质量。与此同时，也有助于公共部门组织文化的革新，即增强公共部门的服务意识，让政府官员不再觉得自己高人一等，愿意"降低身价"主动迎合公众的要求，向公众负责，为公众服务。

（2）TQM强调事前预防和控制，有助于公共部门在避免公共资源的不必要浪费的同时，保证公共物品和公共服务的高质高效。

与传统的质量检验工作相比，TQM所涉及的范围更广，它不仅仅关注反馈，更扩大到前馈预防。对于公共部门而言，同样面临着资源短缺的局面（即政府的公共财政收入的有限性以及政府信用危机的日益严重），也有必要提倡前馈控制。

因此，公共部门要想充分利用公共资源并保有公众的信任感，就必须事先主动地了解和掌握公众的需求，事前控制公共物品和公共服务的质量，使有限的公共资源得以应用于更需要政府提供优质服务的地方。

（3）TQM 主张更多人的参与，有助于公共部门充分调动组织内外所有人的主动性、积极性和创造性，群策群力地提供更优质的公共物品和公共服务。

在公共部门引入 TQM，主张更多人的参与，其中包括鼓励政府内部成员即公务员的参与和广大民众的参与两个方面。对于公务员尤其是基层的工作人员来说，扩大参与主要是通过赋予其独立处理问题的权力以及增强其对公共决策的影响力来实现的；对于公众而言，扩大参与主要是通过优化各种参与途径使公众的需求和期望能够尽可能地被纳入政府的决策议程，并由此转化为一系列优质的公共物品和公共服务的提供。

■第四节 电子政务

随着以微电子技术、网络技术为代表信息时代的到来，政府的工作手段和工作方式必须进行改革。广泛吸纳先进的科学成果和技术手段来充实公共管理，已成为迫切的需要。公共管理要谋求发展，也必须主动迎接信息革命的挑战，抓住信息技术带来的机遇，实现公共管理的信息化，促进电子政务的发展。

一、电子政务的概念

所谓"电子政务"，有人认为电子政务就是办公室自动化，有人认为就是政府信息资源的管理，也有人认为就是"政府上网"。其实电子政务是在 20 世纪 90 年代以后才出现的，随着国际互联网技术的发展和在政府管理中的应用，电子政务成了国际上通用的概念。从目前的发展来看，所谓电子政务，是指政府有效利用现代信息和通信技术，通过不同的信息服务设施（如电话、网络、公用电脑站等），对政府机关、企业、社会组织和公民，在其更方便的时间、地点及方式下，提供自动化的信息及其他服务，从而建构一个有回应力、有效率、负责任、具有更高服务品质的政府。需要指出的是，电子政务不仅仅是政府部门硬件、软件设施的改进，更是政府观念、职能和管理手段的创新。

电子政务的实施，打破原来不同行政机关的组织界限，通过互联网建立了由政府网站组成的虚拟政府（一个电子化的"虚拟政府"），帮助人们从不同的渠道取得政府的各种政策信息和服务，而政府机关以及政府与社会各界之间也可经由各种电子化渠道进行相互沟通，并根据人们的需求、根据人们可以使用的方式以及人们要求的不同时间和地点，向人们提供各种不同的服务选择。总体来说，电子政务的目标主要体现在以下几个方面：

（1）政府机构各部门实行电脑化、网络化和信息化，帮助提高政府在行政、服务和管理方面的效率。

（2）政府从被动服务转向主动服务。企业、公民可以不受地点、时间的限制，在网上了解政府的方针政策，接受政府的管理。

（3）用政府建立的网络、信息，为公众社会提供优质的多元化服务。政府的信息网络覆盖政府的科技部门。电子政务利用统一的信息资源，通过语音、互联网等现代化手段，为公众提供简便的多样化的服务。

（4）以政府的信息化发展推动和加速整个社会信息化发展。向公众展示高新技术，让社会享受信息网络的便利，切实推动全社会信息化的发展。

（5）实现数字经济发展，引导、规划和管理电子商务的活动，建立单位的支撑环境。

二、电子政务的业务内容

电子政务或政府信息化的基础在于政府业务的电子化，即改变传统的政府机关的办事方式和手段。传统的办事方法、公务处理及事务管理，皆可以用现代信息及通信技术加以改变。参照国外发达国家的经验，政府业务的电子化业务内容主要如下：

电子公文。政府机关的公文处理，实施公文制作电脑化，稽催管理自动化以及电子公文交换。

电子邮寄。政府的会议通知、信息传达、政策宣传、法规颁布、意见调查等，以电子邮寄方式处理，以加快信息的流通。

电子采购。在网络安全认证的基础上，政府机关在网络上进行采购、交易支付等电子作业。公民、企业与政府之间的有关财务处理及支付逐步经由网络处理。政府的公共建设招标和投标，亦可随着电子安全认证制度的建立，在网上进行。

电子法规。在互联网络上设立"电子法律、法规资料库"，建立电子法规信息服务网络，提供法规检索。

电子规划管理。通过网络上设立电子计划资料库。保证各机关计划的制定、执行、评估的一致性。

电子税务。通过网络提供各种税务信息服务；提供税务查询；提供纳税人利用信息卡经由网络转账缴纳、核查税款；提供网络申报所得税、营业税等。

电子人事。提供人事及法律检索；网络招聘等。

电子工商。提供工商资料和信息、工商登记网上申报等。

电子保健。在网络上提供医药、食品卫生、防疫等医疗保障的信息及服务。

电子公共事业服务。在网络上提供电力、电信、自来水、煤气等各项公共事业的自动化服务，提供查询、申报、交费等服务。

需要说明的是，行政业务的电子化过程不只是单纯的增加硬件、软件设备，更需从政府组织的全面性来了解信息技术的需求、组织目标与管理模式、未来发展方向等。同时，要进行整体性、合理性的规划，力求突破现有的运作方式，以更经济、更有效的方法取得政府运作所需要的技术能力以及人力，促进政府信息的流通及整合，提高行政效率与效能。

三、电子政务的系统结构

电子政务系统的整体框架可以从横向和纵向两个方向看，如图 8-1 所示。从横向看，电子政务业务体系需要电子政务管理体系的支持和电子政务安全体系的保障，才能做到有序和安全地工作。从纵向看，电子政务的业务、管理和安全体系均由低到高分为物理层、网络层、系统层和应用层。下层为上层提供服务，上层使用下层服务完成本层功能，为更高层提供更高级服务，最终实现最终用户的应用需求。

图 8-1　电子政务系统结构①

物理层是整个体系的硬件平台和环境。业务体系、管理体系和安全体系依据实际情况可以共享某些硬件设备和环境，也可以独有硬件资源。例如，许多不同的业务系统及其管理系统可以安装在同一台或同一组计算机上，使用同一个网络系统，这样可以充分共享硬件资源，避免重复建设，节省大量硬件投入。但是，一些安全系统从安全和性能角度考虑通常拥有自己的硬件，如硬件防火墙；另外，国家涉密网和非涉密网应该是两套完全独立的网络，在相互进行数据交换时

---

① 闵京华. 电子政务的理论模型. 电子政务，2005，(3)

采用物理隔离方式。

网络层是整个体系的数据传输支撑平台。业务体系、管理体系和安全体系在这一层的传输方式和协议可以是开放通用的，也可以是封闭专用的，选择哪一种要综合考虑互连互通、业务性质、安全保密等因素。三个体系中的传输数据各不相同，但又密切相关。业务体系中传输的是大量的业务数据；管理体系中传输的是管理信息，其中含有业务数据的各种属性；安全体系中传输的是安全信息，包括身份、密码、密钥、签名等。另外，业务数据、管理信息和安全信息中的涉密或敏感数据都是经过安全系统的加密和数字签名后，才送到网上传输。

系统层是整个体系的运行支撑平台，主要是指操作系统和数据库系统。业务体系、管理体系和安全体系依据实际情况选择适用的操作系统和数据库系统，选择时要综合考虑功能、性能、安全性、稳定性、易用性、兼容性、互操作性、可扩展性等因素。比如，高端服务器通常倾向考虑选择具有稳定性优势的 UNIX 系列操作系统，而通常的客户端一般选择具有易用性优势的 Windows 系统操作系统。

应用层是整个体系的最高功能和服务层，实现业务、管理和安全的最终需求。业务体系、管理体系和安全体系在这一层相辅相成，也就是说，它们实现各自功能来为对方提供服务，同时也使用对方提供的服务实现各自功能。比如，网上联合审批就需要把相关的各业务系统、相应的管理系统和必要的安全系统，按照共同的目标进行集成，形成一个统一的、有序的和安全的综合应用系统。

此外，电子政务的服务对象主要有三类：政府、企业和公民。因此，电子政务的服务模式也分为三种，分别是：政府到政府（government to government）、政府到企业（government to business）和政府到公民（government to citizen）。

政府到政府模式是上下级政府、不同地方政府、不同政府部门之间的电子政务。它基于大型数据库、文档数据库、远程通信及 Internet 技术的办公业务化流程，能快速有效地传输上下级单位的公文和信息，为工作人员提供方便。政府到企业模式主要发生在政府职能部门与企业之间的行为。它基于 Internet 技术将政府职能部门对企业的管理、监督和支持进行优化，使电子商务和电子政务能一体化运行。政府到公民模式主要指发生在政府职能部门与各种社会团体及个人之间的行为。它基于 Internet 技术将政府职能部门为公众的办公服务和信息服务公开化。

四、推进电子政务

随着全球信息化的进一步发展，政府信息化程度的高低将直接影响到政府竞争力的强弱，并成为衡量各国发展的一个标准。许多发达国家都在促进政府上网，抢占网上制高点。虽然他们采取的措施各不相同，但目标都是利用信息技术和互联网技术重新塑造一个更有效率、服务更加直接的电子政府。无论发达国家或是发展中国家，都将电子政务视为政府必须优先予以关注的重要议题之一。推进电子政务正成为一个全球性的趋势。

1. 美国

美国的电子政务起源于 20 世纪 90 年代初。1993 年，克林顿政府成立了"国家绩效评估委员会"（National Performance Review Committee，NPRC），NPRC 通过大量的调查研究后，递交了《创建经济高效的政府》和《运用信息技术改造政府》两份报告，提出应当用先进的信息网络技术克服美国政府在管理和提供服务方面所存在的弊端，这使得构建"电子政府"成为美国政府改革的一个重要方向，也揭开了美国电子政务建设的序幕。

1994 年 12 月，美国政府信息技术服务小组（Government Information Technology Services）提出了《政府信息技术服务的前景》报告，要求建立以顾客为导向的电子政府，为民众提供更多获得政府服务的机会与途径。1996 年，美国政府发动"重塑政府计划"，提出要让联邦机构最迟在 2003 年全部实现上网，使美国民众能够充分获得联邦政府掌握的各种信息。

1998 年，美国通过《文书工作缩减法》，要求各部门呈交的表格必须使用电子方式，规定到 2003 年 10 月全部使用电子文件，同时考虑风险、成本与收益，酌情使用电子签名，让公民与政府的互动关系电子化。

2000 年 9 月，美国政府开通"第一政府"网站（www.firstgov.gov），这个超大型电子网站，旨在加速政府对公民需要的反馈，减少中间工作环节，让美国公众能更快捷、更方便地了解政府，并能在同一个政府网站站点内完成竞标合同和向政府申请贷款的业务。

为保障政府信息化发展，美国还制定了《政府信息公开法》、《个人隐私权保护法》、《美国联邦信息资源管理法》等一系列法律法规，对政府信息化发展起着重要的保障和规范的作用。由于努力推行电子政务，仅 1992～1996 年，美国就减少了 24 万政府员工，关闭了近 2 000 个办公室，减少开支 1 180 亿美元。在对居民和企业的服务方面，政府的 200 个局确立了 3 000 条服务标准，作废了 1.6 万多页过时的行政法规，简化了 3.1 万多页规定。全国雇主税务管理系统、联邦政府全国采购系统和转账系统等网络的建立，不仅节省了大量的人、财、物，而且提高了政务透明度，堵住了徇私舞弊的渠道。

美国电子政务的发展形成了以下几个特点：

一是网站多。美国联邦级的行政、立法、司法部门都拥有独立网站，州及地方政府也拥有规模不小的网站，就连地处偏远地带的一些不起眼的小地方也照样建立了网站。

二是分类细。美国电子政务网中既有政治、经济、军事方面的网站，也有国民求职、贷款、消费等方面的网站。日常生活中凡是与政府有关的事情，总有相关网站提供信息或服务。

三是网联网。美国联邦一级的部门已经实现了网套网、网联网。联邦部门的网站不只介绍本部门的情况，提供相关服务，而且将下属机构的网站链接。各州的网站既有全州的内容，也有州内各县、市网络的链接。

2. 英国

英国从 1994 年开始电子政务建设，电子政务发展晚于美国，却大有后来居上的态势。2000 年开通的英国在线网站将 1 000 多个政府机构的信息送上了互联网，用户可以从这个网站获取就业、理财、旅行、生活等政府信息与服务。《英国在线 2001 年度报告》公布的数据显示，截止到 2001 年 9 月，英国已经具有覆盖 60％家庭的宽带接入能力，有 38％的英国家庭和 51％的成年人使用互联网，有 190 万个中小企业接入了互联网，超过了英国信息化建设的预定目标。据德勤公司的调查显示，2002 年英国有 60％的政府机构互联网服务网站已经开通或正在建设。

在电子政务建设方面，英国政府先后制定了《政府现代化白皮书》、《信息时代公共服务战略框架》和《21 世纪政府电子服务》等一系列规划。为了加快电子政务的发展，让尽可能多的英国家庭能够通过互联网与政府打交道，2000 年英国政府制定了"在五年内使每个英国家庭都能上网"的宏伟计划。

英国建立电子政务的原则是：① 提供选择机会。顾客除接受传统的政府服务外，还可选择电子化传送政府服务的新方式。② 获取公众信任。政府在收集和发布信息时，应遵守有关法律，保证信息收集过程的正当性，信息内容的准确性，获取公众的信任。③ 可取得性。通过信息技术连接政府各部门，建立电子化的单一窗口，以全天候快速服务，尽可能给公众提供政府服务的通道。④ 效率。强调政府必须通过信息技术提高行政效率并快速回应公众的需求。⑤ 合理化。提供政府部门与机构间共享资源或组织功能重组的机会，以减少政府支出并简化系统。⑥ 公开信息。制度化信息公开，提高国家的竞争力与政府的开放性。⑦ 电子安全。采取相关的安全机制维护电子环境中的安全与可靠性。

3. 日本

早在 1993 年 10 月，日本临时行政改革推进审议会就将政府信息化作为行政改革的重要内容之一，要求制定政府信息化的推动计划。1994 年 8 月，日本政府成立了高度情报通信社会推进总部，内阁总理大臣亲任总部部长。同年 12 月，日本内阁会议通过了关于政府信息化推进基本计划的决议，该计划从 1995 年度开始，为期 5 年。1997 年，日本政府又将原来的《计算机白皮书》更名为《信息化白皮书》，把政府信息化与产业信息化、家庭信息化结合在一起，共同构成日本经济与社会信息化的主体。日本政府于 2000 年 3 月开始启动"电子政务工程"计划，目标是政府在 2003 年之前有 3 000 多项业务均可通过网络实现。按照该项工程的计划，日本政府将在 2005 年以前让政府各部门的主要业务全部通过互联网进行，这标志着日本将全面进入办公电子化、无纸化的时代。

日本政府信息化的主要目标是：建立一个高效、统一、能迅速应变的、与国民关系和谐的、能够满足公众需求的政府。目前，日本电子政府的应用主要表现在以下几个方面：

第一，各级政府内部办公基本实现了数字化。

第二，政府积极进行大型基础数据库建设。

第三，各级政府积极向社会提供政务信息服务。

第四，网络和信息安全保障有力。

在政府管理创新方面，日本政府非常注重实施电子政务与现有政府管理业务流程再造的结合。日本政府首先对现有的各种证件执照申请及核准规定加以修订，以适应电子政务的发展；其次，在行政业务流程的设计方面，考虑到公众的需要和便利，简化申报作业的服务手续，向公众提供跨机关、跨单位的服务。

4. 中国电子政务的发展

中国政府信息化工作起步于 20 世纪 80 年代中后期。1984 年，国务院批准国家计委成立了信息管理办公室，负责推动国务院有关部委的信息系统建设工作。1993 年，国务院成立了国家经济信息化联席会议，开始实施金桥、金关、金卡、金税等信息化重大工程。在 1998 年，随着网络技术的快速发展和信息基础设施的不断完善，中国政府提出了政府上网的构想，并将 1999 年定为"政府上网年"，从而揭开了中国电子政务建设发展的序幕。同时中国还制定并颁布了与电子政务相关的重要文件，如《电子政务建设指导意见》、《电子政务标准化指南》和《电子签名法》等。

虽然中国的电子化政务今年来发展很快，也取得了显著的成绩，但仍旧存在着一些问题，如信息资源陈旧、发展不平衡、立法滞后、网络安全缺乏等。同时，还存在着资源浪费和急功近利的现象。所以，我们要克服自身的缺陷，努力做到以下几点：

（1）要改变以技术为中心的思想，确立以服务、公民为中心的观念。只有以公民为中心才能建设一个为民服务的透明政府。

（2）各级政府高度重视电子政务工作。电子政府不是仅仅靠几个技术人员就建立起来的，需要各级政府领导的高度重视。

（3）充分动员全社会的力量。实施以"公民为中心"的电子政务离不开社会各界的参与和政府的积极推动。

（4）加强电子政务的安全体系建设。要建立完备的安全体系机构和相关的安全立法，来保证政府网上通信的安全。

（5）制定政策健全法律，提供完备的法制保障。中国目前电子政务的相关法律法规还不健全，需要进一步完善。

（6）借鉴电子商务经验，采取市场运作模式。广泛采取市场运作模式，有利于建立一个高效廉洁的政府，提升了政府的竞争力。

➤本章小结

政府绩效管理是在设定的公共服务绩效目标的基础上，对公共部门提供公共服务的全过程进行追踪监测，并作出系统的绩效评估的过程。绩效评估和评估指标的选择是绩效管理中的核心。

标杆管理可以定义为：由参与管理的各个方面制定目标，并经过自我管理和自我控制等管理方式，建立各级人员的责任心和荣誉感，最终以实现组织绩效的一套系统管理方式。

目标管理是指追求卓越的管理模式，并将之学习转化，以提高组织绩效的管理方法。

全面质量管理是一种全员参与的、以各种科学方法改进组织的管理与服务，通过高素质和不断改进的产品和服务，获取顾客满意的管理理念、制度和方法。其特征是关注质量、全员参与、顾客导向、持之以恒和全过程控制。

电子政务是指政府有效利用现代信息和通信技术，通过不同的信息服务设施，对政府机关、企业、社会组织和公民提供自动化的信息及其他服务，从而建构一个有回应力、有效率、负责任、具有更高服务品质的政府。电子政务是政府创新技能和创新理念的重要体现。

➤关键术语

绩效　绩效管理　标杆管理　目标管理　全面质量管理　电子政务

➤案例　质量许可：汽车交通局的全面质量管理*

在南部一个大州的市郊地区，你被任命为该地区汽车交通局的局长，你的就

---

*［美］罗伯特·T.戈伦比威斯基等.公共管理案例.汪大海等译.北京：中国人民大学出版社，2004.121

任与该局在一场丑闻后所进行的整顿活动同时进行。该丑闻涉及向非法机构倒卖汽车驾照、违规审验汽车牌照，以及媒体、纳税人、国会议员和州长对该局服务的不断指责。你所在的地区位于首都的近郊，并且是制度改革的实验基地。你可以自由地进行改革，但必须接受行政首长、州长和立法机构和媒体的严格审查。你现在决定启动全面质量管理项目作为改善质量、提高效率的手段。

你会见了经理和雇员，他们决定先集中精力整顿两个领域：驾驶执照的申请/更新和汽车牌照的更新。你已从上级那里得到可以进行价格实验的许可，包括允许信用卡消费（需付 12%的银行服务费），给予折扣以鼓励更好地利用服务设施，对提供特别服务和延长工作时间付给额外费用，以及雇员灵活的时间安排（通常的工作时间是上午 8：00 至下午 4：00）。你预计公共雇员协会愿意进行这项全面质量管理"实验"；然而，该协会希望雇员的任何提高产出和节约成本的行为都能够受到奖励——假定变革措施不需要立法机关的批准的话。

1. 驾照的申请与更新

申请新驾照和申请更新驾照在同一个办公室的两张办公桌前分别办理，但这两张办公桌靠得很近。当办公室业务繁忙时，顾客常常站错队，直到等了很久后才发现这一点。为了鉴别出老司机中的视力不合格者，所有的申请人都必须作一次视力检查，所以，所有的队列都转移到了标着"检测视力处"的地方。视力检查完毕后，第一次驾车和那些驾驶执照已经到期的司机还必须排队等候进行驾驶技术测验。

所有的申请人都必须在下一个办公桌前缴费，并且只能缴现金。所有第一次驾车的司机和所有办理跨州驾驶执照的申请人都必须进行笔试。第一次驾车的司机必须在同一天通过驾驶技术和书面考试两次测验；否则，两次测验必须重来。

办事员通过计算机核查申请人是否有拖欠缴纳罚款等违法行为。最后，所有的申请人都需填写一张申请表，把数据输入计算机后，再照一张相片，此时驾驶执照就办成了。在办公室门口的箱子里，有捐献人体器官的倡议书和申请表。

通常，更新驾驶执照的时间是从上午 11：00 到下午 4：00，因为大多数的年轻人和第一次来的申请者都是在下午 2：00 以后才来，所以每周的周一、周二、周三上午 11：00 之前的时间是最宽松的。

2. 更新汽车牌照

所有的汽车牌照都必须由本人亲自去更新，如果汽车属于两个人共有，那么，或者两个人一起来办理，或者没来的那位所有人填写一张委托代理表，该表在办公室就有。如果共同所有人中的一人死亡，需要重新授权的话，只有在出示死亡证明和法院判决结果的情况下才能更改汽车牌照。

所有的汽车牌照在每年 1 月 31 日到期，约有 80%的牌照在感恩节和截止期限之间进行更新，大约 60%的牌照是在截止期限前的最后一个月完成更新的，

35％的牌照在截止期限的最后一个星期内完成更新，另有 3％的牌照在截止日期结束后才能完成更新。在 1 月份的最后两周内，汽车管理局所有办公室门前队伍都能排到大街上。去年，一位申请人因为在 30℃的高温下排队等候三个小时而引发了心脏病，这个事件引起了媒体的格外关注。

一般情况下，一个职员每小时能处理 40 个更新汽车牌照的申请，但午饭时间内每小时只能处理 20 个。在每年的一月份，政府会雇用一些临时的职员，但由于缺乏经验，每人每小时只能处理 25 个更新申请。进入办公室后，一条长长的队伍要分成几个小分队，有时工作人员想中途休息一下都很困难。

汽车牌照更新所需的证件包括所有权证明、保险证明原件和汽车年检证明。这里只收现金，并且有固定的职员专门收费，所以最后一道程序是"现金收费处"。今天是 9 月 1 日，你打算从 11 月开始改革。

【讨论题】

　　1. 汽车交通局的使命是什么？

　　2. 内外部的顾客分别是谁？

　　3. 内外部的供应者分别是谁？

　　4. 司机驾驶执照的申请和更新程序是什么？牌照更新的程序是什么？（列出一个现行程序的流程图）

　　5. 如何重新设计这些程序？（列出经过重新设计的程序流程图）

　　6. 贯彻改革计划的过程中会有哪些问题？

　　7. 你所提议的改革会出现哪些不可预测的后果？

复习思考题

　　1. 何谓绩效管理？绩效管理有哪些主要活动？

　　2. 公共部门绩效管理面临的主要困难是什么？

　　3. 目标管理在公共部门的运用有何限制？

　　4. 何谓标杆管理？公共部门如何实行标杆管理？

　　5. 何谓全面质量管理？如何在政府部门推行全面质量管理？

　　6. 何谓电子政务？你是如何理解电子政务的？

第九章

公共管理中的责任与伦理

"谁来监督监督者?"这是一个从古至今不断被人提起的话题,它不仅表明人类对是否存在终极之善的怀疑,也表明人类在洞悉人性弱点之后,渴望建立一个能对行为和权力进行有效约束和监督的机制。

在今天的社会生活中,"谁来监督监督者"这个话题被更多地用于社会公共事务的管理者。他们作为公共利益的守卫者,怎样才能不利用手中掌控的权力监守自盗,捍卫法律的尊严,切实履行职责和义务,维护国家和公民的权益,成为社会普遍关注的一个大问题。于是,探讨如何维持公共管理责任,建立公共管理的伦理制度和责任机制以规范公共管理行为,就成为公共管理学这门新兴学科的紧迫任务之一。

■ 第一节 公共管理伦理

人类社会生活的方方面面都贯穿着伦理精神。在现代社会生活中,公共领域的形成和发展孕育了新公共管理理念和管理科学,而新公共管理理念和管理科学的兴起又催生了公共管理伦理。公共管理伦理是新公共管理的一个重要组成部分,它体现着新公共管理的基本伦理维度、伦理规范和公共伦理精神[1]。

---

① 万俊人. 现代公共管理伦理导论. 北京:人民出版社,2005.2

一、伦理与公共管理伦理

在人类的社会生活中贯穿着各种各样的社会关系。社会关系的有序、和谐与否决定着一个社会的秩序状况。人类的组织管理活动就是为了协调各种各样的社会关系，以构建良好的社会秩序。在农业社会，组织主要是通过权力的强制力来实现对社会的管理；在工业社会，组织主要依据法律和制度的约束力实现对社会的管理；而在新公共管理理念和实践勃兴的今天，组织对社会的管理不仅要有制度的保障，而更应体现伦理的精神。

1. 伦理

伦理一词源于古希腊文"ethos"，意指外在的风俗与习惯及人内在的德性。在中国，"伦"指人与人之间的关系。中国古代所谓的"五伦"——君臣、父子、夫妇、长幼、朋友，就是指人与人之间的五种关系。"理"乃"条理"，引申为道理、规则。中国古代所谓的"五常"——仁、义、礼、智、信，被儒家用来配合"三纲"，作为规范人与人之间关系，维护封建等级制度的准则。因此，伦理是指处理人们相互关系所应遵循的道理和准则[①]。

在维系人际关系，创造和谐、有序社会的过程中，作为人类最古老、最基本的特殊意识形态，伦理借助于信念、习惯、传统、教育和舆论的力量，通过规范普遍存在于社会生活中的人伦关系，使人养成正直的品德，学会如何用善与恶、高尚与卑鄙、光荣与可耻、公正与偏私、正义与非正义等的道德观念来评价、约束自己和他人的行为。我们把旨在探究人的伦理行为"应该如何"和"事实如何"并为此提供一般性规范框架的理论体系称之为伦理学。

虽然在不同时期，伦理所关注的主题不尽相同。"传统伦理学以人格、德性、至善为中心，而现代论理学的主流则以行为规则、正当、正义为中心。"[②]但有关"善"、"美德"、"正义"和"公正"却是人类伦理关系中的永恒话题。

伦理关系广泛存在于人类社会生活的各个领域，并相对稳定。任何社会都有维系和矫正各种伦理关系的价值准则和行为规范，有些准则和规范属于一般性的，具有普遍的意义，要求社会中的每个成员都应遵守，表现为社会公德；而有些准则和规范属于特殊性的，只要求社会特定群体遵守，表现为特殊伦理。在现实社会中，由于社会分工的发展造成职业日益分化，于是产生了对不同职业及其从业人员的责任、权利和义务等进行规约的职业伦理。职业伦理也是一种特殊的伦理，它从社会伦理的角度确立职业的伦理规范及价值观，目的是解决职业领域

---

① 王海明. 伦理学原理. 北京：北京大学出版社，2001.81
② 何怀宏. 伦理学是什么. 北京：北京大学出版社，2002.32

内的伦理失范和价值混乱问题，把外在的社会伦理内化为从业者个人的道德自觉。从业者按照职业被区分为特定的社会角色，遵从特定的权利和义务。因此，职业伦理其实就是角色伦理。

2. 公共管理伦理

在传统的公共行政管理模式中，由于追求"价值中立"和非人格化的制度管理，伦理往往被排斥在公共管理的理论和实践视阈之外。直到 20 世纪 70 年代，随着西方公共管理理论与实践的深刻变化，特别是声势浩大的公共部门改革或政府改革浪潮，打破了公共管理和公共管理伦理间的"隔阂"，使两者走上了"共生"的道路。

公共管理侧重于通过"显性"的制度安排来规范社会公共生活，强调对社会公共生活的行为和关系进行"法治"；而公共管理伦理则侧重于通过"隐性"的制度规范来影响社会公共生活，强调对社会公共生活行为和关系进行"德治"。在实践层面，公共管理与公共管理伦理有着紧密的联系。无论是公共管理，还是公共管理伦理，都属于约束社会公共生活行为和关系的规范体系，是构建现代社会新秩序的两种有效的公共社会治理方式。现代公共管理在执行法律、实施政策、提供服务、谋求社会秩序和政治合法性的过程中，也总是在谋求道德的正当性和普遍的道义支持，因而蕴涵着某种伦理的精神；而公共管理伦理则从现代公共管理中获取在实践中实现道德目标和价值取向的技术手段。由于公共管理和公共管理伦理之间的密切关系，随着新公共管理运动浪潮的兴起和学术界对公共管理学科研究的深化，隐含在社会公共治理现象背后的伦理问题必然成为人们关注的焦点，对公共管理伦理问题的研究也自然纳入了研究日程。

公共管理伦理关注的是公共管理这一特殊领域中公共事务管理者的管理行为、公共部门的权力运作、公共决策及制度安排等伦理基础和道德化问题。从某种意义上说，公共管理伦理可以归为特殊的职业伦理或角色伦理，同时也因其有很强的实践性和深受现代科技的影响而被归入应用伦理的范畴。

公共管理伦理属于新兴学科，尽管学术界从各个方面描述公共管理伦理的特征、构成和研究对象，但是对于什么是公共管理伦理，目前还没有统一的看法。综合国内外的研究成果，不同学派分别从公共利益视角、公共决策及其过程视角、价值理性视角或方法论视角等来界定公共管理伦理。

万俊人在《现代公共管理伦理导论》中认为，所谓公共管理伦理，是指公共管理领域的基本伦理维度、公共管理行为的基本道德规范，以及在公共管理行为和公共事务中体现出的社会公共伦理精神。该定义有三个层面的含义。第一，公共管理伦理涉及的是公共管理领域的伦理关系和伦理精神，它既有别于社会公共生活领域普通公民应遵循的基本价值准则和行为规范——公民的公德，也有别于社会个体塑造完美人格、追求良好德行的私德。第二，公共管理伦理的基本道德

规范针对的是公共管理行为，用来规约作为公共组织的政府及其公职人员、承担
公共管理责任的第三部门及其从业人员的公共管理行为。第三，公共管理伦理不
仅涉及公共管理行为的基本道德规范，而且还关注在公共管理行为和公共事务中
所体现出的社会公共伦理精神。由于公共管理在其本质上的"公共性"，使得其
内在的价值追求和伦理精神与社会公共生活领域中的普遍伦理密切相关。公共管
理伦理本身具有示范性作用，肩负着构筑公共社会伦理秩序和弘扬公共伦理精神
的特殊责任，因此，在公共管理行为和公共事务中必须彰显社会公共伦理精神。

3. 公共管理伦理的原则

随着 20 世纪 80 年代世界各国特别是西方国家新公共管理改革实践的深入，
人们对公共社会治理模式的探索也进入了一个新阶段，它喻示："人类政治过程
的重心正在从统治（government）走向治理（governance），从善政（good gov-
ernment）走向善治（good governance）。"①如果说"善政"体现了自有国家和政
府以来公众对理想政治管理模式的期望，那么，"善治"则体现了服务型社会治
理模式下人类对社会政治发展理想目标的追求。善治的本质特征在于，它是政府
与公民对公共生活的合作管理，是政治国家与公民社会的一种新型关系，是两者
的最佳状态。善治的基本要素有 10 个，即合法性、法治、透明性、责任性、回
应、有效、参与、稳定、廉洁以及公正。

善治的构成要素蕴涵了现代公共管理的基本的伦理价值理念——"公共效
率、正义秩序、公共责任及和谐社会"，体现了公共管理伦理的基本原则——
"公共效率原则、公共正义原则、公共责任原则以及和谐宽容原则"②。

公共管理伦理的效率原则，是指公共秩序的管理效益和公共管理部门提供公
共产品或公共服务的效率。它不仅要求以政府为主导的社会公共组织以最低的成
本和代价为公共社会提供丰富的、高品质的公共物品和服务，以满足社会全体成
员日益增长的物质生活需求，而且要求构建有助于实现公共秩序管理效益的公
正、稳定、良好的社会公共秩序。

公共管理伦理的正义原则，是对作为公共管理主体的国家政府和公共管理部
门在社会的制度设计与安排、制度执行与操作、公共决策与公共政策实施等方面
的公正要求。它要求公共管理的主体在确保自身管理行为公正、合法、正当的前
提下，在社会基本制度的设计和安排中公平地分配社会基本权利和责任；在制度
运行的过程中，通过各种合法有效的管理机制和措施确保公民的基本权益；在消
除事实不平等的过程中，通过伦理协调和道德的规约来维护社会公共正义。

公共管理伦理责任原则，是指公共管理者在管理社会公共事务的活动中所承

---

① 俞可平. 治理与善治. 北京：社会科学文献出版社，2000.326
② 万俊人. 现代公共管理伦理导论. 北京：人民出版社，2005.17～28

担的公共管理职责，以及包括公共管理者在内的全体社会成员在维护社会公共秩序、促进社会发展中所承诺的伦理责任。作为公共管理伦理的公共责任不同于个人的道德义务、家庭伦理义务、宗教义务等，它是公共管理者及全体社会公民对国家或公共社会的责任义务，体现的是社会公共伦理精神。

公共管理伦理的和谐社会原则是公共管理伦理的理想原则。它是指通过有效协调社会公共行为和公共关系，公正合法地处理公共事务，建立良好的公共秩序，以实现社会稳定、有序和可持续发展。公共管理伦理有着作为"伦理"的共同本性，即对理想的价值追求。"和谐"不仅是一种生活状态，而且表达了社会共同的伦理期待。创造社会的和谐是公共管理伦理的最高境界和终极目标。

公共效率原则、公共正义原则、公共责任原则和社会和谐原则分别属于公共管理伦理基本原则系统的不同价值层次，它们彼此间密切联系、相互补充，共同构成对社会公共管理和公共生活进行约束的伦理体系。公共管理伦理的效率原则旨在谋求社会的公共福利与持久安宁，这种对社会公共效益的价值追求依赖于社会的公正秩序和稳定发展，而社会公正秩序的构建与维护是建立在社会公共效益持续增长的基础之上的。公共效益和公正秩序需要社会全体公民的共同创造和维护，公共管理者和全体公民的公共责任是促进社会效率增长、保持公正秩序的精神动力和伦理基础。如果一个国家和社会的全体公民通过严格履行自己作为公民的权利和义务，担负起社会公共责任，不断创造出丰富的公共福利和公正的社会秩序，那么，人类所追求的理想的社会政治目标——宽容和谐的社会必将达成。

二、公共管理伦理的类型

明确公共管理伦理的类型是公共管理伦理建设的基础。公共管理伦理是一个包括制度伦理、政策伦理和职业伦理在内的有机整体。它不仅包括作为社会行为基本规范的一般伦理规定，而且由于其所固有的特殊性，决定了它有属于自己的特殊的内在规定。

1. 制度伦理

制度是维系公共秩序、促进社会发展的重要资源和技术手段，是支配现代社会的根本而且优先的力量。随着现代社会公域与私域的分化，它的地位及作用日显突出。因此，人们对应当建立什么样的制度和制度应该如何发挥作用给予了极大的伦理关怀。

人们在谈及伦理时，通常把它等同于个体道德，视其为纯粹个人的主观观念。实际上，公共管理伦理首先表现为制度伦理。所谓制度伦理，是指由一系列权利和义务原则、规范所构成的，通过公共组织程序及一系列政策、法规、条例和成文的或不成文的制度等表现出来的目标取向和价值维度。任何制度要想充分发挥其对社会的引导与整合作用，就必须得到民众的认同、信赖和服从，而民众的认同、信赖和服从的前提则是制度本身应具有道德合理性。制度伦理的任务就是要研究社会制度安排的合理性、正当性和正义性，为制度的制定和运行提供合理的伦理规则和道义支持。

公正与正义、正当与善是对制度不同层面的要求。公正是制度的基本价值取向及首要美德，在制度伦理体系中表现为正当，属于伦理价值的基础性层面；正义是制度的目的性价值和理想要求，在制度伦理体系中则表现为善，属于伦理价值的目的性、理想性层面。公正是现代制度的基本要求，它以个人的权利是否从制度安排中合理获益为尺度，主要通过契约、法律等强制手段和制度约束来实现。而制度的正义不仅包含公正，也包含平等、自由、民主等诸多价值内容，它是以全体公民的利益是否得到满足为目的，体现了人们对理想社会的追求和向往，主要通过制度的不断变革与创新来实现。在现实的制度安排中，公正应该具有优先性，因为公正是制度的基础道德，它的存在为社会的发展注入了生机与活力。哈耶克曾提出"无财产的地方亦无公正"的命题，认为不承认私有财产，公正不可能存在，这就像欧几里德几何学中的任何证明一样确定①。但是，只有制度公正还远远不够。因为社会制度仅仅停留于公正，停留于公正对个人权利的保障层面，会导致对社会共同体利益的忽视，甚至会使社会失去发展和创新的动力。所以，在坚持制度公正性的同时，不能忽视正义的导向作用。当然，我们也不能借正义之名去侵犯公正的制度和程序，否则会造成社会的无序和不公，并阻碍社会正义的实现。总之，只有在制度公正与制度正义互相依赖，互相补充的前提下，才会有制度的和谐与发展，才能够对公共社会实行道德管理。

2. 政策伦理

西蒙指出，在任何决策中都包含有事实因素和价值因素两个方面。政策规划者在进行任何一项决策时不仅要依据事实因素（外部客观事实）去认识问题，找出问题的症结所在，进而制定出有针对性的解决问题的政策方案，而且决策过程还深受政策规划者个人的价值观念和社会的普遍伦理道德等精神因素的影响，从而使决策自然而然地烙有伦理价值的印记。

政策伦理具有两层含义：一是指由公共权威当局设计、制定和推广的为解决公共问题、维护公共秩序所需的政策中蕴涵的某种伦理精神。如对弱势群体进行救助的最低生活保障制度、消费者权益保障法、反垄断法等，无不体现了公共社会的价值目标和伦理导向。二是指公共权威当局所倡导的公共领域的伦理规范。这些伦理规范除了可以借助社会舆论、良心、自律等媒介发挥约束作用外，还可以通过配置相应的政策手段，使其成为公共生活中的普遍行为方式。比如中共中

① ［英］哈耶克. 致命的自负. 冯克利等译. 北京：中国社会科学出版社，2000.33，34

央颁发的《公民道德建设纲要》以及在全社会范围内倡导树立社会主义荣辱观的决议等，体现了伦理政策化的倾向。

公共政策应体现的基本价值观包括自由、平等、宽容、民主、效率、秩序、发展。它们是现代文明的基本理念。

自由是指在法律的框架内，个体和利益集团没有障碍地表达意志和行动的权利，是人类基本的价值准则。公共政策在制定和执行过程中必须反映人类追求自由的价值取向。一个国家的民主程度和自由状况可以通过公共政策和法律制度表现出来。世界上很多国家都把"自由"写进国家的宪法中，如我国宪法就明确规定公民享有言论自由、出版自由、结社自由和宗教信仰自由等多方面的权利。

平等是指人们在社会上处于同等的地位，在政治、经济、文化等方面享有同等的权利。它包含两层含义：一是机会平等，即人们在寻求某种特定的利益目标时有着大体相似的机会或条件；二是结果平等，即人们对某种特定的利益需求有着大体相同的实际占有量。平等的理念体现于公共政策中既要兼顾社会绝大多数人的需要，又要优先考虑处于社会底层的弱势群体，从而使公共利益普及于一般公众，而不仅仅局限于特权阶层或少数人。卡普兰曾提出政策规划的七大原则，其中有四项原则涉及到平等的价值理念：① 公正无偏原则，即持无私无偏的态度，对当事人、利害相关人、社会大众等，均予以通盘谨慎的考虑；② 个人受益原则，即无论采取何种行动方案解决问题，最终的受益者都必须落到一般公民身上；③ 劣势者利益最大化，即应使社会上居于劣势的弱势群体及个人得到最大的照顾，享受最大的利益；④ 分配普遍原则，即尽可能扩大受益面，尽量使利益普惠及于一般人，而非仅仅局限于少数人[①]。

宽容是指容许别人有行动和判断的自由，耐心公正地容忍不同于自己的见解。我们可以把宽容理解为一种权利或权力的有限放弃或有原则的让步。宽容作为一个伦理关系性概念，与平等的概念一样，所表达的主要是一种道义精神。要想使宽容成为公共社会普遍的道德理念和伦理原则，必须通过公共政策和其他制度安排来造就宽容的社会环境。此外，由于现代社会普遍要求在公共政策和制度中注入人文关怀，因此，宽容也自然而然地成为公共政策应有的价值追求。

在现代社会，"民主"已经成为一个公认的正面社会价值理念，正如麦肯在《紧张世界中的民主》中指出的：现在世界上没有一个政治理论宣称自己是反民主的，这在人类历史上是第一次。虽然大家都认同民主的价值，但"民主"一词的含义是多方面的：它意味着人民当家作主，即政府就是为公众的利益服务的，没有自己的特殊利益；它意味着决策应事先要征询利害关系人的意见——民主决策；它意味着政府行为要受到民众的监督；它意味着政府官员的任用要通过选民

---

① 张成福，党秀云. 公共管理学. 北京：中国人民大学出版社，2004.108

的投票表决——民主选举；它意味着法律法规的制定要经过公民代表的同意——民主立法；它意味着公共事务的处理应通过有关各方协商进行——民主协商。由于公共政策乃是公共权威当局为解决和处理公共问题或应公众的需求并经过一定的政治过程所选择的行动方案，其目的是为了达成公共利益或公共目的。因此，公共政策被人们视为公众政策，它是公众的愿望和利益在公域中的公开表达，其过程必须体现民主的精神。

效率在经济学中被界定为投入与产出之比。在经济领域，经济效率是其最高甚至是唯一的价值目标。而在公共管理领域，效率虽然不是公共政策唯一的、首要的目标，但仍然具有基本价值目标的意义。效率在公共政策中表现为以最少的成本最大限度地去解决某个政策问题，即利用有限的政策资源尽量扩大政策效益。可以说政策效率涵盖了公共政策的整个运行过程，包括政策决策效率、政策执行效率、政策评估效率等。

公共社会和谐秩序的建构常常依助于政策和制度，秩序也是政策与制度永恒的追求。良好的政策可以减少社会冲突、保持社会安宁、维护国内与国际的和平与稳定。如民族政策是为保证民族的平等、独立及和睦相处；"私人财产神圣不可侵犯"的承诺是为了保障公民财产的安全，等等。总之，这种由公共权威当局建构的外在制度——公共政策，可以依其公正性、确定性、权威性和有效性而有利于形成一种良性的社会秩序。

总之，国家的发展和社会的进步是人类社会永恒的价值追求，而这要依靠公共政策和其他制度来维持和推动，公共政策在促进国家和民族发展中发挥着重要作用。同时发展也是公共政策的永恒信念与价值追求。发展是一个生态的、经济的、政治的综合性概念，即可持续性发展。可持续发展政策的核心思想是社会、政治、经济的发展应建立在生态可持续发展能力、社会公正和人民积极参与自身发展决策的基础上，它要求公共政策的制定既要考虑当前发展的需要，又要考虑未来的发展趋势，不能以当代人的一时之利益去牺牲后代人的利益。

3. 职业伦理

人的道德生活源于人的角色。公共管理者扮演着双重角色，必须同时恪守和践履不同角色的伦理准则和道德规范。公共管理者不仅要恪守和践履作为一般公民所应具备的普遍伦理、道德规范，而且更要恪守和践履其作为政治角色所应具备的职业伦理要求。

所谓公共管理的职业伦理，是指公共管理中对公职人员具有约束力的价值观、从业标准和人格态度。虽然近20多年来人们逐渐破除对制度的迷信，更多地将视角转向公共管理的伦理问题，但目前公共管理伦理仍缺乏清晰的基本框架，行政学家瓦尔多甚至认为行政伦理的现状比较混乱。事实上，由于国家和民族在文化上的差异，不可能存在普遍适用的、超越文化的公共管理伦理。即便如此，我们依然能发现一些在各个国家和民族发展过程中确立起来的共同价值准则，如公正正义、诚实守信、责任义务、廉洁奉公、尊重互助、公共利益等，这些共同的价值准则为公共管理职业伦理的构建奠定了基础。目前一些学者正积极致力于探究公共管理职业伦理的价值理念，如美国学者蒙哥马利·范瓦特认为，支配美国公共管理者的基本价值理念主要包括个人价值——诚实和正义；职业价值——专业和敬业；组织价值——效率和规则；合法价值——依法和守法；公共利益价值——为公共利益服务。同时越来越多的国家（政府）和非营利性公共组织也力图制定和颁布公共管理职业伦理规定。在此，我们把公共管理职业伦理所涉及的最主要内容概括为六个方面：

第一，服务公众。公共组织的基本价值取向是谋求公共利益的最大化，即回应公众的合理、合法的需求，提升民众的生活质量，尽可能地扩大社会公众享受公共服务的范围。为此，公共管理者最根本的道德职责是协调好公共利益与私人利益之间的关系，最大限度地维护公众的普遍利益，努力实现从"政府本位"向"社会本位"的转变。

第二，依法守法。合法是公共管理的重要道德理念，也是公共管理者的重要道德准则。换言之，公共管理者应该崇尚、尊重和遵守国家的宪法、法律法规、组织的制度和规则等，明确公共机构、公职人员的依法、守法责任，真正成为宪法和法律尊严的捍卫者，宪法和法律价值的体现者，以及法律的忠实执行者。任何无视法律、凌驾于法律之上的政府，必然会有损于民主政治，导致社会秩序的失范，并最终失信于民。

第三，承担责任。责任与义务是职业道德的实质所在，承担公共责任——对国家主体负责是公共管理与私人管理的重大区别之一。公共管理者"要成为公共利益的保护者，公民财产和公共财产的保护神，他们要像对待自己私人事务那样精心对待公共的事务；公共管理行为要尽可能的公开和透明；公共管理者有义务了解政府政策、法律的意图，并有义务向公民解释报告和宣传；公共管理者要诚实信用，要致力于建立公民与政府的信任关系，而不能说谎，欺骗、愚弄公民；公共管理者要回应公民的需求"①。即公共管理者应通过履行自身职责，以谋求公众的最大利益。

第四，率先垂范。由于公共管理职业之公共性，公职人员的一言一行都会受到公众的关注，因此，其言行对社会起着示范作用。公职人员如公务员、医护人员和教师等在社会中发挥着行为示范的作用，其良善的性格和优秀品格不仅塑造着社会公共部门的道德品性，也直接影响着公众的道德取向。如果社会的公职人员道德水平低下，要提高全社会的道德水平就很困难。因此，有学者认为，不同

---

① 张成福，党秀云. 公共管理学. 北京：中国人民大学出版社，2004.343

的政府品性会造就出不同的公众德性。重塑公众道德与民族性格的关键在于纯化、提升公共组织的道德行为，这是治本之策。

第五，追求卓越。美国行政伦理关于职业价值理念首要要求是，进入这一领域的人员应具备较高的教育和实践标准。蒙哥马利·范瓦特认为，从业人员的高教育标准有助于公共管理领域内职业道德水平的提高。也就是说，公共管理者在其职业生涯中应不断地追求职业卓越，这不仅表现在矢志不渝的职业奉献精神，而且还体现在对职业所需知识、技能的孜孜以求，以提升自己的职业技能、管理水平和创新能力，体现在经过磨砺养成高尚、完美的道德人格等等，力争成为优秀的职业人员，并在追求卓越中实现自身的价值。

第六，促进民主。民主不仅是一种政治制度，在现代社会治理中，民主政治也要求政府必须是一个责任政府，即它必须致力于维护公民的权利和自由、对民众负责、广泛地听取公众的声音、鼓励民众对社会事务的参与监督，积极回应民众的需求；同时，民主政治条件下的公共管理还是一种"多中心"的公共治理，即政府和非政府组织、私营部门、国际组织等共同参与社会生活的管理和公共产品的提供。公共管理者应超越特殊利益集团的利益，反对一切有损于民主制度的行为。

众所周知，公共管理领域中的大量问题单纯依靠发挥伦理道德的力量并不能完全解决，但它可以通过改变公共管理者的内在取向，达到改善其心智，进而改善其行为的目的。

总之，制度伦理、政策伦理和职业伦理构成公共管理伦理体系的三个子系统，它们相互联系、相互制约、相互作用，共同促进公共管理伦理体系不断走向完善，使公共管理更好地彰显现代社会的伦理理念和精神。

三、公共管理伦理的功能

如前所述，在社会公共领域，虽然非人格化的制度及专业技术层面的外部控制有助于构建良好的公共秩序，并对公共社会管理者的行为产生震慑力，但其发挥作用的边界是有限的。这种外部控制机制只能触及公共部门及其执业者的外部活动及行为，无法形成一种恒定的、持久向"善"的内在激励机制，而且利用外部机制进行控制的代价是昂贵的。公共管理必须重视公共管理伦理在社会政治生活中的功能。

1. 规范功能

弗兰克认为，伦理道德乃是整个社会的契约，是个人和集团在探索何为正当或应当做什么时用以自我指导的一种社会规范体系。因此，我们可以把公共管理伦理道德准则看成是公共领域的一种契约，由于它明确地将一种价值和一种行为方式有机地联系在一起，所以，能够给管理过程和管理行为提供一般的制度和规则性的指导，限定公共管理活动的范围和行为模式，使管理过程规范化。

公共管理伦理不仅通过一定的制度和原则规约着公共管理过程，而且通过行为的制度规范、外在的舆论评价、内在的道德意识和良知，对管理者的行为进行界定和约束。在公共管理活动中，公共管理伦理对于符合公共管理伦理精神和伦理原则的过程及行为模式予以激励和正强化；对于那些不符合公共管理伦理精神和伦理原则的过程和行为模式予以负强化，特别是对那些与公共管理伦理精神和伦理原则相悖的管理过程、认知、信念等及时加以矫正或惩戒，以避免产生不良的行为后果，促使公共管理方式合理化、管理制度合法化、管理行为规范化。

2. 维系功能

社会有效运作的最基本需求是秩序，而秩序可以由伦理道德和法律来提供。虽然伦理道德在整合人们（公共部门与公众）之间的利益关系、解决人们之间的价值冲突、维持社会良好秩序等方面不像法律那样具有威慑力，但其功能和目的与法律是一致的，具有普遍有效性。

在社会公共领域，社会公众不仅关注社会秩序，因为秩序是维护社会公平正义的一个重要保证，而且更注重社会正义的功效，因为只有建立在大多数社会成员一致认可的公平正义基础之上的社会秩序，才会赢得公众的拥护。如果公共组织，特别是政府在调整社会结构、协调社会关系、解决社会冲突等活动中，其管理活动及行为缺乏合理性、公平性和正义性等价值理念和伦理道德原则，就会失去公信力，进而影响社会秩序的稳定。孔子认为："为政以德，譬如北辰，而众星共之。"（《论语·为政》）虽然孔子所说"德"的内涵与现代社会所倡导之"德"的内涵不同，但"为政以德"无疑仍然是现代社会公共组织（政府）赢得公众信任的重要途径。如果公共管理人员在管理公共事务、进行公共决策、履行公共职责时能真正秉承服务于民、合法合规、公平公正、强化责任等价值原则，必然会在整个社会上下形成很强的向心力，民众就会与公共组织一道共同营造稳定的社会秩序，谋求社会政治、经济和文化的繁荣和发展。

3. 引导功能

公共管理主体在进行公共事务管理的过程中，常常需要在不同的利益关系、价值目标、道德冲突之间做出抉择，公共管理伦理标准有助于引导其在道德两难中做出符合社会普遍价值和理想的选择，也有助于其养成良好的公共责任意识、提高其公共管理行为的选择能力与控制能力，成为真正拥有正义和美德的人。

同时，由于公共管理主体的社会化角色，以及公共管理伦理所具有的公共示范性，使"公共管理主体在国家的德治建设中可以成为一个示范群体，他们的道德行为对社会有着楷模般的影响作用，他们的道德观念对社会有着价值引导的功能，他们在公共管理活动中遇到的问题有着法律规范示警的意义。当公共管理拥有了道德化制度，在公共管理主体的道德化活动中，在治理者们的道德化行为中，全社会的道德习惯、道德行为就比较容易养成，就会逐渐形成一个道德实践的环境，并进一步形成系统的稳定的良好的道德观念、价值判断标准"[①]。也就是说，公共管理在社会生活中有着特殊地位和巨大影响力，其主体的行为风范、价值取向会渗透到社会生活的方方面面，并成为公众关注的焦点，其道德品性的状况直接影响到社会人际关系的好坏、影响到社会公德的践履和社会的祥和氛围的营造、影响到社会道德风尚和社会文明的建设。

第二节　公共管理责任

责任是对人的社会角色的规定，它与人在社会中所处的地位相关联。在各种职业活动领域，责任又与特定的职位联系在一起，表现为一定的职责和义务。在公共管理领域，管理主体的职责和义务与其职业活动的公共性相关联，表现为一种公共责任。可以说，责任是近代以来公共行政的核心问题。欧文·E.休斯认为："要成为民主社会，就需要有一套适宜的责任机制。政府组织由公众创立，为公众服务，就需要对公众负责。"[②]

一、公共责任的内涵与特征

公共责任是一个由行政责任、法律责任和道德责任构成的有机整体，它不仅仅表现为制度层面的约定，而且还表现为管理主体对责任的认同以及道德的自觉，它既是制度的，也是伦理的。

1. 公共责任的内涵

公共管理意味着一定的公共责任，它要求管理主体必须积极、有效地回应社会公众的基本要求，切实履行社会职责和义务，努力承担其职责范围内的行政、法律、道义上的责任，以保证公共管理责任目标的实现。

公共责任有广义和狭义之分。广义的公共责任，是指公共管理主体在管理公共事务的过程中，对国家权力主体负有的责任。它主要包括两方面的内容：第一，作为整体的公共组织机构对社会公众的责任；第二，作为公共组织内部具有不同职责分工和权限的各个层次、机构和部门间的垂直双向责任。狭义的公共责任，是指公共组织在处理公共事务的过程中，因其公共管理行为违反了法律法规所规定的职责和义务而必须承担的责任。如国家公职人员应对自己违法失职行为

① 张康之.公共管理伦理学.北京：中国人民大学出版社，2003.110
② ［澳］欧文·E.休斯.公共管理导论.彭和平等译.北京：中国人民大学出版社，2002.268

及其后果承担责任。

社会公众及公共组织自身对公共管理主体总会有一种合理的价值期待，即期望公共管理主体在其治理社会的活动中能体现民主、自由、人道和公正等精神，能促进和维护社会民主秩序、增进社会文明程度，能忠于职守、廉洁奉公、遵章守法等。这种合理的期待，不仅是公共管理主体权力的合法性来源，也是公共管理主体在行使公众授权委托的权力时必须承担起的社会责任。由此，我们可以用"责任"一词来概括社会公众及公共组织自身对公共管理主体的价值期待。

公共管理学学者斯塔林认为公共组织中的政府行政责任的内涵主要包括：

（1）回应。回应是指公共组织应对公众已有的和潜在的需求做出快速的反应，以积极主动、富有前瞻性和创意性的行动解决问题。

（2）弹性。公共管理主体在政策的规划和执行中应坚持整体性原则，充分考虑与实现政策目标相关的标的团体的不同需求、认知偏好以及情景的差异等因素，不应死板和偏颇。

（3）胜任能力。规划和执行公共管理政策应接受客观标准的指引，公共管理主体的行为和过程不仅要有绩效，而且必须谨慎，必须考虑后果。

（4）正当法律程序。公共管理主体的行政权力必须受法律和相关制度的制约，其管理过程及行为必须有法可依，有章可循，即依法而治。

（5）负责。当发生公共管理主体违法、渎职等事件时，必须有人对此承担责任。

（6）廉洁。廉洁有两层含义：一方面，政府组织的政务要公开，以接受外界的监督；另一方面，公职人员不能利用权力之便谋取不正当的利益①。

2. 公共责任的特征

责任总是反映了一定的社会关系，它与特定的岗位相联系，虽然表现为具体的职责和义务，但也具有公共职业活动的总体性特征。公共责任反映的是公共管理主体与社会公众之间的关系——委托代理关系，公民委托、授权公共管理主体从事一般公共管理活动，作为公共权力的使用者必须担负起满足公民利益并为公民服务的公共责任。因此，公共责任有着不同于其它角色责任的特征，这些特征具体表现在以下三个方面：

（1）公共责任是一种义务。在等级社会，作为反映人们之间等级关系的责任和义务往往是分离的。责任总是指向等级地位较高的人对等级地位较低的人的道德意识，即强者对弱者的责任；义务总是指向等级地位较低的人对等级地位较高的人的道德自觉，即弱者对强者的义务。当人类步入近代社会以后，随着国家权力主体由统治阶层向社会公众的转移，等级关系开始瓦解，建立在法律基础上的

① 张成福，党秀云. 公共管理学. 北京：中国人民大学出版社，2004.324，325

人与人之间的平等关系开始确立和发展，责任也呈现出法律性的义务特征，责任和义务的概念边界开始模糊。现代社会的公共管理主体承担公共责任的过程，实质上是一个为国民尽义务的过程，即在法律的框架下，公共管理主体承担着为公共权力主体尽责效力、谋取利益的法律义务。

（2）公共责任是一种职责和任务。责任和职责在概念上虽然很相近，但两者还是有一些细微的差别。责任是指人们份内应做的事，以及因没有做好分内之事所应承担的后果。责任总是与一个人所处的社会角色有关，是行为主体主观选择的结果，它如同个人所承担的使命。职责是指职务和责任，它总是与特定的岗位职务直接相关，并得到制度的认可和授权。当责任与特定的职位联系在一起时，会表现为一定的职责和任务，而一定的职责和任务又必然会导致一定的责任。在公共管理体系中，每一个职位都是职务、职权和责任的集合体，其中的责任规定了担任一定职务和支配一定职权的管理主体必须做什么和不该做什么。公共管理主体的管理过程及行为后果如果违背职责的要求，不仅会遭到公众的责问、良心的谴责，而且还会受到来自行政和法律的制裁。因此，公共管理主体必须通过认真履行自己的职责和任务的方式，对公共权力主体负责。

（3）公共责任是一种监督、控制和制裁行为。虽然我们期待着作为外在规定的公共责任能内化为公共管理主体的道德意识和道德自觉，内化为一种神圣的使命。但是，由于公共管理主体自身的认知能力、道德意识和职业水平的差异，单纯地依靠自律无法保证其必然地产生合乎规范的行为。为此，公共责任还应通过一种外在的约束力来保证，如用各种制度来制止公共组织及其成员的权力寻租和腐败等问题。特别是在民主政体的国家中，公共管理主体所承受的公共责任必须接受来自国民的监督和一定方式的控制。对于那些无视公共利益、不能完成所承担的职责和任务或违法失职的管理者，都要受到由上级主管部门根据规定的程序、形式做出的程度不同的责难、处罚或制裁。

二、公共责任的分类

美国行政伦理学教授库珀将责任概念视为行政伦理学的中心问题。他认为，当行政人员遇到应该做什么的问题时，需要在行政角色中界定自己的责任。责任有两种类型：客观责任和主观责任。"客观责任源于法律、组织机构、社会对行政人员的角色期待，但主观责任却根植于我们自己对忠诚、良知、认同的信仰。"[①]

---

① ［美］特里·L. 库珀. 行政伦理学：实现行政责任的途径. 张秀琴译. 北京：中国人民大学出版社，2001.79

1. 客观责任

在公共管理中，客观责任属于岗位责任和义务，源于外部社会、组织机构和法律对此职位的界定和合理期待。当一些人选择和被选择到公共管理组织具体的岗位上、担负起相应的职务时，就意味着他们接受了这种源自外部社会、组织机构和法律的合理期望与约束，并被赋予了与该岗位职务和权力等相一致的职责和义务。

公共管理主体的客观责任具有多重性，概括起来主要包括行政责任、法律责任、服务于公共利益的责任。

行政责任是指为了维持政府组织的有效运行，基于法律和规章而建立起来的，用于明确组织内部岗位职责、权力和任务的内部和外部控制机制。它反映公共管理体系中的权力关系要求，是一种职务责任，主要存在于公共管理主体内部的层级之间、机构之间、部门之间、领导与下属之间垂直职位的互动之中。表现为上级组织、机构或领导对下级组织、机构或人员的监督责任，以及对组织工作目标实施的责任；而下级组织、机构或人员则对上级的命令和指示有服从的责任和义务。因此，对处于不同行政职位、享有不同行政权力的公共管理主体，必须在法律和组织的制度框架内合理地行使裁量权，以避免行政失当。

在工业化初期的西方国家，官僚组织的行政责任主要是一种契约性的义务，即在契约范围内，下级官僚必须绝对服从上级官僚乃至国家最高统治者。正如马克斯·韦伯所指出的："公务官员的荣誉在于自觉执行上峰命令的能力，就像这命令与自己的信念想法完全一致。即使他认为这命令有错，在抗辩之后，如上峰仍坚持原来的命令，他也应该执行。缺乏这种最高意义上的道德纪律和自我克制，整个机构就要陷于瘫痪。"[1]在近代社会，随着国家权力主体由统治阶层向社会公众转移，公共行政责任呈现出法律性的义务特征，即公共管理主体的责任和义务以法制为依托，由法律加以规范。从这个层面上说，公共责任也是一种法律责任。

所谓法律责任，是指以法律的形式规范公共管理主体的责任，使组织及其成员的行为能在法律管制的范围内进行。法律责任的实现应遵照以下几个原则：第一，依法行政。即公共管理主体的行政行为必须符合相关法律法规（如行政法、公务员法等）的规定。第二，违法有责。即公共管理主体对自己违反行政管理法律规范的行为必须承担相应的法律责任。第三，越权无效。即对于超越行政管理权限的公共管理主体，特别是过错越权者，应视同违法并课以责任。可以说，近代以来的社会治理模式是存在于法的关系之中的，其责任和义务一般从属于法律。

---

① ［德］马克斯·韦伯. 学术与政治. 冯克利译. 北京：三联书店，1998.76

所谓服务于公共利益的责任，是指公共管理主体的行为应符合公众的意志和利益。服务于公共利益，这是客观责任的根本内容，也是相关行政法律和制度所规定的首要义务。作为公共管理主体必须意识到自己受托于国家的权力主体——公众，必须为公众服务，对公众的利益负责，以是否符合社会公众的意志和利益为标准来衡量自己的行政行为是不是负责任的行为。尽管对于什么是"公共利益"还没有统一的界定，但在公共管理主体履行职责、完成任务时，它必须成为公共管理主体所追求的价值目标。

2. 主观责任

客观责任产生于法律、组织和社会对公共管理主体的角色期待，具有外在的强制性。但是，作为外在控制形式的客观责任有其自身的弱点：一方面，它对公共管理主体责任的抽象规范很难在实践中与公务人员具体的行政行为有效地结合，易出现责任"盲区"；另一方面，因其内在的刚性规定，常常会使其作用的发挥受到限制，有时在繁杂的公共事务面前甚至显得软弱无力。客观责任在贯彻时所表现出来的局限为道德责任（主观责任）的产生提供了空间。

主观责任是公共管理主体内在的一种因对职业责任的忠诚、良知和认同所形成的信仰或价值观，它是一种责任意识。显然，主观责任的依据既不是一般的上级对下级的命令和要求或下级对上级的服从，也不是抽象含混的公民或公众利益，而是一个人的信仰和价值观。价值观产生于人们的认识与环境的相互作用，是从诸如家庭、学校、传媒、职业生涯和组织活动中获取的。反过来，价值观也在人们的认识与环境的相互作用中塑造着人们的认知能力，而且价值观一经形成就会引发主体对特定认识对象的情感反应，进而产生对主体自身行为的控制，成为引导主体行动的内驱力。因此，价值观不仅仅支配着一个人的行为选择，在公共管理领域，价值观也决定了公共管理主体行政态度和行政行为方向的选择。这正如美国学者弗雷德里克森所言："价值是公共行政的灵魂。我们从来不认为公共行政的理论与实践仅仅是技术的或者管理的问题。那种一方面把政府政治和政策制定过程作为价值表达，另一方面把行政作为单纯技术的和价值中立的政策执行的做法，是失败的。无论任何人，欲研究行政问题，皆要涉及价值之研究，任何从事行政实务的人，他实际上都在进行价值的分配。"[①]

主观责任在公共管理活动中是不可或缺的。虽然责任总是有着客观的社会规定性内涵，但任何责任又都是主体对现实社会关系的认识或认同，具有主观特征。客观责任在没有得到有着自由裁量权的公共管理主体认同的情况下，通过外在的强制力也可以全部或部分地得以履行，但这只能实现最低限度的责任和义务。要使责任义务得以更大程度的实现则需要依靠公共管理行为主体个人的状

---

① ［美］弗雷德里克森. 公共行政的精神. 张成福等译. 北京：中国人民大学出版社，2003.142

况，依赖于个人的信仰和价值观。因此，公共管理主体的主观责任在履行客观责任的过程中具有极其重要的作用。

在公共管理主体落实责任义务的过程中，有可能出现主观责任与客观责任相互冲突的现象。因此，在实际生活中应力求实现客观责任和主观责任的统一。但一般地，公共管理主体保持高度的主观责任不仅有利于培养其集体感、认同感和自尊心，也有利于其更好地履行客观责任。

三、公共责任的伦理诉求

公共管理不仅仅体现为公共管理主体对公权的支配，更主要的是对公共责任的承担，权力乃是治理社会的手段，责任才是最根本的目的所在。公共责任并不只表现为一种外在的"必须"，在很大程度上，它蕴涵了现代公共社会的基本伦理诉求，具体表现如下。

1. 公正

公正是伦理学中最基本的范畴之一，它在古希腊文中表示放置在直线上的东西，后引申为公平、公道、正义等，具体而言是指人们在处理与他人的权利义务的关系中，能够做到正直公道、没有偏私。

"大道之行也，天下为公"，代表了人类自古以来对社会公正的憧憬。人类之所以要追求公正，涉及两方面的原因：一是社会原因。公正首先是社会的产物，是就人与人之间的关系而言的，孤立的个人不存在公正问题。公正也是社会中各种利益分化的产物，主要由人与人之间权利和义务的交换所引起。如果社会中不存在人与人相互之间的利益冲突，那么也就不存在公正与否的问题。二是心理因素。随着人类自我意识的萌生和发展，主体对自身价值给予了很大的关切。这种关切促使主体密切关注自己在与他人的交往过程中相互之间的利益交换和分配的数量比例，当主体的实际所得和应得之间出现差距时，便会产生不公正的感觉。因此，被公正地对待乃是主体自我意识和自尊心理的一种要求。

长期以来，公正被视为人的最主要和最基本的德性，也是对公共管理主体的德性要求。但是，在公共管理活动中，公正并不仅仅是管理者的德性，而更是一种责任和义务，即它要求公务人员的公共管理活动能秉承公正的道德原则，出以公心、公道，依法办事，维护公众的合法权益，促进社会的稳定和发展。

2. 仁爱

"仁"是中国古代儒家的一种含义极广的道德范畴，在《说文·人部》中被解释为："仁，亲也，从人、二。"在此，我们可以把"仁爱"解释为人与人之间施以同情、爱护和帮助的德性，它是一种超越亲情的普遍的爱。仁爱一直以来被人们视为处于权力体系高位的人施与下属的恩赐和赠与，如君对民、主对仆、上司对下属、父对子。至于能否施与仁爱之心，则取决于执掌权力的人源自于内心的道德自觉。由此可见，仁爱的存在基于两个前提：一是存在着权力关系；二是掌控权力的人具有道德自觉的可能性。在公共管理体系中，由于权力关系的变化，以及在社会治理中强调平等与合作，使得仁爱不再仅仅是公共权力执掌者应当拥有的德性，而是必须具备的德性。也就是说，公共管理主体应把仁爱当作他必须承当的责任和义务。虽然公共管理主体可以和其他公众一样有权选择是否拥有某些美德，但是他们无权回避公共责任和义务，否则就必然会失去合法性。所以，当公共管理主体把仁爱视作一种责任和义务时，仁爱就成为公共管理主体必须承担的客观要求。

3. 宽容

宽容是对他人的宽厚容忍，具体而言，是指在合理性原则不被破坏，或即使暂时遭到破坏也有望得到更大的补偿的前提下，对他人的言行，特别是那些与自己的信念和判断相冲突的言行的容忍、谅解和尊重。在现实生活中，宽容还意味着不存有偏见。长期以来，宽容一直被视为人的德性，特别是对于位高权重者，宽容更是一种美德。但是，随着人类进入现代社会，多元化的发展趋势不仅要求执掌公共权力的管理者应具备宽容的美德，同时也要求在制度和公共政策等各个方面都应体现出对异质因素的包容和接纳，从而使宽容成为公共管理主体的一种责任和义务，并为其落实提供制度保障。

4. 求实

求实就是指实事求是，追求真理，修正谬误。在伦理学中，求实被视为人的较高德性，而且也应当成为人的普遍德性。但是，在公共管理领域，如果求实仅作为对公共管理主体的德性要求，当遇到权力运行的需要与客观事实相矛盾时，就会出现道德两难。要使求实的德性成为稳定的和持续的德行，只有将其规定为公共管理主体必须承担的责任和义务。当求实成为一种责任和义务时，不仅有助于公共管理主体在道德两难中做出合理的抉择，不屈从于权力，而且还有助于公共管理主体在多样性和充满变数的公共管理活动中做到尊重客观事实、坚持真理；有助于公共管理主体把探索、创新的精神引入到公共管理过程中；有助于公共管理主体摈弃虚假浮夸之风气，养成脚踏实地、真抓实干的良好职业品行。

5. 节制

节制是古希腊四大主德（正义、勇敢、智能、节制）之一，苏格拉底把它看作人类最重要的美德。所谓节制是指自制，表现为在理性支配下不去做那些明知不应当做的事情，表现为对不合理欲望的压抑。公共管理主体担负着治理社会的重任，与普通社会成员相比，放纵自己的不合理欲望会给社会带来更大的危害。因此，在公共管理活动中，公共管理主体首先应当拥有理性地行使权力、能有效地支配自我的自制德性。但是，只是把自制作为对人的一种道德要求，并不具有强制性，能否实现完全取决于主体自身的选择。因此，我们也把自我节制规定为公共管理主体所必须承担的责任和义务，使其成为公共管理主体在处理公共事务时的必然要求。总之，在公共管理主体的一切德性中，自制是最有价值的德性；在公共管理主体应当承担的责任义务中，自制是其它责任义务的前提。当公共管理主体拥有了自制的品行，他就会勇敢、谨慎、自信、严肃、谦逊、忠诚、果断、有追求、适时而恰当地运用公共权力，不断增进公共利益。

■ 第三节　公共管理伦理责任的控制机制

"假如人类是天使，则不需要政府。假如天使治理人类，则有关部门控制政府的内部、外部措施统统没有必要。在有关建构一个由人类治理人类的政府议题上，最大的困难在于：首先必须使政府有能力管理被统治者；其次是让政府能够控制自己。"①诚然，依靠公共管理主体的自律来实现伦理责任是行政的最高境界，但是，历史的经验告诉我们，有效的预防控制措施也是必不可少的。

一、公共管理伦理的责任冲突

在现代社会，伴随着政府变革的浪潮，以及其所面临的来自社会方方面面的压力和挑战，公共管理主体在具体的公共事务管理过程中，不可避免地面临着各种矛盾和伦理责任冲突。在实践中，公共管理主体的伦理责任冲突最常见的主要有三种：角色冲突、权力冲突和利益冲突。

1. 角色冲突

在现实生活中，每一个人都处在极为复杂的社会联系中，同时扮演着多种角色。如在家庭中，或儿女、或父母、或夫妇、或兄弟姊妹；在社会中，或朋友、或邻里；在组织中，或同事、或领导、或下属……从某种意义上说，每个人都是角色的集合体。由于每个角色都有一定的权利和义务，并由此获得相应的责任，所以，多种角色就意味着多种责任和义务的交织与重迭。如果一个人有能力同时完满地履行多重责任和义务，或者如果各种责任和义务之间不相互冲突，就不会有问题发生。但现实并不总是如此，更多的时候，人们并不能同时完满地履行多重责任和义务，甚至责任和义务之间是不兼容或截然对立的，从而使不同的角色之间时常发生冲突。在这种道德两难的情形下，主体必须平衡各种角色，做出抉择和取舍。

---

① ［美］格罗弗·斯塔林. 公共部门管理. 陈宪等译. 上海：上海译文出版社，2003.131

公共管理主体除了要承担作为一个社会公民应当承担的角色外，在公共管理领域，他还要担任公共管理信息的传递者、公共政策的制定者、执行者、人际关系及工作协调等管理活动中的沟通者、具体公共事务管理过程中故障的排除者和调节人等角色。作为社会公众的一员，公共管理主体有权接受服务和追求私人利益的最大化，但作为公权的支配者，他们又有责任服务于公众、追求公共利益的最大化；作为公共组织中的一员，公共管理主体有效忠于组织、服从组织决策、服从上级的义务，但作为公众的受托人角色，他们又有为辖区公众负责的义务，等等。当两种角色出现不兼容或拒斥时就会产生冲突，使公共管理主体处于两难的抉择中。

其实，面对角色的冲突，无论是谁、无论做出怎样的抉择都是一个痛苦的过程，而且每一次的抉择都会对其产生潜在的影响。如按常理说，作为组织中的一员服从组织的决策、服从上级是对职业的一种忠诚，但从价值优先性角度而言，公共管理主体对职业的忠诚不能取代对国家宪法、法律、公众利益的忠诚，不能取代人的道德良知，特别是针对不合理、不正确的决策时，更是如此。

通常，在是非善恶易于辨析的情况下，人们也许比较容易在角色冲突中做出正确的抉择，但是，在是非善恶不易辨析的情况下如何做出抉择却是一件棘手的事。实践证明，在角色冲突中，公共管理主体往往会选择道德妥协，这种妥协是从向"最小的恶"妥协开始，逐步演化为道德中立、道德缄默、伦理缺失等，其结果会造成公共伦理准则和道德规范的丧失，并对整个社会产生不良影响。因此，有必要借助因角色冲突所引发的道德困境来引导和培养公共管理主体的责任能力和道德良知，使其更好地领悟和进入角色，以满足公众的期望。

2. 权力冲突

权力资源的有效性总是以其稀少性为前提的，在一个有序的社会中，是不允许随意地支配权力资源的。因为权力资源的占有者在支配权力时会对他人产生这样或那样、有利或有害的影响，所以，对权力资源的占有者课以相应的责任并限制其权力就显得十分必要。所谓权力冲突，是指两种或两种以上的权力资源给公共管理主体的行为带来不同的客观责任之间的冲突。在公共管理活动中，一个具体的公职人员既是一定职位上权力资源的占有者，同时又是被更大的权力所支配着的、随时会失去权力的责任承担者，这种更大的权力除了高于自己职位的权力外（如组织上级的权威），还有为社会公众认可的、高于个人意志的法律权威，以及社会公众的意志。当公共管理主体所承担的客观责任有两种或两种以上的权力来源，诸如法律、组织上级、公众等，且这些责任要求不一致（如法律要求与上级的要求不一致，上级的要求与社会公众的期望不一致）时，就会产生权力冲突。

公共管理主体在面对权力冲突时就会陷入两难抉择，如果履行法律责任，就有可能违背服从上级命令的职责；如果服从上级的要求，就有违背法律、伦理或公众意志之嫌。在公共管理的实践中，总是有相当数量的公职人员会把与自己有着直接利害关系的责任放在首位，如以服从组织上级的要求和命令为第一选择，而放弃职业伦理的要求。

怎样才能在权力冲突的困境中采取负责任的行为？这已不单纯是一个命令与服从的问题，而是涉及公共管理主体的价值选择。换言之，当公共管理主体面对反映客观责任的权力冲突而必须做出抉择时，就会求助于自己的信仰、价值观和理性原则，以确定自己究竟应该服从哪个权威，抵制哪个权威，或两种权威都予以抵制。因此，在考虑更为基本的客观责任时，理清自己的主观责任，运用职业价值观和道德准则去寻找一种既能履行客观责任，又不违背主观责任的办法，以明确自己究竟应该站在对抗性权力的哪一方就显得非常必要。

3. 利益冲突

从本质上讲，人是一系列价值观、欲望和利益的综合体。公共选择理论的经济理性人假设，认为人都是按照成本收益的理性计算来追求个体收益最大化的，人都有自利的一面。然而，由于社会资源的稀缺性，往往出现一个人或一个社会集团在追求自身利益时占有或过多地占有某方面资源，导致其他人或其他社会团体的利益受损，从而使公共利益与个人利益、整体利益与局部利益之间产生激烈的冲突。美国学者哈丁曾在1968年提出了著名的"公地悲剧"理论。假设有一个向一切人开放的牧场，站在经济理性人的角度，牧羊人虽然知道牧场有限，过度放牧会使生畜因饲料不足而瘦弱，但是，为了获得更大的收益，牧羊人还是选择了扩大自己的畜群这条路。这样，"公共牧场"将在牧羊人无节制的放牧中走向毁灭。

怎样才能避免"公地悲剧"的发生呢？要么以暴力的方式限制别的牧羊人的竞争，要么以契约的方式限制畜群的数量，要么通过公选的组织机构管理牧羊人，等等，总之，必须要有一定的权威或规则来制约社会共同体中每个个体对自身利益的最大化追求，以解决客观存在的利益冲突。

作为公共管理主体，公利性应是其本质属性，无论是在道德两难或是职责选择中都具有价值优先性。然而，公共管理主体除了具有公利性外，也有对自身利益的追求，这种追求极可能引发公利与私利的冲突。具体表现为：一是作为个人的公共管理主体的特殊利益与公共管理者的责任义务之间的冲突。在现代民主社会，每个人都有权维护自己正当的基本权益，即使是公共管理者也不例外。因为对利益的追求不仅是保持和发展个人生命力的基础，而且也是经济发展和社会进步的最主要、最持久的动力。正如马克思所说："人们为之奋斗的一切，都与他们的利益有关。"① 但是，当一个人受雇于某一公共组织，扮演公共管理者角色时，往往会面临个人利益与公共管理责任义务之间不可避免的紧张关系。因为，这些处于行政职位的公共管理主体，享有其他普通公民所没有的特权，这些特权可以给他们带来非同寻常的机会。当公共管理者的个人利益取向与职责义务取向正相关时，可以使其在合理追求自身利益的同时，负责任地完成管理职责任务。但是，当公共管理者的个人利益取向与职责义务取向负相关时，便会产生利益冲突。于是，公共管理者在行使公共权力时，为了寻求自身利益的最大化，极可能诱导他们滥用手中的权力资源谋求私利，如贿赂、权力兜售、信息兜售、财政交易、馈赠与消遣、组织外就业、未来就业，等等，从而使公共权力呈现非公共运作的现象。二是作为集团的公共管理主体的自我利益与社会公共利益之间的冲突。作为集团的公共管理主体总是以社会公共机构的形式存在的，其主要职责是向社会提供公共物品和服务，具有公利性品质。但是，作为集团的公共管理主体以及集团内部各职能部门又有着自身的特殊利益，具有自利性。如作为地方政府，就存在着不同区域政府之间、上下级政府之间、政府各职能部门之间的利益之争，容易发生政府组织和部门假借公共名义争取和维护自身特殊利益的现象。

作为公共管理主体如何面对来自个人、组织和公众三方面的利益冲突呢？我们可以求助于法律，因为法律所提供的关于公共管理主体行为的道德标准底线，可以解决现实中的困境。但是，要使公共管理主体真正将公共利益在价值上置于自我利益之上，合理地解决三方面的利益冲突，在很大程度上还依赖于其在私人领域和公共领域方面的道德理念和价值观。

总之，公共管理主体在承担公共责任时会面临一系列的矛盾和冲突，在这种困境中究竟做出怎样的选择，主要取决于两方面的因素：一是公共管理责任机制的安排，二是公共管理者自身的价值观。这正是使公共管理主体保持负责任的行为的两种基本控制方式，即外在控制与内在控制。

二、伦理责任的外在控制机制

伦理责任的外在控制机制，即他律，是指通过建立有效的责任机制来强化对公共管理主体的控制与监督，使其行为能合乎责任规范和民众的期望。由于公共管理主体自身并不比公众具有更多的理性能力和先天的道德优越性，面对履行职责过程中的矛盾与冲突并不总能做出合乎从业道德和公众利益的选择；由于公共管理主体作为公众的受托人，拥有对社会公共资源的支配权，其行为所产生的影响远远大于普通个人的行为后果，尤其是一些不负责任的行为，会给社会带来严

---

① 中央编译局. 马克思恩格斯选集. 第1卷. 北京：人民出版社，1991.21

重后果。因此，有必要建立和完善公共管理伦理责任的外在控制机制，以制度安排的方式向公共管理主体提出诸如职责任务、行为程序、评价标准、奖惩措施等规范性要求，在严格的责任机制的控制和监督下，促使其有效地履行公共责任。

公共管理活动中的外在控制机制主要有行政控制、立法控制、司法控制以及社会监督等。

1. 行政控制

从某种程度上说，公共组织本身就是一个责任机制，这最典型地表现在韦伯所确定的官僚制体系原则中：① 权威来自法律和根据法律制定的规定；② 组织结构是一种科层制，上下级之间保持着稳定的命令与服从的关系；③ 组织的存在与职员的私人生活相分离，完全非人格化；④ 健全的书面文件和资料保存制度；⑤ 高度的专业化分工；⑥ 官僚制的工作是一种全职职业，要求官员完全发挥自己的工作能力；⑦ 完备的规则和程序，以规范组织成员的行为。虽然有学者置疑韦伯设计的非人格化官僚体制以及使公共管理者缺乏自主判断与选择的绝对服从原则的合理性。但是，这种管理制度设计在维护政府整体责任方面依然有其比较优势，如明确的权责归属，强化公共组织内部管理者的责任感；完备的规则和程序，上级权力部门对下级的有效控制，以及下级服从上级的责任意识；高度的专业化分工，保证了公共管理的专业水平和能力。由此可见，建立在层级关系基础上的公共组织乃是一种责任监控体系。

随着对责任的重视，在公共组织内部还发展出其它许多维持公共责任的机制。① 防止和矫正违法不当的行政行为、促进公共管理责任落实的行政监督机制，主要包括上级或上级组织对下级的公共管理行为的指挥或指导、认可或核准、视察或审核、绩效奖惩、争议协调、行政立法等。② 对行政机关以及公共管理者行政行为进行有效监督的行政监察。许多国家或地区政府在行政机关内部设置有专门的监察机关，如美国政府道德署和监察长制度、日本内阁行政监察局和行政审议会、英国行政监察专员制度、新加坡反贪污调查局、中国香港特别行政区廉政公署等，其工作的重点主要是反腐倡廉和保证政府责任的实现。这些监察机关具有法定的独立性，享有包括检察权、调查权、纠正权、弹劾权、逮捕权等独立的监督权限。③ 对公共管理各部门的一切财务事项进行认真的审计。公共组织的资金主要来自于纳税人缴纳的税金，合理、有效地使用公共资金是公共管理的重要责任之一。通过外部审计和组织内部审计，一方面可以控制和及时发现公共财政中存在的问题，确保公共资金用于适当的地方；另一方面，有助于公众、公共组织管理者等监督和了解政府整体财政绩效，促进公共管理效率的提高。④ 纠正违法或不当行政行为，对公民、法人和其它组织受损的合法权益进行救济的行政复议。行政复议作为控制公共责任的手段有着明显的优点，具体表现为：行政复议的程序便捷，范围广泛；行政复议机构通过采取撤销、变更或替代原行政机关决定的补救措施，为行政机关提供纠正错误的机会；行政复议可以减少司法的过度干预，在一定程度上维护行政机关的自主性和自由裁量权等。目前，世界各主要国家都有行政复议制度，如英国的行政裁判所制度、美国的行政上诉制度、法国的行政救济制度等。

2. 立法控制

立法控制又称为议会控制（监督）或代表机关的控制（监督），它被视为谋求公共管理责任的有效工具和途径。

在西方资本主义国家，尽管政体不同，议会的法律地位不尽相同，议会对政府的控制力也不一样，但是，无论是内阁制，还是总统制，立法控制对政府的公共管理都发挥着巨大的影响作用。在当代资本主义国家，议会对行政的控制主要有以下几种方式：

（1）倒阁权。又称不信任表决权。这是内阁制国家议会对政府进行监督的最主要手段。在内阁制国家，政府由议会组阁，并向议会负责，政府的政策及施政方针必须与议会中的大多数保持一致，议会如果不同意政府的政策及施政方针，有权对政府提出不信任案，或拒绝通过。

（2）质询权。是指议员以个人或集体的名义，就政府的某项决策，采取口头或书面的形式，向政府首脑或政府部长提出询问或质问，要求给予答复。质询往往涉及比较重要的公共利益问题，其中的质问会导致一般性的争论，甚至可能导致政治后果，如倒阁或弹劾。

（3）调查权。是指议会（通常是由专门的调查委员会行使）对政府的行为进行调查以监督政府。调查的范围通常包括立法、选举、政策、公共管理主体违法行为等方面。调查的结果有时会构成对政府官员的弹劾或对政府的不信任。

（4）弹劾权。弹劾是议会对政府高级官员的严重违法渎职行为进行控告和制裁的一种制度。在内阁制国家，议会运用弹劾权的范围只涉及总统和最高法院的法官；而在总统制国家，弹劾权可以运用于所有国家高级官员。

（5）听证会。这是实行总统制国家的立法机关要求政府机构或官员就人事任命、立法提案、公务执行以及行政官员的行为等方面内容出席作证、提供情况、回答问题的一种监督方式。听证会原则上应对社会公开，允许旁听。听证会发出的传唤有关人员（包括总统）的传票由国会授权，具有强制执行的效力。凡是拒绝到会作证、作伪证、作证不全、拒绝提供相关文件情报、贿赂议员等，国会有权以藐视国会罪论处。总统若以"行政特权"为由不愿作证，国会可以要求最高法院对总统的"行政特权"范围予以审查。

我国实行的是人民代表大会制度，它既不同于西方的议会制，也不同于总统制。《中华人民共和国宪法》第二条规定："中华人民共和国的一切权力属于人民，人民行使国家权力的机关是全国人民代表大会和地方各级人民代表大会。"

第三条规定："中华人民共和国的国家机构实行民主集中制的原则。""国家行政机关、审判机关、检察机关都由人民代表大会产生，对它负责，受它监督。"这在宪法上保障了我国的政体以及权力机关对公共管理主体进行监督的权力。

在我国，国家权力机关对行政机关及其公务人员的监督最主要的是法制监督，具体包括政府行为的合法性、合理性，政府工作人员是否依法办事、廉洁奉公等的监督。国家权力机关的监督遵循集体行使职权、依法监督、公开监督的原则。根据我国宪法、有关组织法和人民代表大会及其常务委员会的议事规则，人民代表大会对政府行使监督的方式及内容主要有以下几个方面：① 听取和审议政府工作报告，对政府工作进行评价，肯定成绩，提出批评和建议；② 审查和批准国民经济计划和财政预算、决算，从根本上制约和监督政府；③ 审查政府的法规、决定和命令，撤消由国务院或地方政府制定的与宪法、法律相抵触的行政法规、决定和命令；④ 质询和询问。即人大代表有权向政府机关提出质询，并要求其在法定的时间内以法定的形式予以答复；⑤ 视察和检查。即人大代表可以通过视察了解政府的工作情况，及时对政府的工作提出建议和意见，也可以通过执法检查了解宪法、法律和行政法规的贯彻、落实情况，以加强对政府工作的监督；⑥ 建议、批评和意见。即全国和地方各级人大代表有权向本级人大或常委会提出对全国或本行政区域范围内各方面工作的建议、批评和意见，由有关机关、组织研究处理并负责答复，这是人民代表参政议政、表达公众心愿的一种形式；⑦ 受理申诉和检举，即公众对政府的规范性文件或决定、对政府的侵权行为、对公务人员的违法犯罪行为等向各级人大常委会提出的批评、建议、申诉或检举，由人大常委会办公厅信访局统一受理，并负责分类处理；⑧ 罢黜职务。我国《宪法》第六十三条规定："全国人民代表大会有权罢免下列人员：（一）中华人民共和国主席、副主席；（二）国务院总理、副总理、国务委员、各部部长、各委员会主任、审计长、秘书长；（三）中央军事委员会主席和中央军事委员会其他组成人员；（四）最高人民法院院长；（五）最高人民检察院检察长。"地方组织法规定，地方各级人民代表大会有权罢免本级人民政府的组成人员。

　　3. 司法控制

　　与立法控制相类似，借助于法院系统所实施的司法控制也是监督行政的主要手段之一，只是立法控制侧重于"防患于未然"，而司法控制侧重于"止患于已然"，是一种事后监督。在欧美一些国家，司法控制是一项监督政府及其成员的非常重要的方式，其职权远远超出了议会对政府的监督。一般情况下，当行政部门实施法律需要协助时，当行政者在其权限范围内无法解决所发生的争端时，或当行政者有违法行为、滥用职权侵犯公众合法权益时，就需要司法的介入，以维护公共管理主体的公共责任，并对公众受损的权益进行补救。在司法控制的责任机制中，司法审查和宪政赔偿责任是最为重要的两个方面。

　　政府承担诉讼责任是近代民主政治发展的产物。民主国家的目的在于保障人权，当政府机关在行使权力的过程中侵害人民的自由和权益，人民有权起诉，司法机关有权通过司法程序处理；当公民、法人或其它组织认为行政机关的抽象行政行为与具体行政行为侵犯其合法权益时，可依法向司法机关起诉，由司法机关对政府行使的行政权力进行审查，对违法活动予以纠正，并对公民、法人权益造成的损害予以相应的补偿，同时追究政府违法的法律责任。司法审查对保证宪政的完善、促进政府责任的贯彻落实、保障公民合法权益发挥着重要的作用。西方资本主义国家应市场经济发展和民主宪政发展的需要，大都在18世纪和19世纪建立起适合本国国情的政府诉讼责任制度。我国的行政诉讼制度始于1982年《中华人民共和国民事诉讼法（试行）》颁行之际，而1990年10月1日《中华人民共和国行政诉讼法》的正式实施，标志着我国相对完整的行政诉讼制度基本形成。

　　依据《中华人民共和国行政诉讼法》第11条的规定，人民法院受理公民、法人和其它组织对下列具体行政行为不服提起的行政诉讼：如对拘留、罚款、吊销许可证和执照、责令停产停业、没收财物等行政处罚不服的；对限制人身自由或者对财产的查封、扣押、冻结等行政强制措施不服的；认为行政机关侵犯法律规定的经营自主权的；认为符合法定条件申请行政机关颁发许可证和执照，行政机关拒绝颁发或者不予答复的；申请行政机关履行保护人身权、财产权的法定职责，行政机关拒绝履行或者不予答复的；认为行政机关没有依法发给抚恤金的；认为行政机关违法要求履行义务的；认为行政机关侵犯其它人身权、财产权的。此外，人民法院也受理法律、法规规定可以提起诉讼的其它行政案件。

　　至于政府行政机关是否应承担行政诉讼责任，则应依据《中华人民共和国行政诉讼法》第54条的规定，行政机关的具体行政行为有下列情形之一的，如主要证据不足，适用法律、法规错误，违反法定程序，超越职权，滥用职权的，人民法院可以判决撤销或者部分撤销，并可以判决被告重新做出具体行政行为；对于行政机关不履行或者拖延履行法定职责的，人民法院可以判决其在一定期限内履行；对于行政处罚显失公正的，人民法院可以判决变更。

　　由于现代政府机构是在现代民主制度下，通过宪法、法律程序得到公民授权的代议制下的公共管理主体，其职责就是依照宪法、法律的规定为社会提供公共服务，是为公众服务的公法人。因此，当其行政行为侵害了社会公众的权益时，就应像其他法人组织一样承担起侵权赔偿责任。从历史上看，政府侵权赔偿责任的确立是第一次世界大战以后的事情，如《1919年德国魏玛宪法》第131条规定："官吏就其所受委任之职务行使公共权力，而违反对第三人之职务上的义务时，原则上由该官吏所属的国家或公共团体负其责任但对于官吏有求偿权，上述损害赔偿，得以非常司法手续求之。"这是世界上第一部以国家大法的形式规定的政府侵权赔偿责任。二次世界大战后，随着违法行政责任的理论、体系和制度趋于完善，世界主要发达资本主义国家不仅相继建立了国家侵权赔偿的责任法，如1946年美国联邦侵权赔偿法，1947年英国王权诉讼法，1947年日本国家赔偿法，1967年韩国国家赔偿法，1981年德国国家赔偿法。而且，政府的侵权责任呈现出不断加重和扩张的趋势，如逐步缩小政府赔偿责任的豁免范围；放宽了政府赔偿的条件，建立了客观过失的观念，加大政府赔偿的力度等。

我国于1995年1月1日颁布了《中华人民共和国国家赔偿法》，该法的实施标志着政府侵权赔偿责任制度在中国的确立。我国国家赔偿法第2条对政府的行政赔偿责任做了规定：国家机关和国家机关工作人员违法行使职权侵犯公民、法人和其它组织的合法权益造成损害的，受害人有依照本法取得国家赔偿的权利。

4. 社会监督

行政控制、立法控制、司法控制都属于国家内部权力间的相互制衡，尽管它在以权力制约权力，推动民主政治的发展，谋求责任的行政等方面发挥着重要的作用，但是由于它自身存在着某些不足和缺陷，所以并不能包治百病。如通过行政、立法、司法三种权力之间的相互制衡，并不一定能完全彰显权力为民的本意，而且还会导致政治制度民主性质的缺失；在选举制和代议制下，公民推选的权力制约者并不一定是自己真正中意的代言人，而且权力制约者同样可能会像公共权力的行使者一样滥用手中权力，从而难以达到民众委托的意愿和目的。为此，有学者提出监督和控制权力和责任的社会制约模式，即强调公民的参与和舆论的监督等。

公民参与是现代民主政治制度下公民所具有的一种普遍性和广泛性的行为，是民主的表现形式和公民权利的重要内容，如《公民权利和政治权利国际公约》第25条规定，每个公民应有直接或通过自由选择的代表参与公共事务的权利和机会。各国的宪法也都对公民的参与权利做出了规定，如《中华人民共和国宪法》第二条规定："中华人民共和国的一切权力属于人民，人民依照法律规定，通过各种途径和形式，管理国家事务，管理经济和文化事业，管理社会事务。"宪法在第二章中还具体规定了公民参与选举、监督、批评建议等方面的内容。此外，公民参与也是实现民主和维护公民利益的重要工具。因为，公民只有通过自身或社会组织合法地参与到公共政策的制定和执行过程中，才能使自己的主张和利益诉求在政府的立法和行政决策中体现出来，才能实现自己的民主权利并保护自身的利益。特别是自20世纪70年代以来，关于政府治理过程的"善治"理论的提出，更要求国家与社会合作，政治权力向公民社会回归，要求扩大公民对公共事务管理的直接参与，以有效地督促公共部门恪守职责，实现公共权力的社会化和公共利益的最大化。

在各国的实践中，控制政府责任的公民参与机制主要包括：① 公开听证，即广泛听取公众和相关利益集团的意见，以保证公共政策规划与决策能更符合民众的意愿。② 民意调查，即了解公众对公共管理主体的期待、公共政策的评价、公共部门行为和绩效的评估，以促进政府责任的履行。③ 咨询委员会，即吸收公众代表、专家参加咨询委员会，以加强公众与政府的联系，改善行政机关与外界的关系，并使公共决策更加科学化、合理化。④ 社会团体，即发挥公共团体的桥梁作用，以促进政府与公众的双向交流与信息的传递和反馈，增强民众的主体意识和参政热情，有效控制公共权力和责任。除此之外，公众还可以通过选举投票、向政府提出批评和建议、对政府机关及其公职人员的违法违规行为进行检举或举报等方式维护自身的合法权益，谋求公共管理主体的责任。

舆论是一种无形的社会力量，它渗透在社会生活的各个领域，不仅影响着人们的思想观念，而且还对公共权力形成有效的约束和制衡。如美国"民主之父"杰弗逊就把新闻舆论视为制约行政、立法、司法的"第四种权力"。而德国学者哈贝马斯也认为，公众舆论是社会秩序基础上共同公开反思的结果，是对社会秩序的自然规律的概括，它虽没有统治力量，但开明的统治者一定会遵循其中的真知灼见。

利用社会舆论对公共权力和责任进行制约与监督是现代社会的普遍特征，是与社会民主进程的目标相一致的。在社会舆论监督中，最有效的监督机制是新闻舆论监督，因为它对整个社会舆论具有广泛的号召力和影响力。新闻舆论作为民众的喉舌，能经常反映民众的意志和需求，将民众对现实社会、对政府等的批评、意见和建议表达出来。这不仅可以使民众真正体验到言论的自由，激发出主体意识和参政、议政的热情，而且还是遏止权力、监督政府责任、促进民主政治发展的一种非常有效的措施。在新闻舆论的监督下，公共权力行使者的所作所为都处在众口评说之下，其无视民众权益而滥用职权的行为，必然会招致舆论的谴责和抨击。在舆论的强大压力下，公共权力的行使者就会相对谨慎地行使民众所赋予的权力。

在对公共权力和责任进行监督与制衡的机制中，现代社会更强调社会制约模式（如舆论监督），但社会制约模式并不排斥政治制约模式（行政、立法、司法间的权力制衡），它们都是实现政治民主、保障公民权益、控制和监督政府责任的重要手段。当然，这些手段发挥作用都是建立在完善的法律保障体系基础之上的。

三、伦理责任的内在控制机制

利用严格的外在控制机制和完善的制度建设，虽然可以在一定的程度上使公共管理主体恰当地履行职责和义务，但是它却无法保证公共管理者人格的完备，也无法保证在缺乏有效监督的情况下，公共管理者依然能保持公共品质。因此，在对公共管理主体进行外在控制的同时，必须注重内在控制机制的作用，注重公共管理者道德自律和完美人格的养成。

1. 道德自律

公共管理者的道德自律（内在控制）是相对于他律（外在控制）而言的，它主要源自于公共管理者内在的价值观和伦理准则，是存在于心的、促使其有效履行职责和义务一种力量。

在公共管理实践活动中，管理主体总是要面对复杂的价值冲突，如何做出合乎自身职业角色的判断和选择，这固然少不了外在的控制机制和制度性的震慑。但是，由于外在的控制机制和制度本身并不总是很完善的，在缺少外在因素的有效监督下，公共管理者能否出色地履行职责和义务、承担起公共责任，则取决于其内在的道德自觉和信念；又由于任何外在的控制机制和制度都是由人设定并由人来实现的，而作为公共管理者并不总是完全价值中立的，他们有着属于自己的偏好和价值追求，这些个人的价值观和信仰会潜在地影响公共管理活动，影响价值冲突时进行的抉择，因此，外在的控制机制和制度实现的好坏完全取决于公共管理者对它的诠释、理解和认同，正如麦金太尔所认为的那样，正义的制度的真正实现必须依助于拥有正义美德的人。由此可见，公共管理者要对赋予他们的职责负责，要保持恰当的行为准则，不能仅仅依靠外在的控制因素，在责任的控制机制中，道德自律至关重要。

公共管理者在公共管理活动中的道德自律，要着重做到自觉地把行政的、法律的责任义务转化为道德的责任义务，把公共管理的价值信仰（公共利益高于个人利益、富有责任心、拥有尊严和谦逊的品德、实践对民主的承诺等）内化于心中，并升华为主体的德性，使自己在管理公共事务时，能强烈地意识到自己的责任和义务；在遭遇个人利益与公共利益、部门利益与全局利益冲突的两难抉择时，表现出高度的自律性，作出合乎公共伦理责任的价值判断；在外在的控制因素缺失或不完善时，依靠自身的职业品质自主地、负责任地、创造性地开展公共管理活动。

总之，当一个公共管理者实现了道德自律，他才能以强烈的工作责任心和职业责任感投身于公共管理活动，真正地做到恪尽职守，出色地完成公共管理任务。

2. 道德人格的养成

作为一个公共管理者能否在公共管理活动中实现道德自律，把公众的利益置于个人利益之上，自觉遵守宪法、法律和组织规章，促进组织伦理精神和价值目标的实现，展现清廉、正直、诚实、刚毅等品性，主要取决于主体道德人格的养成。

　　道德修养是道德主体（个人或组织等道德实践者）自觉地认识、恢复和重建自己的道德存在，提升道德理性的过程，是主体道德人格养成的主要途径。中国古代的圣贤们在道德修养过程中更强调"慎独"的作用。所谓"慎独"，就是当一个人独处时的所作所为等同于受他人监督，即行为的选择受制于自我监督和自我警醒。《礼记·中庸》主张："莫见乎隐，莫显于微，故君子慎其独也。"含义是，不要以为没有人看见或事情比较细微，就可以放松对自己的要求，真正的君子无论是在人前人后，面对大事小事都能做到诚实无欺、慎行谨言。可见，道德修养中的"慎独"不仅能磨砺人的意志，而且有助于提升人的道德境界，这对于公共管理者来说有着重要的实践价值。公共管理者只有诚实地对待自己，才能诚实地对待他人、对待事业、对待所应承当的责任和义务。此外，要做到"慎独"还需"吾日三省吾身"。也就是说，一个人每天都要自觉地审视自己的行为动机与行为效果及其所表现的道德认识、道德情感和道德意志，接受良心法庭的审判，以心目中所要达成的道德目标为动力，不断地践履、笃行。可见，"吾日三省吾身"可以使一个人知道自己的行为是否合乎道德原则，这对于公共管理者同样有着重要的实践价值。因为公共管理者只有不断地进行自我反省，不断地剖析自己，才能将自己塑造成为能驾御自我、有德性的"公共人"，更好地处理公共事务。

　　公共管理者的道德人格是在公共管理的实践中塑造而成的，是公共管理者道德潜能与公共管理的职业理性即服务精神、服务原则、合作意识的直接契合①。一般而言，公共管理人格塑造的道德修养过程主要包括：

　　第一，获得公共管理道德认识。所谓道德认识，"一方面包括个人对于外在的社会道德规范的认识，另一方面则包括个人对于内在的个人品德的认识。"②道德认识来源于道德实践，反过来又指导着人的道德实践，它是主体产生道德行为和养成道德人格的必要条件。在公共管理实践中，公共管理者通过对法律法规、职业精神、道德规范、职责任务等的认知，可以使其在权力行使过程中明确"什么是应当"，"什么是不应当"，什么是"善"，什么是"恶"，什么是"责任"，什么是"良心"，什么是"正义"等。在此过程中，公共管理者一方面要认识人的伦理行为"事实如何"（如人的本性是什么、人的行为能否无私）以及"应该如何"（如人的行为究竟应该是无私利他、为己利他抑或是单纯利己），要认识社会的道德本质（如道德的存在究竟是为完善自我人格，还是为保障社会的有序发展）以及个人内在的道德品性（如自己和他人的行为是否合乎道德），用已获得的道德认识去指导自己的行为或辨析复杂的社会现象。另一方面，公共管理者还

　　① 张康之. 公共管理伦理学. 北京：中国人民大学出版社，2003.340
　　② 王海明. 伦理学原理. 北京：北京大学出版社，2001.365

应提高自身的道德判断力。所谓道德判断力是主体根据客观的道德标准以及所形成的道德认识，决定自己如何行为的能力。在行使公共权力时，公共管理者不仅要依据外在的规制履行职责，而且还要以是否符合公共利益、是否有利于社会的和谐与发展、是否具有公共效率等公共伦理精神和价值目标为衡量标准，特别是面对各种矛盾冲突和道德两难时，要区分出"善"与"恶"，正义与非正义，做出符合道德理性的判断，这一切都要求公共管理者必须具备良好的道德判断力。

第二，培养公共管理者的道德情感。一个人有了道德认识，知道什么是道德的，什么是不道德的，但未必会有相应的道德行为，因而也未必会有相应的品德。人们特定的道德认识还必须深化为内心的道德体验——道德情感。道德认识必须由道德情感推动，才能产生道德行为。道德情感是道德行为的动力。一个人的道德情感，如良心感、义务感、责任感、荣誉感、正义感、羞耻感、幸福感等，都产生于、取决于个体的道德认识、道德实践等活动。公共管理者的道德情感同样是将道德认识转化为道德行为的重要环节，对公共管理者的道德行为有着直接的支配作用。如良心感，它是一种善的道德情感，是主体对自身的道德欲求、道德愿望和道德理想是否得到满足的一种心理体验。一个富有良心的公共管理者，能自觉地接受良心法庭的审判，审视自己的言行。如果自己的言行符合道德规范，便会因自己的道德需要的满足而沉浸在良心满足的愉悦中，反之，就会陷入到良心受到谴责的痛苦中。卢梭把良心视为来自天国的声音大加赞美："……是你在不差不错地判断善恶，使人同上帝相似；是你使人的天性善良和行为合乎道德。没有你，我就感觉不到我身上有优于禽兽的地方。"[1] 又如责任义务感，它是主体克服自身的主观障碍和限制，摆脱欲望和喜好，而纯然出自内心的对责任义务的敬重和推崇的情感。一个富有责任义务感的公共管理者能自觉遵守法律制度、组织规章、岗位职责和职业道德，表现出行为的自律性。如果自己实现了承诺、完成了任务，便会感到满意和心安，反之则会感到羞愧和内疚；因客观因素的影响，虽经过自己主观努力，仍未能较好地实现承诺、完成任务，便会感到遗憾。这种因未履行或较好地履行公共责任和义务所萌生的羞愧、内疚、遗憾等的自责心态，是公共管理者有效行使公共权力的最终精神保障。总之，道德情感的修养可以引导公共管理者自觉自愿地按照有利于社会和公众利益的方向行动，形成高尚的人格。

第三，强化公共管理者的道德意志。道德情感是引发道德行为的动力，但是，有了履行道德的道德情感，却未必一定会做出道德行为，也未必实际具有相应的品德。道德情感要转化为真正的道德行为，必须要有充分的道德意志力，道德意志力是实现道德行为和品格的充分必要条件。所谓道德意志力，是指主体在

---

① ［法］卢梭. 爱弥尔. 下卷. 李平沤译. 北京：商务印书馆，1981.418

道德行为动机确定和付诸实施的过程中所表现出来的克服困难、排除障碍的毅力和能力。在公共管理实践中，管理者会遇到各种阻力和困难，如有来自客观方面的外部社会条件的制约、落后守旧势力的阻挠，错误舆论的责难等；有来自主观方面的自身能力的限制、利益的冲突、生理或心理的情绪状态波动等。面对这些主客观因素的困扰，如果公共管理者缺乏相应的道德意志，或道德意志弱，就不能克服不道德的动机，不能克服在执行道德动机时的内外困扰，就无法做出相应的道德行为；如果公共管理者具备坚强的道德意志，那么，他不但可以将道德认识转化为道德情感，并将这种情感落实在行动中，而且还能够使克服不道德的动机，克服在执行道德动机时的内外困扰，进而做出相应的道德行为，实现预想的道德目标。

公共管理者在培养自身道德意志力的同时，还需注重道德智慧的修养。公共管理者内心的道德价值只给予其在职责义务冲突时进行行为选择的原则性指导，至于具体的行为选择，则有赖于个人对具体情景进行把握和处理的智慧。

总之，公共权力的有效行使、公共责任的合理承担需要外在的控制机制和制度本身的完善，更需要公共管理者的道德理性。如康德所言，制度规范所能做到的至多是使行为合乎律令，道德自律则能使行为本乎律令。在现实的公共管理活动中，应寻求伦理责任控制机制的有效结合，以期实践最负责任的行为，让公共伦理精神和价值目标彰显于公共管理的实务中。

➤本章小结

公共管理伦理是新公共管理的一个重要组成部分，它体现了新公共管理的基本伦理维度、伦理规范和公共伦理精神。公共管理伦理的公共效率原则、公共正义原则、公共责任原则、和谐宽容原则共同构成了对社会公共管理和公共生活形成约束的伦理体系。公共管理伦理是一个包括制度伦理、政策伦理和职业伦理在内的有机整体，它们在社会政治生活中具有规范的功能、维系的功能和引导的功能。

公共管理意味着公共责任。公共责任包括客观责任和主观责任，客观责任属于岗位责任和义务，主观责任属于"道德责任"。公共管理主体在具体的公共事务管理过程中，不可避免地面临着各种矛盾和伦理责任冲突，如角色冲突、权力冲突和利益冲突。在困境中，公共管理主体究竟做出怎样的选择，主要取决于两方面的因素：一是公共管理责任机制和制度的安排，二是公共管理者自身的价值观。这正是使公共管理主体保持负责任的行为的两种基本控制方式，即外在控制与内在控制。

➤关键术语

公共管理伦理　伦理精神　公共责任　公共利益　责任控制

➤案例1　实验性梅毒研究的道德和伦理问题 *

　　美国卫生部性病防治机构主任约翰·R.希勒博士（Dr. John R. Heller）应对许多年前在亚拉巴马州梅肯县（Macon County）进行的实验性梅毒研究负全部责任。这一实验的目的是确定梅毒对人体的影响，而实验样本是600个穷困潦倒、从未受过任何教育的非洲裔美国男性公民。在塔斯基吉（Tuskegee），征募400个诊断为梅毒患者的男人作为实验组，200个没有患性病的男人被确定为控制组。在实验组，已经感染上梅毒的400个男人得不到任何对梅毒本身的治疗，但除了梅毒外，他们可以接受定期的检查和治疗。当实验组与控制组的人都死亡之后，实验人员会对尸体进行解剖以此来做比较分析，以确定死亡的真正原因，并获得该病发生率的相关信息。

　　1932年，在开始进行塔斯基吉健康实验的时候，青霉素还没有投入使用。治疗梅毒主要采取以毒攻毒的方法，开出一些剧毒药品如砒霜、水银等，但此时的许多医生宁可不去治这种病也不愿使用这些毒药。10年过去后，青霉素才开始投入使用，使用方式也渐趋完备，但此时的希勒博士已升职为美国卫生部性病防治机构主任。

　　1966年，曾在美国公共卫生机构任职的彼得·布克斯顿（Peter Buxton）提出了政府进行梅毒研究的道德性问题。两年之后，疾病控制中心发表了书面声明，也以此告知布克斯顿"上述对待病人的方式并不以他们的年龄为基础，大量使用青霉素会对患者产生巨大的副作用，再说在这些幸存的实验参与者体内，该病处于休眠状态。"（《纽约时报》，1972年，第43期。）

　　1972年，联合新闻社的通讯员在报道佛罗里达州迈阿密市的民主会议情况时，将塔斯基吉健康实验公布于众，这使得当局政府的官僚体制陷入道德和伦理的双重危机之中。

➤案例2　公共安全

　　2003年12月23日晚，重庆市开县境内川东北气矿发生天然气"井喷"事

---

* ［美］罗伯特·T.戈伦比威斯基等.公共管理案例.汪大海等译.北京：中国人民大学出版社，2004

故，截至 2004 年 1 月 4 日 22 时，井喷事故死亡人数已经升至 243 人。2004 年 2 月 15 日 11 时 25 分，吉林市中百商厦发生火灾，死亡人数 50 多人。经现场勘查，大火是从商厦后侧与锅炉房西侧相隔的临时仓库燃起的。2004 年 2 月 5 日元宵节晚，在密云县密虹公园第二届迎春灯展中，大量游人涌上彩虹桥，7 时 45 分左右，桥上西侧下坡处一观灯游人跌倒，其身后游人向前拥挤，造成了 37 人死亡、多人受伤的特大伤亡事故。在这些责任事故发生后，相关人员被追究相应的责任：中石油天然气集团公司总经理、党组书记马富才多次表示对事故发生负有领导责任并提出引咎辞职，中国石油天然气集团分管质量安全工作的副总经理任传俊记大过处分，其他相关责任人也分别受到严肃处理。吉林省省长洪虎在接受记者采访时向公众道歉；在全省电视电话会议上，洪虎再次向公众道歉。吉林市市委副书记、市长刚占标引咎辞去吉林市市长职务，同时辞去吉林市市委副书记、常委、委员职务。密云县委书记夏强对事故发生负有重要领导责任，被给予党内警告处分，密云县委副书记、密云县县长张文引咎辞去县长职务。

复习思考题

1. 公共管理伦理的内涵和作用是什么？
2. 公共管理伦理的基本原则是什么？它们之间的关系如何？
3. 公共管理责任的内涵和特征是什么？
4. 如何落实公共管理伦理责任？

第十章

公共管理的新发展及中国的实践

新公共管理运动有力地推动了西方国家的公共行政改革，然而实践证明，新公共管理却有其自身难以克服的缺陷。目前，许多公共行政理论家和实践者们都在试图寻求新公共管理的替代模式。美国著名公共行政学家罗伯特·丹哈特提出用"新公共服务"来代替新公共管理。本章首先介绍"新公共服务"理论，然后介绍治理与善治理论，最后探讨一些中国治道变革的实践。

第一节　新公共服务

一、新公共服务对新公共管理的超越

1. 新公共管理"回顾

"新公共管理"是一种国际性思潮，它于 20 世纪后期发轫于英国、美国、澳大利亚，并迅速扩展到全世界。"管理主义"、"企业化政府"、"重塑政府"等都是新公共管理的不同名称。20 世纪后期全球化、信息化与国际竞争加剧的挑战和政府面临的财政、管理与信任危机是新公共管理产生的社会动因。如今，新公共管理成为一种运动，在全球掀起一股浪潮，成为各国公共行政改革的一种有力武器。

概括起来，新公共管理的主要内容有以下几点：

（1）角色定位。新公共管理倾向于一种把决策制定和决策执行分离的体制，主张通过民营化等形式，把公共服务的提供交由市场和社会力量来承担；而政府

主要集中于掌舵性的职能，引导它们为实现公共利益的目标服务。

（2）企业理念。基于管理具有相通性这一认识，西方国家在行政改革的实践中广泛引进企业的管理方法，诸如目标管理、绩效评估、全面质量管理等，并希望用企业管理理念重构公共部门的组织文化。

（3）放松规制。新公共管理认为，企业化政府是有使命感的政府，它们规定自己的基本使命，然后制定出让自己的雇员放手实现使命的制度，有使命感的政府比照章办事的政府士气更高、更有创新精神，从而也更有效率。

（4）顾客意识。新公共管理把社会公众视为政府的"顾客"，认为公共组织应坚持"顾客导向"，以"顾客满意"为宗旨。

（5）绩效意识。公共部门绩效评估的内容主要包括服务质量、顾客满意度、效率和成本收益等。公共部门的绩效评估主要是以"3E"为标准，即经济、效率和效益。

2. "新公共管理"遭遇的批判[①]

实践证明，新公共管理自身有着难以克服的局限。故此，自问世以来，遭到了广泛的批判。

（1）"经济人"假设。

新公共管理承袭了现代经济学理论的人性假设并以此为出发点进行公共部门的制度设计，这是新公共管理与民主社会核心价值冲突的核心。很显然，一个受利益动机驱动的组织显然无法太多关注公共利益。既然个人利益是其核心理念，那么任何关于"公共利益"的概念都变得毫无意义，这最终必将引发公共利益与公共伦理的危机。

（2）政府的角色定位。

新公共管理把政府的角色界定为"掌舵"，然而，政府的这种角色定位不仅不合适，而且也不可能。其一，新公共管理视野中的行政官僚是个人效用最大化的追求者，而把社会长远的发展交由自利的个人来掌控，其结果无疑是灾难性的；其二，即使政府能够完全代表公共利益，其理性的有限性决定它不可能制定出完美的政策；其三，公共性是公共政策的本质属性，而公众参与无疑是保证公共政策公共性的关键，也是民主社会公民权的集中体现。尤其是那些决定社会长远发展方向的政策和规划，更需要社会公众的广泛参与、协商与沟通。

（3）企业化政府理念。

新公共管理建议政府采用以市场为基础的制度设计，企业家精神贯穿于公共管理的整个运行机制过程中。但是，在复杂多元的现代社会里，公共决策必须经过一个各相关利益群体互动博弈的过程，这一过程当然没有市场机制更有效率，

---

① 王鹏. "新公共服务"：对"新公共管理"的批判和超越. 中共四川省委党校学报，2004，（4）

但它却能最大限度地保证公共利益，这一过程决不是单一的"选票"所能反映的。而且，市场机制的基本动力是对个人利益的追求，企业家精神的植入意味着个别政府机构可以在个人或机构利益的驱动下采取行动，这必然把政府引向对短期目标的关注，并放弃了对长远战略目标的追求。

（4）"顾客"导向的误区。

新公共管理坚持以"顾客导向"，"顾客满意"为宗旨，但是"顾客导向"产生了一个资源分配上的重大问题。政府的顾客所掌握的政治资源差异很大，按照市场经济的逻辑，政府会对不同的顾客区别对待，这在经济市场上是可以理解的，但在公共部门却是行不通的；而且，相对于公民而言，顾客显然是个很狭隘的概念。事实上，公民在民主社会中的角色是非常复杂的，他们既是公共服务的接受者，又是政府的纳税人。他们不仅"用脚投票"，还"用手投票"。

3. 新公共服务的理论基础

新公共服务的提倡者认为：不论是作为理论创新、还是为许多值得效仿的公共管理者所实施的先进的实践，新公共服务都已呈现出其固有的特征。尽管新公共服务主张继承优秀的知识传统，这里主要关注的是当代新公共服务理论的先驱者所提出的主要观点，包括：① 民主化的公民权利和责任理论；② 社区范式和市民社会理论；③ 组织人道主义和话语理论。根据这些观点，新公共服务的提倡者提出了新公共服务的一些基本原则[①]。

（1）民主化的公民权利与责任理论。近年来的政治学和社会学理论研究都提倡复兴和更为积极的公民参与、公民权利与责任。如曼斯瑞奇（Mansbridge）、培特曼（Pateman）、桑德尔（Sandel）等都提出过这一观点。其中，桑德尔是这样指出的："关于州政府和公民之间关系比较普遍的模式是建立在这一思想基础上：即政府的存在是为了确保公民可以选择通过一定的程序（如投票），将他们的私利与社会利益相一致，保护个人权利。显然，这一观点将公共选择经济学理论与新公共管理理论相结合。"同时，桑德尔还提出了一个关于公民权利与责任民主化选择理论的观点，在这一观点中，公民个体更加积极地参与了政府治理。这一观点认为：通过长期和广泛的观察，由于公民对公共事务的认知和归属感的建立、集体意识的形成以及危急时刻将自己的命运与社会命运相结合，公民超越了私利而关注公共利益。

与此认识相一致的是金（King）和斯蒂弗斯（Stivers），他们认为行政人员应该把公民看作公民，而不仅仅是投票者、客户、顾客或消费者；他们应该和政府共享权威、减少对公民的控制，行政人员应当相信协作的功效。而且，与功利主义者要求更高的效率相反，金和斯蒂弗斯认为公共管理者应当追求更高的责任

---

① 顾丽梅. 新公共服务理论及其对我国公共服务改革之启示. 南京社会科学，2005，（1）

心和增加对公民的信任。这一认识直接巩固了新公共服务理论。

（2）社区和市民社会范式。此外，近年来，美国关于社区和市民社会的思想和理论再次成为理论研究的热点问题。主要政治党派的政治领导者、不同阵营的学者、畅销书的作家和受欢迎的评论家都非常关注社区与市民社会。他们不仅认为美国的社区环境恶化了，而且失望地认为需要思考社会所面临的各种新的问题。尽管美国社会中的多样性不断地增加，也许正是因为如此，社区被认为是产生整合和融会各种思想的主要途径。在公共行政领域，关于社会的需求表现为政府的角色，特别是地方政府的角色，确实需要帮助创造和支持"社区"。

在某种程度上，这一努力建构在一系列健康和积极地"协调机制"基础上，同时关注公民的愿望和利益，并且为公民更好地在大政治体系中的参与提供了良好的经验准备。如同普特南（Putnam）所认为的那样，美国的政治传统建立在公民参与的基础上，是各种类型的活跃组织、协会以及政府团体共同作用的结果。且无一例外地，这些小的组织都是公民为了实现他们的利益和能得到社会的关注而结合在一起，共同组成了所谓的"市民社会"。这种由公民参与的对话与协作是社会和民主体系建立的基础。如同金和斯蒂弗斯再一次指出的那样，政府在创造、促进和支持这些公民与社会之间的联系中扮演着重要而又关键的角色。

（3）组织人道主义和话语理论。在过去的几十年里，公共行政理论家（包括20世纪60年代晚期至70年代早期，那些激进的公共行政学家与持不同原则和观点的同行）一致认为传统的等级制方法在社会组织建构的实践中和实证主义的方法在社会科学的研究中，相互得到了加强。结果，他们都对官僚制和实证主义提出了批判。与此不同的是，他们引领了寻求一种选择性方法来进行管理和组织。通过新的路径获取知识，包括解释理论、批判理论和后现代主义理论等，这些理论与方法都在寻求如何改革公共组织使之被权威所控制、对公民的需求更为关注、更为关心公共组织中的雇员、也更为关心外部的客户和公民。

这些关于官僚制与社会的诠释理论和批判性理论已开始被中心化，并且进一步为后现代主义理论的提倡者所思考，特别是在话语理论中得到进一步体现。尽管在各种各样的后现代主义理论家之间存在显著的不同，但是他们似乎也得出了一个非常相似的结论——因为在后现代社会，我们相互依靠和需要，治理必定基于所有党派、公民和行政人员之间真实的和公开的话语（对话）基础上"。当后公共行政学理论家怀疑公共参与的传统方法，似乎他们一致认为需要通过公众对话来复兴官僚体制，重建公共行政领域的合法性认识。换言之，不论是从知识层面，还是从实践层面都需要更新公共服务领域的概念，重新建构新公共服务。

基于这样一种理论研究的创新和社会革新的需要，在新公共管理理论和运动的冲击下，以丹哈特（Denhardt）为代表的新公共服务的提倡者提出了以下与新公共服务相关的原则。

二、新公共服务的原则

西方致力于研究公民权力、社区和市民社会、组织人类学的理论家和致力于研究后现代公共行政主义的理论家已经形成了一股新的思潮，对今天的公共服务理论与实践产生了新的认识。尽管各个流派之间存在着区别，但是它们对于所谓的和新公共管理相联系的新公共服务与旧公共行政之间区别的认识还是存在着共性。新公共服务的提倡者认为：美国已经在公共行政的实践中得出了关于新公共服务的教训和经验。与其说这些经验和教训之间相互排斥还不如说这些经验和教训之间相互补充。为此，新公共服务的提倡者总结了以下几点关于新公共服务的基本原则①。

（1）服务而不是掌舵。新公共服务的提倡者认为：对公务员而言，需要承担的一个越来越重要的角色是帮助公民清晰、明白和满足他们共享的利益，而不是试图控制和为社会发展的新方向掌舵。

新公共服务理论认为，过去政府扮演一个重要的角色是所谓的为社会掌舵。现代生活的复杂性不仅使这种角色看起来不恰当，而且也不可能。政府所赋予的建构和指引社会与政治生活的公共服务项目和政策导致了许多不同组织与群体之间的互动作用乃至于冲突，混淆了不同的观点和利益。在很多领域，考虑到作为政府制定的公共政策不再产生作用，新公共服务理论认为：政府实际上是一个参与者，是一个在很多案例中非常真实的参与者。但是，今天的公共政策，尤其是对社会发展起指导性作用的，是多组织和多利益集团被卷入、相互作用并产生了无法预料的结果，政府不再主管一切。

在新的时期，政府所扮演的主要角色不仅仅是通过规制和政令来指导公众的行为，也不是建立一系列的原则和激励机制来引领人们走所谓的"正确方向"。虽然政府在指引社会由一方向另一方变迁的过程中仍扮演着重要的角色，但同时也承担了另一种角色。以往政府所承担的一些行为，现在更加集中到私营部门、非赢利性组织中，通过他们之间的竞争来提供公共服务，寻求解决社会所面临的问题。在这一过程中，政府的角色由原来的控制者转变为议程的安排者，选择真正的"参与者"，安排和提供各种相关的公共设施和公共服务，打破了以往对公共问题处理的垄断权，现在通常通过联合公共部门、私营组织和非赢利机构来共同解决。而传统的政府对公民需求的反应要么说"是，我们能够提供那种公共服务"，或者是"不，我们不能"。新公共服务认为经过选举产生的政府官员和管理者对于公民的请求不是说"是"或"不"，而是应该说，"让我们一起来解决，我

---

① ［美］罗伯特·B. 丹哈特等. 新公共服务：服务而非掌舵. 刘俊生译. 中国行政管理，2002，（10）

们应当做什么，并且使它成为可能。"如果要建构一种积极的市民关系，政府官员不能只是承担公共服务提供者的角色，还需要扮演协调者、调解者甚至仲裁者的角色。（显然，这些新的角色就需要政府具备新的技能，这不是旧的管理中的控制能力，而是新的协调、谈判、妥协和冲突解决的能力。）

（2）提供公共利益和公共服务是政府的主要目的和任务，但不是由政府自己参与生产或垄断公共服务的提供。新公共服务理论认为，公共行政人员必须建立一个集体共享公共利益的观念。目的不是在个人选择的驱动下，迅速找到解决的办法，而是创造一个利益共享、责任共担的机制。

新公共服务的提倡者认为，需要建立社会的远见和洞察力，而不仅仅需要被选出的政客和被任命的行政人员具有远见。代替它的是，通过社会的公共话语体系和核心层的深思熟虑，建立积极的社会洞察力或方向。政府的这一角色需要政府将更多的公民聚集起来通过无拘束和具有权威性的话语体系来探讨社会可能发展的方向，建立在深思熟虑的基础上，为社会、州政府甚至联邦政府共同建构有着广泛基础的社会远见或洞察力，并且为未来的发展提供一系列指导性的思想。由行政人员、政治家和市民共同思考关于他们自己社会和民族理想的未来，远远比某一方的单独决策或实现某一单方面的目标要来得重要。

特别是从推动者的角色而言，政府还有一个重要的道德责任就是确保和证实这些决策产生的过程充分考虑到了公平和正义。政府通过一系列的行为来推动这些公共问题的解决，但是它也需要政府确信这些解决方案已经充分考虑到了公共利益。不论是决策或方案本身，还是制定决策与方案的过程都是和民主规范中的正义、公平与平等紧密相连。

简言之，公务员应该扮演积极的参与者角色，为市民的参与和真正分享社会价值观、形成关于公共利益的集体观念创造有利环境，而不是简单地对不同声音分别做出承诺，公共管理者应当把市民组织起来使他们可以更好地相互理解他人的利益，从更广泛的领域和范围认识社区与社会的利益。

（3）战略性地思考民主的行为。新公共服务提倡者认为通过集体的努力和周密的过程，政府制定满足公民需要的政策和项目，才是更具有效率和责任性的政府。

新公共服务理论认为，在意识到集体的洞察力和远见之后，下一步是如何建立制度和责任机制，通过特定的行为过程向所希望达到的目标努力。需要再强调的是，这一思想并非仅仅是建立社会洞察力，然后将具体的执行留给政府。而是在实施这一项目的过程中和其他党派、组织相联合，朝着理想的方向努力。通过市民教育和各领域的市民领袖都参与到这一项目中来，政府可以刺激或唤起市民的自豪感和市民责任。他们希望这样一种自豪感和社会责任意识在各个层面都能得到体现，并产生美好的意愿，使各党派共同参与、努力协作，为社会创造更多的机会。

至于在什么程度上可以实现这一目标，新公共服务理论认为：首先，需要政治领导承担一个非常重要和非常明显的角色——明晰和鼓励市民责任的强化；其次，支持组织和个人共同构建社会的框架体系。政府不能创造社会，但是政府，特别是政治领袖，可以使这一基础性工作成为有效的和负责任的公民行为。公民必须认识到，政府是可以接近和理解的，是开放的；政府是责任政府；政府的存在是为了满足公众的需求。否则，关于公共服务的战略性思考和民主的行为不能实现。那么这一目标实际上证实政府是开放的、可以接近和接受的，是责任政府，它的行为是为公民提供服务，为市民创造机会。

（4）为公民而不是顾客提供公共服务。新公共服务理论认为，公共利益产生了关于价值共享的对话，而不是个体私利的集合。因此，公务员不是对"顾客"或"消费者"的需求做出反应，而是强调和市民之间建构一种协作与信任关系。

新公共服务的提倡者认识到政府与公民的关系和商人与顾客之间的不同。对于公共部门而言，甚至如何决定谁是顾客也是值得怀疑的。因为政府所提供的服务远远不只是为急需的客户提供服务，政府同样也为那些等待服务的人提供公共服务，为那些可能需要服务但并没有积极寻找服务的人提供服务，甚至为未出生的、为直接服务接受者的亲戚、朋友等诸如此类的人提供公共服务，并且在这些人中间存在有不愿意成为"顾客"的"顾客"，如那些得到超速驾车罚单的人。

有些政府的"顾客"有丰富的资源和很强的能力，使他们可以先于别人提出需求。这是否是正当的？如果是私营部门，对于这些问题能否处理得更好？当然不一定。至于政府，考虑到在公共服务的提供中，要扮演公正与平等的角色，实际上，在很多案例中这些重要的考虑比直接客户所希望的还要多。

尽管持续改善公共部门服务提供的质量非常重要，但是新公共服务的提倡者认为不需要无一例外地首先对那些自私的、关注短期利益的"顾客"做出反应。相反，新公共服务的提倡者认为，一个真正的公民应当关注更广泛的社会、他们应当为超越短期利益之上的问题承担责任，他们愿意为邻里和社区发生的事件承担个人的责任。毕竟，这些是定义一个积极和有责任心的公民的基本构成要素。其次，政府必须对公民的需求和利益做出反应。政府应当对更广泛意义上的公民，而不仅仅是具有合法身份的公民做出反应。那些不具有合法公民身份的个体，不仅应当得到政府项目所提供的服务，而且应当鼓励他们参与到自己的社区活动中去。无论如何，新公共服务理论，寻求鼓励越来越多的人行使作为公民的责任，强调政府应特别关注发自不同层面的公民声音。

（5）并非简单的责任与义务。公务员不仅关注市场，而且要关注宪法和法律条文、社会价值、政治规范、专业标准和公民利益。

政府责任是非常复杂的问题，不论是旧公共行政还是新公共管理，都趋向于将这一问题简单化。例如，旧公共行政学的经典观点认为，公共行政人员最简单、最直接的责任就是对政治官员负责，如同威尔逊（Wilson）所写的那样：政策将会不再有官僚作风的污点，政策将不再是终身任职的官员所制定，并且对公民负责的政治家将会直接和不可避免地直接向公众表达观点。而且远不止如此，责任不再是真正的问题，当行政官僚执行政策的时候，政治家被寄予制定政策的期望。显然，随着时间的逝去，公共行政人员被假定为：最大的能力就是影响政策的过程。因此，另一方面，在美国的新公共管理领域，强调给予行政人员像企业家那样最大范围内的言论与行动的自由。从企业家的角色来看，新公共管理者主要特征表现为高效、成本最优，以及对市场压力的积极反应。

新公共服务的提倡者认为，这种模式并不能反映今天的公共服务的需求和现实，并且公共行政人员被一系列复杂的制度和规范以及公共利益、法律和宪法、其他机构、其他层级的政府、大众传媒、专业标准、社会价值和标准、制度因素、民主的标准、公民等因素所影响。进一步而言，这些影响公务员的制度和标准，从某种程度上而言和公务员的行为之间存在着复杂的关系。例如，公民需要和期望影响公务员，同时，公务员的行为也影响了公民的期望。法律为公务员的行为提供了参变量，但是公务员运用法律的方式与风格不仅影响了政策的实际执行情况，而且也会影响法律制定者去按照公务员的风格和方式修改法律。换言之，公共行政人员影响和被所有这些具有竞争性的规范、价值和复杂的政府治理的优先体系所影响。这些参变量不仅影响了公共行政人员的行为，同时他们也被公共行政人员所影响，这显然代表了关于政府责任的另一不同观点。

此外，新公共服务理论也认识到了政府责任的复杂性和现实性。它认为：因为具有冲突性和交互性的规范存在，公共行政人员被卷入了复杂的价值冲突之中。它接受了这样一些现实并且说明了鉴于这些因果关系，公共行政人员应该如何和能够为公民提供服务和公共利益。首先且最重要的是，新公共服务要求公共行政人员不要单独制定决策，应该通过对话、讨价还价、公民的授权和基于广泛的公民基础上，来解决存在的问题、制定决策。公务员仍然有责任确保所有这些关于公共问题的决策应当与法律保持一致，应当遵守民主的规范和其他的政府条令的限制。与其说政府决策是仅仅在与公民参与和对话的事实之后由社会产生的思想和建议基础上的简单判断还不如说这是公务员应当遵守的基本原则，即主要是通过这一系列的参与和对话使公民了解到存在着这些冲突和变量。因此，这些现实成为话语体系的一个组成部分。这种方式不仅是现实的解决方法，而且它也建构了一种市民权利与责任心，乃至于政府责任。

（6）重视公民而不仅仅将公民看成生产力。从长远来看，如果公共部门在尊重人民的基础上，强调协作和共享公共政策的制定，那么在纷繁复杂的网络工作中，他们往往是成功者。通过这种方法来管理和组织，这就是新公共服务者所强调的"通过人民来管理"的方法。

生产力体系的改善与提高、流程的再造、执行措施的改善被看作是设计管理体系的重要工具。但是新公共服务的倡导者认为,如此控制人类行为理性的意图,从长远看来注定是要失败的。同时,还会导致对组织成员个体的价值观和利益的漠视,并且即便这些方法也可能达到某种结果,但这些方法和措施并不能培养公民或雇员的责任感、参与意识以及热心公益的行为。

如果期望公务员尊重公民,那么他们也必须要得到公共组织的领导者和部门管理者的尊重。新公共服务理论认为,要认识到公共管理者的工作中存在着大量的挑战和复杂性。公务员既不希望被旧公共行政理论认为他们渴求安全的官僚体系结构中的工作,也不希望被看成如同市场的参与者。公务员是那些动机和对报酬的期待远远不是简单的薪水和安全问题的公民,他们希望和别人有不同的生活。

共享公共政策制定能力和观念是为雇员和公民提供机遇,是证实公务员提供公共服务的动机和价值观的关键。在新公共服务的提供者看来,共享领导才能、协作与授权成为组织内外的规范。共享公共政策的制定能力,强调的是组织和社会所希望提高的目标、价值和理想;它的特征在于社会的相互尊重、适应和支持。如同本斯(Burns)所指出的那样,领导能力在通过和公民合作的努力过程中得到锻炼,并且通过参与者的转移,使公务员关注于更高层面的价值观。在这一过程中,他们为公民提供公共服务的动机与政府雇员的非常相似并且得到了再认识和相互支持以及认同。

(7)重视公民关系,将公共服务的提供凌驾于"企业家关系"之上。新公共服务理论认为,通过公务员为公民提供公共服务,使公务员牢记如何为社会创造有意义的贡献,将公共利益得到更好的提升,政府管理者的行为强于企业管理者的行为,因为企业管理者是将企业的公共资金看成是他们自己的资本。

新公共服务的提倡者认为:新公共管理鼓励公共管理者像商业、公司的企业家一样思考和行为。这就产生了一种相对比较狭隘的观点——将生产力的作用最大化和满足消费者的需求为己任,接受危机和利用机遇。换言之,他们认为,新公共管理将公民当作"生产力和消费者,忽略了公民是社会主体的意识"。因此,在新公共服务领域,存在着关于公共行政人员不是拥有项目的商人和公司经纪人的清楚认识。金和斯蒂弗斯再一次提醒我们,政府是为公民所拥有的。

为此,在新公共服务提倡者看来,公共行政人员的正确思想倾向应该是:公共项目和资源不属于他们自己。但是,公共行政人员接受为公民提供公共服务的责任,如同公共资源的管理者、公共组织的保护者与监督者、公民责任与权利以及民主对话的促进者、社会契约的促进者和街道层面的领导者,与商人仅仅关注利润与效率完全不同。有鉴于此,新公共服务提倡者认为,公共行政人员不仅要分享权力；而且要和公民共同努力，解决问题，他们必须认识到他们在治理过程中所扮演的角色是责任的参与者或承担者，而不是企业家。

公共行政人员的角色变化对公务员在面临各种类型的挑战和责任时的表现，已经产生了意义深远的影响。① 公共行政人员必须认识到他们的管理，远远超过项目本身的需求和资源的许可。为了服务于公民，公共行政人员不仅要认识和管理自己部门的资源，而且要认识到与其他部门和项目资源之间的关系和相关性，相互支持与帮助，在管理的过程中融入公民与社会。② 公共行政人员必须考虑到危机的存在。在新公共服务领域，危机和机遇存在于民主的市民权利和责任以及共享责任的大框架之内。因为不管结果是失败还是成功，公共行政人员都没有必要单独决定做什么和怎么做，对于社会的发展最好不要单独做决策。这并不一定意味着短期的机遇丢失了。如果政府与公民的对话和公民的支持仍然持续着，机遇和潜在的危机可以通过及时调查的方式予以发现。导致公共行政人员面对机遇时是否采取及时的还是冒险的行为，主要在于信任、协作以及对共享责任的认识等。

三、新公共服务对于政府改革之启示

新公共管理理论致力于建立服务型政府，作为一种全新的行政范式和政府治理的新模式，其内涵无疑是极为丰富的。从宏观的角度来说，它至少要涉及三方面的内容——理念的创新、制度的重构以及管理方式手段的转变，人类社会政治发展的一切文明都可以纳入到服务型政府的建构中来。基于"新公共服务"理论的理念认知，结合我国现阶段公共行政体制所存在的弊端，我们致力于建构的"服务型政府"至少需具备以下几个基本特征，这同样也是我们行政改革努力和前进的方向①。

（1）服务行政。奉行人本的价值理念，强调以"服务"代替"导航"，凸显和强化服务职能，这是"服务型政府"与传统的"政府本位"的"管制型政府"最为显著的区别。任何国家、任何政府均具有双重职能：政治统治职能和社会管理职能。毫无疑问，国家（政府）作为阶级矛盾不可调和的产物，政治统治职能是其首要的和基本的职能。伴随着人类社会的发展和人类文明的不断进步，政府的统治职能将会不断弱化，而作为社会管理的服务职能将会不断得到提升和强化。因此，由传统的强制性的管制为特征的统治行政走向以民为本的服务行政是人类社会发展的必然趋势。未来的"服务型政府"须在诸如基础设施、文化教

---

① 刘文萃. "新公共服务"理论对中国创建"服务型政府"的启示. 太原师范学院学报（社会科学版），2005，（4）

育、社会保障、环境保护、社会弱势群体扶助、公益事业建设等公共物品的组织生产和公共服务的提供上，进一步充实和强化自己的服务职能，提升服务效率和品质。

（2）有效行政。"服务型政府"须是一个高效率和高效能的政府。政府在创造提升国家的竞争能力以及在推动和促进国家经济社会的发展过程中所扮演的角色和所发挥的作用是不可替代的。1997 年世界银行发展报告《变革世界中的政府》指出：一个有效的政府对于提供物品和服务（亦即规则和机构）是必不可少的，这些物品和服务可以使市场繁荣，使人民过上更健康、更快乐的生活。没有一个有效的政府，不论是经济的还是社会的可持续发展都是不可能实现的。"服务型政府"作为一种世界性的发展潮流和未来行政改革的总方向，服务职能成为其基本的和首要的职能，即政府由权力的集中代表者转变为公共服务的提供者和执行者，这对政府能力和有效性提出了更高的标准和要求，政府不仅要重视自身行政行为的高效率，更要注重政府公共物品组织生产和公共服务供给的效益和品质的提升。

（3）法制行政。"服务型政府"必然是一个法制政府。若非如此，政府行为缺乏法律的制约、规范和监督，"服务型政府"为民服务的宗旨和原则就只能是一句空话。政府的一切行政行为必须纳入法制的轨道和框架内，以法律作为自己最终的行为依据，以法治来克服行政权力僭越和滥用，维护和保障公民的权利和利益。另一方面，"新公共服务"理论重视公民社会和公民身份，强调公民参与，主张政府与社会民众在平等对话基础上建立共识，凸显"公私协力"的共同治理，这样一种理念和原则对中国具有特别现实的启示意义。中国传统上的社会结构是一个"强政府，弱社会"的二元对立的社会结构模式，与西方相比我们缺少一个独立的、活跃的和强有力的公民社会，并且中国人有期待清官治世的传统心理，这一传统切合基于治理能力的民主理论，它不允许更多的个人参与政事并在此过程中发展民主制度，而是强调创意和官员能力的重要性。中国人习惯把政府和国家看做是高于个体的衣食父母，不习惯把公民权利看做是个人和国家在平等基础上达成的社会契约的一部分。基于中国这样的社会历史文化传统和现实国情，我们的"服务型政府"的建设更是任重道远。而这一切，无论是公民社会的培育和公民意识的激发，还是公民身份的确立和公民权利的保障，乃至公民参与的机制设计和制度规划，都必须纳入到法治文明的架构内，都离不开社会主义法制的建设和法治的完善，都必须以法治作为其基础、保障和依托。

（4）责任行政。"服务型政府"须是一个负责任的政府。在民主社会里，政府乃由民众创立，其权力来自于人民的授权，人民的意愿是其合法性的唯一源泉，因此，政府必须对人民负责。承担责任是现代政府的第一要义。正是在此种意义上而言，现代民主政治也就是责任政治。"新公共服务"理论强调复合责任，认为公共责任并非是单一的，这种责任，既有政治上的，也有法律上和道义上的，并特别突出强调公民参与对公共责任保障的意义和作用，将公民参与作为公共责任落实的基础。"服务型政府"必须有一套健全的、行之有效的责任机制，确保政府责任尤其是服务责任得以保障和落实。

第二节　治理与善治

20 世纪 70 年代以来，西方社会乃至整个世界开始发生根本性变化。一个新的时代正在出现：信息技术的发展和应用正在深刻地改变着人类社会；经济全球化趋势越来越强，世界形势更加复杂，变化速度更快；时代的大变动对政府管理提出了新的要求。但是，曾经与工业社会相适应的官僚制却日益显示其运作僵化和反应迟钝的弊端，时代变迁呼唤新的政府管理模式。20 世纪 90 年代，西方新的政治分析框架，即治理与善治理论应运而生，并且日益引人关注，被认为是替代传统的政府统治理论的新思想。

一、治理理论的兴起

首先，全球化是治理理论兴起的外部环境。经济全球化使人们的活动跨越了国家疆域的限制，因此也产生了一些国际性的跨国经济、社会组织和世界性的活动群体，对他们的管理也必然会导致新的公共管理领域和管理主体。在当今国际社会，主要有三类行为主体：各国政府、正式的国际组织和非正式的全球公民社会组织（或称非政府组织）。这三类组织在世界政治中都发挥着重要作用。而这些新的管理领域和管理主体的出现对传统的政府统治结构和行政治理结构产生挑战，尤其是对传统的官僚体制进行批判，这样就需要一种普遍适用的、全球性质的公共行政理论，也就是治理理论。

其次，20 世纪 70 年代以来，各国普遍面临的管理危机是治理理论产生的社会历史根源。休斯指出，20 世纪 80 年代中期以来，许多先进国家公共部门的管理发生了变化。公共行政的僵化的、等级制的官僚制组织形式曾经支配了整个20 世纪漫长的时期，如今正转变为公共管理的弹性的、以市场为基础的形式。这不仅仅是一种形式上的变革或管理风格的细微变化，而是在政府的社会角色及政府与公民关系方面所进行的改革。传统的公共行政已经从理论和实践上受到质疑[①]，这样在世界范围内兴起了以治理理论为指导的政府改革运动。

---

① [澳]欧文·E.休斯.公共管理导论.北京：中国人民大学出版社，2001.1

再次，行政改革的世界潮流也为治理理论的兴起和传播提供了有利的背景和强大的动力。20 世纪 70 年代以来，西方各国的公共行政一直处在改革之中，从总体上看，西方各国的行政在理论和实践两个层次上均表现出了相当大的共性：70 年代，主要问题是重新界定政府与市场的关系，提倡公共服务的民营化、市场化；80 年代，普遍关注科层组织运行机制的有效性，提出了"重塑政府"、"重理政府"的口号；90 年代后，则重新探索国家与社会公共事务的管理模式，打出了"良好治理"的旗帜，这可以看作是治理理论产生的原动力。

最后，国家与社会的关系和民主政治理论是治理理论最深刻的理论基础。民主化是我们这个时代的政治特征，也是人类社会不可阻挡的历史潮流。民主化的基本意义之一是政治权力日益从政治国家返还公民社会。政府权力的限制和国家职能的缩小，并不意味着社会公共权威的消失，只是这种公共权威日益建立在政府与公民合作治理的基础之上。公民必须具有足够的基于公民社会自治所训练出的治理能力以及足够的政治权力参与选举、决策、管理和监督，才能促使政府并与政府一道共同形成公共权威与公共秩序。显而易见，保证公民享有充分自由和平等的政治权力的现实机制只能是民主政治，这样，治理与善治便与民主有机地结合起来了[①]。

二、治理理论

1989 年世界银行在概括当时非洲的情形时，首次使用了"治理危机"（crisis in governance）一词，此后"治理"便广泛地被用于政治发展研究中，特别是被用来描述后殖民地和发展中国家的政治状况。例如，世界银行 1992 年年度报告的标题就是"治理与发展"，经济合作与发展组织（OECD）在 1996 年发布一份名为《促进参与式发展和善治的项目评估》的报告，联合国开发计划署（UNDP）在 1996 年发布一份年度报告，题目是"人类可持续发展的治理、管理的发展和治理的分工"，联合国教科文组织（UNESCO）在 1997 年也提出了一份名为"治理与联合国教科文组织"的文件，《国际社会科学杂志》1998 年第 3 期出了一个名为"治理"（Governance）的专号。联合国有关机构还成立了一个"全球治理委员会"，并出版了一份名为《全球治理》的杂志。

英语中的治理一词（governance）源于拉丁文和古希腊语，原意是控制、引导和操纵。长期以来它与统治（government）一词交叉使用，并且主要用于与国家的公共事务相关的管理活动和政治活动中。但是，自从 90 年代以来，西方政治学和经济学家赋予 governance 以新的含义，不仅其涵盖的范围远远超出了

---

① 黄健荣. 公共管理新论. 北京：社会科学文献出版社，2005.272

传统的经典意义，而且其含义也与 government 相去甚远。它不再只局限于政治学领域，而被广泛运用于社会经济领域，不仅在英语世界使用，并且开始在欧洲各主要语言中流行。正如研究治理问题的专家鲍勃·杰索普（Bob Jessop）所说的那样："过去 15 年来，它在许多语境中大行其道，以至成为一个可以指涉任何事物或毫无意义的'时髦词语'。"1990 年代以来，西方学者，特别是政治学家和政治社会学家，对治理作出了许多新的界定。治理理论的主要创始人之一罗西瑙（J. N. Rosenau）在其代表作《没有政府统治的治理》和《21 世纪的治理》等文章中将治理定义为一系列活动领域里的管理机制，它们虽未得到正式授权，却能有效发挥作用。与统治不同，治理指的是一种由共同的目标支持的活动，这种管理活动的主体未必是政府，也无须依靠国家的强制力量来实现。

罗茨（R. Rhodes）认为：治理意味着"统治的含义有了变化，意味着一种新的统治过程，意味着有序统治的条件已经不同于以前，或是以新的方法来统治社会"。接着，他还详细列举了六种关于治理的不同定义。这六种定义是：① 作为最小国家的管理活动的治理，它指的是国家削减公共开支，以最小的成本取得最大的效益；② 作为公司管理的治理，它指的是指导、控制和监督企业运行的组织体制；③ 作为新公共管理的治理，它指的是将市场的激励机制和私人部门的管理手段引入政府的公共服务；④ 作为善治的治理，它指的是强调效率、法治、责任的公共服务体系；⑤ 作为社会控制体系的治理，它指的是政府与民间、公共部门与私人部门之间的合作与互动；⑥ 作为自组织网络的治理，它指的是建立在信任与互利基础上的社会协调网络。

库伊曼（J. Kooiman）和范·弗利埃特（M. Van Vliet）指出："治理的概念是，它所要创造的结构或秩序不能由外部强加；它之发挥作用，是要依靠多种进行统治的以及互相发生影响的行为者的互动。"研究治理理论的另一位权威格里·斯托克（Gerry Stoker）对目前流行的各种治理概念作了一番梳理后指出，到目前为止各国学者们对作为一种理论的治理已经提出了五种主要的观点①。这五种观点分别是：

（1）治理意味着一系列来自政府但又不限于政府的社会公共机构和行为者。它对传统的国家和政府权威提出挑战，它认为政府并不是国家唯一的权力中心。各种公共的和私人的机构只要其行使的权力得到了公众的认可，就都可能成为在各个不同层面上的权力中心。

（2）治理意味着在为社会和经济问题寻求解决方案的过程中存在着界限和责任方面的模糊性。它表明，在现代社会国家正在把原先由它独自承担的责任转移给公民社会，即各种私人部门和公民自愿性团体，后者正在承担越来越多的原先

---

① 俞可平. 治理与善治引论. 马克思主义与现实，1999，（5）

由国家承担的责任。这样，国家与社会之间、公共部门与私人部门之间的界限和责任便日益变得模糊不清。

（3）治理明确肯定了在涉及集体行为的各个社会公共机构之间存在着权力依赖。进一步说，致力于集体行动的组织必须依靠其他组织；为达到目的，各个组织必须交换资源、谈判共同的目标；交换的结果不仅取决于各参与者的资源，而且也取决于游戏规则以及进行交换的环境。

（4）治理意味着参与者最终将形成一个自主的网络。这一自主的网络在某个特定的领域中拥有发号施令的权威，它与政府在特定的领域中进行合作，分担政府的行政管理责任。

（5）治理意味着办好事情的能力并不仅限于政府的权力，不限于政府的发号施令或运用权威在公共事务的管理中，还存在着其他的管理方法和技术，政府有责任使用这些新的方法和技术来更好地对公共事务进行控制和引导。

在关于治理的各种定义中，全球治理委员会的定义具有很大的代表性和权威性。该委员会于1995年发表了一份题为《我们的全球伙伴关系》的研究报告，对治理做出了以下界定：治理是各种公共的或私人的个人和机构管理其共同事务的诸多方式的总和，它是使相互冲突的或不同的利益得以调和并且采取联合行动的持续的过程。这既包括有权迫使人们服从的正式制度和规则，也包括各种人们同意或以为符合其利益的非正式的制度安排。它有四个特征：治理不是一整套规则，也不是一种活动，而是一个过程；治理过程的基础不是控制，而是协调；治理既涉及公共部门，也包括私人部门；治理不是一种正式的制度，而是持续的互动。

从上述各种关于治理的定义中我们可以看到，治理一词的基本含义是指在一个既定的范围内运用权威维持秩序，满足公众的需要。治理的目的是在各种不同的制度关系中运用权力去引导、控制和规范公民的各种活动，以最大限度地增进公共利益。从政治学的角度看，治理是指政治管理的过程，它包括政治权威的规范基础、处理政治事务的方式和对公共资源的管理。它特别地关注在一个限定的领域内维持社会秩序所需要的政治权威的作用和对行政权力的运用。

"治理"（governance）与"统治"（government）从词面上看似乎差别并不大，但其实际含义却有很大的不同。在不少学者眼中，区分治理与统治两个概念甚至是正确理解治理的前提条件，正如让-皮埃尔·戈丹（Jean-Pierre Gaudin）所说："治理从头起便须区别于传统的政府统治概念。"治理作为一种政治管理过程，也像政府统治一样需要权威和权力，最终目的也是为了维持正常的社会秩序，这是两者的共同之处。但两者至少有两个基本的区别：

首先，治理与统治的最基本的，甚至可以说是本质性的区别就是，治理虽然需要权威，但这个权威并非一定是政府机关；而统治的权威则必定是政府。统治的主体一定是社会的公共机构，而治理的主体既可以是公共机构，也可以是私人机构，还可以是公共机构和私人机构的合作。治理是政治国家与公民社会的合作、政府与非政府的合作、公共机构与私人机构的合作、强制与自愿的合作。治理的主要特征"不再是监督，而是合同包工；不再是中央集权，而是权力分散；不再是由国家进行再分配，而是国家只负责管理；不再是行政部门的管理，而是根据市场原则的管理；不再是由国家'指导'，而是由国家和私营部门合作"。所以，治理是一个比政府更宽泛的概念，从现代的公司到大学以及基层的社区，如果要高效而有序地运行，可以没有政府的统治，但是不能没有治理。

其次，管理过程中权力运行的向度不一样。政府统治的权力运行方向总是自上而下的，它运用政府的政治权威，通过发号施令、制定政策和实施政策，对社会公共事务实行单一向度的管理。与此不同，治理则是一个上下互动的管理过程，它主要通过合作、协商、伙伴关系、确立认同和共同的目标等方式实施对公共事务的管理。治理的实质在于建立在市场原则、公共利益和认同之上的合作。它所拥有的管理机制主要不依靠政府的权威，而是合作网络的权威。其权力向度是多元的、相互的，而不是单一的和自上而下的。就其直接原因而言，西方的政治学家和管理学家之所以提出治理概念，主张用治理替代统治，是他们在社会资源的配置中既看到了市场的失效，又看到了国家的失效。市场的失效指的是仅运用市场的手段无法达到经济学中的帕累托最优（Pareto optimum），市场在限制垄断、提供公共物品、约束个人的极端自私行为、克服生产的无政府状态、统计成本等方面存在着内在的局限，单纯的市场手段不可能实现社会资源的最优配置。同样，仅仅依靠国家的计划和命令等手段，也无法达到资源配置的最优化，最终不能促进和保障公民的政治利益和经济利益。正是鉴于国家的失效和市场的失效，"愈来愈多的人热衷于以治理机制对付市场和/或国家协调的失败"。

治理可以弥补国家和市场在调控和协调过程中的某些不足，但治理也不可能是万能的，它也内在地存在着许多局限，它不能代替国家而享有合法的政治暴力，它也不可能代替市场而自发地对大多数资源进行有效的配置。事实上，有效的治理必须建立在国家和市场的基础之上，它是对国家和市场手段的补充。在社会资源配置中不仅存在国家的失效和市场的失效，也存在着治理失效的可能。用杰索普的话来说，"治理的要点在于：目标定于谈判和反思过程之中，要通过谈判和反思加以调整。就这个意义而言，治理的失败可以理解成是由于有关各方对原定目标是否仍然有效发生争议而未能重新界定目标所致。"

既然存在着治理失效的可能性，那么，如何克服治理的失效、如何使治理更加有效等问题便自然而然地摆到了学者面前。不少学者和国际组织纷纷提出了"元治理"（meta governance）、"健全的治理"、"有效的治理"和"善治"等概念，作为对上述问题的回答。其中"良好的治理"或"善治"的理论最有影响。

三、善治

自从有了国家及其政府以后，善政便成为人们所期望的理想政治管理模式，这一点古今中外概莫例外。我国古已称之的"善政"，大体相当于英语里所说的"good government"（直译为"良好的政府"或"良好的统治"）。在中国传统政治文化中，善政的最主要意义就是能给官员带来清明和威严的公道和廉洁，各级官吏像父母一样热爱和对待自己的子民，没有私心，没有偏爱。不过，再抽象地说，善政的内容无论在中国还是在外国、在古代还是在现代都基本类似，一般都包括以下几个要素：严明的法度、清廉的官员、很高的行政效率、良好的行政服务。毫无疑问，只要政府存在一天，这样的善政将始终是公民对于政府的期望和理想。

但是，善政在政治理想中的这种长期独占鳌头的地位在 20 世纪 90 年代以后在世界各国日益遭到了严重的挑战。对善政构成挑战的是"善治"，其英文名为good governance（直译为"良好的治理"）。90 年代以来，在英语和法语的政治学文献中，善治概念的使用率直线上升，成为出现频率最高的术语之一，善治究竟意味着什么？它的本质特征是什么？它有哪些基本要素？对这些问题政治学家们尚在争论之中。不过，从业已发表的文献中，我们已经能够发现一些共同的东西。

概括地说，善治就是使公共利益最大化的社会管理过程。善治的本质特征就在于它是政府与公民对公共生活的合作管理，是政治国家与公民社会的一种新颖关系，是两者的最佳状态。一位法国的银行家说，善治的构成有以下四个要素："① 公民安全得到保障，法律得到尊重，特别是这一切都须通过司法独立，亦即法治来实现；② 公共机构正确而公正地管理公共开支，亦即进行有效的行政管理；③ 政治领导人对其行为向人民负责，亦即实行职责和责任制；④ 信息灵通，便于全体公民了解情况，亦即具有政治透明性。"综合各种善治观点，我们可以发现善治的基本要素有以下六个：

（1）合法性（legitimacy）。它指的是社会秩序和权威被自觉认可和服从的性质和状态，它与法律规范没有直接的关系。从法律的角度看是合法的东西，并不必然具有合法性。只有那些被一定范围内的人们内心所体认的权威和秩序，才具有政治学中所说的合法性。合法性越大，善治的程度便越高。取得和增大合法性的主要途径是尽可能增加公民的共识和政治认同感。所以，善治要求有关的管理机构和管理者最大限度地协调各种公民之间以及公民与政府之间的利益矛盾，以便使公共管理活动取得公民最大限度的同意和认可。

（2）透明性（transparency）。它指的是政治信息的公开性。每一个公民都有权获得与自己的利益相关的政府政策的信息，包括立法活动、政策制定、法律条款、政策实施、行政预算、公共开支以及其他有关的政治信息。透明性要求上述这些政治信息能够及时通过各种传媒为公民所知，以便公民能够有效地参与公共决策过程，并且对公共管理过程实施有效的监督。透明程度愈高，善治的程度也愈高。

（3）责任性（accountability）。它指的是人们应当对自己的行为负责。在公共管理中，它特别地指与某一特定职位或机构相连的职责及相应的义务。责任性意味着管理人员及管理机构由于其承担的职务而必须履行一定的职能和义务。没有履行或不适当地履行他或它应当履行的职能和义务，就是失职，或者说缺乏责任性。公众、尤其是公职人员和管理机构的责任性越大，表明善治的程度越高。在这方面，善治要求运用法律和道义的双重手段，增大个人及机构的责任性。

（4）法治（rule of law）。法治的基本意义是，法律是公共政治管理的最高准则，任何政府官员和公民都必须依法行事，在法律面前人人平等。法治的直接目标是规范公民的行为，管理社会事务，维持正常的社会生活秩序；但其最终目标在于保护公民的自由、平等及其他基本政治权利。从这个意义说，法治与人治相对立，它既规范公民的行为，但更制约政府的行为。法治是善治的基本要求，没有健全的法制，没有对法律的充分尊重，没有建立在法律之上的社会秩序，就没有善治。

（5）回应（responsiveness）。这一点与上述责任性密切相关，从某种意义上说是责任性的延伸。它的基本意义是，公共管理人员和管理机构必须对公民的要求做出及时的和负责的反应，不得无故拖延或没有下文。在必要时还应当定期地、主动地向公民征询意见、解释政策和回答问题。回应性越大，善治的程度也就越高。

（6）有效（effectiveness）。这主要指管理的效率。它有两方面的基本意义：一是管理机构设置合理，管理程序科学，管理活动灵活；二是最大限度地降低管理成本。善治概念与无效的或低效的管理活动格格不入。善治程度越高，管理的有效性也就越高。

善治实际上是国家的权力向社会的回归，善治的过程就是一个还政于民的过程。善治表示国家与社会或者说政府与公民之间的良好合作，从全社会的范围看，善治离不开政府，但更离不开公民。从某个小范围的社群来看，可以没有政府统治，但是不能没有公共管理。善治有赖于公民自愿的合作和对权威的自觉认同，没有公民的积极参与和合作，至多只有善政，而不会有善治。所以，善治的基础与其说是在政府或国家，还不如说是在公民或民间社会。从这个意义上说，公民社会是善治的现实基础，没有一个健全和发达的公民社会，就不可能有真正的善治。

反过来说，20 世纪 90 年代以来善治的理论与实践之所以能够得以产生和发展，其现实原因之一就是公民社会或民间社会（civil society）的日益壮大。公民社会是国家和市场之外的所有民间组织或民间关系的总和，其组成要素是各种非国家或非政府所属的公民组织，包括非政府组织（NGO）、公民的志愿性社团、协会、社区组织、利益团体和公民自发组织起来的运动等，它们又被称为"第三部门"（the third sector）。公民社会组织（CSO）有以下三个显著的特点：其一是非官方性，即这些组织是以民间的形式出现的，它们不代表政府或国家的立场；其二是独立性，即它们拥有自己的组织机制和管理机构，有独立的经济来源，无论在政治上、管理上还是在财政上，它们都在相当程度上独立于政府；其三是自愿性，即参加公民社会组织的成员都不是强迫的，而完全是自愿的，因此这些组织也叫公民的志愿性组织。CSO 发展壮大后，它们在社会管理中的作用也日益重要，它们或是独自承担起社会的某些管理职能，或是与政府机构合作，共同行使某些社会管理职能。由 CSO 独自行使或它们与政府一道行使的社会管理过程便不再是统治，而是治理。所以，玛丽-克劳德·斯莫茨说："关于治理的多项研究都以唯一的一个前提为出发点：现代社会愈来愈复杂、愈来愈分裂，是一张由大量相互差别、各自独立的社会子系统组成的网。诸多社会部门（消费者、运输用户、狩猎者、店主等协会）有能力组织起来，保护自己的资源，却无需考虑它们的活动在总体上将对社会造成什么后果；它们组织网络，制定自己的标准。"

将善治的思想直接应用于实际的最初机构是诸如世界银行、国际货币基金组织之类的国际金融组织。在 90 年代，这些国际组织不仅对善治进行了专门的理论研究，而且把善治作为其评估受援国现状的主要标准之一。对那些在它们看来没有良好治理状况的国家，它们就要求这些国家进行必要的改革，使之符合其善治的标准。毫无疑问，它们这样做的主要目的是提高其援助的效益，确保受援国偿还贷款的能力。在这些国际机构看来，要实现这一目的，就必须引入自由主义的市场经济体制，必须使国内市场自由化，并消除自由贸易的壁垒。而市场体制需要与之相适应的社会政治结构和社会政治状态，其中包括政治合法性、社会秩序和行政效率。

正如联合国社会发展研究所副所长阿尔卡塔拉（Cynthia Hewitt de Alcantara）女士所说，在这一点上，善治的概念极为有用，因为它使国际金融机构能从经济主义中挣脱出来，去重新思考与经济重组相关的关键性政治和社会问题。此外，这样做也无须触动受援国敏感的国内政治与行政问题。借用"善治"而不用敏感的"国家改革"或"社会政治变革"等字眼使得世界银行等组织有可能处理棘手的受援国国内政治问题，而又避免使人觉得它们超越了其职责和权限而干预了主权国家的国内政治事务。

其实，善治的理论与实践在 90 年代的勃兴还有其更深刻的原因。首先，善治比传统的善政的适用范围更大。善政的范围与政府的范围是一致的，而在现代社会中，许多领域是政府行为所不能干预的，小到公司、社区、俱乐部、职业社团等民间组织，大到国际社会。而善治则不受政府范围的限制，公司需要善治，社区需要善治，地区需要善治，国家需要善治，国际社会也需要善治。其次，全球化正成为我们这个时代的最主要特征，事实上许多人已经把我们这个时代称之为"全球化时代"。全球化的重要特征之一，是跨国组织（transnational organization）和超国组织（supranational organization）的影响日益增大，民族国家的主权及其政府的权力日益削弱。随着民族国家传统的政府权威的削弱，善治的作用日益增大。因为国际社会和国内社会在全球化时代同样需要公共权威和公共秩序，但这是一种新的公共权威和公共秩序，它不可能由传统的国家政府来创立，只能通过善治来实现。最后，善治是民主化进程的必要后果。民主化是我们这个时代的政治特征，也是人类社会不可阻挡的历史潮流。民主化的基本意义之一是政治权力日益从政治国家返还公民社会。政府权力的限制和国家职能的缩小，并不意味着社会公共权威的消失，只是这种公共权威日益建立在政府与公民相互合作的基础之上。

四、治理与善治理论对政府改革的启示

当代政府治理变革的一套基本理念与价值是依托于一系列基本制度的设计与选择来实现的。政府治理制度的安排反映了当今治理主义价值的基本导向，同时，也将治理的理念具体贯彻在一整套行为规则体系之中，其核心是政府的职能及其限度、政府组织与市场组织的关系、政府组织与公民社会及其自主组织的关系[①]。

第一，从公共物品基本性质分析入手，界定政府在公共物品提供与生产中的基本职能范围，选择公共物品提供与生产的多样化的组织形式。对公共物品提供多种制度安排以及物品提供与生产的区分，是治理主义下制度创新最为关键的一环。它突破了所有公共物品都应该由政府提供，甚至直接生产的传统思路，同时，也打破了政府无所不包、无所不能的神话。

第二，通过政府内部市场化（Inter-Market）和准商业化（Quasi-Commercial）制度的设计，引入竞争机制，以提高政府公共物品和服务提供的效率。对即使没有外包给社会组织或私营机构的公共服务项目，政府也视物品和服务的性质以及公民的需求诉求，通过不同层次的内部市场化和准商业化的制度设计，引

---

① 曾伟等. 善治与治道变革：西方政府治理模式变革中的制度分析和设计. 理论月刊, 2005, (1)

入市场竞争机制，力图修正由政府独家垄断而造成的外来压力缺少、成本控制机制缺乏和服务效率、品质低下的问题。

第三，通过社区自主组织管理、外包、公私伙伴关系、民营化等途径，以多种多样的组织形式生产和提供各种公共物品与公共服务，使公民组织、民营机构与政府组织共同承担公共管理的责任。在治理变革中，政府一方面着手内部组织的改革和调整，将市场机制的优势吸纳到缺乏活力的公共组织中，另一方面，通过多种多样的路径和公私伙伴关系，将一部分公共物品和公共服务生产让渡给社会自治组织和民营组织承担，以其成本、技术和竞争等优势，为公众提供更有效率、品质更高的物品和服务，同时，也降低了政府和公营部门的支出规模，节省了纳税人的金钱。这种制度设计最终形成了公民自主自我服务与民营、政府服务相结合的、多中心的公共事务管理体系。

第四，建立有效的分权结构，倡导地方治理，并大幅度改革与调整政府内部的工作程序，建立更加简洁、便利的行政工作流程。授权和分权是政府治理变革中的一个主导思想，这个过程既涉及到政府向市场和社会的授权与分权，也包含着政府内部不同层级的组织之间的授权和分权。在同一部门中，授权和分权意味着执行权通过绩效合同或承诺书的签订下放到基层一线的组织。另一方面，在中央政府组织和地方政府组织的关系中，当代治理主义也倡导由地方政府管理主要的事权，根据各地区的具体情况和发展的特点，形成地方的治理模式。这意味着地方政府将更多地承担起本地区社会事务管理和公共服务的责任，地方财力可以通过合理的分税制予以保证。这样的设计保证地方政府能够制定适合本地区经济与社会发展的计划，也保证本地区的居民对政府支出有更多的监督渠道，使自身的利益与偏好得到更多地满足。

与此同时，政府内部在程序制度的设计上也进行了诸多的改革，如我国部分政府部门实施了"服务承诺"、"开放式服务"、"一条龙服务"或"单一窗口式服务"等举措，明确了服务的时间界限、速度标准以及质量标准等，精简了办事的环节与程序，改善了办事的作风。由此，使政府部门对公众的服务变得更为直接、便捷和有效，树立了良好的公务形象，大大提高了公众对公共服务的满意度。

从国际视野角度看待当代政府的治理变革运动历程，不难发现，近 20 多年的政府与公营部门改革的主要价值取向在于重新审视和调整政府组织与市民社会、政府组织与市场组织、政府组织内部层级间的种种关系，改变政府作为社会唯一权力中心的格局，通过授权和分权，将非政府组织、非营利组织、民营市场组织和公民自治组织等多中心的组织制度安排，引入公共物品和公共服务的提供与生产之中，使这些组织与政府组织共同承担起社会公共事务管理的责任。政府组织将更有效地履行那些它应该履行的职责，以更经济的和正确的方式实现其

"掌舵"、"引导"的管理职能。

■第三节   治道变革的中国实践

2003 年，中国各级地方政府在公共管理方面有很多创新的举措，比如江苏省废除了严禁没有婚姻证明的男女混住的有关规定，武汉市用新的方法成功地解决了多年没有解决的禁止"麻木"难的问题。在中央层次，全国人大颁布了《行政许可法》，国务院颁布了《婚姻登记条例》。

前几年，税务部门开展了发票抽奖活动，浙江省温州市的行业协会在管理中起到了很大的作用，这些新的公共管理举措和新的国家法律法规，使公共管理中出现了治理的征象，具有很大的治道变革意义。认真总结与分析这些新举措和新法律法规所包含的治道变革逻辑，有助于我们更好地通过管理与制度创新，进一步推进中国政府的治道变革。

一、江苏省公共管理创新的治道变革意义

过去，《江苏省人口管理暂行条例》规定，严禁没有婚姻证明的男女混住。最近，江苏省废除了这一规定，因为这一规定没有国家法律依据，国家法律并没有规定没有婚姻证明的男女不可以混住。

这一举措受到了传统媒体和新闻网站的关注，大家一片叫好，认为这是法治原则的体现。法治原则要求，法律不禁止的就是允许的，国家法律没有规定禁止的事情，省级政府没有权力制定法律性规定实施禁止。根据现有的法律规定，男女同居，只要不涉及货币化的性交易，就不属于违法。更有法学家认为，这实际上体现了公权尊重私权的精神。其实，公权与私权是有明确界限的，未经正当司法程序，公权不得侵犯私权。男女同居，属于私权的范围，即使国家有法律规定，这样的法律也属于公权对私权的侵犯，是需要修改的。

这一变化的意义不仅仅是体现了法治精神，有利于青年男女的自由而快乐的生活，更重要的是体现了中国政府治道变革的进步。

一是从审批治国走向依法治国。过去，凡是政府没有明确允许的事情，都属于禁止之列。所有的事情，包括公民个人的私生活，都需要政府的允许，才是合法的，严重的时候，连思想都要与政府想的一致，不允许想政府不让想的事情。现在，变成了凡是政府没有用法律明确禁止的事情，都属于允许之列，公民可以自由行事，即使违背一般人的道德准则，但只要不违反法律，都不受处罚。

二是从道德治国走向依法治国。过去，政府往往依据道德原则来治国，认为

法律是道德的体现。只要违反道德风俗，就应该被严厉禁止，受到严厉处罚。根据这样的治国原则，未婚同居是不道德的，需要禁止，并受到处罚。现在，政府根据法律原则来治国，法律是公共生活的基本规则，只要不损害他人的利益，任何私人行为都是个人的权利，都不在法律规定的范围之内。道德原则是一个人的修养问题，主要依靠自己的道德修养和社会舆论等进行约束。

三是从行政集权走向政治集权。中国政府的特征是，在行政上是高度集权的，具体事务都需要中央来决定，即使是一个小区应该收多少物业管理费来进行物业管理，一个村庄应该有多少提留来提供公共服务，都由中央来决定。其结果是，中央管了很多不该管的行政性的具体事务，但是像个人的基本权利，包括财产权利、生命权利和各种各样的基本自由权利，却没有得到中央法律和政策的明确保护，地方政府和单位，都可以通过规定对其加以限制和侵害。也就是说，我们是一个行政高度集权但政治高度分权的国家。这样的国家，最容易出现行政事务虽然高度集权，但由于高层监督负担过重，各地各单位往往各自为政的情况。由于中央忙于各种各样的行政杂务，反而没有精力去保护公民的基本权利，致使各级地方政府、基层政权以及事业单位出台了各种各样的侵犯公民权利的法规和规定。江苏省主动根据政治集权的原则，放弃对基本权利的限制性规定，有利于中国政府从行政集权走向政治集权，把各种各样的私人事务交给个人决定和处理，把各种各样的地方性事务交给地方政府处理。但是，当涉及公民基本权利等政治性事务的时候，则应该由中央政府亲自处理，各级地方政府和单位都不得出台限制和侵犯公民基本权利的法规和政策。

四是从尊重政府权力走向尊重公民权利。限制公民权利，实际上都是为了政府权力的运作方便而设定的。就拿这个案例来说，政府规定，禁止嫖娼卖淫，也就是禁止任何货币化的性交易。为了有效实施这一政策，必须鉴别一对男女在从事性活动时是否存在货币交接行为。要证明这一点，有些情况是比较容易鉴别的。比如，有结婚证明的男女，其同居和性行为，就可以被看作不存在货币性交易，虽然事实上可能存在，但因为有婚姻，其财产属于婚内共同财产，只是从一个兜掏到另外一个兜。这时，结婚证成了性活动不可能存在货币化行为的替代指标，有了结婚证，成为不需要进一步取证的信息。但是，对于没有结婚证的男女来说，要识别是否存在货币化的性交易，是两情相悦同居还是非法的货币化性交易，则需要更多的信息。由于这些信息具有隐秘性，除非当场抓住货币交接，否则在绝大多数情况下很难认定，这对于执法的人员来说，是一个难题。一般来说，对于难以鉴别的事情，政府的天然倾向是全部禁止，因为这样有利于政府权力的有效运作，可以减少更多的麻烦。但这样一来，就会引发尊重权力甚于尊重权利的恶果，很容易导致很多冤假错案的出现：有些属于情人约会，有些属于婚前同居，但由于在短时间里很难识别，再加上抓住卖淫嫖娼可以依法处罚 5 000

元，执法部门有很高的收入驱动，就往往屈打成招，本来是两情相悦的事情，因执法权力的介入，变成卖淫嫖娼行为，本来是件十分快乐的事情，最后变成了悲剧。

为了避免这样的悲剧，关键不是公民是否约束自己，要小心谨慎，而在于政府应该实施治道变革，约束自己，不要为了权力的方便而任意侵害公民的权利。对此，江苏省的创新可以说开了一个好头。

二、武汉市公共管理创新的治道变革意义

从权力行政走向权利行政，是政府治道变革的基本变革路径，这一路径也可以表述为从强制行政走向服务行政。最近武汉市禁止"麻木"的实践，可以说是从强制行政走向服务行政之治道变革的典型。

改革开放以来，中国经济持续快速发展，各大城市交通面貌都有了非常大的变化。在改革开放之前，人们为拥有一辆自行车而感到自豪。在改革开放之后，人们很快拥有了自己的摩托车。进入 20 世纪 90 年代，越来越多的人拥有了自己的私家车。

在这一转变过程中，也出现厂各种各样的问题。武汉市面临的问题是，1989年以来，武汉城市道路上挤满了三轮摩托车和人力三轮车。这些交通工具在武汉俗称"麻木"，其特点是价格便宜，适应普通百姓交通的需要，但也影响武汉的交通，污染武汉的环境，尤其是严重影响了武汉的城市形象。

由于这一原因，1993 年开始，武汉两会出现了多达上百件的解决"麻木"问题的建议、提案和意见。政府也采取了种种措施，禁止"麻木"，但 14 年的整治始终是"治了乱，乱了治"。其中 1997 年，武汉市政府痛下决心，全城"禁麻"。但是，"麻木"司机竭力反对。武汉的交警在整治行动中也经常遭到麻木司机的围攻，有的被打后甚至留下了终身残疾。自然，"禁麻行动"也就屡战屡败。一直到 2003 年 3 月之前，这一问题一直没有得到妥善解决。

2003 年 3 月底开始，武汉市政府采取了种种措施，经过 85 天的努力，困扰武汉多年的"麻木"问题终于得到了解决。

为什么过去花了 14 年时间依然难以得到解决的"麻木"问题，现在用 85 天就解决了呢？

从公共管理的角度来看，过去"禁麻"行政的失败，主要在于采取的手段过分依赖强制执行权，没有充分考虑"麻木"司机的利益，没有考虑到普通百姓的交通需求。政府为了公共利益"禁麻"是正确的，但是在实现公共利益的过程中，如果损害了一部分人的利益，那么行政就不得不依赖强制权，通过惩罚的办法"禁麻"。此次"禁麻"成功，关键原因在于，武汉市政府充分考虑到了"禁

麻"过程中利益相关方的意见和利益。

充分考虑禁麻对麻木司机可能造成的损失，由市政府出资，收购麻木。从 4 月 1 日开始，首先收购无证"麻木"，在 4 月份一个月内，一共有 16 511 辆无证"麻木"司机主动交车。然后 5 月 20 日武汉市政府发布"禁麻"通告，收购有证"麻木"，有证"麻木"回收在 6 天内全部完成，共回收 2 232 台车辆。

充分考虑"麻木"禁止之后"麻木"司机的再就业问题。市政府一方面鼓励"麻木"司机自我就业，与此同时市政府也采取各种措施，帮助"麻木"司机就业。

在解决"麻木"司机后顾之忧的同时，市政府还充分考虑到了普通百姓的交通需求。改革出租车价格政策，出租车起步价格从 7 元下降到 3 元。

这些方法应该并不复杂，但过去的市政府为什么没有想到，而现在的市政府却想到了呢？这与武汉市新一届政府科学决策的努力是分不开的。为了打好"禁麻"战役，2003 年春节刚过，他们就召集工商、城管、民政、残联、公安等部门成命立取缔"麻木"工作班子，他们总结十余年的整治经验和教训，邀请专家科学论证，修改《武汉市城市道路交通管理若干规定》，出台配套措施，补偿车主利益。

在政策执行过程中，武汉市政府也采取了种种措施，实施民主行政。市民警、社区、民政、残联等部门工作人员一起组成一千余个工作组，对全市"麻木"车主逐人逐户上门调查，宣传政策、了解今后的工作愿望等，基本掌握了 34 870 名"麻木"车主的家庭状况、经济收入、详细住址和车辆类型等情况。

这些行动，不仅解决了"麻木"司机的后顾之忧，而且还解决了"麻木"司机心理上的障碍，对"禁麻"政策顺利实施，营造了一个认知共同体，各个方面在认识上达成了一致，在利益上没有冲突对抗的基础，"禁麻"行动也就自然而然地取得了胜利。

武汉市政府"禁麻"成功的经验表明，政府改变观念，实施治道变革，从强制行政走向服务行政，在政策制定过程中，尽可能让利益相关人有更多的参与机会，让其有机会表达自己的想法和利益，在制定过程中可能有很多麻烦，可一旦政策制定出来，各个利益相关方面有了共识，就不会导致大的意见和利益冲突，公共问题就能够得到顺利解决。如果我们的政府在公共管理方面都能够这样做，那么可以想象，我们所面临的绝大多数公共问题，都能够摆脱过去的"治乱循环"，在很短的时间内得到妥善的解决①。

---

① 毛寿龙. 公共管理与治道变革——政府公共管理创新的治道变革意义. 中国特色社会主义研究，2004，(1)

三、发票抽奖——引入经济因素，加强税收管理

1. 计划经济时代税务机关很容易控税

在改革开放以前的计划经济时代，或者说"总体性"社会中，企业就像政府的生产车间或销售部门一样，在经营过程中开不开发票给消费者对税务机关的征税活动影响很小，因为税务机关仅通过稽查国家分配、调拨给一个企业的计划物资就完全可以掌握该企业的产值、销售额等经营实绩，如 1 年分配给一个自行车厂 1 万个轮胎，我们就可以推算出该厂本年度可以生产 5 000 辆自行车，再加产品的价格也是固定的，因而总产值或营业额是非常清楚的。进入社会主义建设时期以后直到 1983 年利改税实施之前的 30 多年里，我国国营企业创造的纯收入，都是采用税收与利润上交两种形式向国家财政缴纳的。具体说就是，企业的纯收入一部分在商品流转过程中，用工商税等流转课税的形式上交财政，另一部分形成企业利润。对于企业利润，在较短的时期曾采用企业基金和利润留成形式，将小部分留归企业使用；其余大部分时间内，企业的所有利润，都是以直接的利润上交形式，全部交给国家财政。企业生产与经营所需的资金，也要通过各级主管部门层层上报，由财政预算层层下拨。企业发生亏损，也由财政如数补贴。这就是通常所说的统收统支、统负盈亏、吃大锅饭的收入分配体制。按照传统的所有制观念，国营企业的利润可以全部由国家集中使用①。另外，当时大家都拿固定的工资，没有奖金一说，也就是说没有部门利益，利润要上缴主管部门，上缴主管部门是缴给国家，纳税也是缴给国家，因而税务机关征税过程也就十分容易了。

在计划经济时代国家对消费者采取发放票证的办法，只有持有相关票证才能购买到商品，如用粮票买米、面及制成的食品，用布票买布等。这个过程我们可以用图 10-1 表示。国家运用权力分配计划物资控制了企业的生产经营活动，国家与企业的关系呈强关系。国家运用权力发放票证给消费者，一方面可以保证国民经济封闭运行；另一方面防止在卖方市场的情况下企业有了寻租的机会寻求部门利

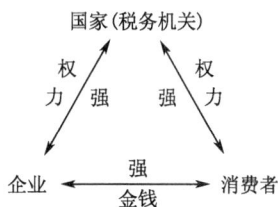

图 10-1

益，国家和消费者的关系也呈强关系。企业与消费者的经济交往关系也呈强关系。由于消费者在市场上取得的商品的可能微乎其微，因此，税务机关代表国家实际上只要与全民和集体企业呈强关系就可以完成税收任务了。

---

① 孙健夫. 中国税制导论. 保定：河北大学出版社，1998.47

2. 市场经济时代税务机关很难控税

在中国改革开放过程中发生的一个最引人注目的变化是：国家失去了向社会成员提供资源和机会的唯一源泉的地位，而社会正在成为另一个相对独立的提供资源和机会的源泉。而这种资源和机会的提供与交换，是以市场的形式进行的，这是由于体制改革所释放出的"自由流动资源"和所提供的"自由活动空间"①。"自由流动资源"首先出现在农村，家庭联产承包责任制的推行使得农民有土地的经营权（虽然土地还不能买卖）和自身劳动力的支配权以及剩余产品的销售权。在从计划经济向市场经济过渡的 10 年左右时间里（80 年代中期至 90 年代中期），一直实行"双轨制"②，这样，以前由国家控制的部分计划物资等以较高的价格进入了市场，成了"自由流动资源"。"自由活动空间"的形成与扩展，具有与"自由流动资源"的释放同等重要的意义，目前这种发展局面的形成，是"自由流动资源"和"自由活动空间"相结合的结果。"自由活动空间"包括种植业本身形成了多种经营、以经商为主的副业、乡镇企业以及进城打工，也就是对农、工、商业市场的开发。而城市第三产业的开发更是给广大市民和进城农民提供了广阔的"自由活动空间"。正是上述"自由流动资源"和"自由活动空间"使得改革开放以来相对独立的社会力量得以发育和形成，在这当中，最为重要的就是相对独立的经济力量。到 1991 年底，全国个体工商户发展到 1 416.8 万户，从业人员 2 258 万人，注册资金 487.8 亿元，营业额达 2 312.7 亿元。私营企业 10.8 万户，从业人员 184 万人，注册资金 123 亿元，产值 201.9 亿元③。2004 年中国有私营企业 344 万户，注册资本 42 146 亿元，从业人员 4 714 万人，产值 20 083 亿元，社会消费品零售额 10 603 亿元④。

这些相对独立的经济力量如个体户和私营企业的资源获取及商品和服务的提供都通过市场途径，如果消费者不需要报销也就是不索要发票的话，国家就很难真实地了解和掌握经营者的情况，这种情形可以用图 10-2 表示。由于企业和消费者在市场中由金钱联系起来的关系是强关系，企业的资源获取依赖的是市场，虽然国家拥有征税的强制权，但面对活跃在市场中的企业，国家控制不了企业的经营，因而它们的关系就呈弱关系。在经营过程中，消费者不像计划经济时代要靠票证才能买到东西，消费者拿钱即可进行消费，因而国家与消费者的关系

---

① 孙立平. "自由流动资源"与"自由活动空间"——论改革过程中中国社会结构的变迁. 探索，1993，(1)

② 童星. 中国当前腐败现象根源的社会学分析. 载：周晓虹. 中国社会与中国研究，社会科学文献出版社，2004.692

③ 孙立平. "自由流动资源"与"自由活动空间"——论改革过程中中国社会结构的变迁. 探索，1993，(1)

④ 中国私营企业研究课题组. 2004 年中国私营企业调查报告. 中华工商时报，2005-02-03

也呈弱关系。如果消费者不索要发票，那么国家就很难了解企业的经营实绩，这样就给了企业偷税的机会。税务部门对服务行业在估计的营业额以外的部分是徒有强制性的征税权而无处施展。

3. 引入市场因素协助控税

前几年一些地方开始了发票抽奖的试点工作。例如，南京市地方税务局规定：为提高全市普通发票管理水平，强化税收征管，鼓励消费者协助税务机关对纳税人使用发票情况进行监督，南京市地方税务局开展了对部分行业普通发票抽奖的活动。从 2000 年 4 月开始，消费者取得南京市地方税务局监制的发票只要拨打票面显示的查询电话，就可以参加发票抽奖，参加抽奖的发票为南京市地方税务局监制的服务业、娱乐业类发票，票面上印有"此发票可抽奖，请查询并妥善保管发票"字样和有奖查询电话号码 16888000。发票抽奖的过程为：消费者取得可抽奖发票后，通过拨打查询电话，将发票信息录入，税务机关对有效发票进行统一抽奖。

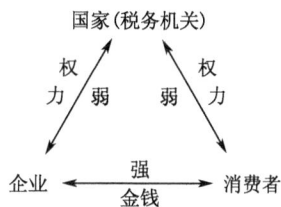

图 10-2

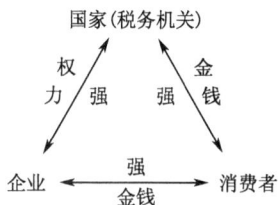

图 10-3

哈贝马斯指出，现代社会的主要体制可以从市场和国家机关两个层面来理解。市场是指经济体制对人的影响，其影响主要是通过金钱制约着人类的行动或生活世界。国家机关则可以指国家通过科层式的行政架构所产生权力来影响人的行为。换言之，金钱与权力是现代社会制约人的行为的两个主要媒介[①]。我们从发票抽奖过程中可以看出税务机关是把市场力量和国家力量也就是金钱和权力的作用发挥到了极致，如图 10-3 所示，税务机关出台发票可以参与抽奖的规定，用金钱吸引广大消费者即使是在自费消费的情况下也向经营者索要发票，然后通过 168 信息电话与税务机关发生抽奖关系，这样税务机关与消费者就呈强关系。就在消费者向经营者索要发票的同时，消费者与经营者的强关系也导致了税务机关与经营者之间的强关系，因为经营者手中的发票必须从税务机关购买，这样税务机关就可以比较好地掌握经营者的经营实绩，从而税务机关的强制征税权力也就能够施用于对经营者估计的营业额之外的真实的营业额了。西美尔曾详细地探讨了三人群体中"第三者"所扮演的角色，他认为第三者可能扮演"中间人"、"仲裁人"、"从中渔利者"、"分裂者"或"征服者"四种角色[②]。从图 10-3 可见，借

---

① 谢立中. 西方社会学名著提要. 南昌：江西人民出版社，1998.573
② 童星. 现代社会学理论新编. 南京：南京大学出版社，2003.148

助发票抽奖、利用国家强制力量和市场力量，税务机关从几乎成为"被架空者"变成了"征服者"和"从中渔利者"①。

四、第三部门在治理中的作用开始显现

改革开放以来，各行业的企业在我们的社会生活中起到了越来越重要的作用，目前各种类型的企业在市场中与国内外消费者、同行竞争者以及作为管理者的政府发生着各种形式的关系。随着市场经济的蓬勃发展，现在企业界特别关注它们自身的组织——行业协会的建设问题。现代行业协会是一种具有同一、相似或相近市场地位的经济行为人组织起来的、以界定和促进本部门利益为目的的集体性组织②。下面我们从治理的角度对行业协会进行研究。

实际上，不仅企业组织本身需要国家的外部支持，而且行业的内部整合、拓展国际市场等问题都需要超越单个企业的行业协会等组织（由于二者性质相近，这里没有对行业协会、商会进行严格区分）。20世纪70年代末80年代初，兴起于发达国家并很快波及全世界的新公共管理运动催生了全球结社革命，这意味着公共管理主体格局的变化，要求有更多的非政府组织或第三部门共同参与到管理过程之中，一起承担公共管理的职能，实现公共利益③。行业协会就是第三部门众多组织中的一种。

1. 行业协会寻求政府支持的功能

世界上任何一个政府，无论多么保守，都不会对经济袖手旁观④。政府对行业协会的影响力一方面来自企业组织本身——组织由于资源、能力等局限不得不求助于政府；另一方面来自政府——政府拥有丰富的物质、政策等方面的资源，客观上成为了组织的支持来源⑤。

为了寻求政府的支持，西方产生了利益群体活动。利益群体是指代表成员利益的、并试图影响政府政策和法律的组织及社会运动⑥。如为了让美国对中国袜子设限，美国制袜业协会组织工人向国会议员写信、聘请专业机构到国会山游说，2004年10月22日布什政府批准了请愿，对从中国进口的袜子进行为期1年的限制。

---

① ［德］西美尔. 社会学. 林荣远译. 北京：华夏出版社，2002.81
② 何伟. 资源优化配置机制中的民间商会. 华中科技大学学报（社科版），2005，（3）
③ 黄健荣等. 公共管理新论. 北京：社会科学文献出版社，2005.213
④ ［美］保罗·萨缪尔森等. 经济学. 第十六版. 萧琛译. 北京：华夏出版社，1999.27
⑤ 郁建兴等. 民间商会的自主治理及其限度——以温州商会为研究对象. 中共浙江省委党校学报，2004，（5）
⑥ ［美］戴维·波普诺. 社会学. 第十版. 李强等译. 北京：中国人民大学出版社，1999.497，498

西方国家商会的主要职能是代表会员的利益，与立法机关（议会）、行政机关（政府）、政党等进行沟通，对立法草案和政府政策、措施表明立场，发表意见，以便使法律、政策、措施等有利于商会所代表的工商界的利益。德国工商会和德国中小企业联合会享有较高的政治地位，议会立法（包括地方议会立法）依法必须征求它们的意见。英、美等国的商会、行业协会的职能与德国的相似。

目前我国行业协会正在起到应有的作用，并积极寻求政府的支持。比如较之于单个的企业，行业协会这一组织化的机制在政治参与方面具有独到优势：第一，利益聚合的优势。利益聚合就是指把分散、零碎的个体性利益要求集中、归纳和提炼为整体的、全面的利益要求，从而使之与行业的整体利益要求紧密地结合起来的过程。第二，利益表达优势。在会员利益受到侵犯时，商会的专职工作人员就会及时出面协调与政府职能部门之间的冲突，这极大地降低了私营企业主的参与投入成本，而且效率更高、更具时效性。第三，利益获取优势。如根据欧盟 WEEE 指令，目前电器设备的生产、经销商必须承担自己进入欧盟市场的废旧产品的回收、处理责任，因此我国家电企业在欧盟经营的费用就增加了。我国家电行业协会等组织正设法通过 WEEE 指令获得相关经验，为国内的废旧家电回收工作做铺垫。国家发展和改革委员会自 2002 年开始就国内的废旧家电回收做了一系列的准备工作，2004 年底《废旧家用电器管理处理条例草案》出台并已进入法律审定程序。该条例如获通过，由于国内家电企业回收废旧家电成本较低，将更具市场竞争力，也更容易获取利益。

2. 行业协会的规范功能

制度经济学认为：如果没有制度的阻拦，人都是机会主义的①。人们拥有非对称信息并经不住诱惑而机会主义地行事是完全正常的，这使建立约束性承诺并强制执行规则成为必要。制度是人类相互交往的规则，它抑制着可能出现的、机会主义的和乖僻的个人行为，使人们的行为更可预见并由此促进着劳动分工和财富创造。制度，要有效能，总是隐含着某种对违规的惩罚②。很多制度，特别是制度安排保证个人或制度实际上是可信赖的并因此可能按照信任者的利益行事③。外在制度是被自上而下地强加和执行的。它们由一批代理人设计和确立，这些代理人通过一个政治过程获得权威，外在制度配有惩罚措施。内在制度是从

---

① ［德］柯武刚，史漫飞. 制度经济学：社会秩序与公共政策. 韩朝华译. 北京：商务印书馆，2000，320

② ［德］柯武刚，史漫飞. 制度经济学：社会秩序与公共政策. 韩朝华译. 北京：商务印书馆，2000，35

③ ［法］克劳德·梅纳尔. 制度、契约与组织——从新制度经济学角度的透视. 刘刚等译. 北京：经济科学出版社，2003.160

人类经验中演化出来的，如习俗、伦理规范、商业习俗等①。

温州商会通过建立内在制度有效地抑制了企业主的机会主义行为。温州在 20 世纪 80 年代是中国经济最活跃的区域之一，但也是最无序的地区之一，假冒伪劣产品充斥市场。为了维护市场秩序，自发性的温州市鞋革、服装、烟具等行业协会成立。经过 10 多年的发展，温州民间商会发挥协调和管理功能，承接了一些政府做不到、做不好或不便去做的事。最为典型的例子就是被国家专利局领导誉为"对专利法的有益补充"的新产品维权工作。温州的小商品在发展之初曾经一度陷入"一品走俏、仿效蜂起、伪劣辈出、倾轧杀价"的混乱局面。市场参与者具有自我理性，而不具有集体理性，从个体理性出发结果是不利于集体理性进而也是不利于个体理性的，达到的是非理性的均衡状态。实际上，除非一个集团中人数很少，或者除非存在强制或其他某些特殊手段以使个人按照他们的共同利益行事，有理性的、寻求自我利益的个人不会采取行动以实现他们共同的或集团的利益②。对于那些技术工艺简单、产品设计更新很快的小商品，通过专利来保护其知识产权显然是不现实的。温州民间商会在政府的授权下，创造性地开展了新产品维权工作，填补了这样一个制度"真空"，呈现出治理的征象。需要维权的产品由会员企业向商会提出申请，经过审核后予以登报确认，发给维权证书；在维权有效期内，如发现侵权行为，经商会查实，将就地销毁侵权产品的模具，没收其专用零配件，情节严重者，商会还将提请工商部门吊销其营业执照，维权工作得到了广大会员的拥护。从交易成本的角度来看，政府通过把一部分职能下放给商会，可以达到节约成本的目的，包括政府的管理成本、企业的维权成本③。

3. 行业协会在拓展国际市场中的功能

单个的中小企业往往不具有开拓国际市场的能力，因此行业协会在帮助中小企业开拓市场中就有很强的作用了。

第一，提供国际贸易方面的信息服务。成立于 1993 年 12 月的中国韩国商会，是吸纳在华投资的韩国企业为会员的经济团体，目前在中国设有 34 个分支机构，商会大约有 3 800 家会员。商会主要工作是：为会员收集中国最新的经济政策和法规、为各地的会员收集所在地的经济政策和法规、为会员代言权益，当企业遇到问题时，商会出面与当地有关部门积极协商、协助问题顺利地解决。成立于 1946 年的韩国贸易协会目前拥有韩国 9 万多家进出口会员企业，是韩国最大及最富影响力的经济团体，它的职能与中国韩国商会相似。

2005 年 8 月初，由中国家用电器协会等 3 家行业协会以及中国家电研究院

① ［德］柯武刚，史漫飞.制度经济学：社会秩序与公共政策.韩朝华译.北京：商务印书馆，2000.37
② ［美］曼瑟尔·奥尔森.集体行动的逻辑.陈郁等译.上海：上海三联书店，1995.2
③ 黄健荣等.公共管理新论.北京：社会科学文献出版社，2005.205

牵头、海尔等 12 家出口型家电企业参与组成了"出口企业大联盟"，成立这个组织的起因就是欧盟的一纸 WEEE 指令。"出口企业大联盟"意在前往欧盟为我国家电出口企业争取更为有利的出口条件；另一方面谋求出口行业统一进行废旧家电回收，以便减轻每一家企业的负担。

第二，协调解决国际贸易纠纷。中国社会科学院研究员张宇燕日前指出，中国外贸依存度已经达到 80%[①]，这一比例大大高于其他发达国家和发展中国家的水平，中国由此成为世界上外贸依存度最高的国家，在大量的国际贸易中纠纷是难免的。成熟的市场经济包括"三元结构"——政府、企业和商会等中介组织，在目前"多渠道、多层次"的国际贸易争端解决机制中，惯例是"官对官、民对民"，当事情发生在"民对民"的层面时，对方是不能接受"官代民"的。由于中国民间商会力量的"短板"，对方往往难以找到可以接受的谈判对象。

在行业协会还没起实质性作用的时候，"搭便车者"在企业界是大量存在的。温州打火机第一次在海外遭到较大的狙击和封杀是在 1994 年。美国通过了保护儿童的 CR 法案，对打火机的质量提出了强制性要求，当时温州企业却没有一家应诉，从而错失良机。该法案使众多浙江打火机厂商退出美国市场，转而进军欧盟市场。2005 年初，为了应对"后配额"时代中国纺织品出口的挑战，在国家商务部提议下，由中纺商会牵头负责，与中国纺织工业协会等机构共同建立了出口协调机制，在市场准入和最低限价方面对企业提出了要求，但到了企业签定行业自律呼吁书的时候，才发现"应者寥寥"。

近几年，中国的行业协会开始起到应有的作用了。2001 年 9 月，欧盟又向中国打火机举起了 CR 大棒。当温州烟具协会在获得欧盟将通过 CR 法规的确切消息后马上组织生产打火机的核心企业，筹集资金和搜集相关资料，聘请有经验的涉外律师就此事进行咨询和交涉，结果是原定于 2004 年 6 月 19 日正式实施 CR 法案，由于中方的努力协调，最终获得延迟。2005 年 5 月 27 日，欧盟突然向欧洲打火机厂商提出协议草案，要求启动 CR 法案，决定在 7 月召开欧盟成员国专题会议，对是否启动修改后的 CR 法案投票表决，并将提交 9 月召开的欧盟委员会部长理事会审议。由于理事会一般不会驳回专题会议作出的决定，所以此次表决结果尤为重要。7 月 6 日，刚刚成立的宁波市打火机协会奋起应对，7 月 15 日，在中国打火机赴欧盟交涉 CR 标准代表团的努力下，欧盟再次推迟了对实施 CR 法案的投票表决[②]。

2005 年 9 月，全国工商联主席黄孟复在美国表示，今后行业协会应该在中

① 张桂林，王金涛. 专家认为我国外贸依存度达 80%，为世界之最. http://news.xinhuanet.com/fortune/2005-09/10/content_3469907.htm,http://www.xinhuanet.com. 2005-09-10

② 孙宁薇等. 成功阻击欧盟设限. http://politics.people.com.cn/GB/14562/3553493.html,http://www.people.com.cn. 2005-07-19

美两国经贸发展中发挥更大的作用。一方面,行业协会应加强对产品国际竞争策略进行研究,建立预警机制,及时反馈,帮助企业调整出口行为;另一方面,还需加强国际同行及相关产业间的沟通,加强了解,消除误解,建立起合作的桥梁。特别是在贸易纠纷之初,应首先通过民间组织的有效沟通,化解矛盾。

4. 我国行业协会的现状与发展

吴敬琏认为市场经济社会的一大特点是利益多元化,政府平衡多元化利益要求的最佳办法是让各种社群公开表达利益诉求,这就需要发展各种代表不同社群的第三方机构,它们会对我国市场经济"升级"起到加速作用①。随着市场经济日益发达和完善,我国的政府正由"全能政府"、"管制政府"向"有限政府"、"服务政府"转变,行业协会、商会应是大有可为的。

中共十六届三中全会做出的《中共中央关于完善社会主义市场经济体制若干问题的决定》和2005年2月国务院颁布的《关于鼓励支持和引导个体私营等非公有制经济发展的若干意见》明确提出:"大力发展社会中介服务","按照市场化原则,规范和发展各类行业协会、商会等自律性组织"。然而在转轨时期,如何构建新型商会,这又成为商会不得不思考又不能回避的现实问题。

综观世界各国商会发展的成功经验,对于我国来说,构建新型商会要解决的主要问题有两个:其一是商会的定位。关于《商会法》各地工商联已呼吁多年,虽然政府高层也引起高度重视,但步伐不快。其二是商会的职能。首先,代表会员利益的职能,商会要与各行政管理机构建立全新的政商关系,建立畅通的沟通渠道。工商联如何建立与政、与商的新型关系是非常重要的;其次,为会员提供服务的职能,尤其是对中小企业的服务;再次,实现对行业的内部管理也是商会的重要职能;最后,在国际贸易中担负起应有的责任。总之,在我国社会主义市场经济的新形势下,行业协会、商会在与政府、企业的新型关系结构中应该能够很好地实现治理功能。

➢本章小结

当代新公共服务理论的先驱者所提出的主要观点,包括:① 民主化的公民权利和责任理论;② 社区范式和市民社会理论;③ 组织人道主义和话语理论。

新公共服务的原则:① 服务而不是掌舵;② 提供公共利益和公共服务是政府的主要目的和任务,但不是由政府自己参与生产或垄断公共服务的提供;③ 战略性地思考民主的行为;④ 为公民而不是顾客提供公共服务;⑤ 并非简单的责任与义务;⑥ 重视公民而不仅仅将公民看成是生产力;⑦ 重视公民关系,

---

① 张志勇. 商会在市场经济中大有可为. 中华工商时报, 2005-09-06

将公共服务的提供凌驾于"企业家关系"之上。

　　基于"新公共服务"理论的理念认知，结合我国现阶段公共行政体制所存在的弊端，我们致力于建构的"服务型政府"至少需具备以下几个基本特征，这同样也是我们行政改革努力和前进的方向。① 服务行政；② 有效行政；③ 法制行政；④ 责任行政。

　　1989 年世界银行在概括当时非洲的情形时，首次使用了"治理危机"（crisis in governance）一词，此后"治理"便广泛地被用于政治发展研究中，特别是被用来描述后殖民地和发展中国家的政治状况。到目前为止各国学者们对作为一种理论的治理已经提出了五种主要的观点：① 治理意味着一系列来自政府但又不限于政府的社会公共机构和行为者；② 治理意味着在为社会和经济问题寻求解决方案的过程中存在着界限和责任方面的模糊性；③ 治理明确肯定了在涉及集体行为的各个社会公共机构之间存在着权力依赖；④ 治理意味着参与者最终将形成一个自主的网络；⑤ 治理意味着办好事情的能力并不仅限于政府的权力，不限于政府的发号施令或运用权威在公共事务的管理中，还存在着其他的管理方法和技术，政府有责任使用这些新的方法和技术来更好地对公共事务进行控制和引导。

　　善治就是使公共利益最大化的社会管理过程。善治的基本要素有以下 6 个：① 合法性（legitimacy）；② 透明性（transpareney）；③ 责任性（accountability）；④ 法治（rule of law）；⑤ 回应（responsiveness）；⑥ 有效（effectiveness）。

　　治理与善治理论对政府改革的启示主要在于我们应区分公共物品与准公共物品，探讨公共物品的提供方式的变革。

　　最后以江苏省废除了严禁没有婚姻证明的男女混住的有关规定、武汉市用新的方法成功解决了多年没有解决的禁止"麻木"难的问题、税务部门开展了发票抽奖活动、浙江省温州市的行业协会在管理中起到了很大的作用为例探讨了中国公共管理的治道变革。

➤关键术语

新公共服务　治理　善治　治道变革　中国实践

➤案例　深圳1 900余家事业单位将分类改革*

- "监督管理类"单位转变为"行政机构"。
- "经营服务类"单位转变为"企业"。
- "公共服务类"单位予以保留，仍由财政供养。

深圳市市长许宗衡在市四届人大二次会议闭幕时曾满怀信心地表示，2006年将是深圳的"改革突破年"，深圳市将在一系列改革课题上取得重大突破。昨天，深圳市最新一期政府公报上公布了2006年深圳市主要改革工作。这份"2006年改革备忘录"总共罗列出30项改革任务，涉及行政管理体制改革、经济领域改革、社会事业和社会管理体制改革三大方面。记者从中了解到，今年深圳市在事业单位改革、市政设施管养体制改革等方面将有破冰之举。市政府要求，各项改革的牵头单位要尽快制定工作方案，并报市改革办备案，各单位每半年要向市改革办通报改革进展情况。市委、市政府还将公开评选为改革创新工作做出突出贡献的单位和个人，并授予"深圳改革创新奖"。

1. 剥离行政事业单位的经营性资产

深圳市1 900多家事业单位，今年将来一次"集体转身"，今年深圳市将出台并实施《深圳市深化事业单位体制改革指导意见》《深圳市市属事业单位分类改革实施方案》。现有事业单位将被分为监督管理类、经营服务类、公共服务类，根据各自的特点实行分类改革。这样做的背景是，全市1 900家事业单位全由财政供养，所耗不菲。有的事业单位已经部分走向市场，却一直在"事业单位"和"企业"的双重身份中苦苦挣扎；有的事业单位明明可以市场化，却长期"吃皇粮"。事业单位改革的核心就是"政事分离"：把不具备"公益性"的事业单位交给市场；使具备"公益性"的事业单位还原本色，由政府财政提供保障。据了解，"监督管理类"事业单位将转变为"行政机构"，"经营服务类"事业单位则成为"企业"，这两者都将脱掉"事业单位"的帽子；"公共服务类"单位将予以保留，仍由财政供养，但要进行管理运行机制创新，实行"以事定费"，转变财政供养方式，并建立公共服务类事业单位财政监督管理制度，加强财政资金管理。同时，深圳市将剥离行政事业单位的经营性资产，纳入市属国有企业国有资产监管体系，加强对行政事业单位非经营性国有资产监管工作，逐步建立分类分级授权监管体系。

2. 市政设施试水市场化管理

像音乐厅、大剧院、体育馆这样的大型设施，平时运营成本不菲，而只有在

*深圳1 900余家事业单位将分类改革. 南方网. 2006-04-13

大型活动时才能派上用场。今年深圳将推进大型设施运营管理的市场化改革，提高设施的使用和运营效率。国内其他城市在这方面已经积累一定改革经验，如成立专门的运营公司，把场馆交给企业运营，通过租借场馆、策划演出活动等，减少场馆空置率。市政路桥、公路、公园等公用设施管养成本很高。今年，深圳将推进公用设施管养的市场化改革。另一方面，深圳市将改革完善城市公用事业监管体制，继续鼓励非公资本进入市政公用事业领域。同时，为了防止这些"私营"公用事业乱收费，深圳市将建立市政公用事业特许经营监管体制，完善定价体系。

【讨论题】

1. 文中对事业单位的分类是否科学？
2. 请从治理的视角探讨深圳事业单位改革的意义？

复习思考题

1. 简述"新公共管理"遭遇的批判。
2. 新公共服务的原则是什么？
3. 新公共服务对于政府改革有哪些启示？
4. 简述格里·斯托克梳理的治理观点。
5. 善治的基本要素有哪些？
6.《江苏省人口管理暂行条例》规定的治道变革的意义是什么？
7. 试述行业协会在拓展国际市场中的功能。

参 考 文 献

埃莉诺·奥斯特罗姆. 2000. 公共事务的治理之道. 上海：上海三联书店

布朗，杰克逊. 2000. 公共部门经济学. 张馨主译. 北京：中国人民大学出版社

查尔斯·沃尔夫. 1994. 市场与政府：权衡两种不完善的选择. 北京：中国发展出版社

陈郁. 1996. 企业制度与市场组织. 上海：上海三联书店，上海人民出版社

陈振明. 1999. 从公共行政学、新公共行政学到公共管理学——西方政府管理研究领域的"范
式"变化. 政治学研究，(1)

陈振明. 2002. 公共管理前沿. 福州：福建人民出版社

陈振明. 2003. 政策科学：公共政策分析导论. 北京：中国人民大学出版社

陈振明. 2003. 政治的经济学分析：新政治经济学导论. 北京：中国人民大学出版社

程恩富，胡乐明. 2004. 新制度主义经济学. 北京：经济日报出版社

丹尼尔·史普博. 2004. 经济学的著名寓言. 上海：上海人民出版社，53

丹尼斯·C. 缪勒. 2002. 公共选择理论. 杨春学等译. 北京：中国社会科学出版社

邓小平. 1994. 邓小平文选. 第二卷. 北京：人民出版社

邓正来. 1998. 国家与社会：中国市民社会研究. 成都：四川人民出版社

樊勇明，杜莉. 2001. 公共经济学. 上海：复旦大学出版社

弗雷德里克森. 2003. 公共行政的精神. 张成福等译. 北京：中国人民大学出版社

格罗弗·斯塔林. 2003. 公共部门管理. 陈宪等译. 上海：上海译文出版社

顾建光. 2004. 现代公共管理学. 上海：上海人民出版社

顾丽梅. 2005. 新公共服务理论及其对我国公共服务改革之启示. 南京社会科学，(1)

哈贝马斯. 1998. 公共领域的结构转型. 上海：学林出版社

哈贝马斯. 2003. 在事实与规范之间. 上海：上海三联书店

哈耶克. 1989. 个人主义与经济秩序. 贾湛，文跃然等译. 北京：北京经济学院出版社

哈耶克. 2000. 致命的自负. 冯克利等译. 北京：中国社会科学出版社

何怀宏. 2002. 伦理学是什么. 北京：北京大学出版社

何增科. 2000. 公民社会与第三部门. 北京：社会科学文献出版社

胡宁生. 2000. 现代公共政策研究. 北京：中国社会科学出版社

黄恒学. 2002. 公共经济学. 北京：北京大学出版社

黄健荣等. 2005. 公共管理新论. 北京：社会科学文献出版社

康特妮，马克·霍哲. 2001. 新公共行政：寻求社会公平与民主价值. 张梦中译. 中国行政管
理，(2)

柯武刚，史漫飞. 2000. 制度经济学：社会秩序与公共政策. 韩朝华译. 北京：商务印书馆

科斯等. 1991. 财产权利与制度变迁. 上海：上海三联书店

黎明. 2003. 公共管理学. 北京：高等教育出版社

李寿祺. 1988. 利益集团与美国政治. 北京：中国社会科学出版社

李亚平，于海. 1998. 第三域的兴起：西方志愿工作及志愿组织理论文选. 上海：复旦大学出
版社

梁小民，睢国余，杨云龙. 1994. 经济学大词典. 北京：团结出版社

刘丽霞. 2002. 公共管理学. 北京：中国财政经济出版社

刘溶沧，赵志耘. 1999. 中国财政理论前沿Ⅲ. 北京：社会科学文献出版社

刘文萃. 2005. "新公共服务"理论对中国创建"服务型政府"的启示. 太原师范学院学报
（社会科学版），（4）

刘宇飞. 2000. 当代西方财政学. 北京：北京大学出版社

卢洪友. 1999. 政府职能与财政体制研究. 北京：中国财政经济出版社

卢梭. 爱弥尔. 1981. 下卷. 李平沤译. 北京：商务印书馆

卢现祥. 2004. 新制度经济学. 武汉：武汉大学出版社

罗伯特·B. 丹哈特等. 2002. 新公共服务：服务而非掌舵. 刘俊生译. 中国行政管理，（10）

罗伯特·巴克沃. 2000. 绩效管理：如何考评员工表现. 北京：中国标准出版社

罗纳德·哈里·科斯. 1990. 企业、市场与法律. 盛洪等译. 上海：上海三联书店

马克斯·韦伯. 1998. 学术与政治. 冯克利译. 北京：三联书店

迈克尔·麦金尼斯. 2000. 多中心体制与地方公共经济. 毛寿龙译. 上海：上海三联书店，423

曼瑟尔·奥尔森. 2003. 集体行动的逻辑. 陈郁等译. 上海：上海三联书店

毛寿龙. 1999. 公共行政的范式选择. 行政论坛，（2）

蒙哥马利·范瓦特. 2002. 公共管理的价值根源. 周菲译. 经济社会体制比较，（4）

闵京华. 2005. 电子政务的理论模型. 电子政务，（3）

欧文·E. 休斯. 2001. 公共管理导论. 彭和平，周明德. 北京：中国人民大学出版社

欧文·E. 休斯. 2002. 新公共管理的现状. 中国人民大学学报，（6）

萨瓦斯. 2002. 民营化与公私部门的伙伴关系. 周志忍等译. 北京：中国人民大学出版社

思拉恩·埃格特森. 2004. 经济行为与制度. 吴经邦译. 北京：商务印书馆，19

孙大雄. 2004. 宪政体制下的第三种分权：利益集团对美国政府决策的影响. 北京：中国社会
科学出版社

唐娟. 2006. 政府治理论. 北京：中国社会科学出版社

特里·L. 库珀. 2001. 行政伦理学：实现行政责任的途径. 张秀琴译. 北京：中国人民大学出
版社

童星. 2003. 现代社会学理论新编. 南京：南京大学出版社

托马斯·库恩. 2003. 科学革命的结构. 北京：北京大学出版社

万俊人. 2005. 现代公共管理伦理导论. 北京：人民出版社

王海明. 2001. 伦理学原理. 北京：北京大学出版社

王乐夫. 2001. 论公共管理的社会性内涵及其他. 政治学研究，（3）

王鹏. 2004. "新公共服务"：对"新公共管理"的批判和超越. 中共四川省委党校学报，（4）

王绍光. 1999. 多元与统一：第三部门国际比较研究. 杭州：浙江人民出版社

威廉·N. 邓恩. 2002. 公共政策分析导论. 北京：中国人民大学出版社

亚当·斯密. 1983. 国民财富的性质及其来源. 下卷. 郭大力等译. 北京：商务印书馆

严强，王强. 2002. 公共政策学. 南京：南京大学出版社

杨志勇，张馨. 2005. 公共经济学. 北京：清华大学出版社

姚洋. 2002. 制度与效率：与诺斯对话. 成都：四川人民出版社

于军. 1999. 英国地方行政改革述评. 北京：国家行政学院出版社

俞可平. 1999. 治理与善治引论. 马克思主义与现实，(5)

俞可平. 2000. 治理与善治. 北京：社会科学文献出版社

曾峻. 2003. 公共管理的逻辑起点论析——公共管理学基本问题研究之一. 上海师范大学学报（哲学社会科学版），(5)

曾伟等. 2005. 善治与治道变革：西方政府治理模式变革中的制度分析和设计. 理论月刊，(1)

张成富，党秀云. 2001. 公共管理学. 北京：中国人民大学出版社

张金鉴. 1985. 管理学新论. 台湾：五南图书出版公司

张康之. 2003. 公共管理伦理学. 北京：中国人民大学出版社

张康之. 2005. 论"公共性"及其在公共行政中的实现. 东南学术，(1)

张康之等. 2003. 公共管理导论. 北京：经济科学出版社

张良等. 1998. 公共管理导论. 上海：上海三联书店

张正军. 2004. 公共管理学研究何以缺乏统一的哲学基础. 河北学刊，(2)

张志斌. 2004. 新公共管理与公共行政. 武汉大学学报（哲学社会科学版），(1)

赵景来. 2004. 西方公共管理与公共行政研究述要——兼及对中国公共行政体制改革的影响. 国家行政学院学报，(5)

中央编译局. 1956. 马克思恩格斯全集. 第 4，13 卷. 北京：人民出版社

中央编译局. 1975. 马克思恩格斯选集. 第 2 卷. 北京：人民出版社

后 记

公共管理学是公共管理、行政管理、劳动与社会保障等专业的基础课程。业已出版的教材可谓特色纷呈。本书运用公共管理学的理论和方法，全面、深入、系统地阐述公共管理运行的特点与规律。在内容上注重基本概念和基本原理的澄清，强调公共管理理论与中国公共管理实践的结合，并根据本科教学的特点与需要，在每一章安排适当的案例供教学使用，以帮助学生巩固和加深对基本理论的掌握。在整体上力图体现本学科的前瞻性、中国化和现代性的特点。

本书是团队合作的结晶，由严新明提出编写大纲，并完成全书统稿和定稿工作。具体撰写分工如下：第一、十章，严新明；第二章，欧阳君；第三、五章，徐莺；第四、八章，沈一兵；第六章，陈福松；第七章，程自功；第九章，夏洁。

本书既可作为高等学校相关专业本科、专科学生的教材，也可供 MPA 学员使用，同时可供政府官员、国有企事业单位等各类组织相关人员研读。

衷心感谢南京大学公共管理学院院长童星教授、江苏省劳动保障学会秘书长王健教授对本书的写作和出版所给予的关心和支持！本书吸收和引用了国内外众多学者的相关研究成果。对此，我们已尽量在脚注和主要参考文献中做了必要的注明，并向他们表示真诚的谢意！

由于编者水平所限，本书难免存在一些缺点和错误，敬请广大读者批评指正。

编　者
2006 年 9 月